Franziska Becker

Ankommen in Deutschland

Einwanderungspolitik als biographische Erfahrung
im Migrationsprozeß russischer Juden

Reimer

Gedruckt mit Unterstützung der Deutschen Forschungsgemeinschaft

Die Deutsche Bibliothek – CIP-Einheitsaufnahme
Ein Titeldatensatz für diese Publikation ist bei
Der Deutschen Bibliothek erhältlich

© 2001 by Dietrich Reimer Verlag GmbH
    Zimmerstraße 26–27
    10969 Berlin

ISBN 3-496-02716-9

Inhalt

I. Einleitung

Es wird oft davon ausgegangen, daß Migranten in das Aufnahmeland eine Lebensgeschichte mitbringen, die der Retrospektion als etwas in sich abgeschlossenes zugänglich ist. Hier erscheint die Biographie wie ein Gepäckstück, in dem fertige lebensgeschichtliche Erzählungen eingelagert sind, die nur ausgepackt werden müssen. Doch stellt sich die Frage, ob eine biographische Rückschau nicht auch wesentlich von denjenigen Bedingungen geprägt wird, die die Migranten im Aufnahmeland vorfinden. Ihr lebensgeschichtlicher Rückblick müßte dann als etwas verstanden werden, was in der neuen Gesellschaft einer Modulation und Reinterpretation unterliegt.

In der vorliegenden Studie wird die russisch-jüdische Zuwanderung nach Deutschland seit 1990 untersucht, um die Wechselwirkungen zwischen biographischen Narrativen der Migranten und den politischen, rechtlichen und diskursiven Rahmenbedingungen ihrer Aufnahme herauszuarbeiten.[1]

Seit 1991 werden Juden aus der ehemaligen Sowjetunion in der Bundesrepublik als ‚jüdische Kontingentflüchtlinge‘ aufgenommen. Daß Deutschland knapp fünfzig Jahre nach dem Holocaust zu einem Einwanderungsland für Juden werden würde, stellt eine Zäsur sowohl im jüdischen als auch im deutschen Selbstverständnis dar. Eingeleitet wurde diese Wende durch die letzte Volkskammerregierung der DDR, die 1990 beschlossen hatte, Juden aus der Sowjetunion, die dort von nationalistischen und antisemitischen Übergriffen betroffen waren, ein dauerhaftes Bleiberecht zu gewähren.

---

1   Im folgenden verwende ich die Bezeichnungen ‚sowjetische Juden‘, ‚russische Juden‘ und ‚russisch-jüdische Einwanderer/Zuwanderer‘ synonym. Gemeint sind damit immer russischsprachige Einwanderer aus der ehemaligen Sowjetunion, die im Aufnahmeverfahren eine jüdische Identität für sich geltend gemacht haben. Weiterhin verwende ich neben den Begriffen ‚Einwanderer‘ und ‚Migranten‘ auch den Begriff des ‚Zuwanderers‘. In der Semantik dieses Begriffes, dessen Schöpfung in diesem Kontext laut Mertens (1993, S. 220) auf den Zentralrat der Juden in Deutschland zurückgeht, scheint eine gewisse Ambivalenz enthalten zu sein, weil er nach einem quasi assoziierten Status klingt. Doch hat er sich sowohl im Aufnahmeverfahren als auch im Mediendiskurs eingebürgert.

In modifizierter Form wurde diese Aufnahmezusage auch im vereinigten Deutschland weitergeführt, so daß zwischen 1990 und März 2001 ungefähr 135 000 russische Juden mit Familienangehörigen einreisten.[2] Durch den zugewiesenen Status ‚jüdischer Kontingentflüchtling‘ wird der Zuwanderung nicht nur ein administrativ-rechtlicher Rahmen verliehen; vielmehr wird durch ihn auch die spezifische Form der Mitgliedschaft in der aufnehmenden Gesellschaft – also die Beziehung zwischen Aufnahmegesellschaft und Zuwanderern – konstituiert. Wie in der folgenden Untersuchung gezeigt wird, ist in diesem Verfahren allerdings ein strukturelles Spannungsmoment angelegt, da sowohl die Kategorie ‚Kontingentflüchtling‘ als auch das Aufnahmekriterium der ‚jüdischen Identität‘ mit normativen Erwartungen an die Migranten einhergehen. Vor dem Hintergrund des historisch belasteten deutsch-jüdischen Verhältnisses wirft dabei besonders die Kategorie der ‚jüdischen Identität‘ Probleme auf und macht die Zuwanderung zu einem politisch hoch aufgeladenen Feld.

Zu fragen ist, wie solche politisch-rechtlichen und diskursiven Zuschreibungen der Aufnahmegesellschaft auf die Migranten und ihre Selbstverortung einwirken: Russische Juden werden im Kontakt mit den Institutionen der Aufnahmegesellschaft mit Identitätserwartungen, Stereotypen und Diskursen um Authentizität und Legitimität konfrontiert, die sie dazu herausfordern, ihre Lebensgeschichte reflexiv neu zu bewerten, um das Hiersein plausibel zu machen und zu rechtfertigen. Das Anliegen der vorliegenden Studie besteht folglich darin, jene Handlungs- und Deutungsmöglichkeiten aufzuzeigen, die dieser gesellschaftspolitische und kulturelle Rahmen für individuelle Strategien des Umgangs mit Migrationssituationen vorgibt. Wie wird die Migrationserfahrung biographisch verarbeitet und welche Wirkungen hat dabei eine spezifische Einwanderungsregelung?

Die theoretische Herausforderung, die in der Untersuchung von Migrationsprozessen liegt, besteht darin, rechtliche, bürokratische und kulturelle Vorgaben mit einem biographischen Ansatz zu verbinden. Denn, so die These: Migrationsprozesse sind weder als ausschließlich strukturell vorgegebene Verlaufsformen von Mobilität noch nur über die individuelle Biographie zu verstehen. Erst die Verbindung von Mikro- und Makroebene, also von biographischer Forschung und der Analyse institutioneller Praktiken und kultureller Diskurse, läßt die wechselseitige Bedingtheit individueller und kollektiver Verlaufsformen von Migration erkennbar werden.

Im ersten Teil dieser Studie zur ‚Logik der Inkorporation‘ werden die rechtlichen und bürokratischen Rahmenbedingungen der deutschen Migrationspolitik sowie ihre sozialen und kulturellen Kontexte ausgelotet.

2   Vgl. Auskunft des Bundesverwaltungsamts Köln, März 2001; und Mertens 1993, S. 213-215.

Anschließend geben im zweiten Teil Fallstudien darüber Auskunft, wie diese Rahmung den Migrationsprozeß prägt und in welcher Form sie auf die Ausgestaltung der biographischen Erzählungen von Migranten einwirkt.

Die russisch-jüdische Einwanderung im wissenschaftlichen Diskurs

Was es auf der lebensweltlichen Ebene bedeutet, als ‚jüdischer Kontingentflüchtling' in Deutschland aufgenommen zu werden, das bleibt in der bisherigen, vor allem quantitativ ausgerichteten Forschung ungeklärt. Untersuchungen zur russisch-jüdischen Einwanderung konzentrieren sich auf Migrationsmotive, auf die jüdische Identität der Zuwanderer, oder auf die Integrationsbedingungen der Neuankömmlinge im Hinblick auf die deutsche Gesellschaft und die jüdischen Gemeinden. Sie stellen jedoch nicht den Migrationsprozeß an sich dar: Die Migranten bleiben weitgehend ohne lebensgeschichtliche Vergangenheit. Sie sind in Deutschland und werden gefragt, warum sie hierher gekommen sind und wie sich ihre Integration gestaltet. Der Prozeß der Migration als konkrete biographische Erfahrung bleibt ausgeklammert. Außerdem bleibt die Bedeutung bestimmter Institutionen für diesen Prozeß im ‚toten Winkel' des Forschungsinteresses.

Im folgenden soll skizziert werden, unter welchen verschiedenen sozialwissenschaftlichen und gesellschaftspolitischen Perspektiven die russisch-jüdische Einwanderung bislang untersucht worden ist.[3]

Als im Jahr 1990 die erste größere Gruppe sowjetischer Juden seit den siebziger Jahren nach Deutschland übersiedelte, griffen nicht nur die Printmedien diese Immigrationsbewegung als außergewöhnliches Ereignis auf, sondern auch die Sozialwissenschaften. Vor dem Hintergrund der deutsch-jüdischen Geschichte galt dabei als besonders erklärungsbedürftig, warum Juden ausgerechnet in jenes Land einwandern, das den Holocaust zu verantworten hat und in dem antisemitische Ausschreitungen öffentlich sichtbar zunehmen.

Die Frage nach den Migrationsmotiven steht auch im Zentrum einer 1993 begonnenen Untersuchung von Julius H. Schoeps, Willi Jasper und Bernhard Vogt über „Russische Juden in Deutschland", die auf Methoden der quantitativen Sozialforschung beruht. In einem standardisierten Fragebogen wurden

---

3   Diese Aufarbeitung des Forschungsstands umfaßt nicht alle Publikationen zum Thema, sondern nur einige Arbeiten, anhand deren sich bestimmte gängige Argumentationslinien exemplarisch nachvollziehen lassen.

die Migranten aufgefordert, sich zu Antisemitismuserfahrungen in der Sowjetunion sowie in Deutschland und zu ihren Kenntnissen über den Holocaust[4] zu äußern. Der Fragebogen gibt dabei bereits Identitätserwartungen vor, die auf der Annahme von Verfolgung im Herkunftsland und auf potentiellen antisemitischen Erfahrungen in Deutschland beruhen. Die Befindlichkeit der Migranten gilt somit auch als Indikator für antisemitische Tendenzen in der Aufnahmegesellschaft.

Die Studie kommt zum Ergebnis, daß das Hauptmotiv für den Ausreisewunsch bei über 80 Prozent der ca. 400 Befragten die zunehmende Bedrohung durch den Antisemitismus gewesen ist. 90 Prozent der Befragten empfinden den Rechtsextremismus und die politische Entwicklung in der Bundesrepublik als bedenklich bis bedrohlich. Daneben gibt die Studie einen Überblick über die Probleme der sozialen Eingliederung, die an herkömmlichen Integrationsparametern wie Wohnung, Arbeit und Sprachkenntnissen festgemacht wird. Sie hebt hervor, daß das soziale Profil dieser Migration durch einen überproportionalen Anteil der sog. ‚Intelligenzija' mit naturwissenschaftlich-akademischen Berufen und einen hohen Urbanitätsgrad gekennzeichnet ist. Außerdem könne bei den meisten Migranten von einer „hohen Integrations- und Akkulturationsbereitschaft"[5] ausgegangen werden. Die Untersuchung ist insgesamt darauf ausgerichtet, Integrationsprobleme und die Schwierigkeiten einer „kulturell-religiösen Neubesinnung"[6] in Deutschland repräsentativ auszuloten, um – wie es in der Einführung heißt – die dokumentierten Ergebnisse den aufnehmenden Städten und jüdischen Gemeinden als „Planungsgrundlage für Integrationshilfen"[7] zur Verfügung zu stellen. Das sozialpolitisch motivierte Anliegen dieser Untersuchung ist somit darauf gerichtet, die Integration dieser Gruppe sowohl in die deutsche Gesellschaft als auch in die jüdische Gemeinschaft zu verbessern.[8]

---

4   Daß die Einwanderer mit ihren Antworten auf diese Frage möglicherweise auf einen normativen Diskurs reagieren und sich ihm anpassen, wie dies Schütze (1997) beschreibt, bleibt unreflektiert.
5   Schoeps/Jasper/Vogt 1996, S. 20.
6   Ebd., S. 21.
7   Ebd., S. 9.
8   Auch die zwischen 1997 und 1999 erhobene Nachfolgestudie „Ein neues Judentum in Deutschland?" verfolgt das Ziel, den Integrationsverlauf bzw. die Probleme dieser Migranten zu ermitteln, um nach längerem Aufenthalt in Deutschland noch konkretere Verbesserungsvorschläge zu entwickeln. Im Mittelpunkt dieser Studie stehen dabei u.a. Fragen nach der beruflichen Situation, der Wohnsituation, den Sprachbarrieren, dem Familienzusammenhang, den Beziehungen zur deutschen Bevölkerung sowie nach der Partizipation am jüdischen Gemeindeleben und der Religiosität der Neueinwanderer. Im Vergleich zur ersten Untersuchung wird festgestellt, daß der Antisemitismus als Ausreisegrund

Auch Judith Keßlers Studie „Jüdische Migration aus der ehemaligen Sowjetunion seit 1990" (1996) enthält Empfehlungen, die auf eine Verbesserung von Integrationsbedingungen für die russisch-jüdischen Migranten abzielen.[9] Insgesamt ist diese Untersuchung als eine Art Bestandsaufnahme dieser nach dem Zweiten Weltkrieg in ihrer Größenordnung einzigartigen jüdischen Immigration nach Deutschland konzipiert. Im Mittelpunkt stehen Aspekte der Sozialstruktur der sowjetischen Juden in Bezug auf ihren Herkunftskontext, die Lebensbedingungen und die „psychosoziale Lage" der Migranten in Berlin sowie die Auswirkungen der Zuwanderung auf die jüdischen Gemeinden Deutschlands. Die Ergebnisse wurden auf der Basis eines teilstandardisierten Fragebogens gewonnen, der seit 1990 jedem neu zugewanderten Mitglied in der Berliner Jüdischen Gemeinde vorgelegt wird. Neben Expertengesprächen ergänzen rund 40 offene Interviews mit den neuen Gemeindemitgliedern das methodische Setting, wobei deren Aussagen als kurze Zitate zwar Belegcharakter zu einzelnen Themenfeldern haben, aber nicht im biographischen Zusammenhang interpretiert werden.

Die soziologische Untersuchung „Going West. Sowjet Jewish Immigrants in Berlin since 1990" (1997) von Jeroen Doomernik stellt ebenfalls die Frage nach der Integration dieser Gruppe in den Vordergrund. Doomernik zieht das Bourdieusche Konzept des sozialen Raums als theoretisches Modell heran, um typische Adaptationsstrategien der Migranten herauszuarbeiten, die er auf den in der Sowjetunion erworbenen Habitus zurückführt. Migration wird damit zur Herausforderung, die mitgebrachten Formen kulturellen Kapitals in der Aufnahmegesellschaft zu transformieren. Doomernik differenziert zwischen den Angehörigen der kulturellen Elite, und denjenigen, die er als „sowjet consumer"[10] bezeichnet. Je nachdem, zu welchem habituellen Typus die

---

abgenommen und statt dessen der ökonomische Aspekt und der Wunsch nach Familienzusammenführung zugenommen habe. Im Hinblick auf die Integrationsbedingungen wird darauf hingewiesen, daß sich vor allem die Integration in den Arbeitsmarkt noch schwieriger gestalte als während der ersten Untersuchung angenommen. Und schließlich kommt die Studie zum Ergebnis, daß die jüdischen Gemeinden zwar die wichtigsten sozialen Beratungs- und Kontaktstellen sind, daß jedoch von einer grundlegenden religiösen Neuorientierung der Einwanderer kaum ausgegangen werden könne (Schoeps/Jasper/Vogt 1999).

9   Deutsche Institutionen werden zu einer effektiveren Zusammenarbeit mit den jüdischen Gemeinden aufgefordert, um Berufschancen und Spracherwerb zu verbessern, den Umgang mit Heimat- und Statusverlust und die Eingewöhnung in die hiesige Kultur zu erleichtern. Den jüdischen Gemeinden fällt vor allem die Rolle zu, die „Migranten in ihrer Identitätsfindung zu bestärken" (Keßler 1996, S. 113) und sie in ihrer Zugehörigkeit zur jüdischen Gemeinschaft zu fördern.

10   Doomernik 1997, S. 11.

Migranten gehören und je nach den Motiven und Zielen der Migration unterscheidet Doomernik Adaptationsstrategien: Entweder wird der sozialstaatlich vorgezeichnete Weg beschritten und die deutschen Behörden und Sozialeinrichtungen genutzt oder es wird nach außerinstitutionellen Möglichkeiten gesucht.

Doomerniks soziologische Typenbildung beruht im wesentlichen auf den anhand eines standardisierten Fragebogens gewonnenen Antworten von rund siebzig in Berlin lebenden Migranten. Abgesehen davon, daß die Migranten in dieser Untersuchung als statische Figuren erscheinen, bleibt auch die Aufnahmegesellschaft ein abstrakter gesellschaftlicher Raum. Zwar nimmt Doomernik die Migranten als Akteure wahr, doch erscheinen ihre Handlungspraxen in dieser Perspektive als allein von ihnen zu erbringende Anpassungsleistungen an die Bedingungen der deutschen Gesellschaft. Adaptationsformen, die Doomernik im wesentlichen auf die habituellen Prägungen in der Herkunftsgesellschaft zurückgeführt, werden ausschließlich den Fähigkeiten der Migranten zugeschrieben, ihr erworbenes kulturelles und soziales Kapital erfolgreich umzuwandeln. Dabei stellt er die Handlungsstrategien und -muster jedoch nicht in einen interaktiven Zusammenhang mit den rechtlichen, institutionellen und sozialen Bedingungen und Bezügen in der Aufnahmegesellschaft.

Yvonne Schütze (1997) weist darauf hin, daß die Adaptation russisch-jüdischer Einwanderer auch die Auseinandersetzung mit spezifischen Normen umfaßt. Sie legt dar, daß mit einer jüdischen Migration meist die normhafte Erwartung verbunden ist, nach Israel auszuwandern – prinzipiell habe „jeder Jude aus der Diaspora die Pflicht zur Alija".[11] In dieser moralischen Norm sei auch ein Verbot eingelagert, nach Deutschland, sprich ins Land des Holocaust, einzuwandern. Insofern käme es für die russisch-jüdischen Migranten mit der Einwanderung nach Deutschland zu einem Dilemma „zwischen den individuellen Absichten, die die Migranten mit dem Aufenthalt in Deutschland verbinden, und den moralischen Verpflichtungen, die sich aus der Zugehörigkeit zum Judentum ergeben".[12] In dem Forschungsprojekt „Russisch-jüdische Migranten im Vergleich" interviewte Schütze 46 junge Einwanderer, die seit mehreren Jahren in Berlin leben. Die Fragestellung war, wie russische Juden mit diesem Dilemma umgehen, wie sie ihre Migrationsentscheidung also vor dem Hintergrund dieser Norm rechtfertigen. Schütze kommt zum Ergebnis, daß das Wissen um den Holocaust erst in Deutschland zu einem relevanten Deutungsmuster und Bestandteil jüdischer Identität für russische Juden wird, weil der Holocaust anders als in Israel, Deutschland oder

---

11 Schütze 1997, S. 188. Der hebräische Begriff „Alija' bezeichnet „Aufstieg'; gemeint ist damit die Rückführung der in aller Welt zerstreuten Juden nach Israel.
12 Ebd., S. 186.

den USA in der UdSSR kein Gegenstand des öffentlichen Diskurses gewesen sei. Die moralische Norm beginne also erst in Deutschland zu wirken und führe zu verschiedenen Rechtfertigungsmustern, um die Migrationsentscheidung zu legitimieren. So werden zum Beispiel Verdachtsmomente einer Migration aus wirtschaftlichen Gründen von vorneherein abgewehrt, die Entscheidung für Deutschland mit dem Zufall begründet oder betont, daß die Familie und nicht man selbst diese Wahl getroffen habe usw. So plausibel die These von Schütze ist, daß die Norm einen Einfluß auf die russischen Juden hat und diese nachträglich zu besonderen Rechtfertigungen ihrer Migrationsentscheidung zwingt, so unklar bleibt, in welchen konkreten sozialen und institutionellen Zusammenhängen den Migranten diese Normen begegnen. Ferner bleibt hier unreflektiert, ob die Forscherin nicht selbst mit ihren Fragen nach den Gründen für Deutschland und gegen Israel eine ‚normative Institution' der Aufnahmegesellschaft darstellt hatte.

Von ethnologischer Seite liegt bislang erst eine Untersuchung zur Migration sowjetischer Juden nach Deutschland vor, Susanne Spülbecks 1997 erschienene Studie „Ordnung und Angst". Sie untersuchte in einem thüringischen Dorf die Reaktionen der lokalen Bevölkerung auf die Ankunft einer Gruppe russischer Juden, die dort Anfang der neunziger Jahre untergebracht wurden. Im Rahmen einer über einjährigen ethnologischen Feldforschung geht Spülbeck dem Prozeß der Produktion von Stereotypen über Fremde nach, wobei sie den historischen und gesellschaftlichen Kontext auslotet, in dem Vorurteile produziert und tradiert werden. Dabei spielt die in Auflösung begriffene gesellschaftliche Ordnung der DDR eine ebenso zentrale Rolle wie das Verhältnis zwischen dörflicher Erinnerung an den Nationalsozialismus und staatlich propagierter Geschichtsdeutung in der DDR. Spülbeck stellt dar, wie sich die Bewältigungsstrategien des Holocaust auf lokaler Ebene in der Rede über die jüdischen Flüchtlinge widerspiegeln.

Empirisch beschränkt sich die Untersuchung zwar auf einen Ort als relativ überschaubare soziale Einheit, doch fungiert das Dorf dabei nicht als abgeschlossener und klar umgrenzter sozialer Raum. Vielmehr gerät es als Schnittstelle unterschiedlicher Diskurse in den Blick, die als Deutungsschemata zur sozialen Kategorisierung der Fremden herangezogen werden. Dazu zählen die von den Medien inszenierten Bilder ebenso wie die von der staatlichen ‚Ausländerpolitik' produzierten Vorstellungen über Fremde. Der Studie gelingt es, über die Dokumentation von statischen Meinungsbildern über die jüdischen Flüchtlinge hinauszugelangen und statt dessen „soziale Prozesse und Bedingungen zu beschreiben, in die die Produktion, Tradierung und Verwendung von sozialen Kategorien, Ausgrenzungsdiskursen und Stereotypen eingebunden sind."[13] Spülbeck zeigt, daß bei den Versuchen, den

---

13 Ebd., S. 17.

15

jüdischen Flüchtlingen einen Platz im sozialen Gefüge des Dorfes zuzuweisen, von Anfang an auch tradierte antisemitische Vorurteile eine große Rolle spielten.

Der Gewinn dieser Untersuchung liegt vor allem in der ebenso detailgenauen wie kontextbezogenen Beobachtung und Analyse der sozialen Kategorisierungen von Fremden. Spülbecks Untersuchung, die in der Tradition der sozialpsychologischen und soziologischen Vorurteilsforschung steht, in der die Auseinandersetzung mit dem Antisemitismus einen zentralen Stellenwert einnimmt, zeichnet zwar nach, wie Fremde von Einheimischen in einem bereits vor ihrer Ankunft existierenden Diskurs verhandelt werden, doch bleiben die Migranten selbst unsichtbar. Bei Spülbeck tauchen die russischen Juden weder als reale Protagonisten in der Interaktion mit den Einheimischen oder als Akteure im Aushandlungsprozeß sozialer Rollen auf, noch erscheinen sie als konkrete Personen, die sich zu bestimmten Diskursen verhalten oder diese selbst mitgestalten. Aus der Perspektive der Vorurteilsforschung ist dies sicherlich ein legitimer und in der Fragestellung selbst begründeter Zugang, wonach Fremdbilder als projektive Identitätsschablonen untersucht werden, die abgekoppelt und unabhängig von realen Begegnungen und Erfahrungen mit Juden aufrechterhalten werden. Letztlich bleibt diese Untersuchung allerdings eine Dorfstudie, in der ‚die Anderen' lediglich als nicht näher beschriebene Fremde in den Blick geraten, als eine Art Projektionsfläche für die gesellschaftlich produzierten Stereotype der Einheimischen. Über die russisch-jüdische Einwanderung aus der Wahrnehmung der Migranten selbst erfährt man hier nichts.

Der Blick auf jüdische Kultur und Antisemitismus

Für die alte Bundesrepublik ist bezeichnend, daß im Bereich der Antisemitismusforschung, an der sich seit dem Zweiten Weltkrieg eine Vielzahl sozialwissenschaftlicher Disziplinen beteiligt hat, eine kaum zu überschauende Anzahl von Veröffentlichungen entstanden ist,[14] während Forschungen über

14   Dabei stehen Fragen nach dem Zusammenhang von Schuldverdrängung, Nationalsozialismus und Antisemitismus in der westdeutschen Nachkriegsgesellschaft im Vordergrund (vgl. Sallen 1977, Silbermann 1976 und 1982, Silbermann/Schoeps 1986, Diner 1986, Bergmann/Erb 1990). Einen guten Überblick über die Ergebnisse der empirischen Antisemitismusforschung geben Bergmann/Erb 1991; einen ebenfalls instruktiven Überblick über die sozialpsychologische und soziologische Vorurteilsforschung liefert Spülbeck 1997. Dagegen

gegenwärtiges jüdisches Leben weitgehend fehlen. Michal Bodemann hat darauf hingewiesen, daß sich die Beschreibungen jüdischen Lebens in Deutschland bis auf wenige Ausnahmen mit jüdischer Geschichte beschäftigen: „Das über tausend Jahre alte deutsche Judentum, das in der Schoah untergegangen ist, aber auch das nur wenige Jahre währende Judentum der ‚Displaced Persons' in den Lagern nach 1945 (...) sind in zahlreichen Publikationen kenntnisreich und kompetent dargestellt worden."[15] Dagegen seien die „real existierenden Juden der alten Bundesrepublik"[16] nur in einer einzigen empirisch fundierten Arbeit behandelt worden, die jedoch nicht veröffentlicht wurde.[17] Auch der bis heute maßgebende Band „Jüdisches Leben in Deutschland seit 1945"[18] beziehe sich, so Bodemann, hauptsächlich auf deutsches Leben mit Juden. Im übrigen handele es sich im wesentlichen um persönliche Selbstzeugnisse von Juden, die über „jüdische Befindlichkeiten in Deutschland"[19] Auskunft geben. Titel wie z.B. „Fremd im eigenen Land"[20] oder: „Dies ist nicht mein Land"[21] seien charakteristisch für die Zurückweisung eines positiven jüdischen Selbstbezugs und die Negierung jüdischer Gemeinschaftlichkeit sowie jüdischer Gegenwart und Zukunft in Deutschland. Statt dessen werde das eigene Selbstverständnis in kritischer Distanz und Abgrenzung zur deutschen Gesellschaft behauptet. Bodemann kommt zu dem Schluß, daß das „reale jüdische Leben im heutigen Deutschland (...) noch immer vor allem in seiner Verneinung"[22] existiere.

Tatsächlich scheinen Fragen zu jüdischer Identität in ‚lebendigen' sozialen Zusammenhängen in Deutschland bis jetzt kein relevantes Thema empirischer Sozialforschung zu sein. So fehlen beispielsweise Studien, die sich den Formen jüdischer Identität auf der Basis ethnologischer Forschungszugänge annähern. Dies liegt sicher an der vergleichsweise geringen Zahl von Juden im Nachkriegsdeutschland und insofern auch darin begründet, daß jüdisches Leben bislang in der deutschen Öffentlichkeit kaum sichtbar war. Doch darüber hinaus erklären sich diese fehlenden Forschungen vermutlich auch aus einer beidseitigen Zurückhaltung, die aus der deutsch-jüdischen Geschichte

---

existierte in der DDR die Antisemitismusforschung offiziell nicht, weil Antisemitismus hier als nicht-existent erklärt wurde (Spülbeck 1997, S. 39).

15 Bodemann 1996, S. 9.
16 Ebd.
17 Dabei handelt es sich um die unveröffentlichte Dissertation von Harry Maor: Über den Wiederaufbau der jüdischen Gemeinden in Deutschland seit 1945. Mainz 1961.
18 Brumlik u.a. (Hg.) 1988.
19 Bodemann 1996, S. 10.
20 Broder/Lang (Hg.) 1979.
21 Fleischmann 1996.
22 Bodemann 1996, S. 10.

und dem Holocaust resultiert. Während jüdische Kultur und Identität zwar als Teil einer von Experten initiierten Erinnerungskultur ausführlich verhandelt und seit Anfang der achtziger Jahre mehr und mehr zum Gegenstand öffentlichen Interesses geworden sind[23], blieb das gelebte Judentum dahinter weitgehend unsichtbar.

Ethnizität: Soziologisch-konstruktivistische Forschungsansätze

Bereits zu Beginn der neunziger Jahre hatte der Historiker Sander Gilman geäußert, daß das jüdische Leben in Deutschland in der „nahen Zukunft dramatisch aufblühen"[24] werde. Die Erwartung einer ‚Wiedergeburt' des Judentums in Deutschland, wie sie auch von Politikern, jüdischen Institutionen und den Medien formuliert worden war, scheint sich angesichts der Tatsache erfüllt zu haben, daß sich die Mitgliederzahl der jüdischen Gemeinden in den letzten Jahren durch die osteuropäische Einwanderungsbewegung erheblich vergrößert hat.[25] Erst mit dem Zuzug dieser Migranten entsteht ein Interesse jüdischer und nichtjüdischer Forscher verschiedener Wissenschaftsdisziplinen an gegenwartsbezogenen Fragen jüdischer Identität in Deutschland. Für die Migrationsforschung, die sich hierzulande bislang vor allem mit der Arbeitsmigration aus Süd- und Südosteuropa beschäftigt hat, stellt diese postsowjetische Einwanderung ein neues Untersuchungsfeld dar.

So sind zahlreiche Autoren in dem von Ingrid Oswald und Viktor Voronkov 1997 herausgegebenen Sammelband „Post-sowjetische Ethnizitäten" der

23 Vgl. Daxner 1995; Bodemann 1996.
24 Zit. nach Bodemann 1996, S. 42. In: Spiegel 2/1996, S. 84.
25 Die sechs größten jüdischen Gemeinden, die zusammen etwa drei Viertel der gesamten jüdischen Bevölkerung Deutschland ausmachen, sind Berlin mit 9840 (6411) Mitgliedern, Frankfurt a.M. mit 5715 (4842), München mit 4168 (4050), Hamburg mit 2359 (1322), Köln mit 2167 (1358) und Düsseldorf mit 3007 (1510). Dabei gilt die erste Ziffer für den 1. Januar 1995, die zweite Ziffer bezieht sich auf 1990. Diese Angaben sind nach Bodemann (1996, S. 22) zitiert und geben Statistiken der Zentralwohlfahrtsstelle der Juden in Deutschland (ZWST) wieder. Laut Bodemann leben weitere 30 000 bis 35 000 Juden in Deutschland, ohne Mitglied bei einer jüdischen Gemeinden zu sein. Dabei bleibt unklar, auf welche Quellen der Autor diese Zahlenangaben stützt. Nach Schoeps u.a. (1999, S. 9) betrug gegen Ende des Jahres 1998 die Gesamtzahl der Mitglieder der jüdischen Gemeinden 74 289, davon waren 53 559 Neumitglieder, also Zuwanderer aus den GUS-Staaten.

Frage nach den Prozessen ethnischer Identitätsbildung im Vergleich von St. Petersburg und Berlin nachgegangen. Ausgangspunkt dieses Forschungsprojektes ist die Feststellung, daß in den russischen Großstädten gegenwärtig ein ‚ethnic revival‘ zu verzeichnen ist. Anhand einer Analyse von Leitfadeninterviews mit Angehörigen verschiedener ethnischer Gruppen fragen die Autoren nach den subjektiven ethnischen Identifizierungen sowie nach den Prozessen kollektiver ethnischer Identitätsbildung. Dabei interessiert sie vor allem, ob sich aus diesen Faktoren relevante Handlungsorientierungen ergeben, nachdem im Zuge der Auflösung der Sowjetunion viele ethnisch markierte soziale Konflikte ausgebrochen waren.

Das Forschungsprojekt basiert auf konstruktivistischen Theoriekonzepten von Ethnizität – eine Konsequenz der starken Fluktuation zwischen den verschiedenen ethnischen Fremd- und Selbstzuschreibungen, die die Autoren in der post-sowjetischen urbanen Gesellschaft festgestellt hatten. Ethnizität wird demnach als ein soziales Konstrukt verstanden, als eine Form von Gruppenidentität, die in Prozessen der Selbst- und Fremdzuschreibung entsteht. Ethnische Gruppen und die Grenzziehungen zwischen ihnen sind somit Resultate sozialer Praxis und gründen nicht auf überlieferte und fixierbare kulturelle Traditionen, sondern sind vielmehr Produkte grundsätzlich unabgeschlossener Konstruktionsprozesse. Im Zusammenhang mit der Fragestellung, welche ethnischen Zuschreibungen in gesellschaftlichen Umbruchsituationen wie und warum aktiviert werden, fungiert die jüdische Identität als ein „ethnischer Code"[26], der in Migrationssituationen aufgegriffen wird und neue Relevanz in der Konstituierung von sozialen Räumen gewinnt. Den Begriff der „ethnischen Gemeinde" beziehen die Autoren sowohl auf formale ethnische Einrichtungen wie Schulen oder religiöse Gemeinden als auch auf informelle soziale Netzwerke, die durch bestimmte Kommunikations- und Interaktionsmuster strukturiert werden.

Oswald und Voronkov kommen zu dem Fazit, daß sich in der spezifischen Berliner Immigrationssituation zwei gegenläufige Tendenzen feststellen lassen: Einerseits führen spezielle Zuwanderungsregelungen zu einer Ethnisierung von Identitäten. Dies betrifft insbesondere die ‚deutschen Aussiedler‘ und die ‚jüdischen Kontingentflüchtlinge‘, bei denen das Aufenthaltsrecht vom formalen Nachweis ihrer jeweiligen ethnischen Zugehörigkeit abhängt.[27] Andererseits bewirken die offiziellen Gemeindeeinrichtungen, die

---

26 Oswald/Voronkov (Hg.) 1997, S. 27-28.

27 Bukow/Llaryora (1988) bezeichnen die Mechanismen der Zuweisung ethnischer Kategorien als „Politik der Ethnisierung". Bezüglich der post-sowjetischen Migrationsbewegung weisen Beetz/Kapphan (1997, S. 182) auf den Aspekt der bürokratisch und rechtlich erzeugten ethnischen Segregation hin. In einer Bestandsaufnahme der Wohnsituation von Aussiedlern und Kontingentflüchtlingen

ethnisch bzw. religiös definiert sind, eine starke Segregation. Nach Oswald und Voronkov stellt sich für die ‚jüdischen Kontingentflüchtlinge‘ dabei ein spezifisches Integrationsproblem in Bezug auf die jüdischen Gemeinde: Zum einen zwinge die Repatriierungsidee, die die Ausreise für Juden nach Israel vorsieht und eine Emigration nach Deutschland verurteilt, die Zuwanderer in einen ständigen Selbstrechtfertigungsdruck. Zum zweiten sei es die religiös-kulturelle Ausrichtung der jüdischen Gemeinden in Deutschland, mit der die sowjetischen Juden mehrheitlich wenig anfangen könnten. So habe sich die ältere Generation in der Sowjetunion meist bewußt von ihrer traditionellen jüdischen Herkunft abgewandt, und die mittlere Generation könne jüdische Religion oder Kultur aufgrund antisemitischer Erfahrungen und sozialistischer Erziehung kaum positiv besetzen. Allenfalls unter den Angehörigen der jüngeren Generation bilde sich ein neues, eher kulturell als religiös motiviertes Interesse am jüdischen Gemeindeleben aus. Insgesamt würden die jüdischen Gemeinden in Deutschland nur einer Minderheit sowjetischer Juden die Möglichkeit zur Integration bieten, während sich die Mehrheit in das russisch-jüdische Milieu jenseits der etablierten Gemeindestrukturen begebe. Insofern habe sich ein Ethnisierungsschub im Sinne einer „kompensatorischen Gruppenbildung"[28] ergeben. Dessen Niederschlag bilde das sog. ‚russische Berlin‘ als ein Kommunikations- und Interaktionsraum von ehemaligen Sowjetbürgern aller Ethnizitäten, den die Autoren als „sowjetische Quasi-Gemeinde"[29] bezeichnen.

Soziologische Untersuchungen wie diese gehen von der Annahme aus, daß Migranten Vergemeinschaftungsprozessen unterworfen sind, in denen der Rückgriff auf Kultur als Modus der sozialen Grenzziehung von Gruppen

---

konstatieren die Autoren, daß das „Migrationsregime", das die administrativ-rechtlichen Rahmenbedingungen der Migration vorgibt, maßgeblichen Einfluß auf die ethnische Segregation habe: „Die unterschiedlichen rechtlichen Einteilungen der Zuwanderergruppen knüpfen an kulturell-ethnische Zuschreibungen an, womit ethnisch begründete Barrieren verstärkt werden – zum Beispiel zwischen Aussiedlern und jüdischen Flüchtlingen, zwischen ‚echten‘ und ‚unechten‘ Aussiedlern oder zwischen diesen und Einheimischen. Der rechtliche Status bestimmt insbesondere für die jüdischen Flüchtlinge und die Spätaussiedler auch nach dem Aufnahmeverfahren den Alltag, da an ihn eine Reihe differenzierter Leistungsansprüche sowie staatlicher und kommunaler Verpflichtungen gebunden ist. Diese Hilfen, die diese Zuwanderer gegenüber anderen Einwanderergruppen privilegieren, erleichtern den Alltag, fördern aber auch den Verbleib in der Gruppe und eine stärkere Binnenkommunikation. Daher ist es wahrscheinlich, daß sich die administrative Einteilung der Gruppen auch in einer getrennten Bildung von Gemeindestrukturen fortsetzt."

28 Oswald/Voronkov (Hg.) 1997, S. 34.
29 Ebd.

20

fungiert. Eine vergleichbare sozialkonstruktivistische Perspektive liegt auch der vorliegenden Studie zugrunde. Im Gegensatz zum Forschungsprojekt von Oswald und Voronkov wird die Frage nach ethnischer und kultureller Identität hier allerdings nicht schon von vornherein zum Untersuchungsgegenstand erklärt. Insofern geht es hier nicht a priori um ‚jüdische Identität‘. Vielmehr stehen die *Prozesse* der Migration im Vordergrund, in deren Verlauf sich die Migranten neu verorten, wobei sich erst erweist, welche Relevanz der Bezug zum Judentum im Einzelfall tatsächlich gewinnt.

Migration als Prozeß: Ethnologische Konzepte

Die bisher gängige Migrationsforschung untersucht vor allem Wanderungsmotive und Integrationsprobleme, doch der eigentliche Verlauf der Migration bleibt ausgeblendet. Darauf hat Barbara Wolbert hingewiesen und im Rahmen einer kritischen Sichtung sozialpädagogisch und bildungspolitisch motivierter Studien zur Arbeitsmigration in der Bundesrepublik festgestellt, daß „Fragen nach der Identität von Migranten, nach ihrem Platz in der Gesellschaft und ihren Beweggründen" der sozialen Verortung immer wieder in einem Rekurs auf ihre kulturelle und ethnische Identität beantwortet wurden.[30] Demnach werden Migranten als zwischen zwei an Raum bzw. Territorium gebundene Kulturen stehend konzipiert, deren Migration quasi in ein ‚kulturelles Dazwischen‘ mündet. Migration wird somit als Überwindung der Differenz zwischen zwei Kulturen aufgefaßt; gelingt diese Überwindung nicht, kommt es zur ‚Kulturkrise‘[31] im Individuum. Statt von der Frage nach

30 Wolbert 1995, S. 7-25, hier S. 8.
31 Seit Mitte der siebziger Jahre übernimmt vor allem die sozialpädagogisch ausgerichtete Migrationsforschung das primordiale Ethnizitätskonzept, um Integrationsprobleme der sog. Gastarbeiter und ihrer Kinder als ‚Kulturkonflikte‘ zu erklären. Ethnizität wird hier zumeist als grundlegende Konstante der menschlichen Sozialisation vorausgesetzt; und Kultur erscheint als kulturelle Ausstattung, die die Migranten als ‚mentales Gepäck‘ in das Einwanderungsland mitbringen. Den Migranten werden dabei meist traditionelle Normen und Rollen zugeschrieben, die dann als Beweis dafür genommen werden, wie stark die alte ethnische Identität nachwirkt. Doch eben ein solches Nachwirken wurde von der Ausländerpädagogik als Problem angesehen, das erst dann als gelöst gilt, wenn die Migranten eine ‚volle kulturelle Identität‘ in Übereinstimmung mit den Verhaltensnormen der deutschen Aufnahmegesellschaft erreicht haben. Dieses Assimilationskonzept folgt einer letztlich normativen, ethnozentrischen Logik. Dennoch hat es eine erstaunliche Persistenz in den öffentlichen und politischen Diskursen über Migration in der Bundesrepublik entwickelt. Die Auffassung

Ethnizität und der kulturellen Identität von Migranten auszugehen, plädiert Wolbert für die Entwicklung neuer Ansätze in der Migrationsforschung, die diese Frage von vornherein offenlassen und statt dessen den Prozeß der Migration selbst untersuchen. Sie geht davon aus, daß „Lebensentwürfe, Lebensentscheidungen und Lebensstile in bisher unterschätztem Maße von Migrationsprozessen bestimmt sind und daß es gilt, Forschungskonzepte zu entwickeln, die weder kulturalistische Argumentationen nahelegen noch dazu verleiten, das Kulturelle außer Acht zu lassen."[32]

Wolberts Kritik am ethnisierenden Kulturdiskurs der Migrationsforschung schließt an die internationale ethnologische bzw. kulturanthropologische Fachdiskussion der letzten 20 Jahre an, in der der homogenisierende und essentialisierende Kulturbegriff kritisch hinterfragt und durch offenere und prozessuale Ansätze ersetzt wurde. Die Selbstverständlichkeit, daß ethnische Gruppen, Religionsgemeinschaften oder Kulturräume unhinterfragt gegeben sind, ist gründlich abhanden gekommen.[33] Und mehr noch: In der Kulturanthropologie beginnt – in Deutschland mit gewisser Verspätung seit Anfang der neunziger Jahre – eine Debatte um die Frage, welchen Anteil die Ethnologie selbst an der Konstruktion von kulturellen Ausgrenzungsdiskursen hat.

---

einer ‚Kulturmigration' bietet einfache Erklärungen, denn Integrationsprobleme werden hier letztlich auf Kulturkonflikte im Inneren des Individuums zurückgeführt. In dieser Perspektive wird Integration nicht im Hinblick auf die politisch-rechtliche Gleichstellung der Migranten in der Aufnahmegesellschaft untersucht, sondern als deren individuelle Aufgabe in der Auseinandersetzung mit den vorgegebenen Werten der aufnehmenden Gesellschaft. Zu einer ausführlichen Kritik an der Pädagogisierung des sog. ‚Ausländerproblems' vgl. Griese 1984, Giordano 1988, Brumlik 1994, Dittrich/Lentz 1994. Für eine grundlegende Darstellung der in der Ausländerpädagogik und Migrationssoziologie gängigen Perspektive auf Ethnizität siehe Bukow/Llaryora 1988, Czock 1993, Treibel 1988, Wolbert 1996.

32 Wolbert 1996, S. 6.

33 In der neueren ethnologischen Literatur wird insbesondere die räumlich-statische Gebundenheit von Kultur und kultureller Vergemeinschaftung infrage gestellt (vgl. Gupta/Ferguson 1992). Dabei wurden einerseits neue Terminologien und Konzepte entwickelt, die ‚enträumlichte' bzw. vernetzte Vergemeinschaftsformen sowie die dabei sozial produzierten Imaginationen und Bilder berücksichtigen, wobei Appadurais Begriff der „ethnoscapes" (Appadurai 1998) sicherlich zu den bekanntesten zählt. Andererseits entwickelten sich innerhalb dieser Forschungsströmung auch neue Untersuchungsfelder, wie z.B. Studien zur transnationalen Vernetzung von Diaspora-Gemeinschaften (1994; Cohen 1997; Haller 2000). Und schließlich implizieren diese Konzepte auch oftmals methodologische Neuerungen, wie beispielsweise die von Marcus (1995) formulierte Forderung nach einer „multisited ethnography" (siehe dazu auch Welz 1998 und Cyrus 1997).

Das zentrale Schlagwort dieser Debatte lautet ‚othering‘, ein Anglizismus, den man mit ‚Veranderung‘ umschreiben könnte.[34] Aber auch insgesamt haben neue Strömungen innerhalb einer Anthropologie der Spätmoderne, die ihre Perspektive auf Migration als zentrales Phänomen in einer zunehmend vernetzten Welt richtet, dazu beigetragen, Vorstellungen eines ortsfixierten, auf interne Kohärenz, soziale Homogenität und historische Kontinuität ausgerichteten Kulturbegriffs über Bord zu werfen.[35] Damit wurde nicht nur die Existenz klar abgrenzbarer Ethnien hinterfragt, zu deren Konstruktion die klassische außereuropäische Ethnologie ja selbst lange beigetragen hatte, indem sie ihren Forschungsgegenstand über Menschengruppen definiert hatte, die durch eine mehr oder weniger homogene Kultur charakterisiert seien.[36] Die Revidierung des traditionellen Kulturbegriffs hatte auch zur Folge, daß die Idee von der ‚Kulturmigration‘, die den Interpretationsmodellen der Migrationsforschung bis in die achtziger Jahre hinein zugrunde lag, einer breitgefächerten und grundsätzlichen Kritik unterzogen wurde.

Hatten sich verschiedene Ansätze im Zuge der konstruktivistischen Reflexion des ‚Kulturparadigmas‘[37] davon gelöst, dem einzelnen Migranten eine statische kulturelle Ausstattung zuzuschreiben, und war der Kulturbegriff infolgedessen entweder aus dem Blickfeld geraten oder hatte sich paradigmatisch in Sphären politischer Instrumentalisierung[38] und kulturpolitischer

---

34 Nicht selten, so Schiffauer (1997, S. 158ff), wird das ‚othering‘ als Vorwurf dann in die Diskussion eingebracht, wenn ein wissenschaftlicher Beitrag darauf abzielt, eine Kultur in einer Form darzustellen, die zeigt, daß das Handeln oder Denken von Angehörigen der untersuchten ethnischen Gruppe einer ‚anderen Logik‘ folgt als der derjenigen, die wir als unsere eigene bezeichnen. Auch Versuche, das ‚Andere‘ positiv darzustellen, sind folglich problematisch geworden. Die Kritik basiert dabei auf der Annahme, daß allein schon die Behauptung von Differenz das Setzen einer hierarchischen Beziehung impliziert und daß somit selbst der ethnologische Diskurs an der Konstruktion von Machtverhältnissen und Ausgrenzungen partizipiert.

35 Für einen allgemeinen Überblick über die Ethnologie der Migration in der Spätmoderne siehe Bräunlein/Lauser 1997 und Ackermann 1997.

36 Einer der wichtigsten Beiträge zu dieser Theoriedebatte stammt von dem schwedischen Sozialanthropologen Ulf Hannerz (1992), der das sog. Kreolisierungskonzept gegen Ideen von ‚kultureller Reinheit‘ und einer möglichen Unberührtheit durch kulturelle Fremdeinflüsse setzt.

37 Zu dieser konstruktivistischen Reflexion des Kulturbegriffs in der Kultur- und Sozialanthropologie vgl. Schiffauer 1997.

38 Vgl. Stolcke 1994 und Kaschuba 1995 zur Kritik am ethnisierenden Kulturdiskurs sowie Bausinger 1986, der den Begriff der „kulturellen Identität“ und seine diskursive Konjunktur im Kontext der Arbeitsmigration früh problematisiert hat. Nach Hermann Bausinger können die zunächst als positiv herausgestellten

Repräsentation[39] verschoben, so ist erst seit kurzem eine Rückbesinnung auf jene kulturellen Dimensionen zu beobachten, die in Migrationsprozessen selbst wirksam sind.[40] Dabei wird der Kulturbegriff im Sinne einer Praxeologie sozialen Handelns[41] zurückgeholt. In der Konzeption einer ethnologischen bzw. kulturwissenschaftlichen Migrationsforschung müssen Migranten als Akteure ins Blickfeld gerückt und der Handlungsaspekt von Migrationsbewältigung als kulturelle Praxis im sozialen Kontext untersucht werden.

Um nun die Besonderheit des Migrationsprozesses ‚jüdischer Kontingentflüchtlinge‘ in seiner inneren Dynamik erfassen sowie auch die Bandbreite unterschiedlicher Migrationsverläufe in den Blick zu bekommen, werden in der vorliegenden Studie handlungstheoretisch orientierte ethnologische Konzepte als Ausgangspunkt genommen, wie sie insbesondere von Werner Schiffauer und Barbara Wolbert in die Migrationsforschung eingebracht wurden.[42]

---

kulturellen Differenzen im Multikulturalismus ins Gegenteil gewendet werden, indem der soziokulturelle Abstand von Migranten betont und die vermeintliche Unveränderlichkeit unterstrichen wird. Verena Stolcke spricht in diesem Zusammenhang von neuen Strömungen eines „kulturellen Fundamentalismus". Dabei handele es sich um eine Ideologie, die von der Annahme ausgeht, daß sich die Menschheit aus einer Vielzahl unterschiedlicher und unvereinbarer Kulturen zusammensetzt, die räumlich getrennt sind. Einwanderungen, die entlang solch unvereinbarer kultureller Differenz bewertet werden, erscheinen damit als politisches Problem, als ‚Gefahr für die nationale Einheit‘.

39 Gisela Welz (1996) analysiert und kritisiert Darstellungskonzepte von fremden Kulturen im Kontext einer multikulturalistischen Bildungs- und Kulturpolitik in Einwanderungsgesellschaften an den Beispielen von Frankfurt a.M. und New York City.

40 Für Ayse Çaglar (1990, S. 193), die über türkische Arbeitsmigranten in Deutschland geforscht hat, sind Migranten ‚kulturelle Bastler‘ im Sinne Lévi-Strauss', die aus einem Vorrat vergangener und aktueller Diskurse neue Identitätsformen schaffen. In solchen Ansätzen wird ‚Kultur‘ nicht mehr als kulturelle Ausstattung der Migranten verstanden, sondern als kulturelle Praxis, bei der die Identitätsformen in der Migrationssituation kontinuierlich neu ausgehandelt werden. Barbara Wolbert (1995) bezieht den Begriff der „kulturellen Praxis" vor allem auf die Deutung und Verarbeitung der Migration im narrativen Handeln der Biographie.

41 Vgl. Bourdieu 1979 und De Certeau 1988.

42 Vgl. die Arbeiten von Schiffauer (1991) und Wolbert (1984, 1995, 1996) zur türkischen Arbeitsmigration bzw. Rückkehrforschung. Werner Schiffauer analysiert den Migrationsprozeß anhand der Wanderung vom türkischen Dorf in die Großstadt und nach Europa und zeigt, wie sich im Zuge dieser Migration neue Strukturen von Subjektivität herausbilden – eine Erfahrung der Moderne. Barbara Wolbert untersucht Migration bzw. Rückkehr als Statuspassage. Im Rekurs auf Ritualtheorien von Arnold van Gennep und Barney G. Glaser und Anselm

Diese Arbeiten stellen „die Akteure in den Mittelpunkt, gehen von deren Aussagen aus und können so unabhängig von vorgegebenen Kategorien der Zugehörigkeit argumentieren. Migrationsprozesse sind in diesem Zusammenhang migrationsgeprägte Lebensläufe."[43]

Gefragt wird nach der Bedeutung der Migration und ihrer Transformativität aus der Perspektive derer, die sie vollziehen, d.h. der Prozeß des Sich-Veränderns wird aus der Erfahrung derer, die diesen Prozeß durchmachen, nachvollzogen. Dabei umfaßt der Begriff der ‚Erfahrung' oder des ‚Erlebens' weniger das persönliche Erlebnis des einzelnen als vielmehr sein Eingebundensein in soziale Bezüge. Migration wird als sozialer Prozeß konzeptionalisiert, in dem persönliche Veränderung stattfindet.

Die vorliegende Studie vollzieht Migrationsverläufe als soziale Prozesse aus der akteurszentrierten Perspektive nach. Sie untersucht die Spezifik der Migrationsprozesse der russisch-jüdischen Einwanderung und deren Bedeutung auf der Ebene individueller Entscheidungen und subjektiver Lebens- und Handlungsstrategien. Gleichwohl geht die Untersuchung davon aus, daß Migrationsprozesse nicht allein aus der Sicht derer zu verstehen sind, die sie vollziehen. Individuelle Migrationsverläufe sind nur angemessen zu erfassen, wenn auch institutionelle Macht und Autorität, d.h. politische, rechtliche und bürokratische Rahmenvorgaben einbezogen werden. Der Arbeit liegt daher ein erweiterter Forschungsansatz zugrunde, der den gesellschaftspolitischen Kontext in Beziehung zu den Migrationsprozessen einzelner Akteure setzt: Die Studie nimmt den in der Aufnahmegesellschaft zugewiesenen Rechtstitel ‚Kontingentflüchtling' zum Ausgangspunkt, um zu zeigen, wie Migrationsverläufe und Integrationsstrategien durch rechtliche und bürokratische Vorgaben strukturiert und modelliert werden.

Die Rahmenbedingungen, das Aufnahmeverfahren und die Diskurse zur russisch-jüdischen Zuwanderung werden im ersten Teil der Arbeit ausgelotet. Im zweiten Teil wird der Migrationsverlauf als sozialer Prozeß anhand einer Analyse lebensgeschichtlicher Erzählungen von Migranten untersucht. Dabei liegt der Schwerpunkt auf den Erfahrungen der Zuwanderer in der Aufnahmegesellschaft und auf ihren Bemühungen, soziale Anerkennung zu

---

Strauss sowie in Anlehnung an das Konzept des sozialen Dramas von Victor Turner liefert Wolbert ein Erklärungsmodell, das den Prozeß- und Symbolcharakter der Migration betont und ihre lebensgeschichtliche Bedeutung hervorhebt. Den Studien von Schiffauer und Wolbert ist gemeinsam, daß sie Migration als Prozeß beschreiben, in dem Kultur als soziale Praxis sichtbar wird. Die Untersuchungen beider Ethnologen zeigen den Erkenntnisgewinn bei Langzeitbeobachtungen von Migranten und deren Bewältigungsstrategien in der Verarbeitung von Migrationsprozessen.

43 Wolbert 1996, S. 57.

erlangen. In Einzelfallstudien wird geklärt, auf welche sozialen Gruppen und Institutionen die Migranten treffen, die ihnen im Verhältnis zu ihrem jeweiligen Anerkennungsbegehren wichtig sind. Im Kontakt mit der Bürokratie und der Verwaltung, mit sozialstaatlichen Einrichtungen wie Aufnahmeheimen und Wohlfahrtsverbänden, Sozial- und Arbeitsämtern, Ausländerbehörden und mit jüdischen Gemeinden werden Migranten mit Diskursen konfrontiert, mit denen sie sich auseinandersetzen müssen. Gezeigt wird, in welcher Weise diese Diskurse auf die Migranten wirken und wie diese Erfahrungen in der biographischen Selbstreflexion verarbeitet werden. Der Migrationsverlauf in seiner Transformativität umfaßt hier die Veränderung von Selbstbildern in Auseinandersetzung mit den Diskursen um jüdische Identität im Aufnahmeland.

Diskurse der Inkorporation

Der erste Teil der Studie behandelt die ‚Logik der Inkorporation' von sowjetischen Juden in die deutsche Aufnahmegesellschaft. Es werden sowohl die Voraussetzungen als auch die Wirkungen einer Migrationspolitik herausgearbeitet, die ‚jüdische Identität' als Aufnahmekriterium vorgibt und den Aufenthaltstatus ‚Kontingentflüchtling' zuweist. Mit dem Begriff der ‚Inkorporation' sind nicht nur die formalen Rahmenbedingungen der russisch-jüdischen Einwanderung gemeint. Vielmehr soll die Aufnahme russischer Juden hier als politischer, rechtlicher und kultureller Prozeß untersucht werden, wobei die kulturelle Dimension dieser Inkorporationslogik durch die Analyse der medialen Diskurse über das Aufnahmeverfahren sowie über die Migranten selbst erschlossen wird.

Was waren die politischen und bürokratischen Rahmenvorgaben, welche Erwartungen an die Identität der Migranten verbanden sich mit ihrer Aufnahme? Wie wurden die Zuwanderer vor dem Hintergrund dieser Identitätsvorstellungen und des ihnen zugewiesenen Flüchtlingsstatus wahrgenommen und bewertet? Und schließlich: Wie wandelten sich die öffentlichen Bilder im Verlauf ihrer Einwanderung?

Diese Fragen lagen der Auswertung von rund 500 Zeitungsartikeln zugrunde, in denen seit 1990 explizit über die Einwanderung berichtet wurde. Die im folgenden Kapitel angeführten Zitate aus den Medien repräsentieren in verdichteter Form wiederkehrende Aussagen über die russisch-jüdische Zuwanderung.[44] Die Texte dieses Samples, das den Zeitraum zwischen 1990

---

44 Ausgewertet wurde sowohl die nachrichtenförmigen Berichterstattung als auch Reportagen, Kommentare und Hintergrundberichte.

und 1998 umfaßt, dokumentieren Diskurse, die das Wissen der deutschen Öffentlichkeit über die russisch-jüdische Zuwanderung wesentlich mitkonstituieren. Da Medien gesellschaftlich relevante Diskurse aufgreifen und (re)produzieren, bietet eine detaillierte Analyse der medialen Berichterstattung die Möglichkeit, zentrale Facetten der Logik dieser ‚Inkorporation' aufzuzeigen.

Die Untersuchung konzentriert sich auf die Printmedien: auf regionale und überregionale Tageszeitungen sowie Zeitschriften und Wochenzeitungen.[45] Etwa zur Hälfte handelt es sich um Berichte, die den Verlauf der politischen Entscheidungen zum Aufnahmeverfahren dokumentieren. Die Systematik von Nachrichten, die heute in der Regel von großen Presseagenturen entwickelt wird, folgt der Tagespolitik, die wiederum durch die Medien repräsentiert wird. Zur anderen Hälfte umfaßt das Sample Reportagen, Hintergrundberichte und Kommentare. Für dieses journalistische Genre gilt, daß verschiedene Aspekte eines Themas gewissermaßen aus subjektiver Perspektive veranschaulicht werden, d.h. die Autoren haben den Spielraum, persönliche Eindrücke oder Meinungen mit einfließen zu lassen.

Medien sind „einflußreiche Agenturen der Sinngenerierung und Bedeutungsvermittlung".[46] Der Mediendiskurs ist ein öffentlich zugänglicher Diskurs, der unsere Wirklichkeitssicht prägt und Wahrnehmungsmuster nahe legt, deren Rezeption wiederum von sozialer Position und lebensgeschichtlicher Erfahrung abhängt. Gerade bei Themen, die die Juden als kulturelle und religiöse Gemeinschaft betreffen, wird dabei unsere Wahrnehmung in hohem Maße von diskursvermittelnden Medien geleitet, da Alltagsbegegnungen mit Juden heutzutage kaum zum Erfahrungshorizont von deutschen Nichtjuden gehören.[47]

Durch die Einsicht in den Konstruktionscharakter von medial vermittelten Wirklichkeitsauffassungen[48] wird dem Mißverständnis vorgebeugt, mit dem Stichwort ‚Medien' die Frage zu verbinden, ob sie ‚eigentliche Realität' wiedergeben. Die Frage ist demnach nicht, *ob* Medienberichterstattungen

---

45   Um die Bandbreite der Berichterstattung sowie auch die Differenziertheit von Printmedien (fast) aller politischer Couleur erfassen zu können, wurden Zeitungsausschnitte herangezogen aus: Allgemeine Jüdische Wochenzeitung (Jüdische Allgemeine), Berliner Wochenpost, Berliner Zeitung, BZ, Deutsches Allgemeines Sonntagsblatt, Focus, Frankfurter Allgemeine Zeitung (FAZ), Frankfurter Rundschau (FR), Rheinischer Merkur, Spiegel, Süddeutsche Zeitung (SZ), Tagesspiegel, Tageszeitung (Taz), Welt, Wochenpost, Zeit und Zeitmagazin.

46   Müller-Doohm/Neumann-Braun 1995, S. 11. In ihrer Einleitung gehen die Autoren der Frage nach, welchen Anteil die Massenmedien an der symbolischen Repräsentation kultureller Sinnvermittlung haben.

47   Rommelbacher o.J. (ca. 1994), S. 50-67.

48   Müller-Doohm/Neumann-Braun 1995, S. 9.

Konstruktionen sind, sondern *wie* die Medien kulturelle Deutungsmuster produzieren. Daraus folgt, daß es nicht darum geht, Nachrichten und Berichte auf der einen und Reportagen und Kommentare auf der anderen Seite auf einen vermeintlich mehr oder weniger großen Wahrheitsgehalt hin zu prüfen oder gegeneinander auszuspielen, da der Versuch, Medienrealität falsifizieren zu wollen, grundsätzlich ungerechtfertigt und auch unmöglich ist.[49]

Medien rekonstruieren und konstruieren immer, und in diesem untrennbaren Wechselspiel unterliegen sie selbstverständlich gewissen Rahmenvorgaben; sie produzieren also keine freischwebenden Bedeutungen.[50] Zu diesen Rahmenbedingungen gehören etwa das journalistische Ethos (z.B. Redlichkeit der Recherche), ein vom jeweiligen Genre abhängiger Recherche- und Schreibstil, historische Ereignisse und soziale Kontexte, auf die Bezug genommen wird, oder auch bestimmte gesellschaftliche Meta-Diskurse, die strukturieren, was öffentlich sagbar ist und was nicht.

Dem diskursanalytischen Teil dieser Studie liegt ein Medienverständnis zugrunde, wonach die mediale Berichterstattung beides ist: zum einen Quelle für die Diskurse der verschiedenen, am Aufnahmeverfahren beteiligten Akteure; zum anderen fungieren Medien selbst als Diskursproduzenten. Medien greifen Facetten sozialer Wirklichkeit auf, die journalistisch aufbereitet werden, und die medialen Diskurse wirken wiederum auf die soziale Wirklichkeit zurück. Diskurse verkörpern hier einerseits die Wahrnehmungs- und Handlungsstrukturen der an der Aufnahme und Eingliederung russischer Juden beteiligten Akteure wie Politiker, Vertreter des Zentralrats der Juden in Deutschland, jüdische Gemeindevertreter sowie Mitarbeiter verschiedener Sozialeinrichtungen, deren Stellungnahmen, Wahrnehmungs- und Handlungsmuster in den Medien repräsentiert werden. Dabei kommt den Medien andererseits wiederum auch die Rolle eines eigenen Akteurs bei der medialen Begleitung und Bewertung des Migrationsprozesses zu.

Es gilt vor allem, die Genealogie, also die zeitliche Entwicklung der verschiedenen Diskurse um die Einwanderung zu beschreiben und zu interpretieren. Die moralischen Implikationen dieser Diskurse geben bestimmte Argumentationsregeln vor, die den Zuwanderungsprozeß symbolisch rahmen. Dazu gehören beispielsweise die Rede von der besonderen Verantwortung Deutschlands angesichts der ‚Holocaust-Hypothek' sowie das Plädoyer für eine Wiederbelebung der jüdischen Gemeinden. Die Frage ist hier, wie die Migranten vor dem Hintergrund des moralischen Diskurses, dem Aufnahmekriterium der jüdischen Identität und dem zugewiesenen Flüchtlingsstatus wahrgenommen und in den Medien repräsentiert werden. Die Bilder, die

---

49 Schulz 1976, S. 25.
50 Müller-Doohm/Neumann-Braun 1995, S. 9. Darauf weisen die Autoren in Abgrenzung zu radikal-konstruktivistischen Theorien hin.

dabei entworfen werden, haben deshalb eine so große Wirkmächtigkeit, weil sie, wie auch das Aufnahmeverfahren selbst, aus dem ‚Holocaust-Diskurs‘ und der ‚Wiedergutmachungsgeste‘ heraus entstanden sind. Diese symbolische Rahmung der Migrationspolitik generiert bestimmte Bilder von den Migranten und fördert ihre Festschreibung.

Die Medien produzieren und reproduzieren Bilder, die schon im Aufnahmeverfahren angelegt sind – z.b. in Hinblick auf Flüchtlingsstatus und jüdische Identität – und die mit der realen Migrationspraxis kollidieren. Sie berichten über einen Zeitraum von mehreren Jahren regelmäßig aus Aufnahmeheimen, jüdischen Institutionen oder bestimmten Sozialeinrichtungen, greifen dabei Schilderungen der Mitarbeiter dieser Institutionen und deren Erfahrungen mit den Migranten auf und verdichten diese Eindrücke zu stereotypen, ja mitunter eindeutig negativen Wahrnehmungsmustern der russisch-jüdischen Einwanderung. Vor diesem Hintergrund zeigt die Analyse des medialen Diskurses, daß das Migrationssystem im Endeffekt u.a. auch einen spezifischen Abweichungs- und Delinquenzdiskurs hervorgebracht hat.

Im ersten Teil der Studie wird diese Spannung zwischen den Identitätsvorgaben des Aufnahmeverfahrens, den Migrationsmustern und -praxen der Migranten und den Diskursen über sie untersucht. Die Verknüpfung von Migrationspolitik und Mediendiskursen ist in doppelter Hinsicht von Bedeutung: Zum einen werfen diese Diskurse ein Licht auf den Umgang der deutschen Gesellschaft mit Einwanderern wie auch mit der deutsch-jüdischen Geschichte. Zum anderen müssen sich die Migranten mit den medial vermittelten und erzeugten Bildern auseinandersetzen, mit denen sie beispielsweise im Kontakt mit den Instanzen und Institutionen der Aufnahmegesellschaft konfrontiert werden. Die im Aufnahmeland vorherrschenden Diskurse werden dadurch zu einem integralen Bestandteil der biographischen Neuverortung der russisch-jüdischen Zuwanderer.

Biographie und Migration

Was bedeutet eine Migration aus der Perspektive derjenigen, die sie vollziehen? Wie drückt sich die Besonderheit eines Migrationsverlaufs in den Biographien der sowjetischen Juden aus, die seit Anfang der neunziger Jahre nach Deutschland kamen? Mit diesen Fragen, deren offene Formulierung das Prozeßhafte der Migration erfassen sollte, begann ich im Sommer des Jahres 1994 meine Feldforschung.[51] Um Kontakte zu gerade eingereisten ‚jüdischen

---

51   Die Feldforschung konzentrierte sich auf Berlin und Brandenburg. Neben insgesamt 45 Interviews mit Migranten (knapp die Hälfte davon in Form klassischer

Kontingentflüchtlingen' zu bekommen, wohnte ich zwei Monate lang in einem staatlichen Aufnahmeheim in der Nähe von Berlin, in dem die Neuankömmlinge untergebracht wurden und wo ihre sozialstaatliche Eingliederung stattfinden sollte. In Berlin suchte ich später Orte und Institutionen auf, von denen ich annahm, dort nach der Wende zugewanderte Migranten zu treffen: die jüdischen Gemeinden in Ost- und West-Berlin, die Zentralwohlfahrtsstelle der Juden in Deutschland (ZWST) und den jüdischen Kulturverein. Ich besuchte Veranstaltungen und Vorträge, die die „Neue Welle"[52] zum Thema hatten und sprach die Mitarbeiter jüdischer Organisationen an, die mir zu Kontakten mit Migranten verhalfen, wie auch meine Interviewpartner mir wiederum im ‚Schneeballsystem' Bekannte oder Freunde vermittelten.[53]

Gegenüber den genannten Personen und Institutionen formulierte ich mein Forschungsinteresse an der russisch-jüdischen Einwanderung der neunziger Jahre ganz offen und kündigte an, an persönlichen Erfahrungen der Migranten interessiert zu sein. Diejenigen, die sich zum Interview bereit erklärten, bat ich dann, mir die Geschichte ihrer Migration zu erzählen. Von meinen Gesprächspartnern konnte ich also von vornherein nur annehmen, daß sie als aus der UdSSR stammende Juden in Deutschland aufgenommen worden waren und ihre ‚Authentizität' mit dem Eintrag der ‚jüdischen Nationalität' im sowjetischen Paß bzw. mit einer Geburtsurkunde nachgewiesen hatten. Ich wußte aber nicht, ob sie sich auch selbst als Juden bezeichneten und was ihnen eine jüdische Identität bedeutete.[54] In der ersten Begegnung fragte ich

---

narrativer Interviews) führte ich etwa 20 Experteninterviews mit Sozialarbeitern in jüdischen Gemeinden in Berlin und Brandenburg, mit Verwaltungsjuristen im Berliner Senat (Einbürgerungsstelle), in der Berliner und Potsdamer Ausländerbehörde und im Auswärtigen Amt in Bonn sowie mit Mitgliedern des Zentralrats der Juden in Deutschland. Neben der zweimonatigen Feldforschung in einem Aufnahmeheim bei Berlin führte ich eine weitere dreiwöchige Feldforschung in einem Aufnahmeheim einer jüdischen Gemeinde in Brandenburg durch.

52 Mehrfach bezeichneten Migranten die Emigration nach dem Zusammenbruch der Sowjetunion als „vierte Welle". Damit wurde unterschieden zwischen der Migrationsbewegung nach der Oktoberrevolution bis in die 1920er Jahre hinein; der zweiten Migrationswelle nach dem Ende des Zweiten Weltkrieges, und der dritten von Beginn der sechziger bis Ende der achtziger Jahre.

53 Alle meine im folgenden genannten Gesprächspartner und die genauen Ortsangaben (z.B. die Namen der Aufnahmeheime) sind anonymisiert.

54 Jeroen Doomernik weist in seiner quantitativ ausgerichteten soziologischen Untersuchung über russisch-jüdische Immigranten in Berlin darauf hin, daß nicht alle von der deutschen Regierung als Juden Aufgenommene jüdisch seien. Er bildet drei Kategorien: Erstens diejenigen, die eine andere Nationalität haben (z.B. die russische, ukrainische oder lettische; dazu zählen im Familiennachzug oder direkt im Familienverbund eingereiste Angehörige; letztere können mit ins

meine Gesprächspartner nicht danach, ob sie sich als Juden oder Russen verstehen. Ich wollte sie nicht zur Definition der eigenen Zugehörigkeit veranlassen. Vielmehr sollte sich die Bedeutsamkeit einer jüdischen Identität erst in der biographischen Erzählung erweisen.

Knapp die Hälfte der insgesamt 21 Migranten, mit denen ich ein narratives biographisches Interview führte, identifizierte sich nicht als Juden, darunter auch solche, die Mitglieder in einer jüdischen Gemeinde waren. In ihrer Biographie spielte ein jüdisches Selbstverständnis keine Rolle. Einige von ihnen bezogen Position in der Auseinandersetzung um die verschiedenen Bedeutungsebenen jüdischer Identität, um mir zu erklären, daß sie zwar aufgrund ihrer ‚jüdischen Nationalität‘ in Deutschland aufgenommen worden waren, ihnen diese Zugehörigkeit jedoch weder in der Sowjetunion etwas bedeutet habe, noch mit der Migration nach Deutschland wichtig geworden sei.

Zwei Beispiele: Boris Litovski, ein ca. 45jähriger Architekt, der bereits Ende der achtziger Jahre aus Leningrad nach Berlin gekommen war, bezeichnet sich als Russe und gehört einer jüdischen Gemeinde an.[55] Die Definition jüdischer Nationalität durch die sowjetischen Behörden weist er als Fremdzuschreibung zurück, die er niemals persönlich habe annehmen wollen. Sie habe diskriminierenden Zwecken im Rahmen der sowjetischen Nationalitätenpolitik gedient und sei bloße Abstammungskategorie. Für ihn sei sie bedeutungslos, für die Mehrzahl der Immigranten dagegen nicht, weil sie daraus ein nationales Selbstbewußtsein beziehen würden:

„Normalerweise spielt für Emigranten nach Deutschland das nationale Problem eine große Rolle. Das finde ich absolut sinnlos. Wir waren natürlich keine Juden im ethnographischen Sinn (...). Die Leute werden (in Deutschland) nicht nach dem Glauben empfangen, nicht nach der Kultur. Es gibt keine jüdische Kultur in diesem Sinne, es gibt in der jüdischen Gemeinde Deutsche, Russen, – was noch? Weiß ich nicht. Und was sie alle vereint, ist nur die Abstammung, das sind auch diese Kriterien, die im Judenpaß im Dritten Reich standen, nur anders qualifiziert: positiv und nicht negativ. Und das finde ich das größte

Kontingent aufgenommen werden); zweitens solche Migranten, die von den sowjetischen Behörden als Juden definiert wurden, sich selbst aber nicht als solche fühlen; drittens diejenigen Migranten, die mit Papieren belegen, daß sie Juden sind. Darunter seien auch solche, die sich Papiere kaufen, ohne irgendeinen jüdischen Hintergrund zu haben, und diejenigen, die ihre jüdische Herkunft über weitläufigere Verwandtschaft aktualisieren, weil deren Eltern diese Herkunft verdeckt hatten (vgl. Doornernik 1995, S. 416).

55 Dem sowjetischen Paß nach besitzen Boris Litovski und seine beiden Elternteile die jüdische Nationalität. Nach halachischem Verständnis gilt er als Jude, weshalb er Mitglied in der jüdischen Gemeinde werden konnte.

Problem dieser Emigration (...). Meine Ureltern waren Juden, als sie vom Stetl nach den großen Städten gekommen sind. Meine Oma konnte Jiddisch, so ein paar Worte; meine Eltern gar nicht. Sie waren normale Sowjetbürger, Russen. Und diese Ideologie hat dazu geführt, daß diese sogenannten Enkel der Juden sich als Juden identifizieren heute, und es ist lächerlich. Wir sind höchstens ideologische Juden."[56]

Als ein Intellektueller, der sich eingehend mit „jüdischen Fragen" beschäftigt, zieht Boris Litovski hier ein Kulturkonzept heran, das sich an dem Ethnos-Begriff orientiert, der dem Wissenschaftsverständnis ethnographischer Disziplinen in der Sowjetunion zugrunde lag.[57] Unter jüdischer Identität versteht er kulturelle Prägung und/oder das Bekenntnis zum jüdischen Glauben. Einen Identitätsbezug, der über Abstammung oder nationale Zugehörigkeit begründet wird, weist er als irrelevante Imagination zurück. Dieser Identitätslogik zufolge definiert er sich als Russe, weil er in der russischen Kultur und Sprache sozialisiert und nicht gläubig sei.[58]

Ein zweites Beispiel: Marina Natilowa, Mitte 40, kam Ende 1990 aus Odessa nach Berlin. Sie hatte über zwei Jahre im jüdischen Kulturverein auf einer ABM-Stelle gearbeitet und ist ebenfalls Mitglied in einer jüdischen Gemeinde. Auch sie hatte mir ihren Migrationsverlauf geschildert, ohne explizit von ‚jüdischen Erfahrungen' zu sprechen oder sich selbst als Jüdin zu bezeichnen. Am Schluß ihrer biographischen Erzählung reflektiert sie, ob im Zuge der neuen Migrationsbewegung „eigentlich Juden nach Deutschland kommen". Auch ihr Identitätsverständnis orientiert sich am ethnischen Paradigma, also an der Vorstellung jüdischer Identität als kultureller Prägung:

„Was bleibt von der jüdischen Kultur nach dem Holocaust, nach der Shoa übrig? Wenn alle diese Stetl vernichtet sind, die Leute verbrannt und die Bücher schon Asche sind, – was bleibt? In Osteuropa bleibt keine jüdische Kultur mehr außer vielleicht da, wo ein besonderes Museum gegründet wurde."

---

56 Interview am 7.6.1998.
57 Welz 1994, S. 66. Mit dem Begriff ‚Ethnos' wird eine Übereinstimmung von sozialer Gruppe, Kultur und Identität postuliert.
58 Auf meine Frage, warum er Mitglied in der jüdischen Gemeinde sei, wenn ihm das Judentum nichts bedeute, erklärte er mir, daß die jüdische Gemeinde sei bei seiner Ankunft in Berlin sehr geholfen habe, weil „alles im Westen" damals sehr fremd gewesen sei. Heute nutze er die Mitgliedschaft, um eine innerjüdische Diskussion um den „jüdischen Nationalismus" in Gang bringen zu können. Dies sei ihm nur als „Insider" möglich.

Zwar bestreitet Marina Natilowa die Existenz einer lebendigen jüdischen Kultur, doch führen sie ihre Reflexionen auch zu jüdischen Erinnerungsspuren in ihrer Familiengeschichte:

„Wir Migranten kommen und versuchen, all diese Krümel zu sammeln. Ich erinnere mich zum Beispiel an meine Oma. Irgendwer erinnert sich immer an seine Oma. Ich lerne aus diesem jüdischen Kochbuch und erkenne viele Gerichte, die meine Oma gemacht hat, die wir noch zuhause machten. Na und? Jeder von uns, der keine jüdischen Papiere gekauft hat, sondern seine eigenen mitgebracht hat, jeder von uns kann in seiner Vergangenheit einige Momente von solcher Jüdischkeit finden."[59]

Marina Natilowas jüdische Erinnerungen umfassen nur noch einige folkloristische oder kulinarische Momente. Indem sie diese Geschichten regelmässig mit einem „Na und?" beschließt oder fragt: „Was ist das für eine Jüdischkeit?", nimmt sie die Bedeutung dieser Erinnerungsfragmente letztlich zurück. Manche Erlebnisse erinnert sie zwar als jüdische, charakterisiert sie jedoch für die eigene Identität als bedeutungslos. Ihrer Meinung nach halten sie auch im Rückblick als Marksteine einer jüdischen Biographiekonstruktion nicht stand. Es sind eher Zitate einer für sie nicht mehr relevanten jüdischen Welt, deren sprachliche und kulinarische Überbleibsel hin und wieder fragmentarisch im Alltag auftauchten. Immer wieder verweist Marina am Ende solcher Geschichten darauf, daß man sie so oder so gewichten könne: „Ja, man kann so oder so, aber wer denkt daran?" Sie versucht mir zu erklären, daß man mit diesen Erinnerungen unter Beweis stellen könne, eine jüdische Identität noch in der UdSSR gehabt zu haben, indem man diese Fragmente quasi aufsammelt und daraus eine ‚jüdische Biographie' modelliert, sie also mit lebensgeschichtlicher Bedeutung auflädt; man könne ihnen aber auch keine Bedeutung beimessen.[60] Marina kommt immer wieder zu dem Schluß, daß diese jüdischen Momente letztlich nicht prägend gewesen seien. Sie bleibt „Russin", wie sie sagt, trotz ihrer Mitgliedschaft in einer jüdischen Gemeinde.

Boris Litovski und Marina Natilowa sind zwei Beispiele für diejenigen Migranten, die sich trotz der Mitgliedschaft in einer jüdischen Gemeinde nicht als Juden bezeichnen. Insgesamt führte ich 21 narrative Interviews mit Migranten, die seit Anfang der neunziger Jahre nach Deutschland gekommen

---

59 Interview am 4.7.1996.
60 Marinas biographische Perspektive könnte man als ‚konstruktivistisch' bezeichnen, wonach Erfahrungen je nach Relevanz für die Gegenwart in verschiedener Weise gewichtet werden können.

waren. Bei knapp der Hälfte von ihnen spielte eine jüdische Selbstidentifikation aus unterschiedlichen Gründen keine Rolle. Drei Migrantinnen hatten eine andere Nationalität und waren zusammen mit ihren Familienangehörigen eingereist, die ihre ‚jüdische Nationalität‘ nachgewiesen hatten. Bei zwei weiteren Migrantinnen war im sowjetischen Paß zwar die jüdische Nationalität vermerkt, doch weil nur der Vater und nicht die Mutter als jüdisch galten, werden sie nach halachischem Recht nicht in eine jüdische Gemeinde aufgenommen. Dies führen beide Frauen als Begründungen dafür an, keine Jüdinnen zu sein.

Zwei der insgesamt neun Migranten, die sich nicht als jüdisch bezeichneten, hatten nationalsozialistische Verfolgungen in der Ukraine bzw. im Baltikum erlebt. Die ältere Frau erklärte mir, seit dieser Zeit ihr jüdisches Selbstverständnis verloren zu haben, weil ihre gesamte Familie unter den Nazis in Lettland umgekommen war. Der ältere Mann, der aus der Ukraine stammte und dessen Familie ebenfalls von den Nazis verfolgt worden war, erwähnte im Interview keinerlei jüdischen Selbstbezug, und auf meine Nachfrage, ob er in einer jüdischen Gemeinde sei, wies er dies vehement als Privatsache zurück.

Eine Migrantin, mit der ich sprach, kam von sich aus auf ihr Identitätsproblem zu sprechen, das darin bestand, selbst nicht zu wissen, ob sie Jüdin sei oder nicht: Auf die Religion bezogen müsse sie dies verneinen, auf ihre Herkunft und die familiäre Tradition bezogen könne sie dies bejahen, weil ihre Großeltern religiös gewesen seien und jiddisch gesprochen hätten. Würde man jüdische Identität wie in der UdSSR als Nationalität definieren, dann sei sie wiederum in Deutschland keine Jüdin mehr. Einmal, weil hier Judentum als Religion gefaßt werde, zum anderen, weil sie keine Nationalität mehr habe, sondern staatenlos sei.

Elf meiner Gesprächspartner artikulierten ein jüdisches Selbstverständnis, wovon wiederum zwei keine Gemeindemitglieder waren. Für die Fallstudien im zweiten Teil dieses Buches habe ich unter insgesamt neun Migranten, die Mitglieder in einer jüdischen Gemeinde sind und die sich auch selbst als Juden bezeichneten, drei ausgewählt. Indem ich Personen mit einem expliziten jüdischen Selbstverständnis aussuchte, ging ich bewußt einen anderen Weg als John Borneman und Jeffrey Peck. In ihrer Untersuchung über Juden, die aus dem Exil ins Nachkriegsdeutschland zurückgekehrt waren, nahmen sie auch die Lebensgeschichten solcher Migranten auf, die darauf bestanden, nicht jüdisch zu sein.[61]

---

61 Borneman und Peck (1995, S. 3-33) identifizierten ihre Gesprächspartner als deutsche Juden, wenn sie es selbst taten oder weil sie es der Abstammung nach waren. Dabei unterschieden die Autoren einerseits zwischen der Außenzuschreibung nach Blutsabstammung durch die Nürnberger Gesetze und andererer-

Mein Erkenntnisinteresse galt der Frage nach dem Zusammenhang zwischen Migrationsprozeß und jüdischem Selbstverständnis. Mit der Analyse individueller Migrationsprozesse eröffnet sich die Möglichkeit, kollektive Identitätslabel – ganz gleich, ob russisch, jüdisch oder sowjetisch – zu reflektieren. Statt Identität als kulturelle Prägung zu untersuchen, gerät hier die Frage nach der Neukonstituierung von Identitätsformen in einer biographischen Umbruchsituation in den Blick.

Die drei Migranten, die im zweiten Teil dieser Studie vorgestellt werden, geben mit ihren Selbstbildern drei mögliche Antworten darauf, wie sich die Beziehung zum Jüdischen im Migrationsverlauf verändert. Als Fallbeispiele repräsentieren sie keine verallgemeinerbaren, sondern in sich typische Erfahrungen. Sie bieten ein „Spektrum möglicher Prozeßverläufe".[62] Der Begriff der Typik bezieht sich in diesem Zusammenhang auf die Rekonstruktion einzelner Fälle, um individuelle Sinnstrukturen in einem bestimmten gesellschaftlichen Kontext explizit zu machen.[63] Ob das „Typische im Individuellen"[64] getroffen ist, hängt von der Schlüssigkeit der analytischen Rekonstruktion des jeweiligen Einzelfalls ab und ist mithin nicht an der Anzahl der untersuchten Fälle festzumachen.[65] Darüber, wie häufig ein Muster tatsächlich vorkommt, sagt der Begriff der Typik nichts aus, und so war quantitative Repräsentativität auch kein Anliegen dieser Untersuchung.

Ich bemühte mich, die Interviews unter jeweils ähnlichen Bedingungen zu führen. So erläuterte ich meinen Gesprächspartnern anfangs, daß ich nicht nach einem Fragebogen vorgehen würde und von ihnen auch keine allgemeinen Aussagen oder Meinungsbilder erwartete, sondern an ihren persönlichen Erfahrungen im Zusammenhang mit ihrer Migration interessiert sei. Mit

---

Interviewpartner ihrer Studie, die zu verschiedenen Zeiten als Juden klassifiziert wurden, bestanden darauf, keine Juden zu sein. Bornemann erläutert in seinem Vorwort „Identifying German Jews", sich der Gefahr bewußt gewesen zu sein, jemanden eine Identität zuzuschreiben. So hätten Borneman und Peck diesen Wunsch zwar respektiert, denn auch ihr Ziel sei es nicht gewesen, die Zugehörigkeit gegen den Wunsch ihrer Interviewpartner zu überprüfen. Sie seien jedoch bei ihrer Klassifizierung geblieben, weil sie gerade an der Beziehung zwischen Selbstverständnis und den beiden externen Zuschreibungsebenen im lebensgeschichtlichen und gesellschaftspolitischen Kontext interessiert waren.

62   Wolbert 1996, S. 132.
63   Vgl. Bude (1984), der den Begriff der Typik in dieser Weise für die biographische Fallanalyse in der empirischen Sozialforschung methodologisch profiliert hat.
64   Ebd., S. 22.
65   Ebd.

einem offenen „Erzählimpuls"[66] sollte ein biographisch-narratives Interview initiiert werden. Meine Eingangsfrage lautete dabei in etwa so: „Ich denke mir, daß so eine Migration ja nicht an einem Tag vonstatten geht. Können Sie sich noch daran erinnern, wie es zu Ihrer Migration kam?" Mit dieser Ausgangsfrage war zwar eine biographische Erzählung in der Verlaufsform vorgegeben, doch stellte sie den Gesprächspartnern frei, ihre Erzählungen da zu beginnen, wo die Migration in ihrer Lebensgeschichte relevant geworden war.

Während der Interviews achtete ich darauf, den Erzählfluß nicht zu unterbrechen, sondern ihn allenfalls durch kurze Nachfragen oder Signale der Aufmerksamkeit in Gang zu halten. Weder ging es darum, Deutungen auszuhandeln, noch versuchte ich der Erzählung durch konfrontative Aufforderungen eine andere Wendung zu geben. In einem Nachfrageteil wurden Aspekte vertieft oder Informationslücken geschlossen. Die Interviewsituation unterschied sich auch insofern deutlich von normalen Formen der Alltagskommunikation, als ich es vermied, eigene Meinungen und Erlebnisse quasi reziprok ins Gespräch einzubringen. Erst nach Abschluß des Interviews als dem formellen Teil der Begegnung entwickelten sich meist informellere Gespräche und Diskussionen z.B. über Migrationspolitik und Einwanderung im allgemeinen, in denen ich dann auch eigene Standpunkte, Erfahrungen und Kenntnisse einfließen ließ.

Bewußt vermied ich die direkte Frage nach den Gründen der Auswanderung oder der Entscheidung für Deutschland, denn ich hatte die Erfahrung gemacht, daß solch eine Frage oft mit schon eingeübten und deshalb stereotypen Begründungen beantwortet wurde. Sowohl in den Medien als auch in einigen sozialwissenschaftlichen Untersuchungen waren die Migranten zuallererst mit der Frage konfrontiert worden, warum sie nach Deutschland gekommen seien.[67] In den Antworten wird dann häufig versucht, den vermuteten Identitätserwartungen des Gegenübers zu entsprechen, indem die zunehmende Bedrohung durch den Antisemitismus in der Sowjetunion für die Emigration verantwortlich gemacht wird. Bisweilen verstanden auch meine Interviewpartner das Interesse am Verlauf ihrer Migration als Frage nach dem „Warum", so z.B. ein Informant, der bereits mehrfach von Journalisten interviewt worden war und meine eingangs gestellte Frage gewendet an mich zurückgab.

---

66   Fritz Schütze (1983), der die Technik des narrativen Interviews grundlegend ausgearbeitet hat, hat darauf hingewiesen, daß der erste erzählgenerierende Impuls eine formatierende Wirkung für die gesamte biographische Erzählung hat (vgl. Bude 1995, S. 9).

67   Schoeps 1996, S. 45ff.

„Ach, Sie wollen wissen, warum wir Juden nach Deutschland kommen. Ich verstehe, die Hauptfrage an Juden ist hier, warum Juden nach Deutschland wandern, wo sechs Millionen getötet wurden. Das ist eine gewöhnliche Frage, eine Hauptfrage."

In solchen Reaktionen zeigten sich gewissermaßen die Reflexe auf einen Diskurs, der den Migranten Begründungen dafür abverlangt, sich für ‚das Land des Holocaust' entschieden zu haben. Derartige Reaktionen sind im Kontext der gesamten biographischen Erzählung etwa im Hinblick darauf aufschlußreich, ob die Form der Biographie eine legitimatorische Struktur aufweist. Von vornherein jedoch die Frage nach den Gründen der Migration zu stellen, hätte bedeutet, Motive abzufragen und möglicherweise keine biographische Erzählung über den gesamten Migrationsprozeß zu evozieren.

„Seit ich in Deutschland bin, denke ich Tag und Nacht darüber nach, warum alles so gekommen ist", resümierte Elias Jakobowski sein gegenwärtiges Lebensgefühl, als wir uns zum verabredeten Interview trafen. Er brachte damit zum Ausdruck, was ihn seit seiner Migration umtrieb – ein permanentes Reflektieren der Lebensgeschichte, eine zwingende Aktivität, dem Lebensgeschehen Sinn und Kausalität zu verleihen. Aus ethnologischen Studien, die Migration als Prozeß untersuchen und in denen biographische Erzählungen das zentrale Datenmaterial darstellen,[68] wird deutlich, daß Forscher Migranten die biographische Selbstthematisierung nicht erst ‚abverlangen' und sie so erst erzeugen.[69] Vielmehr ist die Biographie an sich das Ergebnis der Verarbeitung der Migrationserfahrung.

Ursula Mihciyazgan, Werner Schiffauer und Barbara Wolbert haben in ihren Untersuchungen zur türkischen Arbeitsmigration die durch die Migrationserfahrung bedingte Veränderung der Selbstwahrnehmung und das Fraglichwerden der Identität als Bedingung für das Entstehen von biographischen Erzählungen herausgearbeitet. Die Tatsache, daß Migranten mit der Migration in einen neuen sozialen und gesellschaftlichen Kontext versetzt werden, führe dazu, daß ihre Identität nicht mehr selbstverständlich gegeben sei und daß sie sich von daher erst ihrer Geschichte bewußt würden. Werner Schiffauer hat dies als „Verzeitigung des Selbstverhältnisses"[70] bezeichnet: „Der Ort, den der einzelne zu einem gegenwärtigen Zeitpunkt einnimmt, ist nur noch wichtig in der Spannung zu dem, was der einzelne war und zu dem, was der einzelne sein wird: er markiert, was der einzelne ‚schon' ist und was er ‚noch nicht' ist – er wird eingebettet in eine Biographie und in einen

---

68   Vgl. Mihciyazgan 1991; Schiffauer 1991; Wolbert 1995.
69   Wolbert 1996, S. 96.
70   Schiffauer 1991, S. 161.

Lebensentwurf."[71] Für Mihciyazgan stellt die „Problematisierung der fraglos gegebenen Identität"[72] eine Folge der Migration dar. Bei Migranten gewinne die persönliche Vergangenheit eine neue Bedeutung: Während „die heimischen Sprecher in ihren Lebensgeschichten eher Antworten und Bestätigungen dafür geben, daß ,sie im Wesentlichen diejenigen sind, die sie sein sollen'", stellten Migranten eher die Frage „,wer bin ich eigentlich?'"[73] „Sobald die ,persönliche Kontinuität' problematisch wird, gewinnt die Vergangenheit an Bedeutung, und die Identität wird mithilfe der Vergangenheitsperspektive rekonstruiert."[74] Mihciyazgan deutet die „chronologische Gliederung und die Dominanz der Verlaufsperspektive als Anzeichen für Diskontinuität bzw. als Versuch, Kontinuität herzustellen".[75]

Die Migrationserfahrung aktiviert die Frage nach der Identität in besonderer Weise, und im Zuge dieser notwendigen Selbstvergewisserung wird die Geschichte des Selbst wieder und wieder interpretiert, umgedeutet und umgewertet. Die reflexive Autobiographie, die in der mündlichen Erzählung gestaltet wird, ist somit die Migrationserfahrung selbst.[76]

Im Zuge dieser gesteigerten Selbstwahrnehmung werden nicht nur der Prozeß der Entscheidung für die Migration, ihr Verlauf und die Integration in Deutschland rekapituliert, sondern auch Überlegungen beispielsweise darüber angestellt, ob die Entscheidung richtig war, oder es werden Bestätigungen dafür gesucht, daß sie richtig war. Migranten geben Erklärungen ab, warum sie gegangen sind oder nicht bleiben konnten, oder sie suchen nach Begründungen etwa dafür, warum sie sich in der Aufnahmegesellschaft nicht integriert oder fremd fühlen. All diesen Reflexionen liegt das Bedürfnis zugrunde, die Vergangenheit in der Gegenwart sinnfällig und Identität als in sich konsistente Einheit eines Sinnzusammenhangs faßbar zu machen. Barbara Wolbert hat darauf hingewiesen, daß die Reflexivität, die sich im Migrationserleben einstellt, nicht nur den biographischen Kommentar als ausdrückliche Bewertung und Gewichtung umfaßt, sondern auch die erzählerischen Formen, mit denen der Prozeß narrativ gestaltet wird. Die Gestaltung der Migration im Narrativen gibt wiederum Hinweise auf die Zeitstruktur und die Qualität des Migrationsprozesses. Über sie erschließt sich das Bild, das Migranten selbst vom Prozeß ihrer Migration zeichnen und damit die Bedeutung dieser Erfahrung.[77]

71 Ebd., S. 184.
72 Mihciyazgan 1986, S. 243.
73 Ebd., S. 244.
74 Ebd. S. 224.
75 Ebd.
76 Huseby-Darvas 1993, S. 379-394.
77 Wolbert 1995, S. 37ff, hier S. 38. Wolbert verweist auf Prozesse der Symbolbildung im Narrativen, um die Migration als einen Übergang mit rituellem

Was meint in diesem Zusammenhang der Begriff ‚Erfahrung'? Hier beziehe ich mich auf Biographiekonzepte, die den Gegenwartsbezug als entscheidend für die Rekonstruktion von Erfahrung herausstellen: „Von einem Ort, den man in der Gegenwart einnimmt, wird zurückgeblickt und in der Vergangenheit nach einer Erfahrung gesucht, die die Gegenwart erklärt. Dabei wird diese ursprüngliche Erfahrung erst ‚gemacht' und zwar ‚gemacht' im Sinne von ‚konstruiert': Man unterwirft nämlich die Vielzahl von Phänomenen, die mit einer bestimmten Lebensphase in Beziehung stehen, einer Selektion; genauer: man sucht diejenigen aus, die sich erklärend auf die Gegenwart zu beziehen scheinen."[78] Erlebnisse werden mit einer Deutung verknüpft und werden damit erst zu bedeutungsvoller Erfahrung, denn ohne Deutung bleiben sie unbestimmbar, unfaßbar, sinnlos und damit nichtssagend.[79] Der Begriff der ‚Autobiographie' als eine Form der Selbstoffenbarung, Selbstbeschreibung und -interpretation umfaßt demnach nicht das ‚Ich in der Geschichte' im Sinne sozialer und kultureller Prägung, also die einzelne Lebensgeschichte in ihren sozialen und historischen Bezügen, sondern die ‚Geschichte des Ich'. Gemeint sind Identitätsstatements von Migranten, in denen sie die Beziehung zwischen Identität und Lebensgeschichte bewußt ausdrükken und reflektieren.

Damit rückt die Frage in den Hintergrund, ob lebensgeschichtliche Erzählungen einen mehr referenziellen, in der sozialen Wirklichkeit verankerten Wert haben oder stärker als rhetorische Konstruktionen zu behandeln sind; eine Problemstellung, die sich auf Kategorien des Erlebten versus des Erzählten oder Erfundenen (Lüge, Selbsttäuschung), des Wahren oder Falschen, des Inhalts oder der Form bezieht. Hier handelt es sich um Fragen, die die soziologische Biographieforschung in großen Teilen noch immer in den Mittelpunkt stellt. Ich lasse die Frage nach Wahrheit und Authentizität im Kontrast von Realem und Imaginärem beiseite und orientiere mich stärker an Ansätzen, die den Erzählvorgang selbst ins Blickfeld rücken. Biographisches Erzählen stellt keine Erfahrungsrekapitulation des tatsächlichen Lebensgeschehens dar, sondern ein Mittel der Identitätspräsentation.[80] „Das Verhältnis

---

Defizit zu bewältigen. Erzählungen über die Migration und die dabei entworfenen Bilder stellen eine reflexive Aktivität dar und sind als solche Bestandteil ritueller sozialer Praxis, die auch bei Statuspassagen wie Migrationen berücksichtigt werden müssen, um die Bedeutung der Migrationserfahrung zu entschlüsseln.

78 Schiffauer 2000, S. 235. Werner Schiffauer hat dieses Biographiekonzept am Beispiel der Genese „Islamistischer Selbstbilder" ausgeführt.

79 Ebd., S. 235.

80 Vgl. Bude 1985; Koller 1993; Sill 1995.

von Biographie und Selbstbild wird damit verkehrt: Nicht die Biographie erklärt das Selbstbild, sondern das Selbstbild erklärt die Biographie."[81]

Mit dem Begriff ‚Selbstbild‘ ist ein selbstreflexives Ich gemeint, das „seine Selbstheit ausdrücklich macht, sie als solche zum Gegenstand von Darstellung und Kommunikation erhebt."[82] Damit ist ein Identitätsverständnis angesprochen, das Identität nicht „als Inbegriff von im Laufe des Lebens erworbenen Gewohnheiten, Dispositionen, Erfahrungen etc. begreift, die das Individuum prägen und charakterisieren".[83] Vielmehr stellt jedes Selbstbild eine Abstraktion dar, denn „es ist nicht möglich, daß es die Totalität des gelebten Lebens widerspiegelt. Jedes Bild, das ich von mir haben kann, muß eine Selektion aus der Faktizität meines Erlebens und Handelns sein. Wie diese Bilder aufgebaut sind, hängt ganz wesentlich von den institutionellen Zusammenhängen, in denen sie konstruiert werden, ab."[84] Die Selbstbilder sind „stets durch einen bestimmten Aufbau charakterisiert, einen Zusammenhang, in den Wertvorstellungen, Wirklichkeitsauffassungen, Richtigkeits- und Wichtigkeitskriterien der umgebenden Gesellschaft eingehen."[85]

In den drei Fallstudien liegt der Schwerpunkt der Analyse auf den Erfahrungen der Migranten in der Aufnahmegesellschaft. Gemeint sind damit jene Erfahrungen, die sie in den sozialen Räumen und institutionellen Zusammenhängen machen, innerhalb derer sie soziale Anerkennung suchen. Darin werden sie mit Diskursen als gesellschaftlichen Rahmenvorgaben konfrontiert, die in hohem Maße ihr individuelles Verhalten prägen. Diese ‚Diskursräume‘ als vorgefaßte kulturelle Deutungsrahmen[86] geben auch die Möglichkeiten ihrer Selbstthematisierung vor.

Die Art und Weise, wie ein Selbstbild ‚konstruiert‘ wird, hängt, so einer der zentralen Thesen dieser Studie, von sozialen Anerkennungsverhältnissen ab. Mit dem Begriff der ‚Anerkennung‘ ist die Frage nach der sozialen Akzeptanz von Migranten in der Aufnahmegesellschaft angesprochen. Dies umfaßt einerseits die Frage nach den Bemühungen, Anerkennung zu erlangen, und andererseits die Frage nach den Bedingungen, unter denen eine soziale

---

81 Schiffauer 2000, S. 237.
82 Hahn 1995, S. 131.
83 Ebd., S. 130. Alois Hahn spricht vom „impliziten Ich" als einem „Habitusensemble".
84 Ebd., S. 131.
85 Ebd.
86 Titzmann (1989, S. 47) definiert Diskurse als Regelsysteme kulturellen Wissens: „‚Kulturell‘ nenne ich dieses Wissen, weil es nicht um das Wissen von Individuen, sondern von Gruppen gehen soll. ‚Kultur‘ soll dabei jedes raumzeitliche System heißen, dessen Praktiken des Denkens und Redens in diesem Raum und zu dieser Zeit eine relative Konstanz ihrer fundamentalen Prämissen aufweisen."

Anerkennung gewährt oder verweigert wird. Genauer geht es um das Verhältnis der Migranten zu jenen sozialen Gruppen und Institutionen, die für sie wichtig werden. Ob Anerkennung gelungen ist oder nicht, wird hier weniger auf soziale oder rechtliche ‚Eingliederungsmaßnahmen' der aufnehmenden Gesellschaft zurückgeführt, sondern auf den Grad sozialer Akzeptanz, den Migranten je nach der persönlichen Gewichtung ihres jeweiligen Anerkennungsbegehrens erfahren.[87] Ihre biographischen Selbstbilder geben vor allem Aufschluß über die Sinnstruktur von Anerkennungsverhältnissen.[88] Selbstbilder spiegeln die in der Aufnahmegesellschaft erfahrene soziale Wertschätzung und bestimmen wiederum die Art und Weise des Rückblicks auf die Lebensgeschichte.

Alois Hahn hat darauf hingewiesen, daß die Art und Weise biographischer Selbstreflexion von denjenigen sozialen Institutionen abhängt, die eine solche Rückbesinnung auf das eigene Leben ermöglichen und hervorrufen. Er bezeichnet solche Institutionen „Biographiegeneratoren" und zählt neben der Beichte, dem Tagebuch, der Psychoanalyse oder verschiedenen Formen der

---

87   Mit dieser Perspektive werden von außen herangetragene Erklärungsmodelle von Migrationsverläufen relativiert; dies gilt sowohl im Hinblick auf Stufenmodelle, die eine Gradlinigkeit von An- und Eingliederungsprozessen über soziale Integrationsparameter wie Arbeit, Wohnen, Sprache usw. konstruieren, als auch für Konzepte, die assimilations- oder akkulturationstheoretische Paradigmen heranziehen. Den Integrationsbegriff soziologischer sowie sozialpädagogischer Forschungsansätze hat z.B. Christian Giordano einer umfassenden Kritik unterzogen, wobei er auf seinen normativen Gehalt hingewiesen hat. ‚Integration' beinhaltet demnach nicht nur die „funktionale Eingliederung in den Arbeitsprozeß", sondern zugleich auch die „normative Einbettung der Migranten in das rechtliche System und in das soziokulturelle Gefüge der Residenzgesellschaft". In Stufenmodellen von Akkulturationsprozessen sind Vorstellungen kultureller Homogenisierung eingelagert, so daß die Integration von Migranten letztlich als wichtiger Bestandteil im Hinblick auf die Erhaltung der Stabilität und Kohärenz der Aufnahmegesellschaft verstanden wird (Giordano 1988, S. 244f).

88   Axel Honneth hat ein solches Anerkennungsmodell entwickelt und dabei auf das Personenkonzept von G. H. Mead zurückgegriffen, wonach menschliche Subjekte ihre Identität den Erfahrungen einer intersubjektiven Anerkennung verdanken. Honneth unterscheidet zwischen „rechtlicher Anerkennung", „affektiver Zuwendung" und „sozialer Wertschätzung" als drei sozialen Anerkennungsformen, die im wesentlichen erlauben, daß Individuen zu einem ungebrochenen Selbstverhältnis gelangen können. Mißachtung oder „Entwürdigung" umfaßt damit immer einen „sozialen Ausschluß", der nicht allein in der „gewaltsamen Einschränkung der persönlichen Autonomie" liegt, sondern sich mit dem Gefühl verknüpft, „nicht den Status eines vollwertigen, moralisch gleichberechtigten Interaktionspartners zu besitzen" (Honneth 1992, S. 148-225).

medizinischen Anamnese oder des Geständnisses vor Gericht auch das von Sozialwissenschaftlern veranlaßte biographische Interview hinzu.[89]

In der Form der Selbstdarstellung orientieren sich die Interviewten wiederum an bestimmten kulturellen Konventionen. Über diese narrativen Formen, in denen die Geschichte des Ichs explizit gemacht wird, wird dann nicht einfach Vergangenheit reproduziert, sondern die Einheit eines identitären Sinnzusammenhangs zum Ausdruck gebracht. So griff die in der ersten Fallstudie vorgestellte Migrantin den Begriff des ‚Romans‘ als einem literarischen Genre auf, dem auch im russischen Alltagsleben große Bedeutung zukommt, um ihrer Migrationsgeschichte das Gewicht des Außerordentlichen und Mitteilenswerten zu geben. Die Migrantin, deren Erzählung der zweiten Fallstudie zugrunde liegt, kannte den Begriff des ‚narrativen Interviews‘ als Sozialwissenschaftlerin und wußte damit von vornherein, daß persönliche Erlebnisse und Erfahrungen zur Geltung kommen sollten. Auch im dritten Fallbeispiel gab eine kulturelle Vorlage, nämlich die erst in der Perestrojka entstandene Konvention der Zeitzeugenbiographie der lebensgeschichtlichen Erzählung die Form eines besonderen Schicksals.

Die ersten beiden Fallstudien beruhen auf jeweils einem biographischen Interview[90] mit zwei Migrantinnen – Galina Lawrezkaja und Svetlana Kalinina. Die dritte Fallstudie basiert auf mehreren biographischen Interviews und teilnehmender Beobachtung. Bei Elias Jakobowski konnte ich den Integrationsprozeß über einen längeren Zeitraum begleiten und nachvollziehen. Auch nachdem er aus dem Aufnahmeheim, wo ich ihn kennenlernte, in eine Wohnung im Zentrum von Berlin umgezogen war, besuchte ich ihn und seine Familie regelmäßig ungefähr alle zwei Wochen. Ich begleitete ihn mitunter zu Ämtern, oder Elias Jakobowski berichtete mir von seinen Besuchen auf Behörden oder in der jüdischen Gemeinde. Im Unterschied zu den einmaligen Interviews mit den beiden Frauen ließen sich hier über eine teilnehmende Beobachtung, die sich insgesamt über einen Zeitraum von zweieinhalb Jahren erstreckte, Integrationsstrategien als soziale Praxis untersuchen. Die ‚ethnologische Begegnung‘ entwickelte sich so auch zu einer persönlichen Beziehung; gleichwohl war sich Elias Jakobowski jederzeit darüber im Klaren, daß ich über ihn forsche.

---

89 Hahn 1995, S. 137.

90 Heinz Bude spricht davon, daß in dieser „bewußt inszenierten Außeralltäglichkeit" eine „besondere Wahrheitschance" liegt. „Hierin gleicht das sozialwissenschaftliche Interview einem Gespräch, das man mit irgend jemandem auf der Parkbank oder im Zugabteil führt. Es ist die Punktualität und Flüchtigkeit der Begegnung, die den Befragten das Risiko eingehen läßt, das Ganze seiner Existenz ins Gespräch zu bringen." (Bude 1995, S. 8).

Gerade diese Fallstudie zeigt, wie sich biographische Selbstentwürfe im Migrationsprozeß verändern. Sie behandelt exemplarisch den Konstruktions- und Rekonstruktionsprozeß lebensgeschichtlicher Erzählung als ein dialektisches Verhältnis zwischen erinnerter Erfahrung und rhetorischer bzw. narrativer Formgebung und setzt die wechselnden Konzepte des Selbst in Beziehung zu bestimmten soziokulturellen Räumen und symbolischen Sphären der deutschen Aufnahmegesellschaft.

Dieser biographische Ansatz bildet auch das interpretative Gerüst der ersten beiden Fallstudien, wobei in der Analyse berücksichtigt worden ist, daß es hier ausschließlich um *erzählte Zeit* geht, während im dritten Beispiel der *zeitliche Verlauf* mitverfolgt werden konnte.

II. Die Aufnahmegesellschaft: Zur Logik der Inkorporation[1]

Das symbolische Feld: Moralische Politik

Mit dem Fall der Mauer und des Eisernen Vorhangs geht auch eine Zäsur im deutsch-jüdischen Verhältnis einher. Der Zerfall der Sowjetunion hatte zu wachsenden sozialen und ethnischen Konflikten in den Nachfolgestaaten geführt[2], in deren Folge besonders die jüdische Bevölkerungsgruppe von Diskriminierungen betroffen war.[3] Auf diese Entwicklung reagierte im Juli 1990 der Ministerrat der DDR mit dem Beschluß, daß sowjetischen Juden in der DDR ein dauerhaftes Bleiberecht zu gewähren sei.[4] Hatte schon die im Mai desselben Jahres von Lothar de Maizière an alle Juden gerichtete Bitte um

---

1   Die Argumentationslinie dieses Kapitels basiert auf einer Zusammenarbeit mit Karen Körber, der ich an dieser Stelle nochmals herzlich für ihre Erlaubnis danken möchte, die gemeinsamen Überlegungen hier zu veröffentlichen. Vgl. für eine frühere Version Becker/Körber 2001.

2   Vgl. Zaslavsky 1991.

3   Nach dem Zerfall der Sowjetunion breitete sich im Zuge erwachender Nationalismen ein Antisemitismus „von unten" aus. Judith Kessler (1996, S. 5-6) erwähnt Übergriffe auf jüdische Intellektuelle, Pogromankündigungen, antijüdische Versammlungen und Veröffentlichungen, „Judenlisten" und Schmierereien in Hausfluren und an Briefkästen als Indizien antisemitischer Handlungen und Haltungen, die in allen Gesellschaftsschichten am Ende der Perestrojka wieder salonfähig geworden seien.

4   Dies hatte der ,Runde Tisch', an dem auch Mitglieder des Jüdischen Kulturvereins Berlin beteiligt waren, mit einem Appell an die DDR-Regierung durchgesetzt. Am 6.2.1990 erklärten Vertreter des ,Runden Tisches' vor laufenden Fernsehkameras: „Wir ersuchen die Regierung der DDR, unabhängig von den geltenden Bestimmungen, den Aufenthalt für jene zu ermöglichen, die sich in der Sowjetunion als Juden diskriminiert und verfolgt sehen." Vier Monate später, im Juli 1990, beschloß die Regierung unter Ministerpräsident Lothar de Maizière in einer gemeinsamen Erklärung der Volkskammerfraktionen der DDR: „Die Regierung der Deutschen Demokratischen Republik gewährt zunächst in zu begrenzendem Umfang ausländischen jüdischen Bürgern, denen Verfolgung oder Diskriminierung droht, aus humanitären Gründen Aufenthalt." (Spülbeck 1997, S. 51).

Vergebung für die nationalsozialistischen Verbrechen[5] einzelne dazu bewegt, die DDR zum Ziel ihrer Migration zu wählen, so stieg die Zahl der Einreisenden nun rapide an: von April bis Oktober 1990 reisten etwa 2650 Personen vorwiegend nach Ostberlin ein.[6] Doch die großzügige Aufnahmeregelung der letzten DDR-Regierung endete schließlich mit der Auflösung der „Deutschen Demokratischen Republik", denn in den Einigungsvertrag zwischen beiden deutschen Staaten vom 3. Oktober 1990 wurde diese Regelung trotz des Drängens der DDR-Delegierten von den westdeutschen Verhandlungspartnern nicht übernommen.[7] Vielmehr hatte die Bundesregierung – aus Furcht vor einer unkontrollierten Masseneinwanderung – noch vor dem Einigungsvertrag und bereits Anfang September 1990 alle west- und ostdeutschen Auslandsvertretungen in der Sowjetunion angewiesen, bei der russisch-jüdischen Zuwanderung einen Aufnahmestop zu verhängen. Der damalige Bundesinnenminister Wolfgang Schäuble argumentierte mit einer sprunghaft gestiegenen Anzahl von Einreiseanträgen und ließ zwischenzeitlich die Bearbeitung weiterer Anträge mit der Begründung aussetzen, daß erst noch ein geregeltes Verfahren festgelegt werden müßte.[8] Dieser Beschluß löste eine öffentlich-politische Debatte aus, in der die Empörung über den verhängten Aufnahmestop zum Ausdruck kam: „Diese Reaktion ist fast so unglaublich wie ihr Anlaß: 45 Jahre nach dem Ende des Holocaust will erstmals wieder eine große Zahl von Juden in Deutschland heimisch werden – und Bonn macht die Grenzen dicht."[9]

Ende Oktober 1990 befaßte sich erstmals der Deutsche Bundestag mit der Frage der jüdischen Einwanderung aus der Sowjetunion.[10] In den Debatten wurde eine fraktionsübergreifende Einigkeit bei diesem „höchst sensiblen

---

5   Lothar de Maizière hatte sich in einer Rede vor dem Jüdischen Weltkongreß in Berlin zur neuen Rolle und Position der DDR in Bezug auf den Umgang mit der NS-Vergangenheit und dem Holocaust geäußert und „um Vergebung gegenüber dem jüdischen Volk" gebeten (vgl. Jüdische Allgemeine, 17.5.1990). Zur Untermauerung dieser an alle Juden gerichteten Bitte sei kurz darauf die Aufnahme sowjetischer Juden beschlossen worden (Burgauer 1993, S. 267).

6   Burgauer 1993, S. 267.

7   Mertens 1993, S. 219.

8   Vgl. Jüdische Allgemeine, 19.9.1990; Tagesspiegel, 13.9.1990. Die Begründung des Bonner Innenministeriums für den Aufnahmestop lautete: Allein dem Generalkonsulat Kiew lägen bis zu 10.000 Anträge vor; bei den konsularischen Vertretungen der DDR in der Sowjetunion sei ein ähnlich starker Anstieg zu verzeichnen.

9   Der Spiegel 40/1990.

10   Zwar waren seit dem Ende des Zweiten Weltkriegs und dem Zusammenbruch des Nationalsozialismus wiederholt Juden aus Osteuropa nach Westdeutschland eingewandert, doch erst jetzt wurde die Zuwanderung von Juden zum Gegenstand einer öffentlichen und politischen Debatte (Richarz 1986, S. 13-30).

Thema"[11] signalisiert und ein parteienübergreifender Konsens gefordert: „Wir alle wollen, daß sowjetische Juden in die Bundesrepublik einreisen, daß sie hier leben und daß sie auch die deutsche Staatsbürgerschaft annehmen können – wenn sie es denn wollen."[12] Nicht nur Sprecher des linksliberalen Spektrums plädierten für die Aufnahme, sondern auch Vertreter der Regierungskoalition (CDU/CSU) befürworteten die Einwanderung vor dem Hintergrund der ‚Holocaust-Hypothek‘: „Bei allen Überlegungen, die die Aufnahme sowjetischer Juden in die Bundesrepublik Deutschland betreffen, werden wir selbstverständlich darauf drängen, daß wir dieser unserer Verantwortung gegenüber unserer eigenen deutschen Geschichte gerecht werden."[13] Es sei „außergewöhnlich, daß Juden in einem Land Zuflucht suchten, das den Holocaust zu verantworten hat. Wenn solche Menschen kommen, muß man großzügig sein."[14]

Die Aufnahme sowjetischer Juden wird damit vor allem im Deutungshorizont der deutschen Geschichte diskutiert. Der besondere Zeitpunkt der Debatte verleiht den beschworenen Kategorien der historischen Verpflichtung und der moralischen Verantwortung besonderes Gewicht. Im Kontext der Ereignisse von 1989/90 und den Diskussionen um die ‚Wiedervereinigung‘ wird die jüdische Zuwanderung auch zu einem Faktor, an dem sich die Legitimität des neuen gesamtdeutschen Staates messen lassen muß: „Gerade in einer Zeit, in der sich die beiden deutschen Staaten vereinigen, gebietet es die historische Verantwortung Deutschlands, alle sowjetischen Juden aufzunehmen, die dies wollen."[15]

Mit der Vereinigung beider deutscher Staaten scheint die Aufnahme sowjetischer Juden notwendig und zwingend geworden zu sein. Eingebunden in den moralischen Diskurs um die geschichtliche Verantwortung wird sie als symbolische Geste der Wiedergutmachung interpretiert und fungiert zugleich als Repräsentationsakt des vereinigten Deutschland.

11   Tagesspiegel, 26.10.1990: Bericht über die Aktuelle Stunde des Bundestages zur Einwanderung von Juden aus Osteuropa, die auf Antrag der Fraktion Bündnis 90/Die Grünen stattfand; zitiert wird hier der innenpolitische Sprecher der CDU/CSU-Fraktion, Gerster.

12   Tagesspiegel, 1.11.1990: Bericht über die Bundestagsdebatte zur Aufnahme sowjetischer Juden am 31.10.1990; das Zitat stammt von dem Grünen-Abgeordneten Wetzel.

13   Jüdische Allgemeine, 15.11.1990: Auszug aus der Bundestagsdebatte über die Aufnahme sowjetischer Juden; Aussage des CDU-Abgeordneten Gerster.

14   Tagesspiegel, 1.11.1990: Bericht über die o.g. Bundestagsdebatte; Äußerung des SPD-Abgeordneten Penner.

15   Taz, 7.5.1990. Das forderte Cohn-Bendit als Dezernent des Amtes für multikulturelle Angelegenheiten der Stadt Frankfurt a.M. auf einer Frankfurter Tagung zum wachsenden Antisemitismus in der Sowjetunion.

Auf die besondere politische Verpflichtung, sowjetische Juden ins Land zu lassen, wird auch in öffentlichen Reaktionen gegen den von der Bundesregierung verhängten Aufnahmestop hingewiesen. So verliest ein Abgeordneter von Bündnis 90/Die Grünen während einer Sitzung des Parlaments aus einem öffentlichen Aufruf: „Der neue deutsche Staat sollte nicht in seiner Geburtsstunde denen Hilfe verweigern, die der alte Staat verfolgte und vernichtete (...)."[16] Das vereinigte Deutschland, der „neue Staat", wird dem „alten", d.h. dem nationalsozialistischen Staat direkt gegenübergestellt und damit die Differenz zwischen denen, die damals verfolgt und ermordet wurden, und den Einreisewilligen der Gegenwart aufgehoben. Im Rahmen dieses Deutungsmusters werden die sowjetischen Juden also in erster Linie über die Zugehörigkeit zur Opfergemeinschaft des Holocaust gefaßt.

Dieses Verständnis einer jüdischen Opfergruppe findet sich auch in den Medien, die das Thema der Zuwanderung in auffällig übereinstimmender Haltung mit Kommentaren und in Reportagen und Hintergrundberichten verfolgen. So argumentiert z.B. die *BZ* unter der Fragestellung „Sind Juden Ausländer wie alle anderen?" gegen die Schließung der Grenzen: „Bei den künftig an den Grenzen Abgewiesenen ist die Erinnerung an den millionenfachen Mord an ihren Eltern und Großeltern jedenfalls noch sehr lebendig."[17] Oder die *Zeit* schreibt: „Es versteht sich denn von selbst, daß die Deutschen in Ost und West den Glaubensbrüdern von sechs Millionen ermordeten europäischen Juden freudig eine neue Heimstatt bereiten."[18]

Als „Glaubensbrüder" oder als direkte Nachfahren der Ermordeten gesehen, werden die jüdischen Zuwanderer zu Angehörigen eines Opferkollektivs. Bestätigung erfährt eine solche Perspektive durch die aktuelle Berichterstattung, in der die zunehmende Diskriminierung und Verfolgung der jüdischen Minorität in der Sowjetunion geschildert wird. Von *FAZ* bis *BZ* berichtet die deutsche Presse ab 1990 über eine sich zuspitzende „antisemitische Stimmung"[19], geschürt durch Gruppierungen wie die „national-chauvinistische Pamjat-Bewegung"[20] und Politiker wie den „Russen-Hitler"[21] Wladimir

16   Jüdische Allgemeine, 15.11.1990: Auszüge aus der Bundestagsdebatte am 31. Oktober 1990 über die Aufnahme sowjetischer Juden. Hier weist der Abgeordnete der Grünen, Wetzel, auf öffentliche Reaktionen hin: „Es gab ungeheuer viel Post mit der Aufforderung, unsere Grenzen für sowjetische Juden zu öffnen" und zitiert beispielhaft aus einem Brief der Freiburger Musikhochschule, den zahlreiche Professoren und Dozenten unterzeichnet hatten.
17   BZ, 1.10.1990.
18   Die Zeit, 21.9.1990. Kurzer Kommentar zu dem von der Bundesregierung ausgesprochenen Aufnahmestop sowjetischer Juden.
19   Taz, 2.6.1990.
20   FAZ, 7.5.1990.
21   BZ, 13.2.1994.

Schirinowski, die „in den Juden die Wurzel allen Übels"[22] sehen und „immer mehr Juden nach Deutschland"[23] treiben. Indem die Medien im Herbst 1990 die Beendigung des Aufnahmestops fordern, wird ihre aktive Rolle bei der Unterstützung des Einwanderungsprozesses sichtbar. Würde Deutschland seine Grenzen für sowjetische Juden öffnen, wäre dies zwar „keine ‚Wiedergutmachung'; aber es wäre der Versuch zur Erneuerung einer Lebens- und Schicksalsgemeinschaft, von der die deutsche und europäische Kultur einst so sehr befruchtet wurde."[24] In dieser Haltung erfahren die Medien Unterstützung von ‚Kulturschaffenden' sowie von einer aufgebrachten Bevölkerung, die sich in Leserbriefen gegen eine Begrenzung der Einwanderung aussprechen und auf die kulturelle Bereicherung für das vereinigte Deutschland hinweisen.[25]

Mit dieser Hoffnung auf eine Aufwertung der deutschen Kulturlandschaft durch die ‚neuen Juden' korrespondiert in vielen Reportagen die Frage: „Warum seid ihr eigentlich nach Deutschland gekommen?"[26], die sich wie ein roter Faden durch die Medienberichterstattung seit 1991 zieht. Warum Juden „ausgerechnet in das Land emigrieren, in dem der Holocaust organisiert wurde und in dem heute die Neonazis agieren"[27], scheint besondere Begründungen zu verlangen, und mitunter schwingt gänzliches Unverständnis mit, wenn Neuankömmlinge gefragt werden, ob dieser Entschluß nicht „unheimlich"[28] sei.

Die deutsche Vergangenheit bildet auch den Rahmen für die zweite zentrale Interpretationsfigur der jüdischen Zuwanderung: die Wiederbelebung deutsch-jüdischer Kultur. So äußern Repräsentanten aller Parteien im Deutschen Bundestag die Hoffnung, daß der „Zuzug von Juden (...) zu einer Revitalisierung des jüdischen Elements im deutschen Kultur- und Geistesleben

---

22 FAZ, 7.5.1990.
23 BZ, 13.2.1994.
24 Die Zeit, 21.9.1990.
25 Tagesspiegel, 6.10.1990: Appell von Schauspielern, Regisseuren und Schriftstellern an die Bundesregierung, die deutschen Grenzen für sowjetische Juden offenzuhalten. Darin heißt es: „Hätte es nämlich früher ‚Einwandererquoten' gegen Juden aus Osteuropa gegeben, so wäre das deutsche Theater nicht durch Schauspielerinnen wie Bergner, Mosheim, Giehse, durch Operndirektoren wie Mahler, Walter, Klemperer, durch Regisseure wie Reinhardt, Jessner, Kortner belebt, erneuert worden. Die Arbeit und die Phantasie solcher Mitbürger brauchen wir gerade heute."
26 Jüdische Allgemeine, 27.12.1996.
27 Zeitmagazin, Nr. 2/1992.
28 Ebd.

führen"[29] werde. „Wenn sich daraus bei uns so etwas wie eine Renaissance jüdischen Geistes- und Kulturlebens wiederentwickeln sollte, so können wir dies nur begrüßen"[30]. Hier wird an positiv gewertete Phasen der deutsch-jüdischen Geschichte angeknüpft, wobei die jüdischen Zuwanderer in generis mit einem kulturbürgerlichen Habitus ausgestattet werden. Um diese Erwartung zu erfüllen, werden gleichzeitig Kriterien formuliert, „welche Auswanderungswilligen aus Rußland hier am besten integrierbar"[31] seien. Dabei könne man „zu Überlegungen kommen, daß die Juden, die schon die deutsche Sprache beherrschen, besser geeignet sind als andere, die hier völlig fremd"[32] seien. Mit dem Plädoyer, Juden aus dem „deutschen Sprach- und Kulturkreis" zu bevorzugen, gehen auch Vorschläge für ein Auswahlverfahren einher, wonach die Zuwanderer bereits in der Sowjetunion durch Beauftragte des deutschen Zentralrats der Juden ausgesucht werden sollen.[33]

Auch Heinz Galinski, der damalige Vorsitzende der Jüdischen Gemeinde Berlin und des Zentralrats der Juden in Deutschland, erinnert an die deutsche Schuld, spricht sich jedoch gegen „jeglichen Akt der Auswahl und Quotierung" aus. In einer vom Zentralrat veröffentlichen Erklärung betont er die Verpflichtung des deutschen Volkes zur unbürokratischen Hilfe bei der Einreise jüdischer Flüchtlinge, „zumal die Zahl der Juden durch die deutsche Schuld in der Zeit des Holocaust so sehr dezimiert worden ist."[34] Galinski übernimmt als Vertreter der jüdischen Gemeinschaft die prekäre Rolle, den Zuwanderungsprozeß zu bewerten. Die von Politikern in Absprache mit dem Zentralrat formulierte Erwartung des Wiederaufbaus jüdischer Gemeinden wird zum Handlungsziel, muß von Galinski aber wiederum ins Verhältnis zur israelischen Politik[35] gesetzt werden, in der Kritik an der Einwanderung russischer Juden nach Deutschland geäußert worden war. Damit steht Galinski in einem besonderen politischen Spannungsfeld. Gegenüber Israel läßt sich

---

29 Tagesspiegel, 26.10.1990: Aussage des Parlamentarischen Staatssekretärs im Bundesinnenministerium, Waffenschmidt.
30 Tagesspiegel, 1.11.1990: Äußerung des SPD-Abgeordneten Penner.
31 Taz, 17.12.1990: Bericht über die Pressekonferenz der ersten gesamtdeutschen Innenministerkonferenz zur Aufnahme sowjetischer Juden; zitiert wird hier der Staatssekretär im Bundesinnenministerium, Neusel.
32 Ebd.
33 Tagesspiegel, 5.12.1990. Solche Vorschläge kamen z.B. vom Sprecher der Landesregierung Baden-Württemberg, Zach, in einer Regierungserklärung zur Aufnahme sowjetischer Juden.
34 Taz, 10.12.1990.
35 Israelische Politiker vertraten die Position, daß es seit der Gründung des Staates Israel keine jüdischen Flüchtlinge mehr gebe, z.B. der Vorsitzende des Knesset-Ausschusses für Einwanderung und Integration, Kleiner: „Nur Israel ist die Heimat aller Juden." (Taz 7.10.1991).

die Zuwanderung nur über einen Verweis auf die deutsche Schuld und dem daraus resultierenden Gebot zur Verantwortung legitimieren: „Verstehen Sie überhaupt", hält er einem israelischen Parlamentarier entgegen, „was das für ein Aufschrei in der Welt wäre, wenn Deutschland wieder Juden abschieben würde."[36]

Das Aufnahmeverfahren: Die jüdische Zuwanderung als Flüchtlingsbewegung

In der moralischen Überformung der Diskussion über die Aufnahme sowjetischer Juden kommt zum Ausdruck, worin die Herausforderung für die politischen Entscheidungsträger lag: Es mußte ein Verfahrensweg gefunden werden, der „der Verantwortung gegenüber der deutschen Geschichte, den Aufnahmemöglichkeiten und notwendigen internationalen Rücksichten gerecht wird."[37]

In der Frage um die Gestaltbarkeit des Prozesses zeigt sich eine ganz spezifische Ambivalenz: Die deutschen Politiker lavieren zwischen einer besonderen „Großzügigkeit und Großmütigkeit (...) gegenüber Juden"[38] und einer bremsenden Haltung gegenüber Einwanderungsprozessen im allgemeinen. Diese Ambivalenz äußert sich zugespitzt in einer Formulierung des damaligen Innenministers von Nordrhein-Westfalen: „Wir dürfen nie in die Lage kommen, einen Juden abschieben zu müssen (...). Auch möchte ich nicht, daß diejenigen, die zuwandern, hier unangemessen behandelt werden. Kurz: Ich möchte nicht gerne Juden in doppelstöckigen Betten in Asylantenheimen sehen."[39] Kämen jedoch zu viele russisch-jüdische Einwanderer, bestünde die Gefahr eines neuen Antisemitismus in der deutschen Bevölkerung. Deshalb müsse die Zuwanderung in einem eingeschränkten Verfahren verlaufen. In Argumentationen wie dieser fällt die Betonung der jüdischen Migration als besondere mit dem Plädoyer für eine kontrollierte Zuwanderung zusammen.

Im Januar 1991 beschloß die erste gesamtdeutsche Ministerpräsidentenkonferenz eine Regelung für die Aufnahme der Migranten im Rahmen des Kontingentflüchtlingsgesetzes. Dabei wurde die Kontingentierung vorläufig

---

36   Die Taz vom 7.10.91 berichtet unter dem Titel „Wer darf sowjetische Juden retten?" von einem Streit zwischen dem Integrationsbeauftragten des israelischen Parlaments, Kleiner, und Heinz Galinski.

37   Tagesspiegel, 26.10.1990.

38   Jüdische Allgemeine, 15.11.1990: Zitiert wird hier der CDU/CSU-Abgeordnete Gerster in der Bundestagsdebatte über die Aufnahme sowjetischer Juden.

39   Jüdische Allgemeine, 30.5.1991.

ausgesetzt; intern verständigten sich die Länderchefs jedoch darauf, die Aufnahmepraxis zu beobachten, um sie eventuell zu verschärfen. „Das Bundesinnenministerium erhielt den Auftrag zu beobachten, wie viele Juden aus der Sowjetunion einwandern wollen. Falls es so viele sein sollten, daß die Gemeinden sie nicht aufnehmen und unterbringen können, müsse die Regelung neu überdacht werden."[40] Ausreisewillige müssen danach einen Ausreiseantrag bei den zuständigen deutschen Botschaften in den Staaten der GUS stellen. Sofern sie anhand von Pässen oder Geburtsurkunden ihre Zugehörigkeit zur jüdischen Minorität nachweisen können, werden sie als Kontingentflüchtlinge anerkannt. Der Nachweis individueller Verfolgung muß nicht erbracht werden. Das Bundesverwaltungsamt in Köln übernimmt dann in Absprache mit den Bundesländern die Verteilung nach dem Asylverteilungsschlüssel, d.h. nach der Einwohnerdichte der jeweiligen Bundesländer. Darauf erfolgt die Einreisegenehmigung. Es besteht ein Anspruch auf unbefristete Aufenthalts- und Arbeitserlaubnis und auf Sozialleistungen wie Eingliederungshilfen (z.B. Sprachkurs), Sozialhilfe, Wohnungsgeld, Kindergeld oder BAföG. Mit Abschluß eines anerkannten Sprachkurses können Leistungen des Arbeitsamtes (Weiterbildung, Umschulung oder ABM-Maßnahmen) in Anspruch genommen werden. Nach sieben Jahren ist es möglich, die deutsche Staatsbürgerschaft zu beantragen.[41]

Die Zuwanderung verläuft im Rahmen einer besonderen rechtlichen und sozialen Kategorisierung, die den Migranten den Status des ‚Kontingentflüchtlings' zuweist, wobei in die Entscheidung für diese Aufnahmeregelung wiederum spezifische Voraussetzungen eingegangen sind: Aus einer im Holocaust begründeten Verantwortung Deutschlands gegenüber Juden sollte auf der politischen Ebene eine bevorzugte Einwanderungsregelung für sowjetische Juden, die im Zuge des wachsenden Nationalismus in den Nachfolgestaaten der Sowjetunion als gefährdet eingeschätzt wurden, herbeigeführt werden. Diese Regelung mußte auch deshalb als Ausnahme gekennzeichnet werden, weil Deutschland bis dahin offiziell nicht als Einwanderungsland galt; sie sollte aber wiederum kein „ausschließlich an die Religionszugehörigkeit anknüpfendes Sonderrecht"[42] sein, weil dies dem Rechtsstaatsprinzip und dem Gleichbehandlungsgrundsatz widersprochen hätte.

---

40   FR, 10.1.1991.
41   Nach siebenjährigem Aufenthalt kann eine sogenannte ‚Ermessenseinbürgerung' nach individueller Prüfung erfolgen. Voraussetzungen sind: ausreichende Kenntnisse der deutschen Sprache, Einordnung in deutsche Lebensverhältnisse und deutsche Umwelt (gesicherte Wohnverhältnisse und geregelter Lebensunterhalt; der Bezug von Sozialhilfe wird in der Regel als nachteilig angesehen).
42   Jüdische Allgemeine, 14.11.1990: Zitat des CDU/CSU-Abgeordneten Gerster.

Die Wahl dieses Verfahrens verweist auf eine strukturelle Ambivalenz, die für die deutsche Migrationspolitik generell kennzeichnend ist und im Fall der russisch-jüdischen Zuwanderung besonders sichtbar wird. Weil Deutschland bis vor kurzem seinem politischen Selbstverständnis zufolge kein Einwanderungsland war, wurden Immigrationsprozesse, die de facto seit 1945 stattfanden, entlang einer Reihe von unterschiedlichen Regelungen und Verfahrensweisen zergliedert. Anstelle einer geregelten Einwanderungspolitik wurde eine Vielzahl von Sonderfällen geschaffen.

Hinzu kam die gesellschaftspolitisch angespannte Situation: Zu einem Zeitpunkt, da sich die Diskussion um die Verschärfung des Asylverfahrens auf dem Höhepunkt befand und Befürchtungen in der deutschen Bevölkerung vor Armutseinwanderungen durch die Grenzöffnung nach Osteuropa geschürt wurden[43], sollte kein neues, nur für Juden geltendes Sondergesetz geschaffen werden.

Um den sowjetischen Juden einen Rechtstitel und damit eine ‚unbefristete Aufenthaltserlaubnis‘ zuweisen zu können, bedurfte es des Rückgriffs auf eine bereits bestehende gesetzliche Grundlage. Die Asylregelung kam dabei nicht infrage, weil sie die Einzelfallprüfung bzw. den individuellen Nachweis einer im Herkunftsland erfahrenen staatlichen Verfolgung verlangt hätte. Problematisch erschien bei dieser Regelung, daß damit nicht-staatliche Diskriminierungen unberücksichtigt bleiben würden. Die Migranten als ‚politisch Verfolgte‘ zu klassifizieren, stand ferner im Widerspruch zur außenpolitischen Einschätzung der SU-Nachfolgestaaten, die einen Bruch mit dem staatlichen sowjetischen Antisemitismus vollzogen hatten. In der politischen Debatte wurden aber auch Argumente vorgebracht, wonach „Verfolgung als Fluchtmotiv nur noch marginale Bedeutung" habe.[44] Die größte Gruppe sowjetischer Juden gehöre „weder zu deutschen Aussiedlern noch zu Asylbewerbern".[45]

Das Kontingentflüchtlingsgesetz stellte nun einen rechtlichen Rahmen zur Verfügung, der dieser besonderen Situation gerecht zu werden schien. Demnach werden die Aufzunehmenden formal-rechtlich als Flüchtlinge konzipiert, nämlich auf der Grundlage des „Gesetzes über Maßnahmen für im Rahmen humanitärer Hilfsaktionen aufgenommene Flüchtlinge", das 1980 im

---

43 So z.B. der Tagesspiegel vom 7.12.1990, der unter dem Titel „Westen befürchtet Armutswanderung aus UdSSR" über Schätzungen von Experten in Moskau und im Auswärtigen Amt berichtet, wonach ab Januar 1991 mit einer Auswanderung von bis zu 10 Millionen Sowjetbürgern zu rechnen sei, darunter auch zwei Millionen Juden.

44 Jüdische Allgemeine, 3.10.1991: Interview mit Bundesinnenminister Wolfgang Schäuble.

45 Jüdische Allgemeine, 15.11.1990: Äußerung des Abgeordneten Gerster (CDU/CSU).

Zusammenhang mit der Aufnahme der vietnamesischen ‚boat-people' erlassen worden war. Durch die Zuordnung der sowjetischen Juden in diese Kategorie werden die Migranten wiederum als eine ‚Opfergemeinschaft' definiert, so daß allein schon die dokumentierte Zugehörigkeit zur Gruppe der sowjetischen Juden die Antragsteller mit dem Rechtsstatus des Kontingentflüchtlings ausstattet. Einzelfallprüfungen werden nicht vorgenommen. De facto leitet dieses Verfahren eine Einwanderung von Juden unter relativ privilegierten Voraussetzungen ein – darin vergleichbar mit der Gruppe der ‚deutschstämmigen Aussiedler'. All jene, die ihre jüdische Identität nachweisen können, dürfen in einem zeitlich offenen Verfahren nach Deutschland einreisen, ohne daß ihre Migrationsmotive überprüft werden.

In dieser Regelung ist jedoch von vornherein eine Spannung angelegt, die sich im Verlauf der Einwanderung zunehmend gegen die Migranten wendet: Diskursiv werden sie zunächst vor dem Hintergrund des Holocaust und des aktuellen Antisemitismus in den Nachfolgestaaten der Sowjetunion als Kollektiv von Opfern und Verfolgten entworfen. Die rechtliche Konstruktion der Zuwanderer als Flüchtlingsgruppe schien dieser Deutung zu entsprechen. Daran knüpfte sich die Erwartungshaltung, daß die jüdische Identität der Migranten über die Partizipation in den jüdischen Gemeinden Deutschlands zum Ausdruck gebracht werden würde. Doch während der symbolische Rahmen, innerhalb dessen diese Zuwanderung wahrgenommen wird, in der Perspektive auf ‚Juden als Opfer' liegt, produziert das Verfahren selbst einen Einwanderungsprozeß, der sich von diesem Identitätsbild entfernt und seine moralischen Dimensionen sprengt. Im Verlauf der Zuwanderung kollidiert nämlich die diskursiv erzeugte kollektive jüdische Identität mit den vielfältigen Praxen und Identitäten der Zuwanderer. Diesem Spannungsverhältnis soll im folgenden anhand von drei zentralen Merkmalen, die den Einwanderungsprozeß strukturieren, nachgegangen werden: erstens dem staatlichen Aufnahmekriterium der jüdischen Identität; zweitens dem zugewiesenen Rechtsstatus des Flüchtlings und drittens der Mitgliedschaft in der jüdischen Gemeinde als einem zentralen Legitimationsmoment der Einwanderung.

Jüdische Identität als Aufnahmekriterium

In den Ausführungen zur Kontingentregelung hatten die deutschen Politiker es vermieden, eine Definition jüdischer Identität vorzunehmen. „Bei der Antragstellung ist – gegebenenfalls unter Vorlage von Nachweisen – glaubhaft zu machen, daß der Antragsteller zu dem begünstigten Personenkreis gehört.

Ein formelles Beweiserhebungsverfahren findet nicht statt."[46] Die Vermeidung einer Festlegung jüdischer Identität entsprach einem Definitionstabu, das zuallererst aus dem Unbehagen resultierte, „50 Jahre nach der Nazi-Barbarei" erneut „ungewollt in (die) Nähe der Nürnberger Gesetze" zu kommen, würde man den Zuwanderern abverlangen, „gegenüber deutschen Stellen ihre Zugehörigkeit zum jüdischen Volk nachweisen (zu) müssen."[47] Gleichzeitig blieb das Nachweisproblem auf der Ebene der realen Prüfungen bestehen. Der damalige Leiter eines staatlichen Aufnahmeheims umschrieb dies so: „Irgendwie muß man die Leute doch erfassen, man kann sie ja schlecht mit einem Judenstern herumlaufen lassen".[48]

Jüdische Identität wurde also zum Aufnahmekriterium gemacht, ohne näher zu bestimmen, wer denn Jude sei. Damit wurde eine Identitätskategorie grundlegend, die auf der staatspolitischen Ebene in verschiedenen Ländern unterschiedlich definiert wird: in der Sowjetunion galt jüdische Identität als *Nationalität*; in Deutschland wird sie als *Religion* gefaßt. Dieses Verständnis entspricht dem jüdischen Religionsgesetz der Halacha, die neben der Religion auch ein matrilineares Abstammungsprinzip geltend macht. Darüber hinaus kann in Deutschland ein weiteres Identitätsverständnis wirkmächtig werden, das durch die nationalsozialistische Rassenideologie erst hervorgebracht worden war: Die rassistische Fremdbestimmung hat die Anzahl derer, die zwangsweise zur jüdischen Gemeinschaft gezählt wurden und dieser Definitionsmacht zum Opfer gefallen sind, vergrößert: ‚Halb- und Vierteljuden' sind erst durch den NS zu solchen gemacht worden.

Weil die Aufnahmekategorie also nicht klar definiert worden war, können zumindest theoretisch alle oben genannten Identitätsbezüge wirksam gemacht werden, um nach Deutschland zu kommen.

Ein Beispiel für eine Identitätspolitik von Seiten der Zuwanderer, die an die rassistische Definition des Nationalsozialismus anknüpft, stellt der öffentliche Protest einer Migrantin dar, die mit Touristenvisum nach Deutschland gekommen war, der aber von einer Inlandsbehörde die nachträgliche Aufnahme ins Kontingent und damit ein gesicherter Aufenthaltsstatus verweigert wurde. Laut offizieller Begründung hatte „der jüdische Großvater" als Identitätsnachweis nicht ausgereicht. Die junge Frau protestierte daraufhin mit einem Transparent vor dem Landessozialamt in Berlin mit der Aufschrift:

46   Jüdische Allgemeine, 21.2.1991: Abdruck der Einzelbestimmungen für das Aufnahmeverfahren sowjetischer Juden aufgrund der Beschlüsse der Ministerpräsidentenkonferenz vom 9.1.1991.
47   Jüdische Allgemeine, 10.1.1991: Zitiert wird hier ein Mitarbeiter der Zentralen Beratungsstelle Ostberlins, wo sich die Neuankömmlinge registrieren lassen mußten.
48   Jüdische Allgemeine, 10.1.1991.

"Vierteljüdin zu sein, reichte, um von den Nazis verfolgt zu werden. Heute reicht es nicht, um in Deutschland aufgenommen zu werden."[49] Diese Demonstrantin argumentiert mit einer Abstammungslogik, die der rassistischen Klassifikation des Nationalsozialismus entspricht, und beruft sich insofern auf die Zugehörigkeit zu einem ‚Opferkollektiv', ohne selbst direktes Opfer des Holocaust gewesen zu sein. Damit macht sie die Aufnahmeregelung als ‚Wiedergutmachungsakt' geltend.

Die Autorin des *Taz*-Artikels greift dieses Beispiel auf, um damit die Aufnahmepolitik zu kritisieren. In der ablehnenden Entscheidung der deutschen Behörden sieht sie eine Bestätigung dafür, daß nur noch „reinrassige Juden" ins Land gelassen würden. Sie setzt diese Aufnahmepraxis wiederum in Beziehung zur nationalsozialistischen Rassengesetzgebung, wonach die „Furcht vor sowjetischen Armutsflüchtlingen" dazu führe, daß „deutsche Beamte tief in die Reservatenkammer der Nazis" griffen. Grundsätzlich benennt die *Taz*-Autorin das Problem dieser genealogischen Logik zwar richtig, sie verkennt aber, daß der Erfolg einer solchen Identitätspolitik indirekt ja gerade auf der Anerkennung der NS-Klassifizierung beruhen würde, wenn ein erweitertes Abstammungsprinzip Geltung hätte.

Das politische Tabu, jüdische Identität eindeutig zu definieren, erlaubt theoretisch einem größtmöglichen Personenkreis, um Aufnahme zu ersuchen. Doch auch wenn sich die deutschen Politiker jeder Festlegung jüdischer Identität entzogen, mußte die von oben vorgegebene Aufnahmeregelung doch in einen gestaltbaren Entscheidungs- und Auswahlprozeß überführt werden. Diesen Auftrag übernahmen die deutschen Auslandsbotschaften, die so zu ‚Schleusen' der Klassifikation werden. Insofern bewerten die Botschaften als erste Instanz eine Vielzahl von jüdischen Identitätsnachweisen.

Neben den anfangs verwendeten sowjetischen Pässen, in denen die jüdische Nationalität als sogenannter 5. Punkt eingetragen war, gelten Geburtsurkunden als Dokumente, mit denen die jüdische Abstammung entweder über die väterliche oder über die mütterliche Seite belegt werden kann. Zwar sollte die Abstammung nur in direkter Generationenfolge Geltung haben, so lauteten die Direktiven aus Bonn an die Botschaften. Doch in der Praxis seien, so ein Jurist im Auswärtigen Amt, „auch diese Begriffe Viertel und Halb da reingekommen, die da eigentlich nichts zu suchen haben". Allerdings sei „das inzwischen auch bei den Auslandsvertretungen, die damit konfrontiert sind, ausgemerzt. Es geht eben nicht darum, noch irgendeinen Anteil jüdischer Herkunft zu haben, sondern wir haben ein glasklares Kriterium eingeführt: elterliche Abstammung Vater oder Mutter."[50]

---

49   Taz, 5.3.1991.
50   Interview mit einem Juristen im Auswärtigen Amt in Bonn am 20.1.1997.

Doch dieser formale Nachweis birgt für beide Seiten, für die Antragsteller wie für die Prüfungsinstanzen, Schwierigkeiten. War es für die Ausreisewilligen mitunter schwer, gültige Geburtsurkunden vorzulegen, so sahen sich die Botschaftsangestellten wiederholt mit dem Problem konfrontiert, die Echtheit dieser Papiere zu erkennen und zu bewerten, machten doch manche Antragsteller von der Möglichkeit Gebrauch, gefälschte Papiere auf den Schwarzmärkten der SU-Nachfolgestaaten zu erwerben – eine Praxis, die von den Botschaften erst zunehmend erkannt wurde.

Besondere Irritationen verursachten jedoch nicht nur diese offensichtlich gefälschten, nämlich neu ausgestellten Geburtsurkunden. Vielmehr tauchten immer häufiger Fälschungen am Original auf. Tatsächlich treffen in den Prüfungsverfahren der Botschaften Fälle aufeinander, wo nur mühsam zu unterscheiden ist zwischen den „Fälschungen, die relevant sind, weil nämlich jemand, der nicht Jude ist, sich zum Juden gemacht hat; oder eben den anderen Fall zu erkennen, daß glasklar jüdische Familien alles mögliche machen und tun und meinen, es kommt auf die alten Geburtsurkunden an. Sie radieren dann an dem Geburtsnamen rum, weil sie meinen, es komme darauf an, aber an der eigentlichen Grundtatsache, daß sie jüdischer Abstammung sind, ist gar nichts faul (...). Insgesamt entsteht so eine zusätzlich enorme Belastung bei den Auslandsvertretungen durch die ganzen erkennbaren oder auch nicht erkennbaren Fälschungen, wo man dann doch einen Verdacht hat (...). Das ist ein Riesenzirkus, der nun auch die in Mitleidenschaft zieht, die nun gar nichts falsch gemacht haben."[51]

Neben den tatsächlichen Fälschungen sind die Botschaften also auch mit einer Vielzahl von manipulierten Papieren konfrontiert, in denen die jüdische Zugehörigkeit ohne amtliche Bestätigung wieder eingetragen wurde, nachdem sie in der Sowjetunion bewußt getilgt worden war, um verschiedenen Formen der Diskriminierung zu entgehen, die von Verfolgungen bis zu beruflichen Benachteiligungen reichen konnten.[52]

---

51   Ebd.
52   Bei unterschiedlicher Nationalität der Eltern kann – nach sowjetischem Recht – mit dem 16. Lebensjahr (bei Erhalt des eigenen Ausweises) für die Nationalität eines Elternteils optiert werden. Die Mehrzahl hat sich für die Nationalität des nichtjüdischen Elternteils entschieden, sei es, um dem staatlichen Antisemitismus zu entgehen, um bessere Berufs- und Studienchancen zu erhalten, oder einfach aufgrund einer Gleichgültigkeit gegenüber der jüdischen Herkunft. Die Nationalität ist in der Geburtsurkunde und im Inlandspaß (Personalausweis) eingetragen und muß überall angegeben werden. Bereits bei der Einführung dieser Pässe Anfang der dreißiger Jahre, als die Volkszugehörigkeit noch nach Belieben eingetragen werden konnte, hatten sich viele Juden als Russen registrieren lassen (Kessler 1996, S. 27).

Unter den Antragstellern sind schließlich auch solche, die aufgrund von nationalsozialistischer und/oder stalinistischer Verfolgung gar keine jüdischen Originaldokumente mehr besitzen. Gerade weil sie als Juden verfolgt wurden, fehlen ihnen Identitätsnachweise, oder anders gesagt: Ihre jüdische Identität erweist sich gerade darin, daß sie nicht mehr oder nur schwer beweiskräftig gemacht werden kann. Denn aufgrund der Verwicklungen der Geschichte des zwanzigsten Jahrhunderts und der gewaltsamen Zumutungen zweier Diktaturen gehört zu jüdischer Identität streckenweise gerade auch ihre totale Verleugnung. Dies betrifft etwa Antragsteller aus dem Baltikum und dem ehemaligen Oberschlesien.

So berichtet die *Jüdische Allgemeine* unter der Überschrift „Ein halbes jüdisches Leben nur für Papiere" von einem Ehepaar aus Lettland, die ihren Nationalitäteneintrag in der Geburtsurkunde gefälscht hatten. Daß beide deutsche Juden waren, hatte für sie in dem erst von der Sowjetunion 1940 annektierten, dann 1941 vom NS-Deutschland besetzten Lettland eine Gefahr dargestellt. Dem Mann fehlten deshalb alle Papiere, die Frau besaß nur die Durchschrift einer Geburtsbescheinigung, die keinen Nationalitätennachweis der Eltern erbrachte. Er spricht jiddisch, sie deutsch mit jiddischem Akzent. Beide werden in Deutschland wegen Urkundenfälschung bestraft. [53]

Hier zeigt sich ein generelles Problem der Nachweispraxis. Im konkreten Einzelfall erweist sich die Schwierigkeit, daß Identitäten überhaupt nachgewiesen werden und vor allem, daß sie eindeutig sein müssen. Die Brisanz solcher bürokratischer ‚Checks' macht aus, daß in ihnen die soziale und politische Dimension von Identität, also ihre lebensweltliche Bedeutung in wechselnden nationalen Kontexten, nicht nachvollzogen wird.

Im Mediendiskurs über die Zuwanderung werden die Schwierigkeiten der bürokratischen Bestimmung jüdischer Authentizität nicht thematisiert, sowie auch die Logik der Identitätsprüfung an sich zumeist nicht problematisiert wird. Fragen wie ‚wer ist Jude' oder ‚was ist jüdisch' werden statt dessen auf zwei Bewertungsmuster reduziert: Erstens auf den formalen, anhand von Papieren erbrachten Nachweis, der zwischen ‚echten' und ‚falschen' Juden unterscheidet. Und zweitens wird die Authentizität der Migranten entlang scheinbar fester Pole verhandelt, wobei ‚russisch' oder ‚jüdisch' als einander ausschließende Etikettierungen in der Bewertung von Echtheit fungieren.

In der Fälschungsdebatte, die die Medien zunehmend aufgreifen, erfährt die Authentizitätsfrage ihre kriminalistische Zuspitzung, wobei offen bleibt, ob die zunehmende öffentliche Thematisierung tatsächlich einer quantitativen Zunahme von gefälschten Papieren entspricht, oder ob die Fälschungspraxis erst allmählich realisiert wird. Faktisch nehmen nachträgliche Überprüfungen

---

53 Jüdische Allgemeine, 25.4.1991.

von Pässen und Papieren im Inland zu. Die Medien berichten von Geburtsurkundenfälschungen, die erst nach der Einreise entdeckt werden.

In Bayern wird mit der Eröffnung eines Gerichtsverfahrens und dem Ziel, einen Russen mit gefälschten jüdischen Papieren „abzuschieben", ein Exempel statuiert. Unter dem Titel „Mit gefälschten Papieren in den Westen" berichtet die *Welt* außerdem von einer Polizeirazzia in Berlin, bei der „manipulierte Geburtsurkunden und Ausweise" gefunden wurden. Der Artikel verweist auf eine zweite Praxis des Mißbrauchs, wonach jüdische Einwanderer Adoptionspapiere verkauften, um damit Nichtjuden aus den GUS-Staaten die Einreise zu ermöglichen.[54]

Fälschungen werden nun nicht länger als exterritorialisiertes, in den Botschaften zu lösendes Problem ignoriert. Beinahe jede Reportage stellt die „Frage nach der wahren Identität der Zuzügler"[55] im Zusammenhang mit Betrugsversuchen. Hohe Summen würden für jüdische Papiere bezahlt; die russische Mafia schleuse auf diesem Wege Leute ins Land[56]; oder: „der Zustrom echter und weniger echter Mitglieder" treibe die jüdische Gemeinschaft in eine „Zerreißprobe".[57] Die jüdischen Gemeinden erscheinen dabei zunehmend als Prüfungsinstanzen.[58] Der Direktor der jüdischen Gemeinde in Düsseldorf beklagt den Mißbrauch im Zusammenhang mit finanziellen Starthilfezuwendungen, weil Zuwanderer mit gefälschten Papieren Ansprüche erheben würden. Der Eindruck entsteht, daß die jüdische Gemeinde, mit Überprüfungsgeräten wie bei Bundesgrenzschutz und Ausländerbehörden ausgestattet, auch zur kriminalistischen Einrichtung geworden ist. Ins Bild gefaßt formuliert ein Gemeindevertreter das so: „Früher haben Juden sehr viel Geld für arische Papiere gezahlt, und heute zahlen Russen sehr viel Geld für jüdische Papiere."[59] Im Zuge der virulenter werdenden Fälschungsdebatte gestaltet sich auch die Aufnahme in die jüdischen Gemeinden schwieriger. Einem Migranten, der seine jüdische Identität nicht ausreichend mit Dokumenten belegen konnte, verhalf erst der Besuch seiner Mutter in Berlin dazu, nachdem sie mit „fließendem Jiddisch" den Beweis erbracht hatte, Jüdin zu sein.[60]

---

54   Die Welt, 5.3.1994.
55   SZ, 9.9.1995.
56   Wochenpost, 22.7.1993.
57   SZ, 16.2.1998.
58   SZ, 9.9.1993.
59   Rheinischer Merkur, 14.2.1992. Der Direktor der jüdischen Gemeinde in Düsseldorf, von dem dieses Zitat stammt, spricht in diesem Zusammenhang von einem „Treppenwitz der Geschichte", wenn Russen heute Juden werden wollten, um in den Genuß großzügiger Unterstützungen durch die Gemeinde kommen zu können.
60   Wochenpost, 22.7.1993.

In der Fälschungsdebatte schwingt immer auch die Frage nach der Berechtigung der russisch-jüdischen Einwanderung mit, wenn über Prozentanteile von ,falschen Juden' gemutmaßt wird. Dabei werden oftmals weder die Grundlagen dieser Berechnungen nachvollziehbar, noch wird klar, worauf sich diese Zahlen genau beziehen. Insbesondere werden dabei enorme Differenzen deutlich. So spricht Ignatz Bubis davon, daß nur fünf Prozent der Neuankömmlinge nicht jüdisch seien[61], während andere Quellen von bis zu 40 Prozent Fälschungen ausgehen.[62] Der Verweis auf Fälschungen legitimiert schließlich härtere Kontrollen auch im Inland. Die Authentizitätsfrage, die an rein formalen Kriterien entlang diskutiert wird, hat das anfängliche und in das politische Apriori des Verfahrens eingeschriebene Prüfungstabu wenn nicht außer Kraft gesetzt, so doch relativiert und durchlässig gemacht. Denn: Je mehr Fälschungen, desto weniger Juden, so lautet der einfache Indizienschluß, wenn von einer „jüdischen Ausreise in Anführungszeichen" die Rede ist und die Zuwanderungsregelung „innerhalb der Regierung in letzter Zeit immer mehr auf Kritik" stoße.[63] Der Prozentsatz von Fälschungen im gesamten Zuwanderungsprozeß wird als Indiz dafür herangezogen, die Zuwanderung als eine nicht genügend jüdische insgesamt infrage zu stellen.

Vom ,verfolgten Juden' zum ,nichtjüdischen Trittbrettfahrer' – die Flüchtlingsidentität

Ein weiteres Spannungsmoment im Aufnahmeprozeß ergibt sich aus der Klassifizierung der Zuwanderer als ,Kontingentflüchtlinge'. Dieser rechtliche Status und das an ihn gebundene Flüchtlingsbild bringt ein zusätzliches, gegen die Migranten gerichtetes Verdachtsmoment hervor.

Bereits den ersten politischen Debatten über die Regelung der Zuwanderung haftet eine Ambivalenz an, die in den unterschiedlichen Einschätzungen dieser Wanderungsbewegung zum Ausdruck kommt. Während der gewählte

---

61   Jüdische Allgemeine, 30.5.1996. Offen bleibt hier, ob sich diese Zahl auf Gemeindemitglieder oder Migranten insgesamt bezieht, ob diese fünf Prozent der Neuankömmlinge der Definition der Halacha nach nicht jüdisch sind bzw. ob sie Familienangehörige mit einer anderen Nationalität sind, oder ob sie tatsächlich falsche Papiere haben.

62   Auch Wissenschaftler beteiligen sich an diesen Schätzungen, so der Historiker Julius Schoeps: „Zwischen 30 und 40 Prozent der neuen russischen Mitglieder sind gar keine Juden, die kaufen sich ihr Visum." (SZ, 16.2.1998).

63   Jüdische Allgemeine, 13.6.1996: Bundesentwicklungsminister Spranger anläßlich eines Besuches in der Ukraine.

gesetzliche Rahmen für die einen im wesentlichen eine rasche und unbürokratische Hilfeleistung für Juden verspricht, die als Opfer antisemitischer Verfolgung und Diskriminierung gesehen werden, stellt er für andere eine geeignete Regelung dar, denjenigen Juden aus der Sowjetunion, die weder als Aussiedler noch als Asylbewerber gelten, Aufnahme zu gewähren. Deren Wanderungsmotive seien nämlich neben „Bedrückungen und Diskriminierungen" ursächlich „im wachsenden Wirtschafts- und Wohlstandsgefälle (...) und der größer gewordenen Mobilität" zu suchen, so daß sie keine „Asylrelevanz" erreichen.[64]

Begründet sich die Aufnahme im ersten Fall darüber, daß Juden als Opfer zu Flüchtlingen werden, die nach Schutz verlangen, gilt aus der zweiten Perspektive die nachgewiesene Zugehörigkeit zur jüdischen Gruppe als ausreichend, um einreisen zu können. Die Diskrepanz zwischen diesen beiden Positionen bleibt jedoch verborgen, weil letztlich doch beide vom moralischen Diskurs überlagert werden, wonach es die deutsche Verantwortung gebietet, Juden als einer ‚Opfergruppe' Aufnahme zu gewähren. Verdeckt bleibt damit die Differenz zwischen einer Deutung der Zuwanderung als Flüchtlingsbewegung und einer Interpretation als ‚normaler' Einwanderungsprozeß.

Zwar läßt die Kontingentregelung auf der verfahrensrechtlichen Ebene verschiedene Gründe der Emigration von antisemitischer Diskriminierung bis zur Hoffnung auf die Verbesserung von Lebenschancen zu, doch gerät die Kategorisierung der sowjetischen Juden als Flüchtlinge auf der öffentlichen/diskursiven Ebene in Widerspruch zu der Vielfalt der Migrationsmotive sowie zu den realen Migrationspraxen der Zuwanderer.

Zu Beginn der geregelten Zuwanderung stand das Kontingentgesetz in scharfem Kontrast zu den Migrationsmustern derjenigen, die regelmäßig in ihre Herkunftsländer zurückkehrten, um Heimatverbindungen auf privater oder geschäftlicher Ebene aufrechtzuerhalten. Auf der einen Seite war die Flüchtlingsidentität nämlich mit der bürokratischen Bestimmung festgelegt worden, daß die noch im Besitz der Zuwanderer befindlichen Reisepässe von den Ausländerbehörden eingezogen und über das Auswärtige Amt an die Herkunftsstaaten zurückgegeben werden.[65] Mit dieser Paßregelung war ein Bild festgeschrieben, das die Einmaligkeit und Linearität der Migration definierte. Auf der anderen Seite hatte sich die Bundesregierung geweigert, den Aufgenommenen einen Genfer Flüchtlingsausweis auszustellen, weil sie damit als ‚politisch Verfolgte' ausgewiesen worden wären.[66] Statt dessen erhielten sie einen deutschen Reiseausweis.

64   Jüdische Allgemeine, 3.10.1991: Interview mit Bundesinnenminister Schäuble.
65   Vgl. Jüdische Allgemeine, 21.2.1991: Abdruck der Einzelbestimmungen für das Aufnahmeverfahren sowjetischer Juden.
66   Vgl. Taz, 7.1.1992.

Nach inzwischen geltender Regelung müssen die ‚jüdischen Kontingent-flüchtlinge' ihre Heimatpässe nicht mehr abgeben, d.h. die alte Staatsbürger-schaft kann beibehalten werden, ohne daß die Rechtsstellung bzw. die unbe-fristete Aufenthaltserlaubnis erlischt. Dies ermöglicht jederzeit Reisen ins Herkunftsland, ohne ein Visum beantragen zu müssen.[67] Für diese Regelung hat sich im Verlauf der Zuwanderung der Begriff des „analogen Verfah-rens"[68] eingebürgert. Das Kontingentflüchtlingsgesetz wird in der Praxis also in abgewandelter Form angewendet. Damit ist der prinzipielle Widerspruch zwischen dem Wortlaut dieses Gesetzes, das den Verlust der alten Staatsan-gehörigkeit auferlegt, und den real existierenden transnationalen Lebens-formen zumindest verfahrensrechtlich aufgehoben. Der Migrationsprozeß muß kein linearer sein; der Abriß von Heimatbindungen wird weder voraus-gesetzt noch auferlegt.

Doch aufgrund der Einordnung der Zuwanderer in eine bestimmte Klasse von Anspruchsberechtigten blieb die Ausschließlichkeit der Flüchtlingskate-gorie weiterhin wirksam. An den Flüchtlingsstatus und den daran gekoppel-ten Bezug von Sozialhilfe sind bestimmte Normen gebunden, die wiederum Anpassungserwartungen produzieren, so daß in allen vom Flüchtlingsbild ab-weichenden Handlungsmustern Verdachtsmomente aufgespürt werden kön-nen, die sich im Verlauf der Zuwanderung zunehmend gegen die Migranten richten. Im Zuge der Veralltäglichung der russisch-jüdischen Migration, die mit einer Brechung überhöhter und idealisierender Bilder durch die ‚realen' Zuwanderer einhergeht, gewinnt also konflikthafte Züge, was als Spannungs-moment im Aufnahmeverfahren bereits angelegt ist.

In Zeitungsartikeln zu Beginn der neunziger Jahre, die erste Eindrücke von Vertretern der deutschen Sozialbürokratie sowie der jüdischen Institu-tionen wiedergeben, werden die Zuwanderer übereinstimmend als eine Grup-pe von großstädtisch sozialisierten, hochqualifizierten und akademisch gebil-deten Personen geschildert, die mit ihrer Auswanderung fast alles zurückge-lassen haben: „Sie kommen aus Moskau und Kiew, sprechen kaum deutsch, haben aber alle Hoch- oder Fachschulausbildung."[69] Es „sind überwiegend Akademiker, denen es beruflich in der Regel nicht schlecht ging".[70] „Sie kommen mit dem Flugzeug, der Eisenbahn oder mit dem Auto, in dem sie mitbringen, was immer sie von ihrem Leben, von ihrem Hab und Gut noch hierher transportieren konnten (...), geben Häuser, Stellung, Einkommen auf. Die Leiterin des DRK-Heimes (...) schwärmt von der Arbeit mit der neuen

67   Aus Gesprächen mit Mitarbeitern der Berliner und Potsdamer Ausländerbe-hörde.
68   Interview mit einem Juristen im Auswärtigen am 20.1.1997.
69   Tagesspiegel, 14.10.1990.
70   Tagesspiegel, 6.12.1990.

Klientel. Als sie die Liste der Neuankömmlinge gelesen habe, sei ihr fast unheimlich gewesen, ,fast nur Professoren, Künstler, Doktoren, alles hochgestellte Leute'."[71] „Wir haben den Eindruck, daß seit September oder Oktober (1990) die ganze Creme jüdischer Intelligenz aus der Sowjetunion hierher auswandert".[72]

In diesen Beobachtungen kommt zum Ausdruck, daß die russischen Juden vorwiegend einem kulturbürgerlichen Milieu zugeordnet werden. Sie selbst bestätigen solch eine Zuordnung, wenn sie beispielsweise auf die Frage, was sie vom Zurückgelassenen am meisten vermissen würden, auf ihre privaten Bibliotheken verweisen, wo sich neben Puschkin und Tolstoi auch Goethe und Schiller fanden.[73] Der „vergleichsweise hohe Lebensstandard" in der ehemaligen Heimat und das „niveauvolle Kulturleben"[74], das zurückbleiben mußte, unterstreichen die Einschätzung, daß die Zuwanderer nicht aus wirtschaftlichen Gründen nach Deutschland gekommen sind. Wer würde freiwillig ein solches Leben aufgeben, um noch einmal von vorne zu beginnen? Im Gegensatz zum Wirtschaftsflüchtling, der seine Heimat verläßt, um anderswo ein besseres Leben zu führen, erscheint die Situation hier umgekehrt, denn: „Mit der Ankunft im Aufnahmeheim verwandelt sich die Anerkennung des Kiewer Künstlers, des Petersburger Intellektuellen, des Moskauer Sozialwissenschaftlers in die Bedürftigkeit eines brandenburgischen Sozialhilfeempfängers."[75] Dieser Eindruck wird weiter durch Erzählungen unterstrichen, die den Integrationswillen der jüdischen Zuwanderer untermalen, wie dem „Atomphysiker, der (in Deutschland) als Verkäufer in der Herrenoberbekleidung gearbeitet hat".[76]

Mit dem Überschreiten der Grenze vollzieht sich ein Rollenwechsel, der mit einem Statusverlust einhergeht. Doch die Zuwanderer begegnen auch diesem Umstand „freundlich, höflich und dankbar, so angenehm im Umgang". So vergleicht die Leiterin eines Wohnheims: „Nach der Arbeit mit den deutschstämmigen Aussiedlern aus Polen und ihrem oft recht grobschlächtig

71 Tagesspiegel, 12.1.1991.
72 Taz, 3.1.1991: Einschätzung des Leiters der Zentralen Beratungsstelle für jüdische Emigranten aus der Sowjetunion in Ost-Berlin.
73 Die soziologische Studie von Judith Kessler (1996), die die Migration sowjetischer Juden am Beispiel Berlins untersucht, ergibt ein, im Kontrast zu den Medien, differenziertes Bild des Bildungsprofil der Zuwanderer: Im Gegensatz zum medial inszenierten Profil der Künstler- und Bildungsakademiker machen Ingenieure die größte Berufsgruppe aus.
74 FR, 1.2.1993: Zitate der Leiterin der Zentralwohlfahrtsstelle der Juden in Frankfurt a.M. in einem Vortrag über die jüdische Zuwanderung, die sie als die „größte Herausforderung für die jüdische Gemeinschaft" bezeichnet.
75 FAZ, 3.5.1995.
76 Jüdische Allgemeine, 22.4.1993.

vorgebrachten Anspruchsdenken kommt ihr das jetzt vor wie eine einzige Erholung: ‚Ein Super-Arbeiten ist das im Moment'."[77] Die Differenz zu anderen Migranten unterstreicht das Image des idealen Flüchtlings, dessen kulturbürgerlicher Habitus nicht nur eine Auswanderung aus ökonomischen Motiven ausschließt, sondern auch noch das Migrationsziel erklärt: „Sie halten Deutschland für das Zentrum der europäischen Kultur, deshalb kommen sie hierher. Sie sind keine Wirtschaftsflüchtlinge."[78]

Besondere Legitimität gewinnt der Flüchtlingsstatus der jüdischen Zuwanderer dadurch, daß der Migrationsprozeß als unumkehrbare und endgültige Fluchtbewegung gedeutet wird. Die Merkmale von Wohlstand, Bildung und Qualifikation finden dabei auch deshalb besondere Anerkennung, weil mit dem Grenzübertritt notwendig ihr Bedeutungsverlust in Kauf genommen wird. Damit knüpft die mediale Repräsentation an Erwartungen an, die sich mit der Kategorie des Flüchtlings verbinden und im wohlfahrtstaatlichen Kontext eine spezifische Ausprägung erhalten.

Das daraus entstehende Beziehungsmodell zwischen der Aufnahmegesellschaft und den Zuwanderern ist asymmetrisch konstruiert: Die eine Seite sucht Schutz, während die andere in der Lage ist, Schutz zu gewähren. Der Flüchtlingsstatus stattet die Zuwanderer nicht nur mit dem Anrecht auf einen sozialstaatlich abgesicherten Integrationsverlauf aus, er legt sie zugleich auch in der passiven Rolle der Klienten und Leistungsempfänger fest, während den sozialen Institutionen des Wohlfahrtstaates die Rolle der Akteure zukommt.[79] Eben jene Deutung des Flüchtlings gerät im Verlauf der Zuwanderung in Widerspruch zu den beobachteten Handlungsmustern der Migranten.

So bietet die Tatsache, daß der oben angeführte „vergleichsweise hohe Lebensstandard" in Ausschnitten auch im Aufnahmeland sichtbar bleibt, Anlaß zu Mißtrauen, weil dieser Lebensstandard dem normativen Bild des bedürftigen Sozialhilfeempfängers widerspricht. Entgegen der Vorstellung, daß die Zuwanderer nur besitzen, was sie über die Grenze tragen konnten, berichten Mitarbeiter eines Aufnahmeheims: „Auf dem Parkplatz (vor dem

---

77 Tagesspiegel, 12.1.1991.

78 Ebd.

79 Karen Körber (1998) hat die Rahmenbedingungen der jüdischen Zuwanderung im Zusammenhang mit dem ‚Fall Gollwitz' analysiert. Die brandenburgische Gemeinde Gollwitz hatte im Sommer 1997 mit ihrer Entscheidung gegen die Aufnahme jüdischer Zuwanderer eine Welle der öffentlichen Empörung ausgelöst. Mit dem Begriff des ‚Inkorporationsregime' arbeitet sie dabei überzeugend heraus, daß sich der deutsche Sozialstaat vor allem in Gestalt eines administrativen Paternalismus in der Planung und Regelung solcher Inklusionsprozesse niederschlägt und dadurch die Form der Mitgliedschaft von Migranten strukturiert. Akteure sind demnach Behörden, Wohlfahrtsverbände und sozialstaatliche Einrichtungen.

Heim) stehen die Autos der Neuankömmlinge, darunter große Limousinen. Wenn die Fernsehteams aus aller Welt anrücken, für die diese Flüchtlinge der zeit ein großes Thema sind, fahren die Leute sie hinters Haus, weil sie nicht ins Bild passen."[80]

Nicht ins Bild paßt auch der Eindruck, daß die Zuwanderer nicht als religiös interessierte Mitglieder in die jüdischen Gemeinden eintreten, sondern diese nur als „materielle Starthilfe"[81] oder als „Sozialstationen"[82] zu nutzen scheinen. Das behauptete Desinteresse „am religiös-kulturellen Leben"[83] verbindet sich mit der „beunruhigenden Beobachtung" eines ehemaligen deutschen Botschafters in der Ukraine, daß die Zuwanderer offen eingestehen würden, „nach Deutschland und nicht nach Israel auswandern" zu wollen, „weil die wirtschaftlichen Bedingungen in Deutschland wesentlich besser sind."[84] Hier klingen Zweifel gegenüber einer Gruppe an, die sich sowohl einer religiösen als auch einer nationalen (israelischen) Zugehörigkeit verweigere und statt dessen ökonomischen Motiven den Vorrang gebe.

Das Deutungsmuster des ‚illoyalen Wirtschaftsflüchtlings' wird durch den Umstand verstärkt, daß jüdische Kontingentflüchtlinge in der Regel neben ihrem deutschen Reiseausweis und der unbefristeten Aufenthaltserlaubnis auch die Heimatpässe ihrer jeweiligen Herkunftsstaaten behalten. Dies ermöglicht Reisen in die Herkunftsländer; manche reisen selten, andere oft.

In einem Artikel im *Focus*[85] werden die legalen Grenzüberschreitungen zu illegalen Geschäftspraxen, die zu Lasten des deutschen Staates und seines „gut gemeinten Einwanderungsgesetz(es)" gingen. Ausgestattet mit einem „Diplomatenstatus", der geradezu „zum Mißbrauch einlade", würden transnationale Existenzen begünstigt: „Sie bleiben in der Heimat angemeldet, behalten ihre Immobilien oder Firmen und betreiben die Geschäfte von Deutschland aus weiter (...), womöglich als Zubrot neben der Sozialhilfe, die 80 Prozent der Kontingentflüchtlinge beziehen."

Hier erscheinen diese ‚Pendlerexistenzen' sowohl hinsichtlich ihrer jüdischen als auch ihrer Flüchtlingsidentität fragwürdig, beide Identitäten werden ihnen abgesprochen: Aus ‚echten Flüchtlingen' werden ‚angebliche', aus dem ‚verfolgten Juden' der ‚sowjetische Funktionär', dessen jüdische Identität instrumentalisiert wird oder gefälscht ist. Wenn der *Focus* darauf verweist, daß „selbst hohe Funktionsträger des früheren kommunistischen Systems" über die Kontingentregelung in Deutschland aufgenommen werden, dann

---

80   Tagesspiegel, 12.1.1991.
81   Der Spiegel, 22/1996.
82   Rheinischer Merkur, 14.2.1992.
83   Focus, 7/1997.
84   Ebd.
85   Die folgenden Zitate stammen aus: Focus 7/1997.

wird nicht nur ein ideologisches Stereotyp des Kalten Krieges aktiviert, sondern auch ein Verstoß gegen die symbolische Ordnung der Hilfsbedürftigkeit geahndet. Behauptet wird, daß vor allem Wohlhabende nach Deutschland einwandern, um ihren sozialen und ökonomischen Status aufrechtzuerhalten. Das Bild des verfolgten Juden, der um Aufnahme bittet, hat sich in sein Gegenteil verkehrt: Er wandelt sich vom Flüchtling, dem der Rückweg abgeschnitten ist, zum Migranten im eigentlichen Wortsinn, zum ‚Wanderer zwischen den Welten‘, dessen jüdische Identität fragwürdig ist und dessen Motive instrumenteller Natur sind. Das Reisen oder auch Pendeln steht in scharfem Kontrast zur Definition des Flüchtlings als Klient im Wohlfahrtsstaat. Flüchtlinge genießen Schutz, weil sie ihr Land verlassen müssen. Mit dem erzwungenen Wechsel geht der Verlust der Vergangenheit einher. Nicht nur die Heimat, auch die Berufstätigkeit, die soziale Anerkennung, der erworbene Status werden zurückgelassen. Man ist nur noch Flüchtling, und gerade die Ausschließlichkeit dieser Kategorie ermöglicht die helfende Zuwendung der aufnehmenden Gesellschaft. Die periodische Rückkehr in die Herkunftsländer läßt nicht nur Zweifel an der Rechtmäßigkeit des erworbenen Status aufkommen, mit dem Grenzübertritt sind die Reisenden auch der staatlichen Kontrolle und den vorgegebenen Rollen entzogen. Der Heimatpaß symbolisiert gewissermaßen den Wandel vom passiven Klienten zum eigenständigen Akteur, der über Handlungsspielräume und auch über Formen seiner Existenz verfügt, die dem staatlichen Zugriff verborgen bleiben. Damit verliert das auf dem Flüchtlingsstatus basierende Aufenthaltsrecht in Deutschland seinen exzeptionellen Charakter, es erscheint vielmehr als Option, die den Zuwanderern neben anderen zur Verfügung steht.

Die Definition der russischen Juden als ‚Opfer‘ führt Vorstellungen eines jüdischen Habitus mit, der kulturalistisch auf Bildung und Kultur bezogen ist, ohne Bezüge zur sozialen Existenz der Migranten herzustellen. Je weniger die Zuwanderer dem Image des bedürftigen, aber integrationswilligen Flüchtlings entsprechen, desto stärker gerät unter Verdacht, was sie zuvor als Flüchtlinge auszeichnete. Der ‚hohe Lebensstandard‘ erfüllt seine positive Funktion nur, solange er sich auf vergangene Zeiten bezieht und in die gegenwärtige Realität des ‚bedürftigen Sozialhilfeempfängers‘ nicht hineinreicht. Sobald diese unterstellte Linearität des Migrationsprozesses durch Handlungsmuster gestört wird, die der strikten Trennung zwischen Vergangenheit und Gegenwart zuwiderlaufen, gerät die Legitimation der Zuwanderung in Gefahr. Im Bild des Pendlers verkehrt sich nun nicht allein das Flüchtlingsimage in sein Gegenteil, auch die jüdische Identität wird zur gefälschten bzw. zur Figur des Funktionärs gewendet.

Der skandalisierende Verweis in einigen Medien, daß sich sogar Funktionsträger der ehemaligen Sowjetunion in Deutschland unter den Flüchtlingen befinden würden, geht einher mit Zweifeln an der ursprünglichen

Entscheidung für eine jüdische Immigration, beruhte diese doch auf der Annahme, verfolgten und von Antisemitismus bedrohten Juden zu helfen. Die Gestalt des Funktionärs symbolisiert nun das Gegenteil: nicht Diskriminierung und gesellschaftlichen Ausschluß, sondern politische Identifikation mit dem sowjetischen System und soziale Teilhabe. Tatsächlich wird hier ein Zusammenhang sichtbar, der für große Teile der jüdischen Minorität in der Sowjetunion kennzeichnend war, nämlich einerseits politisch und ökonomisch integriert gewesen zu sein und andererseits dauerhaft Diskriminierungen und staatlichen Antisemitismus erlebt zu haben.[86] Diese gleichzeitige Erfahrung von sowjetischen Juden bleibt in der Konstruktion der Gruppe als ‚Opferkollektiv‘ ausgeblendet. In der Figur des Funktionärs kehrt sie einseitig zugespitzt und gegen die Migranten gewendet wieder, um die jüdische Zuwanderung grundsätzlich infrage zu stellen.

‚Juden oder Russen‘: Die Dynamik der Bilder im Zuwanderungsprozeß

Von Beginn an war die Aufnahme der russischen Juden von Politikern und jüdischen Institutionen an das Ziel geknüpft worden, den kleinen und überalterten jüdischen Gemeinden in Deutschland Zuwachs zu verschaffen.[87] Die Identität der Migranten als Juden sollte sich durch eine Gemeindemitgliedschaft auch als religiöses Bekenntnis erweisen. Den Zuwanderern fiel damit die Rolle zu, die gerade von Politikern ausdrücklich formulierte Erwartung umzusetzen, jüdisches Leben in Deutschland und besonders in Ostdeutschland wiederzubeleben.

In den jüdischen Gemeinden, denen die Aufgabe religiöser und sozialer Integration zufällt, wird jedoch sehr schnell festgestellt, daß es den Neuankömmlingen an religiöser Identifikation fehle. So mahnt der damalige Vorsitzende des Zentralrats der Juden in Deutschland, Heinz Galinski, in einer Stellungnahme zum gesamten Kontingentvorgang zwar zur Geduld mit den Flüchtlingen und wirbt um Verständnis dafür, daß „die jüdischen Rituale erst

---

86 Markowitz 1994, S. 3-17.
87 So hatte der damalige Bundeskanzler Kohl in einem Gespräch mit Vertretern des Zentralrats der Juden betont, daß er die Politik des Vorsitzenden Heinz Galinski unterstütze, der sich für einen Wiederaufbau der jüdischen Gemeinden in Deutschland einsetze. Laut Kohl sollten auch in den neuen Bundesländern wieder „lebendige jüdische Gemeinden erstehen" (vgl. Tagesspiegel, 29.1.1992).

wieder erlernt werden" müßten.[88] Dies geht jedoch mit der nachdrücklichen Aufforderung an die Zuwanderer einher, ihren Integrationswillen auch über ein öffentliches Bekenntnis zur Religion unter Beweis zu stellen. Denn erst dann, wenn die russischen Juden sich auch nach außen zu ihrer Religion bekennen würden, könne man von einem Zugewinn für die jüdische Gemeinde sprechen.

Die Wahrnehmung einer Diskrepanz zwischen der Identitätsanforderung eines jüdischen Bekenntnisses und einer mangelnden Entsprechung der Neuankömmlinge führt zu Konflikten zwischen etablierten und neuen Mitgliedern innerhalb der Gemeinden. Wachsender Unmut über die Zuwanderung wird thematisiert. Die Gemeinden sehen sich mehr in die Rolle von Sozialstationen gedrängt, als daß sie von den neuen Mitgliedern als Orte religiöser Selbstvergewisserung genutzt würden.[89] So berichtet die Leiterin der jüdischen Wohlfahrtsstelle in Frankfurt a.M. von Vorbehalten gegenüber den religiös entfremdeten Neuankömmlingen, von denen manche etablierten Gemeindemitglieder denken würden, daß sie hier „doch nur die Vorteile nutzen wollten".[90] „Diese Menschen ‚füllen die Synagogen, obwohl die meisten nie Synagogen von innen gesehen haben – sie wissen nicht, was Shabbat ist, was Kashrut bedeutet, die Männer sind nicht beschnitten, Bar Mizwa ist für sie ein Fremdwort'."[91] In Düsseldorf und Essen halten Gemeindevertreter die Zuwanderung zwar für eine Bereicherung und eine Herausforderung, doch herrscht zugleich Skepsis vor: Ihre Hilfsbedürftigkeit binde die Migranten, die „ahnungslos in Sachen Religion" seien, an die Gemeinden, ohne sich jedoch in ein Interesse an religiösem Leben niederzuschlagen.[92] Kritische Stimmen richten sich gegen eine passive Versorgungsmentalität der Zuwanderer. Die erste „Begeisterung über den Mitgliederzuwachs" sei einer „resignierten Ernüchterung" gewichen: „Viele der Neuankömmlinge, gewohnt, daß der Staat alles für sie regelt, hielten die Gemeinden, so ein Berliner Mitglied, für ‚eine Art Gewerkschaft, bei der man abzocken kann'."[93] Insgesamt zeigt sich hier ein klienteles Verhältnis, das ambivalent zu sein scheint: Mit der Betreuung, Versorgung und religiösen Erziehung der neuen Mitglieder einerseits weit überfordert, ist man andererseits erbost darüber, daß sich viele von ihnen den Angeboten der jüdischen Gemeinden verweigern.[94]

88 Tagesspiegel, 18.6.1991.
89 Vgl. Rheinischer Merkur, 14.2.1992.
90 FR, 1.2.1993.
91 Ebd.
92 Rheinischer Merkur, 14.2.1992.
93 Der Spiegel, 29.3.1993.
94 Jüdische Allgemeine, 28.12.1994. Von Anfang 1990 bis März 1993 waren mehr als 15 000 jüdische Einwanderer nach Deutschland gekommen. Bei der jüdischen Gemeinde in Berlin meldeten sich 5 000 Neuankömmlinge an; im Vergleich

Mit einer Vielzahl von Integrationsangeboten soll ein Kenntnisgefälle in marktwirtschaftlicher Kompetenz bei den Zuwanderern ausgeglichen und damit ihre Selbständigkeit gefördert werden. So bietet die Zentralwohlfahrtsstelle in Berlin ein Programm unter dem Motto „ich will" an, das neben der Vermittlung von Bildungsmaßnahmen und Fortbildungskursen auch in die Logik der Marktwirtschaft einführt. „Erschwerend macht sich auch die russische – oder besser sowjetische – Mentalität der Zuwanderer bemerkbar. Bislang an ein von A bis Z staatlich reglementiertes Leben gewöhnt, fällt es den meisten ausgesprochen schwer, Eigeninitiative zu entfalten (...)."[95] Neben der sozialen Betreuung wird ein umfangreiches Programm zur religiös-kulturellen Orientierung angeboten, das insbesondere auf die Jugendlichen zugeschnitten ist. „Die Menschen sollen sich wieder als bewußte Juden fühlen, die, demnächst in die deutsche Gemeinschaft integriert, nicht wieder Gefahr laufen, ihr bald 6000jähriges Erbe zu verlieren."[96] Von israelischem Volkstanz über jüdische Bücher und Videofilme bis hin zu Ferienlagern und Seminaren soll den Jugendlichen eine pädagogische Abfederung in der „problematischen Phase des Übergangs von einer Mangel- in eine Überflußgesellschaft" gegeben werden. Zu diesem Zweck wird ein pädagogisches Zentrum mit dem Ziel entwickelt, „auch in andere ost- und westdeutsche Gemeinden" Material zur jüdischen Thematik zu verschicken, um die dort niedergelassenen „russischen Zuwanderer" dem Judentum näherzubringen.[97]

Vermittelt wird ein Bild von Berlin als ‚Missionierungsstation‘, von wo aus jüdische Bildung in die Peripherie versandt wird. Fast in Kampfmetaphorik wird dieser Prozeß der mühsamen Rückgewinnung der ‚Russen‘ beschrieben, der von der Hauptstadt aus betrieben, dessen Erfolg jedoch erst in den kommenden Generationen erwartet wird.

Schließlich ergeben sich Spannungen zwischen deutschen und russischen Juden nicht nur aus mangelndem religiösem Bezug, sondern auch aus der Distanz der Zuwanderer zur Schicksalsgemeinschaft der Opfer des Nationalsozialismus. Der Holocaust als identitätsstiftender Erinnerungshorizont in der jüdischen Nachkriegsgemeinschaft ist mit dem Ende der Ära Galinski innerhalb und außerhalb der jüdischen Gemeinden weniger wirksam geworden; durch die Zuwanderer scheint er noch stärker verdrängt zu werden. „Das Gedenken an den Holocaust und die bewahrte Skepsis im Umgang mit

---

dazu wanderten seit 1989 bis zu diesem Zeitpunkt ca. 400 000 sowjetische Juden nach Israel ein (vgl. Der Spiegel, 29.3.1993).

95   Jüdische Allgemeine, 3.9.1992: Kommentare der Autorin zu Gesprächen, die sie mit Sozialarbeitern in der Berliner Zentralwohlfahrtsstelle über die Lern- und Starthilfeprogramme für die neuen Migranten führte.

96   Ebd.

97   Ebd.

Deutschland und den Deutschen, das heute Juden auf der ganzen Welt verbindet, spielt (...) für die meisten russischen Juden der jüngeren Generation kaum eine Rolle." Dies erkläre, „warum die Kontingentflüchtlinge mit dem öffentlichen Anliegen der stark politisierten deutschen jüdischen Gemeinschaft oft nur recht wenig anfangen können."[98] So stellen Gemeindemitglieder in Berlin mit Befremden fest, daß zum Befreiungstag von Auschwitz „nur die Deutschen kommen".[99]

In anderen Bereichen des Gemeindelebens entsteht dagegen für manche der Alteingesessenen der Eindruck, durch die große Zahl der neu hinzugekommenen Mitglieder in die Minorität versetzt zu werden. Auf Gemeindefesten dominieren die russischen Juden, sowohl in Zahlen als auch in der Gestaltung des Programms. Die angestammten Mitglieder befürchten sogar, „nicht mehr zu Wort zu kommen neben den russischen Familien."[100] Stellvertretend für viele ältere deutsche Gemeindemitglieder dient die Witwe Heinz Galinskis als Kronzeugin des Wandels. Mit Mißtrauen und Ablehnung reagiere man auf „die Russen", die nicht bereit seien, sich in die bestehende Gemeindestruktur einzufügen, die „kein Chanukka (...) dafür Weihnachten" feiern und „Spielhallen und keine Anwaltskanzleien" betreiben würden. Ruth Galinski beklagt die Dominanz der Zuwanderer im Gemeindehaus, wo mittlerweile die russische Sprache überwiegen würde: „Wir verstehen das nicht, deshalb ziehen wir uns zurück." Sie selbst fühle sich „ausgestoßen" und empfinde die Gemeinde „als wilden Osten".[101]

Die Medien greifen Wahrnehmungsmuster von alteingesessenen Gemeindemitgliedern auf, in denen die Zuwanderer für die Spannungen innerhalb der Gemeinden verantwortlich gemacht werden. Es wird ein Bild gezeichnet, wonach die Neuankömmlinge sich weder aktiv an die Regeln einer kapitalistischen Gesellschaft anpassen können, noch fähig sind, sich insgesamt nach den Maßstäben der „Etablierten"[102] zu verhalten.

Der Ausdruck von (kultureller) Differenz findet seine Entsprechung in der Etikettierung der Zuwanderer als ‚Russen'. Dabei wird das Russenstereotyp

98   Tagesspiegel, 27.8.1992: Reportage über die Zuwanderung mit Aussagen von russischen Juden der mittleren Generation.
99   SZ, 16.2.1998.
100   Deutsches Allgemeines Sonntagsblatt, 10.9.1993.
101   SZ, 16.2.1998.
102   Von solchen Konflikten zwischen „Etablierten" und „Außenseitern" handelt die Studie von Elias und Scotson (1990). Sie zeigen, daß die Spannungen und Konflikte zwischen beiden Gruppen daraus resultieren, daß die Altansässigen, die über Generationen einen bestimmten Lebensstandard, Vermögen und Machtmonopol in Form von institutionellen Schlüsselpositionen aufgebaut hatten, ihren Status und ihre Normen durch die Neuankömmlinge gefährdet sehen.

vom normativen Bild des anpassungsbereiten und mit kulturjüdischem Habitus ausgestatteten ‚Kontingentflüchtlings' abgespalten und negativ aufgeladen. In dem Maße, wie sich die Wahrnehmung der Neuen als Russen verstärkt, verfestigen sich Klischees, die die Medien wiederum aufgreifen. Das Befremden der Etablierten gegenüber ‚den Russen' wird dabei in ästhetisch recht plastische Bilder übertragen: „Frauen mit grellen Flokatiwesten und blond gefärbten Haaren, Männer mit verhornten Händen und USA-Sweatshirts."[103] In solchen Beschreibungen werden die Zuwanderer mit den Ikonen des Billigen, offensichtlich Konsumorientierten und Geschmacklosen ausstaffiert; sie erscheinen als Angehörige einer sozialen Schicht, die die Regeln dezenter Distinktion im Kapitalismus (noch) nicht beherrscht. Und dieses ‚Klientel' trete ausschließlich als Bittsteller und Nutznießer sozialer Wohlfahrt auf, indem es die Gemeinde als Dienstleistungsunternehmen, „Arbeitsamt" oder gar als „Gesetzgeber" mißverstehe und die symbolischen Attribute einer religiösen Einrichtung noch dazu in pietätloser Manier ignorieren würde: „Sie plaudern, essen Bananen, lehnen am Gedenkstein in der Mitte, auf dem steht: ‚liebe deinen Nächsten wie dich selbst'."[104]

Die Differenz zwischen deutschen und russischen Juden wird auch als Mentalitätsunterschied gedeutet, dessen Ursachen in einer typisch sowjetischen Sozialisation ausgemacht werden. Der unselbständige, da einst staatlich gegängelte ‚homo sowjeticus', der sich in undurchsichtigen Netzwerken durchzuschlagen versucht, figuriert als Prototyp des illoyalen und unliebsamen neuen Gemeindemitglieds. „Wenn die merken, daß die Gemeinde nicht wie der Komsomol oder gar als mafiöse Kumpanei zur Vermittlung von Wohnraum oder Jobs funktioniert, dann kommen sie meistens nicht mehr."[105]

Mitunter kommen in den Medien Migranten zu Wort, die ihr Selbstbild nur in ausdrücklicher Abgrenzung zu diesem negativ aufgeladenen russischen Image entwerfen. Ein junger Mann, der mit reichen religiösen Kenntnissen aus der Perestrojka-Zeit nach Berlin kommt, erfährt in der Gemeinde Zurückweisung: „‚Die gucken mich an, als ob ich ein Zigeuner bin oder so was (...). Da hab ich so ein Gefühl bekommen: Ich bin fremd hier, bin wirklich fremd. Ich bin in Deutschland nicht der Jude, sondern der Russe'."[106]

---

103 SZ, 16.2.1998. Der Autor berichtet von seinen Eindrücken einer Diskussion im jüdischen Gemeindehaus in Berlin unter dem Titel „Integration und Selbstbehauptung in einer neuen Heimat?" und paraphrasiert in diesem Zitat die Äußerungen der Sozialdezernentin, die diese Veranstaltung organisiert hatte.
104 SZ, 16.2.1998. Auch bei diesem Zitat handelt es sich um Eindrücke des Autors von der o.g. Veranstaltung.
105 Tagesspiegel, 27.8.1992.
106 Allgemeines Sonntagsblatt, 10.9.1993.

Vereinzelt wehren sich auch Mitarbeiter der jüdischen Gemeinden gegen Zuschreibungen des ‚Russischen' mit einer Identitätskonstruktion, die auf die umgekehrte Vereindeutigung der Zuwanderer abzielt. So betont die Sozialdezernentin und stellvertretende Vorsitzende der jüdischen Gemeinde in Berlin in einem Interview mit dem *Tagesspiegel* auf die Frage nach der Bedeutung der Zuwanderung: „Zuerst einmal sind das Juden, nicht Russen, so muß man das sehen." Sie „legen gar keinen Wert auf russische Kultur, sie sind nur interessiert, das Jüdische, was sie versäumt haben, hier zu erlernen." Die Zuwanderer erscheinen gleichzeitig als Opfer, die „Rußland in Leid und Not" verlassen mußten.[107] Hier werden ein kulturelles Anderssein und die möglicherweise daraus resultierenden Konflikte gänzlich negiert, wobei zugleich eine neue und zahlenmäßig größere ‚Einheitsgemeinde' konstruiert wird.

Entgegen solch vereinzelter Bemühungen, ein einheitliches Bild der jüdischen Gemeinschaft zu zeichnen, in der die Zuwanderer ihre russische Identität längst hinter sich gelassen oder nie eine solche besessen haben, setzt sich im medialen Diskurs sowie im Aufnahmeprozeß selbst immer stärker die Spaltung zwischen ‚Juden' und ‚Russen' durch. Der *Tagesspiegel* setzt sie auf einer ganzen Seite „Jüdisches Leben in Berlin" mit einer Fotokomposition und drei Artikeln um. Ein erstes Foto verweist mit einer Gruppe diskutierender älterer Frauen und Männer, die als „jüdische Antifaschisten" aus der ehemaligen Sowjetunion vorgestellt werden, auf die Kontinuität des deutschjüdischen Themas, das selbst nicht Gegenstand der Artikel der Reportagenseite ist. Hier wird symbolisch an die deutsche Geschichte des Antisemitismus sowie an die Rückkehrtradition angeknüpft, die den Mythos des Antifaschismus in der DDR begründet hat. Zwei weitere Fotos bilden „typisch russisches Leben" in Berlin ab. Das größere zeigt Bauchladenhändler vor dem Brandenburger Tor und Touristen. Die Utensilien wie Ferngläser aus sowjetischen Armeebeständen, russische Holzpuppen und Militärorden verweisen auf die russische Herkunft der Händler, ebenso wie die Unterschrift „Souvenirhändler am Brandenburger Tor, darunter auch russische Zuwanderer". Das dritte Foto bildet einen jungen Geiger ab, darunter: „russischer Straßenmusiker im U-Bahnhof Kurfürstendamm". Die beiden letztgenannten Fotos stellen Ausschnitte aus dem Alltagsleben dar, die Symbole der neuen russischen Präsenz im Berliner Stadtbild nach 1989 aufgreifen. Diese Fotos bilden Überlebensstrategien ab und brechen damit in doppelter Weise mit den Inhalten der Artikel, die entweder die religiöse oder die akademisch-kulturelle Identität der Zuwanderer betonen. Zum einen sind die dargestellten Praktiken des Gelderwerbs als „russisch" ausgewiesen, zum anderen konterkarieren sie den bildungsbürgerlich-akademischen Habitus der Migranten. Die beiden Fotos erweitern den in den Artikeln beschriebenen Migrationsprozeß um eine

107 Tagesspiegel, 19.7.1995.

Dimension, die in den Texten nur am Rande oder negativ beschrieben wird: Während die Artikel die Zuwanderung als jüdische zu beschreiben versuchen, symbolisiert die Mehrzahl der Fotos die russische Immigration. Damit wird indirekt die Polarisierung zwischen ,Juden' und ,Russen' illustriert.

Die Medien greifen die dichotomisierende Perspektive, die innerhalb der jüdischen Gemeinden formuliert wird, auf, verstärken diese und festigen den öffentlichen Eindruck, als schließe sich eine russische und jüdische Identität der Zuwanderer gegenseitig aus. Mit dieser Vereindeutigung kultureller Identität wird jede Vermischung von Zugehörigkeitsmustern negiert. Die sprachliche Figur des ,russischen Juden' wird im medialen Diskurs in eine entweder-oder-Dichotomie auflöst. Und indem der Zuwanderung schließlich das Jüdische abgezogen wird, wird der Mehrzahl der Migranten eine jüdische Identität abgesprochen. Sie sind Russen geworden, wobei das Russenbild nicht nur als Synonym mangelnder Integrationsfähigkeit in die Standards der Leistungsgesellschaft und ihrer sozialen Formen fungiert, sondern auch mit mafiösen und damit gefährlichen Strukturen identifiziert wird.

,Renaissance' ohne Zuwanderer

Parallel zu diesen als illegal oder unerwünscht beschriebenen Qualitäten der Immigration nimmt die Repräsentation der Renaissance jüdischen Lebens in den Medien zu. Beinahe jede Reportage greift die Frage: Wird es wieder jüdisches Leben „im Land der Schlächter geben"?[108] mehr oder weniger sensationsheischend auf und setzt die Zuwanderung ins Verhältnis zu den boomenden jüdischen Kulturinszenierungen,[109] wie sie vor allem in Berlin zu beobachten sind.

Doch auf die neue Sichtbarkeit jüdischer Kultur, die zum Beispiel ein Berliner Stadtmagazin unter dem provokativen Titel: „Trendy Judentum. Der Hype um den Davidstern"[110] unter die Lupe nimmt, reagieren einige Zeitungsreportagen durchaus kritisch. So wird in der *Wochenpost* mit Vorstellungen einer Wiederbelebung der osteuropäisch geprägten Stetl-Kultur durch

---

108 SZ, 9.9.1994.
109 Unter dem Begriff der „Kulturinszenierung" sind Produkte von Repräsentationsarbeit zu verstehen, die kulturelle Fremdheit inszenieren, um sie zu vermitteln (vgl. Welz 1996, S. 19). Im folgenden geht es um die Prozesse der Reinszenierung von Kulturinszenierungen durch die Medien, also um Frage, wie die symbolischen Vermittlungsformen von Kultur in den Medien vor sich gehen (vgl. Müller-Doohm/Neumann-Braun 1995).
110 Zitty, 16/1998.

die neuen Migranten und mit den Bildern von ihnen als „traditionelle Ostjuden" gebrochen: „Optimisten sprechen bereits von einer jüdischen Renaissance, einer neu erwachenden, vitalen, östlich geprägten jüdischen Kultur. Insbesondere das Viertel um die Oranienburger Straße mit Neuer Synagoge, Centrum Judaicum, Galerie, Jüdischem Kulturverein, der orthodoxen Gemeinde Addas Jisroel sowie Restaurants und Geschäften könnte wieder zu einem Zentrum jüdischen Lebens in der Hauptstadt werden. Es sind jedoch nicht fromme Juden mit Peies-Locken oder Klezmer-Musikanten, die die Straßen um die weithin sichtbare Synagoge (...) bevölkern. Die neuen osteuropäischen Zuwanderer wecken keine Erinnerungen an jenes Leben im Stetl, wie es Tausende bis in die Nazizeit hinein im Scheunenviertel praktizierten. Heute prägen Prostituierte, Touristenpulks und ein bunt gemischtes Szenekneipen-Publikum das Bild."[111]

Die jüdischen Kulturinszenierungen werden von kritischeren Reportagen nicht für authentische Ausdrucksformen gehalten, sondern vielmehr als Klischees hinterfragt. So beginnt ein Artikel in der *Weltwoche* zwar mit einem Vergleich zwischen dem aus Rußland zugewanderten Klezmer-Interpreten Aizikowitsch und dem berühmten jüdischen Milchmann Tewje[112], jedoch nur, um damit gleich wieder zu brechen: einmal durch den Hinweis auf den Holocaust, zum anderen mit einer differenzierten Beschreibung derer, die da neu kommen, und schließlich mit dem Blick auf die Rezipienten dieser Kulturproduktion. Der ästhetische Genuß jener „kulturell interessierten jungen Deutschen" wird als unterschwelliger Wiedergutmachungswunsch gedeutet: „Sie halten Klezmermusik und jiddische Lieder für den Inbegriff eines Judentums, das sie nur noch vom Hörensagen her kennen, und geben sich insgeheim dem beruhigenden Gefühl hin, mit ihrem Interesse etwas von dem wieder gutzumachen, was von ihren Eltern oder Großeltern zerstört worden war."[113]

Ähnlich gewichtet die *Woche* den neuen Boom jüdischer Kultur und dessen Verhältnis zur Zuwanderung. Die Autorin beginnt auch hier mit Stationen und Orten, wo das neue jüdische Leben beschreibbar wird. Dann leitet sie mit der szenischen Schilderung eines Rituals zu einer quantitativen Darstellung der Vergrößerung der jüdischen Gemeinden durch die russischen Migranten über. Und schließlich läßt sie sich auf diejenigen Widersprüche und Probleme ein, die mit der Zuwanderung zwar sichtbar geworden, aber nicht erst durch diese entstanden seien. Als wesentliches Problem wird dabei das Fehlen eines religiösen Zentrums und eines damit verbundenen

---

111 Wochenpost, 22.7.1993.
112 Scholem Alejchem: Die Geschichten Tewjes, des Milchhändlers. Hrsg. von Elias Berg. Wien o.J. (ca. 1921).
113 Weltwoche, 27.6.1996.

Selbstverständnisses der jüdischen Gemeinschaft in Deutschland benannt – ein Problem, das auf das Fehlen religiösen Personals, aber auch auf die unterbrochene familiäre Weitergabe jüdischer Tradition zurückzuführen sei. Solchem gravierenden Mangel werden in dem Artikel kraß diejenigen Fremdbilder und -definitionen der nichtjüdischen deutschen Umgebung gegenübergestellt, die diese Leerstelle mit eigenen Projektionen füllt: Zum einen in Gestalt jener Philosemiten, die konvertieren, um dann das ‚richtige Judentum‘ zu definieren, zum anderen in Form von touristisch verwertbaren Kulturinszenierungen im ehemaligen jüdischen Viertel Berlins, wie sie in Stadtführungen angeboten werden – oftmals von Nichtjuden und manchmal sogar mit antisemitischen Untertönen. So beklagt der Kulturdezernent der Berliner Jüdischen Gemeinde: „Wir werden majorisiert von Nichtjuden, die uns sagen, was jüdisch ist."[114] Nicht ein kollektiv geteiltes Zentrum schafft die jüdische Gemeinschaft, sondern die Grenzziehung der Nichtjuden stiftet sie von außen.

Mit dem Zuwanderungsprozeß wird das besondere Dilemma der Juden in Deutschland überdeutlich: Auf der einen Seite retten die ‚Neuen‘ die jüdischen Gemeinden quantitativ, auf der anderen Seite verstärken sie deren Wandlungsprozeß weg von einem religiösen Selbstverständnis hin zu einer Interessenvertretung jüdischer Menschen. Die mit der Zuwanderung entstehenden Probleme werden in dem Artikel der *Woche* wie üblich beschrieben. Allerdings treffen die Migranten hier „keineswegs (auf) eine stabile, homogene Gemeinschaft (...). Sie ringen um eine Identität, fühlen sich manchmal als Berliner, selten als Deutsche." Die widersprüchlichen Definitionen im Zuwanderungsprozeß werden aus der Sicht der Betroffenen geschildert, die sowohl die Erfahrung machen, zwar als Juden nach Deutschland eingereist zu sein, aber nicht in jüdische Gemeinden aufgenommen zu werden, als auch umgekehrt: von den deutschen Behörden nur Anerkennung zu finden, sofern sie eine Gemeindemitgliedschaft vorweisen können, was wiederum an die sozialstaatlichen Leistungen für Kontingentflüchtlinge gekoppelt ist.

Abschließend faßt der Artikel die Herausforderungen an die jüdische Gemeinschaft zusammen: Die Konzentration auf die Grenze, d.h. die Identität über eine „Außenpolitik" herzustellen, die sich wesentlich an die deutsche Umgebung richtete, funktioniert nicht mehr: „was jüdisches Erbe ist (muß)

---

114 Die Woche, 52/1996. Er kritisiert in diesem Zusammenhang, daß es mehr deutsche Bücher über das Judentum gebe als deutsch sprechende Juden, daß es kaum mehr als 50 jüdische Familien gebe, die in der Gemeinde aktiv seien und befürchtet, daß es „in 40 Jahren hier kein Judentum mehr geben (wird), höchstens eine Interessengemeinschaft der zum Judentum positiv Eingestellten."

nun ebenso in den eigenen Reihen wie nach außen vermittelt werden."[115] Wichtige Veränderungen würden anstehen, die sich sowohl auf das überholte Konzept der Einheitsgemeinde bezögen als auch auf den identitätsstiftenden Stellenwert des Holocaust. Die Schicksalsgemeinschaft müsse sich nun zur „Wertegemeinschaft"[116] entwickeln, wobei die neue Einwanderung eine solche Veränderung forciere.

Der kritische Gehalt dieser und ähnlicher Reportagen, der nicht nur in dezidierten Kommentaren, sondern auch in der Art ihrer ethnographischen Aufbereitung hervortritt, liegt in der Sichtbarmachung von Widersprüchen: Die neuen Zuwanderer aus dem Osten sind mehrheitlich weder Produzenten noch Rezipienten der Kulturinszenierungen.

Insgesamt steht die Erwartung einer ‚jüdischen Renaissance', die sich im wiedererwachenden jüdischen Kulturleben sichtbar beweisen könnte, im Kontrast zum kulturellen Habitus der Migranten selbst. Mitunter wird diese Diskrepanz auch ironisch pointiert, etwa in folgender Szene, einer Theaterprobe: „Mit schwerem russischem Akzent preßt" ein Immigrant „die fremden Worte hervor" und wird von einem Mitglied der jüdischen Gemeinde korrigiert. „‚Nikogda' – ‚niemals' murmelt der ukrainische Jude auf russisch und starrt die jiddische Textvorlage an."[117] Die Szene entbehrt nicht der Ironie: Die säkularisierten Zuwanderer aus Rußland versuchen sich hier als Mitglieder einer Theatergruppe[118] eine ‚typisch' ostjüdische Identität anzueignen, die ihnen fremd ist und die dort, wo sie herkommen, nicht mehr existiert.

Auch wenn manche Medien – durchaus kritisch – in den Produzenten, Trägern und Rezipienten der Kulturinszenierungen keineswegs die neuen Zuwanderer aus dem Osten ausmachen, so fungiert die kulturalisierte Bühne jüdischen Lebens dennoch mehr oder weniger symbolisch als Rahmung für den Zuwanderungsprozeß und seine mediale Bewertung. Diesen Zusammenhang illustriert z.B. auch der *Spiegel* in der Reportage „Lied'l fum goldenen Land"[119], in dem einmal mehr die Zuwanderung (vordergründig) mit dem Aufbruch jüdischen Lebens im vereinigten Deutschland verknüpft wird.

---

115   Die Woche, 52/1996: Zitiert des Direktor des Centrum Judaicum in Berlin, Hermann Simon.

116   Die Woche, 52/1996. Zitat von Norma Drimmer, Mitglied des Vorstands der jüdischen Gemeinde in Berlin.

117   SZ, 9.9.1994.

118   Die Theatergruppe heißt „Grimassa" und probt ihr erstes jiddisches Stück. Alle Mitglieder des Ensembles stammen aus Rußland und der Ukraine. Der Regisseur Alexander Levit konnte in Kiew nach dem Machtantritt Gorbatschows 1995 sein eigenes Theater leiten, ein jiddisches Stück habe dort jedoch nie auf dem Spielplan gestanden (SZ, 9.9.1994).

119   Der Spiegel, 2.10.1995.

Unter der Rubrik „Gesellschaft" versucht der Artikel einen Überblick über die neu entdeckte plurale jüdische Gemeinschaft in Berlin zu geben.

In dem Artikel werden die Leser eingeladen, einer jüdischen Hochzeitszeremonie beizuwohnen. Die Schilderung dieser Hochzeit ist symbolisch gerahmt durch die Erfahrung des Holocaust, wodurch das besondere Ereignis zum außergewöhnlichen wird: „Wenn Hitler gewonnen hätte, wäre der Festsaal des Palace-Hotels an diesem Abend leer, jedenfalls ohne Juden." Dem Autor ist die Ergriffenheit anzumerken, entsprechend klingen die Kommentare: „Die Braut trägt ein Lächeln wie Samt", das rauschhafte Fest erinnert an den „Garten Eden", die Stimmung ist „so hoch wie der Berg Sinai". Szenenwechsel – der Artikel verbleibt in der Theatermetaphorik: „(...) der Eiserne Vorgang geht hoch: Die Hauptstadt der Endlöser wird plötzlich zum Fluchtpunkt der Ostjuden".

Der Text schließt hier sprachlich an das Berlin der zwanziger Jahre und an die damals gängige Terminologie für geflohene Juden an, die in Folge „Ostjuden" oder „die neuen Ostjuden" genannt werden. Abrupt werden jetzt die realen Verlaufsformen der Zuwanderung gegen die Inszenierungen gesetzt; der Text verweist nun auf die Konflikte und Schwierigkeiten zwischen Alteingesessenen und Neuzuwanderern. Die „hereinströmenden armen Glaubensbrüder aus dem Osten" werden mit Fälschungen und undurchsichtigen Geschäften in Verbindung gebracht, und ihre Distanz zum Judentum wird kritisch angemerkt: Bei jüdischen Feiertagen sind „Ostjuden" nicht anwesend, es kommt zunehmend zu Konflikten in den jüdischen Gemeinden. Aber – wiederum Szenenwechsel – die Zuwanderer beenden das Problem der Überalterung der jüdischen Gemeinschaft und bereichern die kulturelle Szene mit der Neueröffnung von Restaurants und jüdischen Galerien. Damit ist der Text an dem Ort angekommen, der diese neue jüdische Szene repräsentiert, dem Scheunenviertel mit jiddischem Theater, jüdischer Galerie, Kulturverein und Klezmer-Musik.

Der Artikel gleicht einem Parforce-Ritt durch alles, was da irgendwie jüdisch heißt oder als solches gilt. Da steht die Hochzeit deutscher Juden direkt und doch unverbunden neben den „neuen Ostjuden", der Klezmer-Musiker neben der israelischen Jüdin, die von ihrer Angst angesichts der Ereignisse in Rostock-Lichtenhagen erzählt; und neben ihr ist wiederum der junge Immobilienhändler und der Gemeindevorsitzende mit einem Bericht über antisemitische Schmähbriefe plaziert. Auf die Bühne, wo das Stück ‚Es sind wieder Juden in Berlin' gegeben wird, wird alles Jüdische hinaufzitiert. Es fehlt zwar der rote Faden, aber dennoch wird ein dialektischer Zusammenhang deutlich, der sich zwischen Kulturinszenierung und Überhöhung auf der einen Seite und den gegenteiligen Implikationen des Zuwanderungsprozesses auf der anderen Seite bewegt. ‚Russen' mit ‚sowjetischen' Eigenschaften, mafiaartige Netzwerke oder Fälschungen markieren dessen abgespaltene Seite.

Einmal mehr wird deutlich, daß die reale Zuwanderung mit dem öffentlich sichtbaren Wiederaufleben jüdischer Kultur oft wenig zu tun hat und daß die (nicht nur von Politikern beschworene) Renaissance kaum durch die Qualität der Migration bewirkt wird. Der mediale Diskurs repräsentiert, daß Inszenierung und realer Zuwanderungsprozeß sich immer weniger aufeinander beziehen lassen. Der Zuwanderungsprozeß fungiert lediglich numerisch und symbolisch als Begründung der Revitalisierung jüdischen Lebens.

Doch gleichermaßen bleibt die Wiederbelebungsmetaphorik als Rahmung und wird in allen Reportagen immer in dramatische Beziehung zum Symbol der Vernichtung, Auschwitz, gesetzt. So lauten Überschriften von Reportagen etwa: „Phönix aus der Asche von Auschwitz"[120]; oder im Text wird die Frage gestellt: „Kann der zaghafte Zuzug jüdischer Einwanderer der Stadt (Berlin) etwas von dem zurückgeben, was die Deutschen im Blutdurst der Nazizeit zerstört haben?"[121] Weil die Zuwanderung auf den Erwartungshorizont der Revitalisierung jüdischen Lebens bezogen bleibt, passen die ‚realen Migranten' nicht ins Bild und werden – wie etwa im *Spiegel* – als negativ, belastend und wenig bereichernd für die jüdischen Gemeinden beschrieben.

Die symbolische Rahmung der Aufnahme sowjetischer Juden evoziert widersprüchliche und projektive Bilder, in die eine Reihe von spezifischen Verkennungsmomenten eingelagert sind. Man wünscht sich den gebildeten Juden als ‚Hochkulturträger', der Klezmer-Musik spielen und ostjüdische Literatur rezitieren kann und der in gemäßigter, nicht orthodoxer Form seiner religiösen Zugehörigkeit Ausdruck verleiht. Die Hoffnung auf eine Renaissance des jüdischen Kultur- und Geisteslebens, die von Politikern anfänglich fraktionsübergreifend beschworen wurde und von den Medien zur symbolischen Rahmung der Zuwanderung herangezogen wird, verkennt, daß ihre Träger gerade aus einem säkularisierten und assimilierten Judentum hervorgegangen waren. Wenn sich die jüdische Identität der Zuwanderer in den Gemeinden etwa über den Synagogenbesuch sichtbar beweisen soll und man sich im gleichen Zuge die Renaissance jüdischen Geistes- und Kulturlebens herbeiwünscht, dann wird damit etwas verknüpft, das weder der real existierenden Pluralität jüdischen Lebens in der deutschen Geschichte, noch den neuen Zuwanderern entspricht.

Insofern erweisen sich diese Bilder als Projektionen, die auch der Repräsentation der Aufnahmegesellschaft dienen: im Hinblick auf die Aufwertung der deutschen Kultur und im Sinne einer symbolischen Wiedergutmachung. In dem Maße, wie solche Bilder als normativer Maßstab für die Bewertung des Integrationsprozesses der Migranten genommen werden, wird der reale Zuwanderungsprozeß als negativ konnotiert aufgefaßt, ja unter der Hand

120 Die Woche, 52/1996.
121 SZ, 9.9.1994.

auch über seine Einschränkung oder gar Beendigung nachgedacht. Das in den Medien dargestellte Auseinanderdriften von tatsächlichem Einwanderungsprozeß und einem an den Kulturinszenierungen gemessenen Wunschbild schlägt als verstärkte Legitimationsanforderung auf die Migranten zurück. Daß sie als ,normale' Migranten nicht so recht zu den überhöhten Bilder von ihnen passen wollen, wird nicht als Verkennung der Aufnahmegesellschaft hinterfragt, sondern umgekehrt den Zuwanderern selbst zur Last gelegt. Dies geschieht, wenn die Einwanderung für ,nicht jüdisch genug' befunden und in ihrer vermeintlich ,russischen' Ausprägung als problematisch und letztlich unerwünscht wahrgenommen wird.

Formen der Enttabuisierung

Ab Mitte der neunziger Jahre ist in den Medien die Tendenz festzustellen, die Zuwanderung zu enttabuisieren. Unter dem Titel „So leise wie möglich"[122] macht der *Spiegel* öffentlich, daß von politischer Seite schon seit längerem, allerdings hinter verschlossenen Türen, über eine Beendigung der Zuwanderung nachgedacht wird. Der Untertitel lautet: „Helmut Kohls Zusage, Juden aus der ehemaligen Sowjetunion in Deutschland aufzunehmen, stößt auf Kritik des Auswärtigen Amtes. Es kommen zu viele und oft auch die Falschen." Das Eingangszitat greift eine Warnung von Wolfgang Schäuble an seine Fraktionskollegen auf: „Das hätte uns gerade noch gefehlt (...), nach der Debatte über Asylbewerber, Aussiedler, Ausländer" eine über „die Juden". Im Artikel heißt es weiter: „Die Situation ist da. Im Auswärtigen Amt wie im Innenministerium wachsen Zweifel, ob die vor Jahren beschlossene Geste, Juden aus der ehemaligen Sowjetunion aufzunehmen, den um ihren Sozialstandard bangenden Deutschen noch zuzumuten ist." Der *Spiegel* zitiert aus einem internen Runderlaß des Auswärtigen Amtes vom Dezember 1995 an die GUS-Botschaften. In Hinblick auf die bis zu diesem Zeitpunkt zahlenmäßig wie zeitlich unbegrenzte Aufnahme im Rahmen des Kontingents heißt es darin: „,Von 1991 bis 30.11.1995 sind in Deutschland im Rahmen des Aufnahmeverfahrens 38 792 Personen eingereist (...). Zur Zeit haben 110 308 Personen Anträge auf Aufnahme gestellt (...). Weitere Hunderttausende sind in der Warteschlange (...). Die Einreise nach D führt nur noch in vermindertem Umfang zu einer Stärkung der jüdischen Gemeinden (...). Die deutschen

---

122 Der Spiegel, 22/1996.

Gemeinden werden oft nur so lange benötigt, wie sie materielle Starthilfe gewähren. Nur etwa 20 Prozent der Einwanderer werden auf Dauer Mitglieder (...). Sehr viele der bei der Antragstellung auf Aufnahme vorgelegten Nachweise jüdischer Zugehörigkeit sind gefälscht. Die Antragstellung auf Ausreise erfolgt inzwischen fast ausschließlich aus wirtschaftlichen Gründen (...)'. Die Grundsatzfrage sollte ,bei passender Gelegenheit' gestellt werden – ,50 Jahre nach Kriegsende bot sich hierfür das Jahr 1995 nicht an'."

In dieser Einschätzung des Auswärtigen Amtes treten die Identitätserwartungen, die sich an die russisch-jüdischen Einwanderer knüpften, nochmals deutlich hervor, ebenso wie eine Enttäuschung darüber, daß sie sich nicht erfüllt zu haben scheinen. In völlige Vergessenheit ist hier geraten, daß die Politiker mit der Wahl des Kontingentverfahrens schon 1991 der Einschätzung Rechnung getragen hatten, daß sowjetische Juden nicht nur aus Gründen der Verfolgung, sondern auch aus wirtschaftlichen Gründen kommen würden. Jetzt erscheinen solche Migrationsmotive plötzlich deviant.

Die Zuwanderung wird insgesamt infrage gestellt. Daß diese Überlegungen jedoch nicht öffentlich diskutiert werden sollen, spricht der damalige Vorsitzende der CDU/CSU-Fraktion im deutschen Bundestag, Wolfgang Schäuble, offen aus, wenn er das Verfahren als eine „schwierige Geschichte" bezeichnet, die „so leise wie möglich" zu handhaben sei.[123]

Interne Zweifel an der Legitimität der Zuwanderung sowie erste Überlegungen einer Beendigung unterliegen einer Tabuisierung, die aus dem belasteten deutsch-jüdischen Verhältnis resultiert. Diese Tabuisierung war in der Vergangenheit von den Medien mehrfach aufgegriffen worden. So hatte der *Spiegel* 1995 unter dem Titel „Warnung aus Odessa. Russische Einwanderer verunsichern die Juden in Deutschland"[124] von illegalen Praktiken wie Urkundenfälschungen und Mafia-Netzwerken sowie von KGB-Spitzeln berichtet, die infolge „massenhafte(r) Einschleusung" in die jüdischen Gemeinden gelangen würden. Daß sich dort solche kriminellen Strukturen in einer „Grauzone (...), die sich der öffentlichen Kontrolle entzieht", etablieren könnten, wird einer gesellschaftspolitischen Situation zugeschrieben, in der „das Verhältnis zwischen Deutschen und Juden (...) auch im Jahre 52 nach dem Holocaust einem verminten Gelände (gleicht)". Die aus der Last der Geschichte hervorgegangene „deutsche Befindlichkeit im Umgang mit Juden" mache es deutschen Politikern und Behörden sowie jüdischen Gemeinden unmöglich, eine öffentliche Diskussion etwa um die Fälschungsproblematik zu führen. Insofern produziere ein im Holocaust begründetes Tabu gleichermaßen ungewollte Grauzonen, die letztlich zu Lasten der in Deutschland lebenden Juden

123 Ebd.
124 Der Spiegel, 42/1995.

gehen würden: „Die verquaste Situation begünstigt Abzocker, die im schützenden Schatten der Vergangenheit aus anderer Menschen Elend Gewinn schlagen."

Während der *Spiegel* argumentiert, daß das Tabu im Umgang mit dieser Einwanderung die Etablierung illegaler Strukturen begünstige, vollzieht zwei Jahre später ein Artikel im *Focus* eine Enttabuisierung, die die jüdische Zuwanderung in ihrer Gesamtheit diskreditiert. Unter dem Titel „Gekaufte Urkunden. Die Einwanderungsregelung für Juden aus der ehemaligen Sowjetunion lädt zum Mißbrauch ein"[125] werden die in dem Verfahren angelegten Ambivalenzen gegenüber den Migrations- und Identitätsformen der Zuwanderer so verknüpft, daß das Gesamtbild einer insgesamt auf illegalen Mustern beruhenden Einwanderung entsteht. Die „Pendlerexistenz", der „sowjetische Funktionsträger" und der „nichtjüdische Trittbrettfahrer" sind die drei stereotypen Figurationen des Unerwünschten, mit denen eine die Zuwanderung demontierende Argumentation vorangetrieben wird: Die russischen Juden sind entweder falsche oder sie werden als Juden nicht kenntlich, weil sie sich in Deutschland nicht zum Judentum bekennen[126]; ihnen wird demnach ein rein instrumentelles Verhältnis zum Judentum unterstellt, was einzig den Schluß zuläßt, daß sie nur aus wirtschaftlichen Gründen gekommen sein können. Diese Deutungen verdichten sich zum Gesamtbild einer bedrohlich erscheinenden Einwanderungsbewegung, die, in Verbindung mit „dem Verdacht, die Russenmafia organisiere den Handel mit gefälschten jüdischen Dokumenten", endgültig kriminalisiert wird. Im Zuge dieser Argumentation bleibt im schlimmsten Falle die gefälschte, im besten Falle die instrumentalisierte oder nur formale jüdische Identität übrig; auf keinen Fall kommen jedoch diejenigen, die man sich als jüdische Flüchtlinge vorgestellt hatte.

In der Darstellung des *Focus* verkehrt sich damit ein „ein gut gemeintes Einwanderungsgesetz" unter der Hand in sein Gegenteil und scheint „geradezu zum Mißbrauch einzuladen". Diese Perspektive legt eine Deutung nahe, wonach die deutsche Politik nicht nur ausgenutzt wird, sondern sich als zunehmend handlungsunfähig erweist, den Einwanderungsprozeß zu steuern. Die angeführten Zitate deutscher Politiker suggerieren, ihnen seien die Hände gebunden und allein dem Zentralrat obliege die Entscheidung über den Verlauf der Migration. „‚Die Aufnahme von Juden aus der Sowjetunion erfolgt auf ausdrücklichen Wunsch des Zentralrats der Juden in Deutschland. Eine Änderung des Aufnahmeverfahrens, zum Beispiel die Bevorzugung von religiös-kulturellen Juden und eine echte zahlenmäßige Begrenzung wird sich

---

125 Focus, 10.2.1997.
126 Unterschlagen wird hier u.a., daß auch direkte Familienangehörige mit nicht-jüdischer Nationalität ins Kontingent aufgenommen werden.

nur auf höchster politischer Ebene auf entsprechendes Drängen des Zentralrats der Juden erreichen lassen.""[127]

Vollzog sich die jüdische Zuwanderung bisher im ausdrücklichen Interesse des deutschen Staates, so wird hier der Eindruck erweckt, als fungiere dieser Staat nur noch als Rahmen für die Interessenspolitik einer Minderheit, der
es um die zahlenmäßige Aufstockung ihrer Mitglieder geht. Dabei wird diese
Minderheit als derart einflußreich geschildert, als blockiere sie die staatliche
Autorität, den Zuwanderungsprozeß zu gestalten. Im *Focus* wird das Jüdische
der Zuwanderung beinahe vollständig dekonstruiert, um das Nichtjüdische an
ihr gleichsam als Gefährliches und Unerwünschtes zu diskreditieren.

Mit dem Hinweis auf den „handlungsunfähigen deutschen Staat" und eine
an seine Stelle getretene machtvolle jüdische Institution deutet der Artikel an,
daß die gesellschaftspolitische Tabuisierung der jüdischen Zuwanderung
überhaupt erst den notwendigen Rahmen für das Zustandekommen dieser Zuwanderung schafft. Indem der *Focus* diese Tabuisierung aufzudecken vorgibt, wird der Zuwanderung zwangsläufig die Legitimation entzogen. Deren
vollständige Demontage vollzieht sich über die Dekonstruktion ihrer Voraussetzungen ebenso wie über die Stigmatisierung der Migranten selbst. Ohne
Deutungstiefe ist der Artikel als Plädoyer für die Beendigung der russisch-jüdischen Immigration zu lesen.

Paradoxien einer Aufnahmepolitik

Focus und *Spiegel* stellen exemplarische Medienbeispiele dar, weil sie die
Entwicklung eines Spannungsbogens im Aufnahmeverfahren zu ungunsten
der Zuwanderung nach- und mitvollziehen. Im Verlauf von rund fünf Jahren
zeigte die Spannung zwischen moralischer Aufladung der Migrationspolitik
und realem Zuwanderungsgeschehen folgende Effekte: Das staatliche Prüfungsverfahren, das Nachweise der jüdischen Identität verlangt, evozierte
eine Fälschungsdebatte und einen Diskurs um Legitimität und Authentizität
der jüdischen Immigration – aus ,echten' Juden wurden so tendenziell ,fal-
sche' Juden. Zweitens produzierte der den Migranten zugeschriebene Flüchtlingsstatus bestimmte Identitätserwartungen, denen die realen Migrationsverläufe nicht unbedingt entsprachen: sie hatten bedürftig, verfolgt, ohne Heimatbindungen und integrationswillig zu sein. Auch diese Spannung brachte
negative Gegenbilder hervor – aus ,verfolgten Flüchtlingen' wurden ,Pend-
lerexistenzen', denen zur Last gelegt wird, ihren ökonomischen Interessen

---

127 Focus, 10.2.1997: Zitat des bayrischen Innenministers Günther Beckstein.

nachzugehen. Drittens ergaben sich bei dem Versuch, die jüdischen Gemeinden wiederzubeleben, Konflikte, die auf der medialen Ebene in Gestalt polarisierender Bilder zutage traten – aus ‚Juden auf der Suche nach religiöser Rückbesinnung' wurden ‚Russen' vom Typ des ‚homo sowjeticus'.

Am Beispiel der Migrationsbewegung aus der ehemaligen Sowjetunion zeigen sich die Auswirkungen einer Migrationspolitik, die auf der symbolischen Konstruktion einer Einwanderungsgruppe basiert. Im Gestus moralischer Verantwortung war die Aufnahme begründet und das Verfahren geschaffen worden. Die Aufnahme russischer Juden repräsentiert somit auch – wenngleich nie widerspruchsfrei – symbolische ‚Wiedergutmachung'. Diese moralisch überformte Politik erwies sich jedoch als stark tabuisierend, indem sie die Widersprüche zwischen deutscher Erwartungshaltung und realer Zuwanderung verdeckte.

Die Folge war zum einen, daß eine politische Diskussion über die ungewollten Effekte des Kontingentverfahrens und Erwägungen einer Beendigung nur hinter verschlossenen Türen stattfanden. Denn die Holocaust-Vergangenheit Deutschlands bildet eine Interpretationsfolie, wonach eine solche Debatte nur als antijüdische Geste gedeutet werden kann, was die Glaubwürdigkeit der deutschen Politik infrage stellen würde. Die Folge war aber auch, daß diese Widersprüche von einigen Medien in eine bestimmte Richtung gewendet werden konnten. So vollzog der *Focus* eine Enttabuisierung, die antisemitische Klischees bediente bzw. schürte, indem die deutsche Politik als handlungsunfähig und von jüdischen Institutionen gesteuert dargestellt und die Zuwanderung insgesamt als bedrohlich gewertet wurde.

Die Tabuisierung der russisch-jüdischen Zuwanderung erwächst aus dem Deutungshorizont der deutschen Geschichte und damit der Holocaust-Vergangenheit. Doch die zentrale Tragik dieses Prozesses liegt darin, daß es gerade die moralische Geste und die damit verbundenen normativen Erwartungen an die Zuwanderer sind, die Bilder mit so starker Legitimitätsanforderung wirkmächtig werden lassen, daß jede Abweichung negativ konnotiert wird. Daß sich die Projektionen der Aufnahmegesellschaft an der sozialen Realität der Zuwanderung zunehmend offensichtlicher brachen und die Zuwanderer als ‚normale' Migranten nicht so recht zu den überhöhten Bildern von ihnen passen wollten, griffen Medien aller politischer Couleur im Verlauf der Zuwanderung auf. Jedoch wurde diese Diskrepanz weder als Verkennung der Aufnahmegesellschaft noch als Effekt der moralisch überformten Aufnahmepolitik hinterfragt, sondern umgekehrt den Migranten selbst zur Last gelegt. Ein solches Moment tritt zu Tage, wenn die Einwanderung als nicht jüdisch genug befunden oder in ihrer vermeintlich russisch-sowjetischen Ausprägung als problematisch wahrgenommen wird.

Eine gefährliche Dimension liegt allerdings darin, daß sich aufgrund der Diskrepanz zwischen den ‚realen' Migranten und der Figur des ‚Flüchtlings als jüdisches Opfer' mitunter eindeutig antisemitische Stereotype herausbilden. Dann tritt ein kaum aufzulösendes Paradox im Umgang mit den sowjetischen Juden hervor: Ein Aufnahmeverfahren, das aus der moralischen Verantwortung und dem Gestus symbolischer Wiedergutmachung erwuchs, produziert Effekte, die sich gegen diejenigen richten, für die das Kontingentflüchtlingsgesetz eigentlich vorgesehen war.[128]

---

128 Im Rahmen des Kontingentflüchtlingsverfahrens werden auch weiterhin Juden aus den GUS-Staaten in Deutschland aufgenommen. Ob sich die administrativen Bedingungen oder die Prüfungspraxis des jüdischen Identitätsnachweises inzwischen verschärft haben, ist mir nicht bekannt.

Exkurs:
Forschen im politisch aufgeladenen Feld

Im August 1994 treffe ich Herrn Heinrich, einen Ministerialbeamten im Innenministerium, der meinen Feldforschungsaufenthalt in zwei Flüchtlingswohnheimen des Landes Brandenburg genehmigt hatte. Mir fehlten Informationen zum Rechtsstatus ‚jüdischer Kontingentflüchtlinge‘. Doch Herr Heinrich hat selbst Fragen an mich: Ob ich denn etwas über gefälschte Geburtsurkunden in den Wohnheimen der Migranten wüßte? Der Vorsitzende der jüdischen Gemeinde habe ihn mehrmals aufgefordert, gegen Fälschungen vorzugehen, doch könne er von sich aus nichts dagegen unternehmen, sonst geriete er unter Antisemitismusverdacht.

Während man mich im Innenministerium also für kriminalistische Zwekke zu instrumentalisieren versuchte, wurde mir beim Zentralrat der Juden in Deutschland das politische Minenfeld, in dem ich mich forschend bewegte, von einer anderen Seite vor Augen geführt. Als ich Herrn Korn, einen Vertreter des Zentralrats in seinem Büro aufsuche, kommt er auf die großen politischen Zusammenhänge zu sprechen: Die russisch-jüdische Zuwanderung sei ein heikles Thema, insbesondere vor dem Hintergrund der Asyldebatte und der Fälschungsproblematik. Doch eine Kritik an der Kontingentregelung, die die problematische Sortierung nach ‚echten‘ und ‚falschen‘ Juden ja erst hervorgebracht habe, sei unmöglich, weil damit die Sonderregelung für die russisch-jüdischen Zuwanderer gefährdet werde. Herr Korn weist mich nachdrücklich darauf hin, daß dieses Thema auch ein besonderes moralisch-ethisches Problem für die Wissenschaft darstelle. Eine Benennung negativer Aspekte der Zuwanderung könne „der jüdischen Sache schaden" und den Antisemitismus bedienen. Außerdem könnte ich mir damit selbst Vorwürfe des Antisemitismus einhandeln. Wenn ich hingegen bestimmte Dinge absichtlich ausblenden würde, dann verhielte ich mich philosemitisch, und das sei schließlich nur die Kehrseite der Medaille.

Das Spannungsfeld, das sich zwischen diesen beiden Kommentaren auftut, zeigt, daß die russisch-jüdische Einwanderung ein politisch hoch aufgeladenes Feld darstellt, dessen Diskurse derart binär strukturiert sind, daß meist nur zwei Positionen möglich erscheinen: entweder antisemitisch oder philosemitisch. Wer sich in diesem Diskursfeld kritisch gegenüber der Zuwanderung äußert, gerät in den Antisemitismusverdacht oder setzt sich dem Vorwurf aus, rechtspolitische Argumentationen zu bedienen. Doch bereits der Versuch einer sachlichen Darstellung von Problemlagen kann so gewertet werden.

Öffentliche Stellungnahmen zur Zuwanderung unterliegen Tabuisierungen, die regeln, was gesagt werden darf und was nicht. Nicht nur für Politiker, sondern auch für Sozialwissenschaftler kann es daher problematisch sein, sich in diesem Feld zu verorten. Hier wird ein grundsätzliches erkenntnistheoretisches Dilemma offensichtlich: Immer dann, wenn Ethnologen in gesellschaftlich umstrittenen, politisch und moralisch aufgeladenen Bereichen forschen, wird besonders deutlich, was James Clifford mit „being in culture while looking at culture"[1] umschrieben hat: Die Forscher sind dann, genau wie die Erforschten auch, Teil einer bestimmten kulturellen Entwicklung und nehmen selbst – ob sie wollen oder nicht – eine Position innerhalb der polarisierten Diskurse, die sie untersuchen, ein.[2]

Der Umgang mit Juden in der öffentlichen Sphäre bzw. die Bearbeitung jüdischer Themen stellt solch ein stark polarisiertes Diskursfeld dar, das in der politischen Kultur des westlichen Nachkriegsdeutschland verankert ist. Dieses Diskursfeld ist auch wirkmächtig, wenn es um die russisch-jüdische Zuwanderung geht; auch bei diesem Thema unterliegen Forschungen und Veröffentlichungen bestimmten diskursiven Regeln.

Ein Beispiel für den politisierten Kontext einer wissenschaftlichen Studie zum Themenbereich jüdischer Kultur und Identität stellt das Buch „Das Ende der Lügen" von Sonja Margolina und dessen Rezeption dar. Darin befaßt sich die aus Moskau stammende und heute in Berlin lebende Publizistin mit der aktiven Rolle der russischen Juden während der Oktoberrevolution und ihrer Stellung in der jüngsten sowjetischen Geschichte – ein Thema, das ihr als „eine der wichtigsten, zugleich aber eine der am meisten tabuisierten Fragen unserer Zeit"[3] erscheint und dessen Deutung nicht „rechtsextremistischen Ideologen und Pseudohistorikern"[4] überlassen werden dürfte. Weil aus der „Perspektive eines Endes des kommunistischen Imperialismus (...) auch anti-antisemitische Klischees ihre Argumentationskraft verlieren"[5], will Margolina jene Klischees korrigieren, „wonach die Juden in der europäischen Geschichte als Sündenböcke für alle Mißstände und Störungen der sozialen Entwicklung herhalten mußten, ohne selbst damit etwas zu tun zu haben. (...) Daß dies trotzdem so lange plausibel erscheinen konnte, läßt sich aus der nach dem Holocaust entstandenen moralischen Übereinkunft erklären, die mit

---

1   Clifford 1986, S. 9.
2   Knecht 1996, S. 228-229.
3   Margolina 1992, S. 13.
4   Ebd., S. 9.
5   Ebd., S. 8.

der Zeit von Juden und reuigen Philosemiten für die jeweils eigenen Interessen instrumentalisiert wurde. Schon diese moralische Übereinkunft hätte eine ernsthafte Auseinandersetzung mit der osteuropäischen und insbesondere mit der frühen sowjetischen Geschichte dringend geboten."[6]

In seiner Rezension dieses Buches reagiert Micha Brumlik unter dem Titel „Kein Ende der Lügen" mit einer scharfen Kritik. Neben einer Reihe sachlicher und methodologischer Argumente, die er gegen die Veröffentlichung vorbringt, verweist Brumlik auch auf einen Diskurs, gegen dessen Regeln Margolina verstoßen zu haben scheint. Indem sie „die hiesigen, nachnationalsozialistischen Rezeptionsbedingungen systematisch überspringt, bringt sie denn doch nichts anderes zuwege, als einen verworrenen kleinen Traktat, der über kurz oder lang in den Bücherdiensten der rechtsextremen Presse Kasse machen wird."[7] Daß Sonja Margolina die Diskursregeln des vom Holocaust geprägten Nachkriegsdeutschland nicht zu kennen scheint, schreibt Micha Brumlik einer Situation zu, in der die sowjetischen Juden abgeschnitten von den „bedeutsamsten Erfahrungsprozessen der Juden lebten (...) – entfremdet und zwangsassimiliert unter einem Regime, das ihnen weder Erfahrungs-, noch Artikulations- oder Diskussionsmöglichkeiten bot. Die einzige Erfahrung, die sie prägte, war eine Form des teils offenen, teils versteckten Antisemitismus, dem sie weitestgehend begriffslos ausgesetzt waren."[8]

Ohne hier die inhaltliche Argumentation Margolinas bewerten zu wollen und zu können, kann ihre Abhandlung auch als Versuch verstanden werden, sich außerhalb der dominanten Diskurse zu stellen, indem die Autorin eben diese Diskurse und ihre Wirkungen in einem eigenen Kapitel ihres Buches analysiert und zu dekonstruieren versucht. Unter dem Titel „Die Juden und ihre deutschen Freunde" hinterfragt sie den Philosemitismus, der in der Aufbauzeit der Bundesrepublik zwar eine positive Rolle gespielt, sich mit der Zeit jedoch von einem „pädagogisch-sozialen Element in ein ideologisch-politisches Instrument verwandelt" habe. „Sowohl in der politischen Elite als auch in der Öffentlichkeit hat er zur Tabuisierung jeder ernsthaften Kritik an der jüdischen Politik, an jüdischen Interessen und Positionen geführt. Gutgeheißen wurde nur noch eine ausgesprochen projüdische, unkritische, antiantisemitische Haltung."[9] Problematisch sei der Philosemitismus insbesondere im Zusammenhang der russisch-jüdischen Zuwanderung, weil die betont projüdische Haltung Klischees befördere und die Verbesonderung der Juden im Vergleich zu anderen Einwanderergruppen nicht hinterfrage. Die philosemitische Politik, die den Umgang mit der russisch-jüdischen Zuwanderung

6   Ebd., S. 9.
7   Brumlik 1992, S. 182.
8   Ebd.
9   Margolina 1992, S. 118.

charakterisiere, gehe über die sozialen Spannungen, die diese Immigration auslöse, hinweg. Gerade dies könne jedoch antijüdische Ressentiments in der Bevölkerung befördern.

Sonja Margolina setzt sich mit einem für die alte Bundesrepublik und deren kulturelle Entwicklung konstitutiven Phänomen kritisch auseinander. Frank Stern hat den Philosemitismus als einen gesellschaftlich relevanten Habitus bezeichnet, der ab 1945 zunächst im Alltag und in der Folgezeit auf der Ebene „ideologischer Tätigkeit"[10] zur Geltung gekommen sei. Als Folge der Tabuisierung des NS-Antisemitismus „nahm die Haltung zu den Juden zunehmend den Charakter eines unterschiedslos, ja stereotyp alles Jüdische positiv wertenden gesellschaftlichen Phänomens an. Und was nicht in dieses überhöhte Bild vom Juden, von jüdischer Eigenart und jüdischem Beitrag paßte, fiel schlicht unter Amnesie. Philosemitisch zu reagieren, wurde – wo auch immer es angebracht schien – ein politischer Stil."[11]

Als Regulativ der „Moralkommunikation"[12] ist der Philosemitismus insbesondere in den Medien und in der Politik zu beobachten. An der Haltung gegenüber Juden demonstriert sich die moralische Verläßlichkeit und bemißt sich die demokratische Gesinnung von Politikern.

Einige Regeln dieser öffentlichen Moralkommunikation traten beispielsweise im ‚Fall Gollwitz'[13] deutlich hervor: Im September 1997 sorgte die 405 Einwohner-Gemeinde Gollwitz in Brandenburg für einen bundesweiten, ja sogar Teile der Weltöffentlichkeit bewegenden Skandal[14], als der Gemeinderat den einstimmigen Beschluß faßte, die vom Landkreis zugewiesene Aufnahme von 60 ‚jüdischen Kontingentflüchtlingen' abzulehnen. Vordergründig lauteten die vom Bürgermeister vorgetragenen Argumente, daß die Aufnahme und Unterbringung der Migranten im leerstehenden Gollwitzer Schloß ohne jede Rücksprache mit der Gemeinde „von oben" oktroyiert worden sei, daß die Zahl der zugewiesenen Flüchtlinge im Verhältnis zur Gemeindegröße viel zu hoch sei und daß weder die Sozialstruktur des Dorfes noch seine Bewohner die Unterbringung von „Ausländern" in dieser Größenordnung verkraften könne; und schließlich werde durch die „Fremden" das „dörfliche Gemeinschaftsleben" gestört.[15] Dieser Ablehnungsbeschluß, der sofort den Verdacht des Antisemitismus aufkommen ließ, brachte eine Lawine öffentlicher Entrüstung ins Rollen, die eine mediale Eigendynamik entwickelte und

---

10   Stern 1990, S. 186.
11   Ebd., S. 185f.
12   Vgl. Bellers 1990.
13   Vgl. Mertens (1998), der den ‚Fall Gollwitz' ausführlich analysiert hat.
14   Längere Berichte über Gollwitz erschienen u.a. in der New York Times und im Guardian, London.
15   Vgl. FR, 7.10.1997; Spiegel, 42/1997; SZ, 10.10.1997.

sich im weiteren Verlauf auch zum politischen Konflikt ausweitete. Der brandenburgische Ministerpräsident Manfred Stolpe hatte sich nämlich persönlich für die Gollwitzer eingesetzt und sich strikt gegen den Vorwurf des Antisemitismus verwahrt: „Für eines lege ich die Hand ins Feuer: Eine Judenfeindschaft ist das nicht". Die Verwaltung hätte es bloß versäumt, die Einwohner ausreichend auf die Unterbringung der Kontingentflüchtlinge vorzubereiten.[16] Damit brachte Stolpe nicht nur seine politischen Gegner, sondern auch politische Freunde wie den Bürgerrechtler Konrad Weiß oder den Bischof der Evangelischen Kirche Berlin-Brandenburg, Wolfgang Huber, gegen sich auf.[17] Indem Stolpe die Dorfbewohner, aber auch die gesamte Brandenburgische Bevölkerung pauschal vom Vorwurf des Antisemitismus freisprach, setzte er sich dem Vorwurf aus, die ablehnende Haltung der Gollwitzer gegenüber Juden zu bagatellisieren. Besonders kritisch äußerte sich auch der damalige Vorsitzende des Zentralrats der Juden in Deutschland, Ignatz Bubis, der Stolpe öffentlich Verharmlosung sowie mangelndes „Geschichtsbewußtsein"[18] vorhielt und ihm vorwarf, dem Denken der Gollwitzer Vorschub zu leisten.

Stolpe hatte die Regeln der öffentlichen Moralkommunikation verletzt, da er die Gollwitzer verteidigt und ihre Reaktion nicht antisemitisch gedeutet, sondern auf andere Faktoren zurückgeführt hatte. Und genau gegen diesen Deutungsversuch hatte sich Bubis gewendet, indem er die geschichtspolitische Dimension betont und auf den moralischen Kern der Debatte insistiert hatte. Erst als Stolpe in einer vom Tagesspiegel initiierten Aussprache zwischen ihm und Bubis den Fehler einräumte, nicht früh genug und unmißverständlich erklärt zu haben, daß „wir aufnahmebereit sind und jeder Form von Rassismus, Fremdenfeindlichkeit und erst recht Antisemitismus entgegentreten"[19], schien der Konflikt in Form einer Art öffentlichen ‚Reinigungsrituals' geschlichtet und beigelegt worden zu sein.

Wie in ähnlichen Fällen der bundesdeutschen Nachkriegsgeschichte[20], die als diskursive Regelverstöße im Umgang mit deutsch-jüdischer Geschichte und Gegenwart rezipiert wurden, läßt sich auch das Gollwitzer Beispiel als Deutungskonflikt um angemessene Kommunikationsmuster im Umgang mit kollektiver Erinnerung, Antisemitismus und jüdischen Themen lesen.

16 Interview mit Ministerpräsident Manfred Stolpe, in: „Info-Radio" am 1.10.1997.
17 Vgl. Mertens 1998, S. 213.
18 Vgl. Tagesspiegel, 7.10.1997.
19 Tagesspiegel, 16.10.1997.
20 Z.B. trat der Bundestagspräsident Phillip Jenninger nach heftiger Kritik an seiner Rede zum 50. Gedenktag der ‚Reichskristallnacht' am 11. November 1989 zurück. Vgl. auch die Kontroverse um Martin Walsers Rede anläßlich der Verleihung des Friedenspreises des Deutschen Buchhandels am 12. Oktober 1998 in der Frankfurter Paulskirche.

Der Philosemitismus wirkt tabuisierend, indem er regelt, was öffentlich sagbar ist und was nicht. Tabus sind konventionelle Schranken, die etwas zum Unantastbaren erklären und seine Betrachtung der öffentlichen Diskussion entziehen. Sie haben die Aufgabe, all diejenigen Phänomene in einer Gesellschaft zu markieren, die sich für sie als bedrohlich erweisen könnten.[21] Im Tabu wird der Umgang mit solchen kritischen Situationen institutionalisiert. Durch Ausgrenzung werden sie betont, aber auch in eine sozial funktionale Form gebracht, die der Orientierungshilfe dient. Aus einer ethnologischen bzw. kulturwissenschaftlichen Perspektive stellt sich damit die Frage, worin der soziale Sinn von Meidungsgeboten und Tabu-Bestimmungen liegt?

Die soziale und politische Funktion des Philosemitismus liegt sicher in erster Linie darin, daß er einen Filtermechanismus darstellt, durch den verhindert wird, dem Antisemitismus in der Bundesrepublik eine Öffentlichkeit zu geben. Dabei geht es nicht nur um die Repräsentation Deutschlands als demokratische und historisch reflexive Gesellschaft, sondern vor allem darum, die hier lebenden Juden vor Antisemitismus zu schützen und dies gerade in einer Zeit, in der hierzulande antisemitische Übergriffe und Anschläge auf jüdische Einrichtungen zunehmen.

Und doch stellt sich die Frage, ob der Philosemitismus neben dieser schützenden Funktion nicht auch Nebeneffekte produziert, die auf einer zweiten Ebene dann doch wieder problematisch sind, indem der Philosemitismus indirekt antijüdische Ressentiments hervorbringt, die auf die nach Deutschland einwandernden oder hier lebenden Juden projiziert werden. Die Diskursanalyse zur russisch-jüdischen Einwanderung hat gezeigt, daß es gerade die moralische Politik und die daran gebundenen kulturellen Überhöhungen jüdischer Identität sind, die Bilder mit so hoher Anpassungserwartung gegenüber den russischen Juden entstehen lassen, daß alle dem normativ aufgeladenen jüdischen Flüchtlingsbild nicht entsprechenden Handlungsmuster der Migranten einen Abweichungsdiskurs hervorbringen. Dieser Abweichungsdiskurs wird jedoch nicht als Effekt von Zuschreibungen und Erwartungen der Aufnahmegesellschaft hinterfragt, sondern er richtet sich zunehmend gegen die Migranten selbst und bewirkt, daß das ‚jüdische Profil‘ der Einwanderung infrage gestellt wird. Auf der Ebene der Politik werden die unerwünschten Aspekte der Zuwanderung als ‚heikle Angelegenheit‘ tabuisiert, haben jedoch abseits der Öffentlichkeit Handlungsfolgen, wie beispielsweise die Verschärfung von Identitätskontrollen im Inland oder Aufnahmebeschränkungen in den Auslandsbotschaften. Auch solche Praktiken werden wiederum tabuisiert, weil sich Politiker selbst dem Antisemitismusvorwurf aussetzen könnten, wenn sie öffentlich werden. In diesem

---

21 Steiner 1956, S. 20-21.

Mechanismus liegt, wenn man so will, ein wesentliches Dilemma der deutschen Politik.

Auf derartige Tabuisierungen und ihre Wirkungen bin ich während meiner Feldforschung viele Male gestoßen, sei es, daß man mir im Bundesverwaltungsamt in Köln keine Auskunft erteilen wollte, weil das Thema „wegen unserer Vergangenheit hoch brisant"[22] sei, oder sei es im Gespräch mit Vertretern der Ministerialbürokratie, die für die Aufnahmeheime zuständig waren – um auf das eingangs erwähnte Beispiel zurückzukommen – oder sei es schließlich in den Gesprächen mit den Migranten selbst. War das offizielle Interview beendet, die Lebensgeschichte und die Erfahrungen der Migration aufgezeichnet und das Tonbandgerät ausgeschaltet, dann kamen die meisten meiner Gesprächspartner auf die russisch-jüdische Zuwanderung im allgemeinen zu sprechen. Dabei wurden Effekte des Aufnahmeverfahrens benannt und reflektiert, die die Migranten als tabuisiert bezeichneten. Wenn ich nach meiner Einschätzung der deutschen Politik im Umgang mit russischen Juden gefragt wurde, loteten meine Gesprächspartner auch aus, was öffentlich ausgesprochen werden kann und was nicht. Die Interviewsituation hatte sich in diesen Momenten quasi verkehrt: ich wurde nun selbst als Vertreterin der Aufnahmegesellschaft befragt.

Als tabuisiert empfanden meine Gesprächspartner zum Beispiel, die Eigeninteressen der deutschen Politik, russische Juden aufzunehmen, zu hinterfragen und die Kriterien dieser Aufnahme zu kritisieren. Außerdem müsse die Reisetätigkeit der Migranten in die Herkunftsländer verschwiegen werden, da sie den Verdacht des ‚illoyalen Wirtschaftsflüchtlings‘ nähre, obwohl das Reisen oder Pendeln eigentlich legal ist. Schließlich dürfe auch nicht öffentlich benannt werden, daß jüdische Identität gelegentlich nur zum Zweck der Einreise geltend gemacht werde.

Wer solche Themen offen bzw. in der Öffentlichkeit anspreche, so erklärten mir einige Interviewpartner, setze sich dem Vorwurf aus, die russisch-jüdische Einwanderung zu diskreditieren. Werden Aspekte benannt, die nicht ins offizielle Bild und in die Erwartungshaltungen der Aufnahmegesellschaft passen, komme dies einer Enttabuisierung gleich, die vor allem deshalb gefährlich sei, weil damit der Antisemitismus in der deutschen Gesellschaft befördert oder bestätigt werden könnte. Vor dem Hintergrund der besonderen Erwartungen an die russisch-jüdische Zuwanderung und der bereits kursierenden Klischees über die ‚Russenmafia‘ und um gefälschte jüdische Identitäten sahen sich viele der Gesprächspartner einem besonderen Rechtfertigungszwang ausgesetzt, der ihnen permanent Authentizitätsbeweise und Abgrenzungsbemühungen abverlangte.

---

22 Telefonat mit einer Mitarbeiterin im Bundesverwaltungsamt Köln vom 8.7.1998.

Mitunter wurde auch darauf verwiesen, daß das deutsche Aufnahmeverfahren bestimmte Problemlagen erst schaffe, so z.B. Marina Natilowa, eine Migrantin, die Anfang der neunziger Jahre aus Odessa nach Berlin gekommen war:

> „Und die Migranten sagen, wegen dieser Schuld sind sie angenommen. Hier in Deutschland sind sie genau aus dem Prinzip angenommen, aus dem Hitler sie vernichtet hat, aus dem Blut-Prinzip. Blut! Nichts anderes! Was steht im Paß? Kein Kulturzeichen, kein Volkszeichen, kein Ethnoszeichen, nur Blut. Daß meine Oma aus einer jüdischen Familie stammt, ja."

Das deutsche Aufnahmeverfahren wird hier mit der rassistischen Klassifikation des Nationalsozialismus verglichen und kritisiert. Doch ist Marina Natilowa weit davon entfernt, eine Identitätspolitik, die mit der deutschen Schuld argumentiert, den Migranten selbst anzulasten. Vielmehr sieht sie darin Effekte deutscher Repräsentationsinteressen:

> M.N.: „Warum sind da in Deutschland Juden? Warum sind die gekommen, warum sind wir gekommen?!"
> F.B.: „Sagen Sie's mir."
> M.N.: „Na ja, warum? Juden sind genau solche kleinen Münzen in der großen Politik wie Wolgadeutsche, wie alle anderen, na ja, das ist klar (...). Das Besondere bei uns ist Wiedergutmachung und wieder jüdisches Leben, das wieder geboren sein möchte, so wie das geblüht hat und so schön, wie das geblüht hat. Und darum sind wir hier und darum wurde uns erlaubt, hierher zu kommen. Aber wenn wir uns solche Aussagen leisten, ja, dann können wir hören: ‚Pssst, sonst werden wir zurückgeschickt'. Die Angst existiert."

Wie in diesem Fall endeten viele Treffen mit Reflexionen über die Aufnahmepolitik. Oftmals nutzten meine Gesprächspartner die Begegnungen mit mir, um über die politische Kultur Deutschlands im Umgang mit Einwanderung, aber auch mit dem Holocaust zu diskutieren, oder sie wollten wissen, ob ich ihre Einschätzungen teile, daß man vieles im Zusammenhang mit der Migration nicht aussprechen dürfe. Mitunter schwang auch das Bedürfnis nach Enttabuisierung mit, wenn beispielsweise von Fälschungen oder transnationalen Pendlern erzählt wurde. Manche wiederum hatten die Sorge, daß Familienangehörige nicht nachziehen könnten, weil sie annahmen, daß ein Aufnahmestop unmittelbar bevorstand. In solchen Ängsten spiegelt sich auch die Rechtsunsicherheit über ihren Status als Kontingentflüchtlinge wider, der jederzeit gefährdet zu sein scheint bzw. dessen Stabilität von politischen Faktoren abhängt, die man nicht zu durchschauen glaubt.

Jedenfalls zeigten nicht nur die Gespräche mit Migranten, sondern auch die mit Mitarbeitern der Sozialbürokratie, der jüdischen Institutionen oder der Ministerien, die mit der Zuwanderung zu tun hatten, daß das Feld von einer Vielzahl von Meidungsgeboten durchdrungen war, die während der Feldforschung sichtbar wurden, weil sie meine Gesprächspartner selbst zum Thema machten.

Wenn ein Forschungsfeld also derart politisch aufgeladen ist, macht das wiederum eine reflexive Verortung der Ethnographin notwendig. Damit ist nicht gemeint, daß das Ideal ethnographischer ‚Neutralität‘ während der Feldforschung aufzugeben wäre, wonach die eigene Meinung nach Möglichkeit zurückzustellen ist und vermieden werden soll, sich in Loyalitätskonflikte zwischen verschiedenen Interessengruppen zu verstricken. Solche Ideale ethnologischer Praxis dienen nicht nur einem um Vorurteilsfreiheit bemühten Verstehen; sie sind darüber hinaus sinnvoll, um das Feld möglichst in seinen ‚natürlichen Abläufen‘ kennenzulernen, auch wenn die Anwesenheit der Ethnographin selbstverständlich immer das mitkonstituiert, was sie untersucht. Dennoch lassen sich Prozesse der Politisierung mitunter nicht vermeiden. Einen solchen Prozeß meiner eigenen Politisierung während des Aufenthalts im Aufnahmeheim habe ich an anderer Stelle beschrieben.[23]

Doch in diesem Zusammenhang soll es weniger um die Dynamik der Feldforschung – also um Rollenzuweisungen, Interaktionen und deren Reflexion – gehen, sondern vielmehr um die Frage, wie sich eine ethnographische Forschung im Hinblick auf die Konzeptualisierung und Textualisierung in einem solch politisch aufgeladenen Feld wie der russisch-jüdischen Zuwanderung positioniert. In erster Linie besteht die Herausforderung dabei darin, eine Perspektive zu finden, die den bereits beschriebenen binären Diskursen zwischen Philo- und Antisemitismus nicht folgt und sie also nach keiner Seite hin reproduziert.

Die Mitte der achtziger Jahre in Ethnologie und Kulturanthropologie einsetzende ‚reflexive Wende‘, die die bis dahin gängigen ethnographischen Darstellungsweisen ‚anderer Kulturen‘ einer umfassenden methodologischen und erkenntnistheoretischen Kritik unterzog, hat die Aufmerksamkeit für den Konstruktionscharakter des ethnographischen Wissens und Schreibens geschärft.[24] Anstatt Ethnographien als mehr oder weniger getreue Abbildungen

---

23 Vgl. Becker 2001.
24 Vgl. Clifford/Marcus 1986; Clifford 1988; Fuchs/Berg 1993; Knecht/Welz 1992; Woolgar 1988; Rabinow 1985.

von sozialer Realität zu verstehen, setzte sich die Einsicht durch, daß wir lediglich Bilder oder Repräsentationen von sozialer Realität entwerfen, indem wir bestimmte Phänomene auswählen und sie in eine sinnvolle Ordnung zueinander bringen. Es sind Deutungen, die stets von der Perspektive der Ethnographin abhängen. Insofern reflektieren diese Bilder immer auch unseren eigenen Ort in der Gesellschaft und sind damit situational, relativ und nicht mehr absolut.[25] „Macht und Geschichte, die kulturelle Identität, disziplinäre Zugehörigkeiten, der gesellschaftliche Status der Ethnographin oder des Ethnographen schreiben sich unvermeidlich in den ethnographischen Text ein. Das fordert dazu auf, im Bewußtsein der Verstricktheiten und Bedingtheiten ethnographischer Praxis zu arbeiten."[26]

Die selbstreflexive Anthropologie fordert nicht nur eine Sensibilisierung der Ethnologen für die eigene Schreibpraxis, um jene „ethnographische Autorität"[27] zu relativieren, die die Stimmen der Erforschten in der Regel aus der Textproduktion ausgeschlossen hatte. Vielmehr sollen auch die Bedingungen und Voraussetzungen, die in die Darstellung der Feldforschungsergebnisse eingehen, offen gelegt werden.[28] Doch die Einsicht in den Konstruktionscharakter von Erkenntnis bedeutet gleichermaßen, daß die Wissenschaft ihre privilegierte Rolle als Instanz ‚objektiver Weltdeutung' verloren hat, indem sie zu einer gesellschaftlichen Deutungsinstanz neben anderen geworden ist.[29] Diese Relativierung des wissenschaftlichen Deutungsmonopols hat auch eine neue Wissenschaftsethik, eine „neue Auffassung von kulturanthropologischer Verantwortung"[30] gegenüber der Konstruktion sozialer Wirklichkeit und ihren gesellschaftspolitischen Wirkungen hervorgebracht. „Wenn wir die Welt nicht nur registrieren, sondern auch schaffen, sind wir verantwortlich für das, was aus unseren Konstruktionen wird – wie sie gebraucht und vor allem mißbraucht werden."[31] Reflexive Anthropologie umfaßt also insbesondere ein geschärftes Bewußtsein für Macht, indem sie z.B. die Interdependenz kulturanthropologischer Diskurse mit anderen gesellschaftlichen Diskursen reflektiert.

Die Diskursanalyse im ersten Kapitel dieser Studie hat gezeigt, wie sehr die russisch-jüdische Zuwanderung politisiert ist. Das Aufnahmeverfahren, dem Kriterien zugrunde liegen, die darüber entscheiden, wer Jude ist und wer

25 Schiffauer 1997, S. 159f.
26 Knecht/Welz 1992, S. 7.
27 Clifford 1988.
28 Vgl. Caplan 1994; Berg/Fuchs 1993; Marcus/Fischer 1986; Tedlock 1993.
29 Schiffauer 1997, S. 160.
30 Ebd., S. 161.
31 Ebd.

nicht, hat einen Diskurs hervorgebracht, der nach ‚echten‘ und ‚falschen‘ Juden sortiert und damit eindeutige Identitäten festschreibt. In diesem Diskursfeld können Aussagen über die Zahl ‚richtiger Juden‘ oder das Verhältnis von ‚falschen‘ und ‚echten‘ oder über ein vermeintlich mangelndes ‚jüdisches Profil‘ der Zuwanderung unmittelbare politische Folgen haben. Auch ein sozialwissenschaftlicher Beitrag zum Thema ist Teil dieses politischen Feldes.

Das betrifft wohl weniger den direkten politischen Verwertungszusammenhang, denn es ist fraglich, ob die qualitativen Ethnowissenschaften tatsächlich einen bedeutsamen Einfluß auf politische Entscheidungsprozesse haben, sofern sie keinem Beratungsauftrag verpflichtet sind. Vielmehr geht es um allgemeinere Regeln der Rezeption und ihrer binären Logik, der eine sozialwissenschaftliche Studie zu einem jüdischen Gegenwartsthema a priori ausgesetzt ist und wonach sie tendenziell nur in zwei Richtungen – antisemitisch bzw. den Antisemitismus befördernd oder philosemitisch – gelesen wird. Insofern tritt hier noch einmal besonders deutlich hervor, was für die ethnologische Kulturanalyse der Gegenwart generell gilt, nämlich Teil des Feldes zu sein, das sie untersucht.[32]

Die Beschäftigung mit der russisch-jüdischen Einwanderung mag einen produktiven Ansatzpunkt dafür bieten, eine ‚dritte Position‘/einen ‚dritten Weg‘ jenseits der anti- bzw. philosemitischen Schlagseite des Diskurses zu

---

32 In diesem Diskursfeld bin ich als Angehörige der ‚Enkelgeneration‘ sozialisiert und in meinen wissenschaftlichen Interessen und Blickweisen geprägt worden. Dies betrifft auch meine Beschäftigung mit dem Nationalsozialismus als Teil der Regionalgeschichte und die Untersuchung der Erinnerungs- und Verdrängungsformen antisemitischer Gewalt im kollektiven Gedächtnis nach 1945 (Projektgruppe ‚Heimatkunde des Nationalsozialismus‘ 1988; Becker 1994). In der wissenschaftlichen ‚Aufarbeitung‘ der nationalsozialistischen Vergangenheit und ihrer Verbrechen wurde die Perspektive auf die nichtjüdischen Deutschen gerichtet: als Täter, Mitläufer, Mitwisser oder Nutznießer. Die jüdischen Deutschen gerieten infolge des Holocausts fast ausschließlich in historischer Perspektive und mit einem Fokus auf Antisemitismus, Enteignung, Gewalt und Ermordung in den Blick. Das wenn auch numerisch kaum ins Gewicht fallende ‚jüdische Leben‘ nach 1945 hingegen blieb im wissenschaftlichen Diskurs der alten Bundesrepublik insgesamt eher ausgespart. So notwendig die ‚Aufarbeitung‘ des Nationalsozialismus und des Holocaust war und ist, so wäre doch zu fragen, ob diese weitgehende Ausblendung nicht auch aus jener Befangenheit resultiert, die für den deutschen Umgang mit dem ‚lebendigen Judentum‘ nach wie vor charakteristisch ist. Auch diese Befangenheit könnte ein Effekt des beschriebenen gesellschaftlichen Diskurses sein, der nicht nur die öffentliche Kommunikation, sondern auch die wissenschaftliche Produktion strukturiert und regelt.

finden. Denn mit dieser Einwanderungsbewegung wachsen nicht nur die jüdischen Gemeinden in Deutschland, mit ihrem Zuzug pluralisiert sich hierzulande auch die ‚jüdische Gemeinschaft‘ innerhalb und außerhalb des institutionalisierten, religiös definierten Gemeindelebens. Möglicherweise kommen also zu den bisher in Deutschland dominanten jüdischen Identitätsvorstellungen neue kulturelle Formen hinzu. Und möglich ist auch, daß sich die Formen der jüdisch-deutschen Gedenkkultur, in deren Zentrum bislang der Holocaust steht, auf längere Frist ändern könnten. Die russischen Juden bringen neue sozial- und lebensgeschichtliche Erfahrungen ein, die mit den hierzulande existierenden Vorstellungen jüdischer Identität oftmals nur wenig übereinstimmen: So spielt in den meisten eingewanderten russisch-jüdischen Familien, mit denen ich Interviews führte, die Erinnerung an den Holocaust kaum oder gar keine Rolle, während stalinistische Repressionen und Gulag-Erfahrungen der Großelterngeneration bleibende Spuren im familiären Zusammenhang hinterlassen haben. Zu den hierzulande kaum wahrgenommenen Erfahrungen russischer Juden gehört auch, daß sie durchaus in der sowjetischen Kultur und Gesellschaft integriert sein konnten, zugleich aber marginalisiert und diskriminiert wurden. Diese Gleichzeitigkeit von Ausgrenzung und gesellschaftspolitischer ‚Assimilation‘/‚Integration‘ bleibt im ‚deutschen‘ Diskurs ebenfalls eher ausgeblendet. Statt dessen überwiegen einseitige Vorstellungen, wonach die Identität russischer Juden auf antisemitische Verfolgung, auf einen stereotypen kulturbürgerlichen Habitus oder auf folkloristische Bilder osteuropäischer Stetl- und Klezmerkultur festgeschrieben wird. Kurzum: die in Deutschland kursierenden Bilder und Konstruktionen verstellen häufig den Blick auf die Lebensrealitäten russischer Juden. Und so ist es ein Anliegen dieser Studie, eben diese Lebensrealitäten abseits vorgängiger Bilder und Erwartungshaltungen in „dichter Beschreibung" (Geertz) zu ethnographieren.

Der Versuch, aus der binären Logik des Diskurses herauszukommen, kann freilich immer nur relativ sein, weil es unmöglich ist, eine völlig außerhalb dieses Diskurses liegende Position zu beziehen.[33] Dennoch habe ich im

33 Auch in der Interviewsituation manifestierte sich, daß ich keine außenstehende, ‚neutrale‘ Instanz war. Wenn ich von den Gesprächspartnern nach meiner Einschätzung der Migrationspolitik gefragt wurde, wenn Tabus angesprochen wurden oder wenn mein Wissen über ‚illegale‘ Praktiken im Einwanderungsprozeß ausgelotet wurden, dann zeigte sich in solchen und ähnlichen Fragen wohl am deutlichsten, daß die politische Aufladung des Feldes auch den face-to-face-Kontakt und die ethnologische Interaktion mitstrukturierte. Daß die Gesprächspartner meine Position in diesem Feld immer mitreflektierten, bzw. in mir immer auch die Vertreterin der Aufnahmegesellschaft sahen, hatte sicherlich Auswirkungen darauf, was und wie erzählt wurde, wie bestimmte Entscheidungen

ersten Kapitel dieser Studie einen solchen Versuch unternommen, indem hier der Blick auf die politischen Diskurse um die Einwanderung selbst und ihre Übersetzung in eine administrative Praxis gerichtet wurde.

Diese Diskurse geben Aufschluß darüber, wie Identitäten durch bürokratische Fremdkategorisierungen festgeschrieben werden und wie sich infolgedessen ein diskursives Raster herausbildet, das nach ‚echten‘ und ‚falschen‘ Juden sortiert. Indem in dieser Studie solche Taxonomien und Strategien der Identitätszuschreibung nachvollzogen werden, bestimme ich nicht selbst, was jüdische Identität denn sei oder wer Jude ist. Ich folge also weder dem öffentlichen Diskurs noch den beiden Definitionsinstanzen Staat und jüdische Gemeinde. Die Enthaltsamkeit der Ethnographin, offiziellen identitären Bewertungsmaßstäben der eigenen Gesellschaft zu folgen, trägt dabei einerseits der Komplexität der Situation der Juden aus der Sowjetunion Rechnung, wo, nach Jonathan Webber, sechs verschiedene Definitionen des Judentums existieren.[34] Andererseits geht es darum, den Zuschreibungsprozeß fester Identitäten und seine Auswirkungen selbst zum Gegenstand der Untersuchung zu machen: Welche Rolle spielen bürokratische Fremdkategorisierungen für Selbstdefinitionsprozesse? Welche Bedeutung hat jüdische Identität für die Zuwanderer selbst? Und besonders: Wie verändern sich Formen und Vorstellungen jüdischer Identität in Interaktions- und Aushandlungsprozessen der Migranten mit den Institutionen der Aufnahmegesellschaft?[35]

---

begründet wurden, was weglassen oder was vielleicht in ein besseres Licht gerückt wurde.

34 Vgl. Webber 1994.

35 Mit dieser Perspektive, wonach Identitäten prozessual und interaktiv ausgehandelt werden, folge ich theoretischen und methodologischen Ansätzen, die den Konstruktionscharakter sozialer und kultureller Identität betonen (z.B. Barth 1970; Berger/Luckmann 1994 [1966]; Bonß/Hartmann 1985). Auch Interviewsituationen sind in diesem Sinne als soziale Prozesse zu begreifen, in deren Verlauf Segmente von sozialer Realität zwischen Forschern und Informanten ausgehandelt werden. Insbesondere die Vertreter der ‚dialogischen Anthropologie‘ (Crapanzano 1983, Dwyer 1977, Tedlock 1993) plädieren dafür, diesen gemeinsam hergestellten Prozeß der Datenerzeugung transparent zu machen. Eine polyphone Darstellungsweise, die die Erforschten in die Repräsentation einbezieht, so eine der Thesen, könne den Lesern Raum für eigene Lesarten eröffnen, so daß sie nicht länger dem Monolog und der interpretativen Macht der Ethnologen ausgeliefert seien (vgl. Clifford 1988; Spülbeck 1997, S. 21). So einleuchtend und wichtig es ist, ethnographische Autorität zu reflektieren und zu dekonstruieren, so bleibt doch zu fragen, ob sie überhaupt ganz relativiert oder gar aufgehoben werden kann. Denn auch ein biographisch akzentuierter Forschungsansatz, der den Interviewten breiten Raum zur Artikulation einräumt, bleibt immer eine ethnographische Konstruktion. Es ist immer die Ethnographin, die das Erzählte hervorlockt, die aufschreibt oder wegläßt, die analysiert und interpretiert.

Ein biographischer Forschungsansatz bietet somit nicht nur die Chance, jene Klischees zu hinterfragen, die im Umgang mit Juden und jüdischer Gegenwartskultur in Deutschland evident sind. Die biographische Perspektive, die die individuelle Erfahrungsseite der Migration ins Zentrum stellt, gibt vor allem Aufschluß über jene vielfältigen Aktivitäten, die Migranten unternehmen müssen, um sich in der neuen Gesellschaft zurechtzufinden. Sie sind Akteure auch darin, daß sie ihre Lebensgeschichte in jeweils neuen Kontexten sinnfällig und plausibel machen und ihre früheren Erfahrungen mit den Erfahrungen in neuen sozialen Kreisen und institutionellen Zusammenhängen abgleichen müssen.

Ein Anliegen des zweiten Teils dieser Studie ist es, Einblicke in diesen komplexen Umbauprozeß sozialer Erfahrung und individueller Verortung zu eröffnen, um verständlich zu machen, was Migration – gerade im Fall der ,russisch-jüdischen Kontingentflüchtlinge' – tatsächlich bedeutet: die Marginalisierung und Tabuisierung jüdischer Identität in der Sowjetunion; das Gefühl der Scham, als jüdisch zu gelten; die mit der Migrationsentscheidung verbundenen Schwierigkeiten und bürokratischen Hürden; das Fehlen von kulturellen Passagehilfen beim Wechsel von Paß- und Statusidentitäten; die Konfrontation mit Migrationsstereotypen und bürokratischem Mißtrauen in der Aufnahmegesellschaft; die Irritation zwischen ,jüdischen' und ,russischen' Zuschreibungsdiskursen; die Erwartung einer Aneignung religiöser Identität; die Schwierigkeiten, eine negative jüdische Identität positiv umzudeuten; die Erfahrung, daß gewohnte Sozialtechniken (etwa im Hinblick auf die berufliche und materielle Existenz) in der neuen Gesellschaft versagen; und schließlich die Anstrengung, die Migrationserfahrung narrativ zu verarbeiten sowie der Versuch, zu neuem identitärem Selbstbewußtsein zu gelangen.

Die Anerkennungskämpfe, die im folgenden anhand von drei exemplarischen Fallbeispielen beschrieben werden, verweisen darauf, daß gerade diejenigen ,jüdischen Kontingentflüchtlinge' größte Schwierigkeiten auf der Suche nach einem Platz in der neuen Gesellschaft haben, für die die Aufnahmeregelung eigentlich vorgesehen war: Es sind diejenigen, die nicht nur den formalen Identitätsnachweis erbracht haben, sondern die sich auch selbst als Juden identifizieren und die sich eine jüdische Identität sogar im Sinne des Erwartungshorizonts der Aufnahmegesellschaft aneignen wollen. Ein Anliegen dieser Studie ist es, solche ,jüdischen Anerkennungskämpfe' zu beschreiben. In ihnen spiegeln sich nicht zuletzt die Ambivalenzen und Widersprüche einer Migrationspolitik, die zwischen philosemitischen Überhöhungen und unterschwelligen Abweisungsmomenten changiert. Wenn ich in meiner Forschung gerade den Schwierigkeiten der sozialen und kulturellen Verortung russischer Juden nachgegangen bin, dann mag darin nicht nur die für meine

Gesprächspartner empfundene Sympathie zum Ausdruck kommen. Möglicherweise offenbart sich hier auch meine moralische Positionierung: Vielleicht ist auch die Ethnographin in einem für die deutsche Nachkriegsgesellschaft bezeichnenden ,Wiedergutmachungstraum' befangen. Spätestens hier zeigt sich dann wiederum, daß sie eben doch nur Teil des Feldes ist, in dem sie geforscht hat.

Vor diesem Hintergrund plädiert diese Studie nicht gegen die Einwanderung, sehr wohl aber dafür, die Migrationspolitik und deren Wirkungen im Umgang mit russischen Juden stärker öffentlich zu reflektieren.

III. Die Migranten: Drei Fallstudien

In den nun folgenden Fallbeispielen fungierte ich mitunter in der Rolle einer ‚integrativen Instanz‘: Die biographischen Entwürfe der Migranten waren nicht nur introvertierte Reflexionen oder Entgegnungen auf die Fragen der Ethnographin, sondern richteten sich auch an mich als Vertreterin der Aufnahmegesellschaft. In den Gesprächen bot ich das Publikum, um biographische Plausibilisierungen durchzuspielen und Legitimierungen der eigenen Immigration zu erproben. Daß dabei meine Reaktionen beobachtet wurden und daß mir in den Interviews gelegentlich gewisse Botschaften für die deutsche Öffentlichkeit auf den Weg gegeben wurden, macht dabei deutlich, daß die Interviews auch Ausdruck eines Integrationswillens und des Wunsches waren, mit der deutschen Gesellschaft über die Bedingungen der Aufnahme ins Gespräch zu kommen.

Bemerkenswert ist in diesem Zusammenhang, mit wem ich *keine* Interviews führen konnte: Mehrfach hatte ich versucht, Kontakte zu ‚jüdischen Kontingentflüchtlingen‘ zu bekommen, die regelmäßig in ihre jeweiligen Herkunftsländer zurückkehren oder abwechselnd z.B. in der Ukraine und in Deutschland leben. Doch letztlich konnte ich mit keinem dieser Migranten sprechen – ein Umstand, der mir eng mit den Widersprüchlichkeiten der Kategorie ‚Flüchtling‘ verknüpft zu sein scheint.

Genau genommen verweist der Begriff ‚Flüchtling‘ auf einen Übergangszustand innerhalb eines Prozesses, der weder mit der formalen Berechtigung eines unbegrenzten Aufenthalts noch mit der Gewährung sozialstaatlicher Versorgung abgeschlossen ist. Auch Migrationsverläufe und -muster legt der Flüchtlingsstatus nicht fest, denn weder verhindert er formal die Rückkehr noch legt er ein Bleiben fest. Kontingentflüchtling zu sein, muß weder mit der Aufgabe des Herkunftspasses (Staatsbürgerschaft) einhergehen noch den Erwerb der deutschen Staatsbürgerschaft zur Folge haben. Dieser Status läßt die Frage der nationalen Zugehörigkeit offen und ermöglicht jederzeit Grenzüberschreitungen in beide Richtungen. Wer zum Zeitpunkt dieser Untersuchung noch im Besitz eines sowjetischen Passes war oder den eines GUS-Nachfolgestaates erworben hatte, konnte also in sein Herkunftsland zurück, ohne daß eine Rückkehr offiziell bestätigt wurde; umgekehrt ermöglichte der Eintrag einer unbefristeten Aufenthaltserlaubnis jederzeit die Einreise nach Deutschland. Kurzum: Die formale Zuweisung dieses Status als Flüchtling schafft nicht Irreversibilität, sondern erlaubt transnationale Migrationsmuster des Pendelns, weil er nicht dazu zwingt, Bindungen zum Herkunftsland aufzugeben oder Eingliederungsanstrengungen zu unternehmen. Der Status des Kontingentflüchtlings sagt also nichts darüber aus, ob man in Deutschland bleibt, zurückkehrt oder weiterwandert. Doch wollten mir weder Mitarbeiter der jüdischen Gemeinde noch meine Interviewpartner den Kontakt zu ‚pendelnden' Migranten vermitteln. Die Begründungen glichen sich: Mit diesen „business-Leuten" wolle man „nichts zu tun haben". So erklärte mir eine Mitarbeiterin der Zentralwohlfahrtsstelle der Juden in Deutschland, also derjenigen Institution, die sich an erster Stelle um die Integration russischer Juden kümmert, warum sie keine Kontakte zu solchen Migranten herstellen wolle. Sie selbst war Ende der achtziger Jahre als Staatenlose aus der Ukraine eingewandert:

"Was ich wirklich nicht verstehe, du bist Flüchtling, hast das Land als Flüchtling verlassen. Wieso soll ich wieder Verbindung zu diesem Land aufnehmen? Zum Beispiel ich jetzt bin ausgereist und ich wußte nicht, ob mein Fuß irgendwann den Boden in Tschernowitz wieder betreten wird, ich wußte das nicht. Ich war vorbereitet schon, das ist alles für mich abgeschlossen. Es fängt ein anderes Leben an. Ich habe keine Hoffnung gehabt, daß eine Zeit kommt, wenn ich wieder dorthin fahren kann. Und deshalb verstehe ich die Leute nicht, die da Geschäfte machen und mal ein paar Monate dort leben und dann wieder hier. Ich habe mit solchen Leuten nichts zu tun."

In solchen Aussagen zeigt sich der Integrationswille meiner Gesprächspartner darin, daß der eigene Status in einer räumlich-sozialen Ausschließlichkeit definiert wird. Zu einem Zeichen der eigenen Integration wird dabei, daß der Status des Flüchtling mit der Auflage verbunden wird, sich dem Aufnahmeland gegenüber loyal zu verhalten. Die neue soziale Zugehörigkeit scheint die Abkehr von der früheren notwendig zu machen. In die Versicherungen der eigenen Loyalität mischen sich daher moralische Untertöne und Gesten der sozialen Distinktion gegenüber denjenigen, die diese Abkehr nicht oder nur partiell vollziehen. Eine andere Informantin ging davon aus, daß sich pendelnde Migranten deshalb nicht zum Interview bereit erklären, weil sie befürchten, endgültig zurückgeschickt zu werden, wenn deutsche Behörden von ihrer regelmäßigen Heimkehr erfahren würden.

Solche und ähnliche Äußerungen habe ich nur von Migranten gehört, die selbst nicht zurückkehren wollen oder können. In erster Linie kommt darin sicherlich zum Ausdruck, daß das eigene Selbstverständnis, als ‚echte' Flüchtlinge emigriert zu sein, gerade von denen angegriffen scheint, die regelmäßig die Möglichkeit einer Rückkehr nutzen. Doch zugleich wird darin die Verunsicherung über einen jederzeit gefährdeten Aufenthaltsstatus ausgedrückt.

Diese Überlegungen führen noch einmal zum gesellschaftspolitischen Rahmen und zu den Diskursen um die Immigration sowjetischer Juden zurück. Das Aufnahmeverfahren ‚jüdischer Kontingentflüchtlinge' erlaubt auf formal-rechtlicher Ebene zwar verschiedene Migrationsmuster, doch auf der Ebene des medialen und alltagsweltlichen Diskurses erfährt diese potentielle Vielschichtigkeit eine signifikante Engführung: Hier haben sich Bewertungsmuster der russisch-jüdischen Zuwanderung herausgebildet, die diese illegitim erscheinen lassen, wenn Migranten transnationale Zugehörigkeiten ausbilden, denn nur in der ‚richtigen' Flüchtlingsidentität, die den Abriß von Heimatbindungen unterstellt, erweist sich auch ‚echte' jüdische Identität. Wer in sein Herkunftsland zurückkehrt, sei es, um alte oder auch neue Geschäftsverbindungen oder private soziale Kontakte zu pflegen, oder um zurückgelassene Häuser und Wohnungen zu versorgen, wer sich die Möglichkeit einer Rückkehr offenhält, oder wer gar wechselweise in Deutschland und in einem GUS-Land lebt, der gerät in den Verdacht, Wirtschaftsflüchtling zu sein bzw. vom ‚deutschen Sozialstaat' zu profitieren, ohne sich in Deutschland integrieren zu wollen.

Die Medienanalyse, die den Eingangsrahmen dieser Studie bildet, hat ergeben, daß mit der Rezeption transnationaler Migrationsmuster politische Erwägungen einhergingen, die Zuwanderung zu beenden, weil der Eindruck sich verfestigt hatte, sie habe sich als ‚nicht jüdisch genug' herausgestellt. Den Pendlern wird eine dem Erwartungshorizont entsprechende Identität abgesprochen, sie werden als Juden nicht anerkannt. So bleibt schließlich die Vermutung, daß die nicht gelungene Kontaktaufnahme zu Migranten, die pendeln und damit andere Migrationsmuster praktizieren als die Migranten in den nun folgenden Fallbeispielen, auch auf ‚Rückkopplungseffekte' des deutschen Aufnahmeverfahrens und seiner medialen Rezeption zurückgeführt werden kann.

In dieser Studie sind folglich diejenigen nicht erfaßt, die auf der Stereotypenebene des deutschen Diskurses als ‚Wirtschaftsmigranten' gelten. Ferner geht es hier auch nicht um Migranten, denen ein jüdischer Selbstbezug gleichgültig ist – die also von den Diskursen über jüdische Identität, Authentizität und Legitimität nicht betroffen sind. Ich habe statt dessen Migranten ausgewählt, die sich selbst als Juden identifizieren, um zu zeigen, wie sie ihren Bezug zum Judentum während des Migrationsprozesses neu aushandeln.

Ein ‚echter jüdischer Flüchtling'

Galina Lawrezkaja[1] lerne ich bei einer Dichterlesung in einem russischen Kulturclub kennen. Sie willigt in ein Interview sofort ein und kündigt an, viel erzählen zu können. Auf meinen Anruf wenige Tage später zur Verabredung des Interviews scheint sie regelrecht gewartet zu haben. Das Treffen findet in ihrer Wohnung statt. Galina trägt eine Kette mit Davidstern um den Hals. Im Wohnzimmer fällt mir ein Regal mit russischen Büchern auf; an den Wänden hängen Intarsienbilder mit Motiven von Leningrad. Galina[2] läßt sich Zeit mit der Erzählung ihrer Migrationsgeschichte. Zuvor spielt sie mir Ausschnitte aus der SFB-Radiosendung ‚Multikulti' vor, in der sie selbst übersetzte russische Romanzen vorgesungen hatte, und fragt nach meiner Meinung zur Qualität der deutschen Übersetzung. Sie äußert ihre Vorliebe für Romanzen im Unterschied zu Volksliedern, die ihr wie allen „richtigen Intellektuellen" zuwider wären, weil sie so derb seien.

Zur Motivik des Auswanderns:
Diskriminierung in der Sowjetgesellschaft

Auf meine Einstiegsfrage, ob sie sich noch daran erinnern könne, wie es zu ihrer Migration gekommen sei, geht Galina bis in die Mitte der fünfziger Jahre zurück:

„Wann wir ausgewandert sind, ja? Ich muß sagen, mit mir passierte es sehr früh, also meine Vorfahren sozusagen – meine Verwandten haben unter Stalin sehr gelitten, unter der Regie von Stalin, und damals habe ich die 10. Klasse abgeschlossen."

Ohne zu benennen, was ihr sehr früh passiert war und wie Repressionserfahrungen in ihrer Familie mit der Auswanderung zusammenhängen, holt Galina

1   Ihr Name wurde geändert. Galina Lawrezkaja, geb. 1940, kam im November 1990 aus Leningrad mit Mann und Tochter nach Berlin. Galina hatte bis in die achtziger Jahre als Deutschlehrerin in Leningrad unterrichtet. Nach der Kündigung arbeitete sie privat an deutschsprachigen Lehrbüchern und zuletzt als Dolmetscherin in einer jüdischen Institution; ihr Mann war Ingenieur. Das Interview fand im Sommer 1996 statt.
2   Ich nenne Galina (wie auch Swetlana in der nächsten Fallstudie) im folgenden beim Vornamen, weil wir uns im Verlauf des Interviews geduzt haben. Im Gegensatz dazu blieb ich mit Elias Jakobowski beim ‚Sie'.

mit Erzählungen über Kindheit und Jugend in Leningrad zur Vorgeschichte ihrer Migration aus. Sie beginnt im Jahr 1942 und stellt dabei implizit eine Kontinuitätslinie zwischen Stalinzeit und Faschismus her: Ich erfahre, daß der Vater, der Arbeiter in einem Schiffswerk gewesen war und die „Stadt Leningrad vor den Faschisten verteidigt" hatte, während der ‚Hungerblockade' 1942 in Leningrad[3] starb. Der Rest der Familie, also sie, ihre Mutter, der Bruder und die Großmutter, war in den Ural evakuiert worden. Kurz vor Kriegsende kehrte die Familie nach Leningrad zurück, fand ihr ehemaliges Haus zerbombt vor und lebte fortan in einem winzigen Zimmer.

Die Evakuierung in den Ural und die Nachkriegszeit in Leningrad verbindet Galina zu einem einzigen, durch Mangelwirtschaft und Armut geprägten Zeitraum, der ihrer Familie soziale und lebensgeschichtliche Brüche einbrachte. Ihr Bruder habe schon als 13jähriger Schwerstarbeit verrichten müssen, um den Vater zu ersetzen. Auch Mutter und Großmutter seien zu einer unterqualifizierten Arbeit gezwungen gewesen, um die Familie zu ernähren: „Obwohl sie beide das Gymnasium abgeschlossen hatten, hatten sie es so schwer." Mutter und Bruder arbeiteten auf der Schiffswerft, und die Großmutter trug durch Schwarzhandel mit selbstgemachten Süßigkeiten zum Lebensunterhalt der Familie bei, was die Erwachsenen als illegale und nicht standesgemäße Arbeit jedoch vor den Kindern zu verbergen suchten:

„Sie hatten überall gearbeitet und die schwierigste Arbeit, so geschuftet kann man sagen (...), aber damals waren wir ganz anders erzogen und unsere Eltern erzählten uns nicht, was sie gemacht hatten, ja, also sie wollten uns nicht erzählen, daß sie zum Beispiel etwas verkaufen, das war schrecklich für die intelligenten Menschen. Sie (die Großmutter) hat sehr gut gekocht, und sie hat verschiedene Pralinen und Bonbons gekocht und da ging sie zur Bäckerei und hat dort alles verkauft, und wir sollten das nicht wissen."

In den Schilderungen ihrer Kindheit und Jugend hebt Galina hervor, daß sich ihre Familie von anderen unterschieden hätte. Kriegsbedingte Armuts- und Mangelerfahrungen hätten eine eigene, von Solidarität und Hilfsbereitschaft bestimmte Kultur hervorgebracht, der sie sich bis heute verbunden fühlt:

„Die echten Leningrader waren alle so, die die Blockade überlebt haben, oder die, die in der Blockade gelebt haben (...), also die sind

---

3   Die Belagerung Leningrads durch die deutsche Wehrmacht dauerte von September 1941 bis Januar 1944. Die Stadt wurde hermetisch von der Lebensmittelzufuhr abgeschlossen. Mehrere hunderttausend Menschen starben an Hunger und Kälte.

ein wenig andere Menschen. Wir sind anders erzogen, wir sind gewöhnt, einander zu helfen, zu unterstützen, einfach so (...)'. Wir sind so erzogen, wir möchten allen beistehen, und bis jetzt sind wir so geblieben, das ist schon im Blut sozusagen, und meine Mutter hat mich so erzogen wie meine Oma, und sie haben mir immer gesagt: ,Die Menschen haben uns nach diesen Kriegszeiten sehr geholfen, und du mußt auch so sein.' Und das ist bei mir so eingeprägt, und ich bin so (sie lacht), ich kann nichts machen."

Als weitere prägende Erfahrung beschreibt Galina, wie sie in einer Kommunalwohnung aufwächst, in der ihre Familie mit drei weiteren Familien – einer russischen, einer tatarischen und einer deutschen – lebte. Ohne den Ort und die Dauer dieses Zusammenlebens zu benennen, werden wieder Evakuierung und Nachkriegszeit verwoben. Sprachen scheinen in ihrer Sozialisation eine wichtige Rolle gespielt zu haben:

„Und meine Oma und meine Mutter wollten sehr, daß ich Sprachen spreche, sie haben auch deutsch gesprochen beide, und es war verboten, jiddisch zu sprechen. Und die Juden hatten sehr große Angst, jiddisch zu sprechen, und wir haben deutsch gesprochen, das war nicht verboten."

Erst über ihre Deutschkenntnisse habe sie langsam auch das Jiddische verstanden, das Mutter und Großmutter als eine Art Geheimsprache gegenüber den Kindern verwendeten. Daß Galina später Deutschlehrerin wurde, führt sie auf den besonders engen Kontakt zur Großmutter der deutschen Familie, mit der ihre Familie damals zusammenlebte, zurück:

„Nach dem Krieg war es verboten, deutsch zu sprechen, weil die Deutschen sehr gehaßt worden waren, und Natascha (die Enkelin der deutschen Familie) wollte überhaupt kein deutsches Wort sagen, und deshalb hat die deutsche Oma die ganze Liebe auf mich verbreitet, weil ich mit ihr deutsch gesprochen habe. Ich hatte keine Angst, deutsch zu sprechen (sie lacht), weil alle wußten, daß ich Jüdin bin. Und ich habe deutsch gesprochen, und die Oma starb, als ich schon im ersten Studienjahr war, und vielleicht dank ihr bin ich auf diese Fakultät gegangen, und es ist mir nichts übriggeblieben, als diese Fremdsprachen zu studieren, weil sie mir das von klein auf eingeflößt hat."

Galina wuchs behütet und wohlerzogen auf. Politik war kein Thema. Die familiäre Existenz scheint auf einem doppelten Schweigen beruht zu haben.

Nicht nur die nachkriegsbedingten Strategien materieller Existenzsicherung wurden verheimlicht; auch der Stalinismus war tabuisiert:

„Ja, und wie gesagt, es wurde uns Kindern verboten, etwas zu erzählen, wir waren sehr intelligent[4] erzogen, also etwas Schlechtes dürfen wir nicht wissen. Die Lehrer waren alle ausgezeichnet, alles ist ausgezeichnet, und über die Erwachsenen dürfen wir nicht schlecht sprechen und nur gut und sehr intelligent waren wir. Deshalb hat mir meine Mutter – meine Oma starb, als ich in der siebten Klasse war und die zweite Oma, als ich schon groß war – aber sie hat auch über nichts gesprochen, obwohl sie auch unter dieser Regierung von Stalin sehr gelitten haben, die ganze Familie, und meine Verwandten im Gefängnis eingesperrt waren und nach dem Abschluß der 10. Klasse sind meine Verwandten entlassen worden."

Das Jahr 1957 markiert Galina als biographischen Wendepunkt. Zwei nahe Verwandte wurden aus der Haft entlassen und berichteten von Gewalterfahrungen unter Stalin.[5] Sie charakterisiert sie als „große Kommunisten", die bis zu ihrer Verhaftung die Komsomolarbeit im Kreml geleitet hätten, um sie als Opfer wiederum zu idealisieren. Mit dem Tod dieser Verwandten, die an den Folgen von Repression und Mißhandlung gestorben seien, habe sich ihr Blick schlagartig verändert, was erstmals die Absicht auszuwandern hervorbrachte:

„Und damals habe ich – oh ich habe so – ich war solche Komsomolze damals in der 9. Klasse oder in der 10. Klasse, und ich habe auf einmal alles gehaßt, auf einmal. Ich habe meinem Bruder das gesagt, und er hat mir gesagt: ‚Ja, du mußt weg! Also das ist alles Lüge'. Ja, wir waren so richtig erzogen, und seitdem habe ich gesagt, ich bleibe in Rußland nie! Meine Mutter hat aber gesagt: ‚Ich sterbe in Leningrad, mein Mann ist hier begraben, und ich bleibe in Leningrad, ich will nicht auswandern, aber ihr könnt das machen, wenn ihr wollt.' Natürlich konnten wir das nicht machen (sie lacht), weil die Mutter das nicht wollte."

4   „Intelligent" meint hier, daß in ihrer Erziehung auf Bildung sehr viel Wert gelegt wurde.
5   Galina erwähnt, daß die Verwandten Mißhandlungen während der zweiten grossen ‚Säuberungswelle' 1937 erlitten, in der Stalin führende Partei- Militär- und Wirtschaftskader liquidieren ließ.

Diese Begebenheit steht am Anfang einer Reihe weiterer Schlüsselerlebnisse, die einerseits den immer wiederkehrenden Wunsch der Auswanderung bestätigen, andererseits aber auch den Zwang dazubleiben begründen. So weckte die Auswanderungsbewegung Anfang der sechziger Jahre in die USA und nach Kanada sowie Israel, der sich viele ihrer Verwandten und Freunde anschlossen, abermals Galinas Bedürfnis, die Sowjetunion zu verlassen. Doch diesmal stand ihr Mann dieser Absicht entgegen:

„(...) und mein Mann wollte nicht auswandern, er wollte nicht, er war so ein Kommunist, mein Gott! Und dann habe ich mit ihm so geschimpft – obwohl er das jetzt ganz anders sagt, aber ich habe gesagt: ,Ich bleibe hier nicht!'"

In der folgenden Erzählung, die von ihrem Berufseinstieg an einer deutschen Schule handelt, wird die Auswanderungsidee erstmals mit Antisemitismus in Verbindung gebracht. Galina berichtet detailliert von staatlichen Zugangsbeschränkungen für Juden:

„Da habe ich zuerst irgendwelche Arbeit gesucht, ich wollte irgendwo arbeiten und dann auf die Hochschule gehen, aber – und dann bin ich gekommen, und die wollten mich immer nehmen, und immer wurde mir gesagt: ,Ja bitte, kommen Sie bitte morgen mit dem Paß, mit den Papieren.' Am Morgen bin ich immer mit meinen Papieren gekommen, dort stand, daß ich Jüdin bin, weil im Paß alles gleich zu sehen ist, der 5. Paragraph[6], haben wir immer Spaß, Witze gemacht über diesen Paragraphen, und es wurde mir gleich gesagt: ,Nein, wir brauchen leider keine Arbeitsplätze, heute schon nicht mehr.' Immer, immer! Das war vielleicht zehn Mal."

Wann immer Arbeitgeber ihre im Paß vermerkte jüdische Nationalität registrierten, wurde sie abgewiesen, eine stereotype Erfahrung:

„Und als diese Direktorin mich in die deutsche Schule eingeladen hat, hat sie mir gesagt: ,Sie werden einen Monat arbeiten, und dann (...) bringen Sie bitte Ihre Papiere, und wir werden Sie einschreiben, ganz offiziell anmelden', wie man das sagt, ja? Und ich habe zwei Wochen gearbeitet und weil ich ihr so gefallen habe, hat sie gesagt: ,Ja, ich nehme Sie, bitte bringen Sie ihre Unterlagen.' Und am nächsten Tag

---

6   Im sowjetischen Personalausweis war unter dem ,5. Punkt' die (jüdische) Nationalität eingetragen.

106

habe ich meine Biographie geschrieben und meine Unterlagen mitgebracht, und sie wurde blaß, mein Gott! Sie hatte solche Angst gekriegt: ‚Wieso sind Sie Jüdin und Sie haben mir nichts gesagt?‘ Ich hatte solche Haare und war von Natur aus also rot, so golden, ja habe solche Haare gehabt, war ein typisch russisches Mädchen, und dann ‚Galina‘, das ist ein russischer Name und Lawrezkaja ist auch kein jüdischer Name. Und sie hat überhaupt nicht angenommen, daß ich Jüdin bin, konnte sie nicht vermuten, und die war vor Angst – sie wollte an die Wand klettern vor Wut. Und ich habe gesagt: ‚Wieso muß ich Ihnen das eigentlich sagen?‘ Ich war so empört, aber ich habe schon erwartet, daß sie das sagt, und ich habe gesagt: ‚Ja, anders habe ich das nicht erwartet, also das ist ja für mich schon kein Wunder, aber wieso muß ich das sagen?‘ Aber ich war damals ja so jung und so hübsch, und ich habe deutsch so gesprochen praktisch wie jetzt. Und sie hat gesagt: ‚Ja, ich brauche Sie, so schön wie Sie spricht hier kein Mensch in der Schule. Aber ich habe schon eine Jüdin, Sie müssen mich verstehen, ich darf keine Jüdin mehr aufnehmen (...). Also mir ist nicht erlaubt, zwei Jüdinnen zu haben.‘ Und ich hab gesagt: ‚Also entschuldigen Sie bitte, daß ich nicht gesagt habe, daß ich Jüdin bin.‘ Sie hat es aber nicht schlecht gemeint, sie hat mich sehr geliebt, aber sie war so empört, sie hatte solche Angst, sie mußte in die Behörde gehen, wo ihr das verboten worden war, und sie wurde dort sehr angeschimpft. Und ich wurde aufgenommen, doch, ich bin aufgenommen worden, nur weil der Chef dieser Behörde der ehemaliger Direktor meiner Schule war, wo ich gelernt hatte. Das war ein glücklicher Zufall für mich. Er hat gesagt: ‚Ach, das ist doch Galina, das ist meine Lieblingsschülerin‘ und hat das unterschrieben. Also nur deswegen, ansonsten mußte ich weg. Eine Jüdin, das reicht für eine deutsche Schule.“

Diese Geschichte ist auf mehreren Ebenen bedeutungsvoll. Erstens: Da Galina für ihre Umgebung weder jüdisch aussah noch einen jüdisch klingenden Namen hatte, wurde sie erst mit der Vorlage des offiziellen Dokuments als Jüdin identifizierbar; implizit werden Name und Aussehen als äußere Merkmale einer jüdischen Identität benannt. Zweitens: Galina bringt der Befolgung von diskriminierenden Quotenregelungen auf mittlerer Hierarchieebene ein gewisses Verständnis entgegen. Daß eine Jüdin, die sich nicht freiwillig als solche zu erkennen geben will, Empörung auslöste, wird mit der Angst vor staatlicher Reglementierung erklärt. Drittens: Der eigenen beruflichen Qualiikation standen Verordnungen entgegen, deren Herkunft und Inhalt nicht näher benannt werden; nur durch persönliche Beziehungen auf hoher hierarchischer Ebene konnte man die gegen Juden gerichteten Quotierungen umgehen. Schließlich viertens: Galinas Schilderungen ihres Verhaltens verweisen auf ein selbstbewußtes Auftreten gegenüber institutioneller Diskriminierung.

An diese Erfahrungen mit staatlichem Antisemitismus knüpft Galina unmittelbar weitere antisemitische Erlebnisse, die diesmal aus dem sowjetischen Alltagsleben stammen. Auch diese Geschichten sind durch eine große Detailgenauigkeit und eine szenisch aufgebaute Erzählstruktur gekennzeichnet, in der Dialoge in wörtlicher Rede wiedergegeben werden. Regelmäßigkeit und Häufigkeit dieser Erfahrungen werden mit großen Zahlenangaben unterstrichen:

„Also ich kann Ihnen nicht beschreiben, meine Mutter war tausendmal angeschimpft, als sie ins Geschäft gegangen ist, um etwas zu kaufen. ‚Also was brauchst du hier, Jüdin? Also wieso kaufst du Hühner?‘ Und ich habe sie verteidigt, ich habe sie immer verteidigt und hab gesagt: ‚Schämen Sie sich nicht, so was zu sagen?‘ Sie haben nicht verstanden, ich war meiner Mutter nicht ähnlich (sie lacht), ich bin mehr dem Vater ähnlich. Der war Jude, sah aber wie ein richtiger Russe aus, und deshalb bin ich auch so. Und mein Bruder sieht wie ein richtiger Jude aus, weil er wie meine Mutter ist, und ich bin dem Vater ähnlich, und deshalb ist es so. Und die haben mir immer gesagt: ‚Was geht dich das an, du gehörst doch nicht zu dieser Frau! Geh weg von hier, sonst wirst du jetzt hier verhauen.‘ Und ich sage: ‚Das ist meine Mutter!‘ Manchmal habe ich das gesagt, manchmal habe ich das nicht gesagt. Manchmal habe ich gesagt: ‚Ich schäme mich für euch, wieso sagt ihr so was, das sind solche Menschen wie wir.‘ Ich habe das manchmal speziell gesagt, um zu zeigen, daß die Juden auch gute Menschen sind.“

Hier tritt ein sehr komplexes Identitätsverständnis hervor: Zum einen greift Galina Kategorien der Sowjetgesellschaft auf, wenn sie ihre Familienangehörigen und sich selbst anhand ihres Aussehens als russisch bzw. jüdisch klassifiziert. Zum anderen konnte sie aufgrund ihres ‚russischen Aussehens‘ mit diesen Identitätslabeln spielen, d.h. auf die ‚russische‘ oder ‚jüdische‘ Seite wechseln. Dies gab ihr eben auch die Möglichkeit, als Jüdin unerkannt zu bleiben und damit antisemitischen Anfeindungen zu entgehen. Auf einer dritten Ebene wird in dieser Geschichte eine moralische Position aufgebaut, indem Galina nicht den persönlichen Vorteil einer ‚unsichtbaren Identität‘ betont, sondern die Chance herausstreicht, aufgrund ihres Aussehens Juden verteidigen und so gegen Antisemitismus überhaupt Stellung beziehen zu können. Trotz des Seitenwechsels wird die innere Konsistenz einer projüdischen Einstellung hervorgehoben und ein möglicher Widerspruch von vornherein außer Kraft gesetzt: Zwar wurde Galina nicht für eine Jüdin gehalten, sie hat sich aber doch wie eine solche verhalten, indem sie öffentlich gegen den Antisemitismus Partei ergriff oder sich als (jüdische) Tochter zur Mutter bekannnte. Doch Gewaltandrohungen zwangen sie dazu, sich nicht immer als Jüdin zu erkennen zu geben. Auch die unmittelbar folgende Geschichte handelt vom Identitätswechsel in der Öffentlichkeit:

„Ja, ich habe die Seite gewechselt, um zu sehen, wie sie reagieren. Haben sie mich so angeguckt, ja tausendmal vor der Abfahrt bin ich ins Theater gefahren und ich habe ein Taxi genommen und da ist ein alter Jude über die Straße gegangen und der Taxifahrer hat mir gesagt: ‚Ach schade! Ansonsten möchte ich ihn überfahren, schade, daß jetzt hier grünes Licht ist, ich möchte diesen Juden überfahren!‘ So hat er gesagt. Ich habe gefragt: ‚Wieso, warum?‘ ‚Na ja, wissen Sie nicht, was für Menschen Juden sind?‘ ‚Nein‘, habe ich gesagt, sage ich: ‚Nein, ich weiß das nicht. Ich weiß, daß sie ganz gute Menschen sind, weil ich Lehrerin bin, und ich weiß, daß die jüdischen Kinder die besten Kinder sind, daß sie sehr klug und begabt sind, das weiß ich ganz bestimmt. Und ich kann mir vorstellen, wie Sie ihren Sohn erziehen‘, weil er mir gesagt hatte, daß er einen Sohn hat, ‚dann kann ich mir vorstellen, was aus Ihrem Sohn in der Zukunft wird‘. ‚Wieso sagen Sie das, sind Sie Jüdin?‘ ‚Nein, ich bin Russin!‘, habe ich zu ihm gesagt, und er machte solche Augen und hat gesagt: ‚Das kann doch nicht wahr sein. Gibt's hier so – ‘ Ich hab gesagt: ‚Ja, ich arbeite in der Schule und ich habe noch kein einziges Mal gedacht, wer vor mir sitzt, ein Russe, ein Jude, ein Tatare, ein Mongole oder ein Deutscher. Das ist für mich ganz egal. Das wichtigste ist für mich, daß es ein Mensch ist, und er muß gut sein. Aber was für ein Mensch, das ist egal. Solche Menschen wie Sie hasse ich und deshalb zahle ich Sie und tschüß, ich möchte Sie nicht mehr sehen, ich gehe jetzt zu Fuß.‘ Ich bin zu Fuß gegangen, ich bin ausgestiegen. Er machte solche grossen Augen, und es war auf einer großen Straße und ich habe die Türe aufgemacht und habe gesagt: ‚Ich schäme mich für solche Russen wie Sie‘ und bin weggegangen. Hätte ich gesagt, daß ich Jüdin bin, dann hätte er gesagt, das ist doch nichts, ja? Dann hätte er gesagt: ‚Ach ja, du Jüdin, ich werde dich jetzt auch ersticken‘ oder so was.“

Auch diese Erlebniserzählung aus dem sowjetischen Alltag besagt im Kern, daß man nur als Russin aufklärerisch und human gegenüber ‚seinesgleichen‘ argumentieren konnte. Eine moralische Position gegen den Antisemitismus zu beziehen, wäre aus der Perspektive der bekennenden Jüdin unmöglich gewesen; vielleicht wäre sie sogar selbst angegriffen geworden. Jüdischsein beschränkte Handlungsmöglichkeiten, während Russischsein Freiräume der Rede eröffnete. In beiden Geschichten weist sich Galina als eine Frau aus, die zwar weder als Jüdin kenntlich war noch sich als solche zu erkennen gab, die sich aber vom Antisemitismus angegriffen fühlte und ihn in der Öffentlichkeit bekämpfte.

Auch in der nächsten, unmittelbar im Anschluß erzählten Geschichte geht es um ein Erlebnis, das den Vertreibungsdruck illustriert. Galina leitet diese Geschichte mit der Erzählung über eine schwere Krankheit ein, an der sie als 29jährige beinahe gestorben wäre. Drei Jahre sei sie schwerbehindert gewesen, und erst dann wieder, wenn auch mit Einschränkungen, arbeitsfähig. Sie unterrichtete damals an einer deutschen Schule, wo sie vor allem deutsche Märchen und Theaterstücke mit den Schülern einstudierte. Doch zwölf Jahre nach der Krankheit habe sie sich wieder schlecht gefühlt und deshalb in der Schule pausieren wollen, was eine weitere Phase von Diskriminierung eingeleitet habe. Ihre Krankheit wird hier nicht als *Folge* antisemitischer Repression, sondern umgekehrt als *Auslöser* antisemitischer Reaktionen geschildert:

„Und da habe ich meinem Stellvertreter gesagt: ‚Ich muß jetzt weg, eine Pause muß ich machen. Ansonsten habe ich das Gefühl, daß ich wieder diese Hirnblutung kriege‘. Und sie hat gesagt: ‚Um Gottes Willen, Sie kommen doch nie wieder in die Schule. Sie werden nie wieder als Jüdin in diese Schule kommen, Sie werden nicht aufgenommen.‘ Und ich hab gesagt: ‚Ich kann nicht mehr. Also bitte, zwei Monate, drei Monate geben Sie mir Pause‘ (...). Ich habe gekündigt, aber ich habe gesagt: ‚Ich komme wieder!‘ Und mein Direktor hat gesagt: ‚Sie wird nach Israel auswandern‘. Damals war das schrecklich! Und überall wurde dieses Gerücht verbreitet, und alle haben – diese Verwaltung, die Schulbehörde hat überall – sie haben mich einfach zum Feind der Sowjetunion erklärt. Seit diesem Tag war ich zum Feind der Sowjetunion erklärt. Meine Mutter war noch am Leben, und ich habe damals gedacht, ich werde auswandern, aber nicht in diesen Jahren, weil wir mit meinem Mann beschlossen hatten, unsere Tochter wird die Schule abschließen, und sie war noch in der 6. Klasse.“

Indem ihre Vorgesetzte ihr eine Migrationsabsicht unterstellte, wurde ihr zugleich die jüdische Identität zugeschrieben.[7] Dies hatte nicht nur zur Folge,

7   Obwohl Galina keinen Ausreiseantrag gestellt hatte, gerät sie hier in den Verdacht, ‚Refusenik‘ zu sein. Refuseniks waren diejenigen Auswanderungswilligen, die einen Ausreiseantrag nach Israel gestellt hatten und oft jahrelang auf eine Genehmigung warten mußten, z.T. ihre Ausreisewünsche auch mit

daß Galina in keiner Schule mehr angestellt wurde, sondern führte auch dazu, daß sich ihr Mann vor Parteiinstanzen gegen die unterstellte Auswanderungsabsicht rechtfertigen mußte. In den Augen ihrer sowjetpatriotischen Mutter war diese Ausgrenzung unverständlich.

> „Und der Direktor hat erklärt: ‚Also Galina Konstantinovna[8] bekommt nie mehr in einer deutschen Schule irgendwelche Arbeit. Sie ist Feind der Sowjetunion, und sie will nach Israel‘, und überall wurde darüber gesprochen. Und meine Mutter hat so geweint und hat gesagt: ‚Mein Gott, ich habe alle Verwandten verloren während des Krieges, meinen Mann, alle! Wir haben soviel geschuftet für die Sowjetmacht, wir waren so treu, wieso sprechen sie so über dich? Du arbeitest so Tag und Nacht‘. Sie hat so geweint. Und ich habe gesagt: ‚Mama, weine nicht, ich bleibe nicht ohne Geld, ich werde ein Lehrbuch schreiben‘. Und ich habe ein Intensivbuch geschrieben und ich habe dann ein paar Jahre den Studenten die deutsche Sprache beigebracht und dann habe ich privat gearbeitet und das Lehrbuch geschrieben."

Daß sie dieses Buch jedoch nicht veröffentlichen konnte, habe wiederum an der antisemitisch motivierten Verweigerung staatlicher Stellen, Papier zur Verfügung zu stellen, gelegen. Ihr Anliegen sei mit dem zynischen Kommentar: „Ja, die Juden wieder, wollen ein Buch veröffentlichen" abgewiesen worden. Den Antisemitismus setzt Galina hier in Verbindung mit ihrer abgebrochenen Karriere: „Dann wollte ich kein Buch mehr schreiben."
   Galina leitet sofort zu einem antisemitischen Vorfall über, der ihrer Tochter widerfahren sei. Ihr eigenes Schicksal schien sich auf die Tochter übertragen zu haben. Auch ihr wird eine Migrationsabsicht unterstellt, nur daß antisemitische Ausgrenzung hier in Gewalttätigkeit kulminiert:

> „Das war in der 10. Klasse, da war so Schreckliches mit ihr passiert, daß sie das nicht vergessen kann, und ich auch nicht und wir werden das nie vergessen. Also sie wurde dann von ihren Mitschülern einfach verhauen, und zwar von den Mädchen. Und sie haben ihr gesagt:

---

langjährigen Haft- und Lagerstrafen oder mit dem Verlust ihres Arbeitsplatzes büßen mußten. Neben Arbeitsentlassungen oder dem Ausschluß vom Studium kam es zu Schikanen wie etwa plötzliches Unterbrechen von Telefongesprächen, Kontrolle bzw. Zurückhaltung von Briefen oder kontinuierliche Verfolgung durch unbekannte Personen. Es kam auch vor, daß die Kinder von Refeseniks in der Schule grundlos bestraft und schikaniert wurden (Mertens 1993, S. 90).

8   Im Russischen gehört zum vollständigen Namen auch der Name des Vaters. Normalerweise wird dieser Name in einer höflichen Anrede genannt.

‚Also du gehörst nach Israel, wieso bleibst du hier bei uns und noch dazu mit goldener Medaille? Mit einer goldenen Medaille möchtest du die Schule beenden, Jüdin!?' Und sie haben sie im Korridor der Schule verhauen, und alle haben das gesehen! Niemand hat sie verteidigt!"

Galina habe sich daraufhin beim Direktor beschwert, doch dann erkannt, daß dieser nichts gegen die Schikanierungen ihrer Tochter unternehmen würde. Die Institution Schule bot also weder von vornherein Schutz noch trat die Leitung entschieden gegen solche Übergriffe auf.

In der folgenden Sequenz identifiziert Galina den Direktor als Juden, obwohl er dem Paß nach Russe war. Damit kennzeichnet sie ihn als jemanden, der sich von der jüdischen Herkunft abgekehrt hatte. Seine Ohnmacht, nicht gegen Antisemitismus vorgehen zu können, findet in dieser Distanzierung zwar eine Erklärung; als Strategie des Versteckens scheint sie selbst aus dem Antisemitismus zu resultieren. Doch ein passives Verhalten rechtfertigt Galina damit nicht. Im Gegenteil: Der Direktor erscheint als angepaßter Opportunist, während sie sich als aktiv und kämpferisch beschreibt. Ihr öffentliches Auftreten gegen Antisemitismus weist sie in Abgrenzung zu solchen sich verleugnenden Juden in ihren Erzählungen als ‚richtige Jüdin' aus:

„Und da bin ich zum Direktor gegangen und habe gesagt: ‚Ich lasse das nicht in Ruhe!'. Und der Direktor war selbst Jude, er war im Paß Russe, aber ich weiß, daß er Halbjude war. Und er hat mir gesagt: ‚Was können wir machen?' Und ich habe gesagt: ‚Ich weiß nicht, aber das ist Ihr Problem. Ich verschweige das nicht! Meine Tochter hat nichts Schlechtes gemacht.' Und da habe ich verstanden: sie machen gar nichts."

Daraufhin habe sich Galina an die Komsomolleiterin der Schule gewandt, ihr gedroht, den Vorfall öffentlich zu machen, und verlangt, daß sich die beteiligten Mädchen bei ihrer Tochter entschuldigen – was zunächst auch geschehen sei. Doch in der nächsten Prüfungsphase sei ihrer Tochter abermals gedroht worden, worauf sie wiederum ihren Einfluß als damals stadtbekannte Lehrerin geltend gemacht habe. Bemerkenswert an diesen Erlebnisberichten über antisemitische Vorfälle erscheint, daß Galinas Familie solchen Angriffen zwar ungeschützt ausgeliefert war, sie sich jedoch gleichermaßen selbstbewußt dagegen wehrte.

Galina leitet unmittelbar zum nächsten Vorfall antisemitischer Diskriminierung über, diesmal wieder im Ausbildungsbereich.[9] Nur Dank guter Beziehungen sei ihre Tochter überhaupt zum Studium zugelassen worden:

„Mit 16 hat sie die Schule abgeschlossen mit allen Fünfen[10] und war Studentin der medizinischen Hochschule, hat ausgezeichnete Prüfungen abgelegt, aber die Juden wurden hier nicht aufgenommen in diese medizinische Hochschule, das war ganz offiziell. Aber dort hatten wir glücklicherweise einen Freund, meinen Freund einer Schule. Er leitete eine Abteilung von dieser Hochschule, und es war so: Es waren sozusagen drei Hefte oder drei Listen. Auf einer Liste waren die Familiennamen eingetragen, die aufgenommen werden durften, (...) und das waren schon ganz bestimmte Familiennamen, und die kommen vom Rektor dieser Hochschule, also die hatten einen hohen Draht zu diesem Direktor (...). In einem Buch waren die Juden vermerkt, also die durften nie – ‚Rot‘ bedeutet: ‚nicht erlaubt‘, das sind die Juden, und ‚Grün‘ also das sind sozusagen die Menschen, die protegiert wurden, und ‚Gelb‘ waren die anderen, die schon zurechtgekommen sind mit allen Aufgaben (...). Und meine Tochter – er hat das so gemacht, daß sie unter die Farbe Grün in die Liste kam, und niemand wußte, ob sie Jüdin ist, weil sie ja nicht beim rotem Licht stand. Und auf diese Weise hat sie alle Prüfungen abgelegt und war immatrikuliert.“

Auch während des Studiums sei die Tochter als Jüdin bedroht worden, nun anonym und telefonisch:

„Und die letzten Jahre war es besonders schrecklich, also das war 1985, 86, 87, ja vor unserer Auswanderung, wir sind 1990 ausgewandert, es waren schreckliche Jahre. Also ich mußte sie (die Tochter von der Uni) immer abholen, weil sie – und mein Mann begann Drohbriefe zu bekommen von dieser Pamjat,[11] von dieser Gesellschaft, schreckliche Briefe: ‚du Jude!‘ – Jidd heißt das Schimpfwort – ‚du mußt weg nach Israel, du hast hier nichts zu finden, nichts zu suchen, nichts zu finden in Leningrad‘. Die haben gedacht, daß ich Russin bin und das

---

9 Seit der Chruschtschow-Ära wurde antisemitische Politik vor allem in Form inoffizieller bürokratischer Diskriminierung, z.B. bei der Zulassung zu Hochschulen und gesellschaftlichen Positionen praktiziert (Waldhans-Nys 1996, S. 256).
10 Die Note 5 war die beste im sowjetischen Ausbildungssystem.
11 Nationalistische Gruppierung, die z.B. antisemitische Störkampagnen durchführte und die jüdische Bevölkerung vor allem 1990 in großen Städten wie Leningrad und Moskau in Schrecken versetze.

gehörte nur zu ihm (ihrem Mann) und zu meiner Tochter. Also sie wußten nicht, also in meiner Schule wußten sie, daß ich Jüdin bin, dort habe ich es schwer gehabt, aber zuhause nicht, die wußten es nicht."

Wieder gab ein vermeintlich typisch jüdisches Aussehen Anlaß für Stigmatisierungen und Bedrohungen, die Mann und Tochter trafen, Galina selbst aber nicht.

Die Antisemitismusbeispiele, die sie aus der Zeit ab Mitte der achtziger Jahre erzählt, unterscheiden sich von den vorherigen zum einen durch die Brutalität der Gewaltandrohung, zum anderen dadurch, daß sie nun in der Alltagssphäre und nicht mehr im Kontakt mit Behörden oder am Arbeitsplatz stattfanden. Beziehungen zu Personen in höheren Positionen, die im Umgang mit Antisemitismus früher nützlich waren, wurden damit wert- und wirkungslos. Und noch etwas änderte sich: Galina wandte sich jetzt an die Polizei, um gegen Anrufe und Briefe ermitteln zu lassen; ein Hinweis darauf, daß Diskriminierungen seit Mitte der achtziger Jahre nicht mehr vom Staatsapparat ausgingen, sondern von russisch-nationalistischen Gruppierungen und ihren Anhängern. Der Antisemitismus bekam eine andere Qualität und schien sich vom staatspolitischen System in die Alltagssphäre hinein verschoben zu haben.[12]

Der vorletzte Fall von antisemitischer Bedrohung, den Galina in dieser Kette von Diskriminierungserfahrungen erzählt, handelt von einem abgewiesenen Verehrer ihrer Tochter, einem „Rußlanddeutschen", der sich durch anonyme Beschimpfungen – „Wenn du nicht weg bist, dann bringen wir dich um!" – zu rächen versucht habe. Dieser Vorfall habe sich Mitte der achtziger Jahre ereignet, als sich die Situation für Juden bereits gefährlich zugespitzte. So sei etwa 1986 das Gerücht über bevorstehende Pogrome verbreitet worden, und sogar die Nachbarschaft hätte sich plötzlich feindselig verhalten, worin Galina Analogien zu Nazideutschland erkannt habe:

„(...) weil die Nachbarn schon nicht mehr sehr gut zu uns waren – sie waren früher sehr gut – und als das (das Pogromgerücht) passierte, da waren die Nachbarn plötzlich zu uns kalt, unfreundlich und haben uns praktisch nicht begrüßt, wie hier vor dem Krieg in Deutschland 1933. Es war so – ich habe gesagt: ‚Mein Gott, ich erinnere mich jetzt an die ganze deutsche Literatur, die ich beigebracht habe in der Schule und die ich gelesen habe, also das ist so bei Professor Mamlock, wie bei Anna Seghers ‚Das siebte Kreuz', wie bei Bruno Abels und Kellermanns ‚Totentanz' und so weiter. Ich habe gedacht, ‚mein Gott, es ist

12   Vgl. Waldhans-Nys 1996.

ja wie in diesem faschistischen Deutschland in diesem Jahr.' Alle haben uns plötzlich gehaßt, obwohl sie früher zu uns so nett waren, und ich hatte Angst bekommen, also das war schrecklich, das war schrecklich! Es war nichts passiert, aber dreimal war es so (Pogromstimmungen), die Menschen waren – sie haben ja so schreckliche Angst bekommen. Oder diese Pamjat, das habe ich selbst gesehen, ich habe mit ihm (einem dieser Pamjatanhänger) gezankt, ich weiß nicht, ich habe mit ihnen so – ich wollte – ich habe alles gesagt, was ich dachte, und sie haben nicht gewußt, daß ich Jüdin bin, aber die waren echte Faschisten, von ganz prominenten Menschen geleitet, ja von Künstlern, und das ist ganz offiziell in unserem Land, bis jetzt ist das geblieben, ich weiß nicht, wie das jetzt zur Zeit ist, und mit diesen Briefen, Schimpfbriefen, mit all diesen Papieren habe ich gesagt: ‚Ich bleibe nicht mehr'. Also am Ende, beim Abschluß, beim Tod meiner Mutter habe ich gesagt ‚Jascha, ich werde auswandern, du bleibst hier allein.' Er hat gesagt: ‚Gut, wir werden alle auswandern, aber Ljudmila muß die Hochschule beenden, damit sie einen Beruf hat.'"

Noch einmal stand der Auswanderung etwas entgegen: diesmal die unabgeschlossene Ausbildung der Tochter. Doch mit dem Tod der Mutter entfiel ein maßgebliches Moment familiärer Bindung, das dem Verlassen der UdSSR entgegengestanden hatte.

Im letzten Studienjahr der Tochter begann Galina mit den formalen Vorbereitungen einer Migration. Erstmals taucht in ihren Erzählungen jetzt die jüdische Gemeinde auf. Die Leningrader Synagoge erscheint wie eine Auswanderungsagentur, denn dort trifft sie Personen, die die Auswanderung nach Israel vermitteln. Die Hilfsbedürftigkeit wird im dramatischen Appell unterstrichen:

„Und als meine Tochter schon das Praktikum gehabt hatte in einem Krankenhaus, bin ich ein Jahr vorher in unsere Synagoge gegangen, bin zu einem Jungen gekommen, er war glücklicherweise aus Israel gekommen, ich habe zu ihm gesagt: ‚Sie sehen meine Tochter und mich, bitte helfen Sie uns, dieses Land zu verlassen. Bitte helfen Sie uns, helfen Sie uns, retten Sie uns einfach, wenn Sie können und wenn Sie wollen, weil ich keine Verwandten in Israel habe, weil sie alle verloren – ich war damals ein sehr kleines Mädchen, als sie ausgewandert sind, meine Mutter starb, und ich hatte keinen Zugang zu meinen Verwandten, die in Kanada, die in Amerika – damals war ich zu klein, ich habe alle Verwandten verloren, und ich kann nicht auswandern. Also bitte schicken Sie mir die Einladung nach Israel'".

Innerhalb eines halben Jahres erhielt die Familie die notwendige Einladung nach Israel, reichte bei den sowjetischen Behörden ein Auswanderungsgesuch ein und wurde zwangsweise ausgebürgert: ein Akt staatlicher Macht, der noch dazu teuer zu bezahlen[13] war.

„Dafür mußten wir 2100[14] bezahlen, daß wir keine Bürger der Sowjetunion mehr sind, daß wir nicht mehr zur SU gehören. Wir müssen für die Wohnung 5000 Mark bezahlen für die Renovierung, also alles, alles, alle Papiere waren entnommen, Geburtsurkunden, Todesurkunden von meinen Eltern, und die haben uns nur die Kopien gegeben, mir und meinem Mann, wir haben die richtigen Papiere nicht bekommen."

Die Familie wurde staatenlos. Staatliche Autorität hatte den Migrationsprozeß irreversibel gemacht. Mit der Aberkennung der sowjetischen Staatsbürgerschaft wird die Migration zur Vertreibung. Im Akt der Ausbürgerung sieht Galina die Bestätigung, daß sie von ‚ihrem Land' nicht gewollt wurde. Der eigene Auswanderungswunsch, den sie vorher immer betont hatte, hatte sich in einen Zwang von außen verkehrt. Die Irreversibilität und das Gefühl, vertrieben worden zu sein, bestimmen den Rückblick: Das Leben und die Anstrengungen in der Sowjetunion waren sinnlos geworden und ihre Identifikation mit der ‚Heimat' wird als entwertet empfunden. In der Begegnung mit einer Repräsentantin staatlicher Autorität bestätigt sich, daß die Herabsetzung der persönlichen und gesellschaftlichen Lebensleistung auch als Verlust für das Herkunftsland gesehen werden kann:

„Bei der Auswanderung hat mir eine Frau in der Behörde gesagt: ‚Es ist schade, daß solche Menschen wie Sie auswandern und unser Land verlassen. Es ist mir sehr schade, Sie sind solche Lehrerin und ihr

13 Mit einer Auswanderungsgenehmigung war zwangsweise die Entlassung aus der sowjetischen Staatsbürgerschaft verbunden. Seit 1972 mußten alle Migranten zusätzlich eine Erklärung unterzeichnen, daß sie in Zukunft keine Einreisevisa für die Sowjetunion beantragen werden. Diese Verzichtserklärung sollte alle zögernden Ausreisewilligen von einer Emigration abhalten, da durch die Unterzeichnung jede Hoffnung auf einen Besuch der in der UdSSR zurückbleibenden Verwandten ausgeschlossen wurde (Mertens 1993, S. 84-88). Ob diese Regelung 1990 und damit für Galinas Familie noch galt, konnte nicht recherchiert werden. Jedenfalls erschien die Auswanderung nach Israel für sie zunächst die einzige Möglichkeit zu emigrieren, bevor sie im jüdischen Kulturhaus in Leningrad davon erfuhr, daß Deutschland sowjetische Juden aufnehmen würde.

14 Es bleibt unklar, ob hier Rubel, Dollar oder DM gemeint sind.

Mann und ihre Tochter – also unser Land geht kaputt, wenn solche Menschen ihr Land verlassen.' Ich habe ihr gesagt: ‚Vielen Dank, daß Sie mir solche warmen Worte sagen beim Abschluß, weil es mir so schwer ist, weil niemand mir so was gesagt hat', und sie sagt: ‚Ja, es ist wirklich sehr schade und – aber es ist wirklich sehr gut, Sie werden endlich etwas sehen, was Sie noch nie gesehen haben'. Und das stimmt, also wir haben wirklich noch nichts gesehen, also nur Schwierigkeiten, immer Schwierigkeiten, und immer mußten wir diese Schwierigkeiten überwinden, (...) und nichts bleibt für das Leben! Also 50 Jahre habe ich für mein – für meine Heimat sozusagen alles gemacht, was ich konnte, und – aber meine Heimat hat mich einfach rausgeschmissen."

Galina betont, zum damaligen Zeitpunkt von einem möglichen Weg nach Deutschland nichts gewußt zu haben:

„Damals konnten wir nur so (nach Israel und über israelische Kontakte) auswandern. Ich wußte nicht, daß wir zu dieser Zeit schon einfach nach Deutschland auf eine Einladung kommen können und hier bleiben, wie die anderen Menschen. Ich war nicht so erfahren, ich wußte nicht – ich bin nicht so der Mensch, der mit Ellenbogen so durch das Leben kämpft, ja, wir sind einfache, sozusagen bescheidene Menschen, und obwohl ich viele Freunde hier (in Deutschland) hatte, die mir gesagt haben, sie schicken mir eine Einladung, habe ich gesagt: ‚Nein, ich gehe nach Israel!'"

Zum einen schien Israel als Einwanderungsland nicht optional, sondern durch die jüdische Zugehörigkeit unhinterfragt vorgegeben zu sein. Zum anderen schreibt Galina hier denjenigen, die damals über Kenntnisse verfügten, wie sie nach Deutschland hätte gelangen können, eine negativ konnotierte Durchsetzungsfähigkeit und Anspruchshaltung zu, von der sie sich abgrenzt. Doch wenige Sätze später räumt sie ein, eigentlich gar nicht nach Israel gewollt zu haben:

„Aber, ehrlich gesagt, wollte ich nicht nach Israel auswandern, also das muß ich ehrlich sagen, weil ich Hirnblutungen gehabt habe, weil mein Mann vorher zwei Herzinfarkte gehabt hatte, und er brauchte so dringend wie möglich – er hatte akute Schmerzen, Herzschmerzen – diesen Bypass, diese Operation, und wir konnten das in Leningrad nicht machen, also es war fifty-fifty, es war sehr schrecklich. Und deshalb war es noch – also wollten wir noch auswandern, na ja, natürlich nicht deswegen, der erste Grund war natürlich das, was ich erzählt hatte. Ich konnte es nicht mehr aushalten, ausstehen, ich habe gesagt: ‚Jascha, du bleibst hier', als meine Tochter verhauen war. Das war der erste Punkt schon, ich habe gesagt: ‚Ich bleibe hier nicht mehr!', und zu dieser Zeit hat er auch deshalb einen Herzinfarkt mit fünfzig gekriegt und dann in drei Jahren noch einen und er brauchte diese Operation und die Ärzte haben uns gesagt, wir können nicht nach Israel mit unserer Gesundheit."

Galinas Argumentation weist mehrere Rechtfertigungsmomente auf: nicht nach Israel gegangen zu sein, wird über Krankheit und mit ärztlicher Autorität legitimiert. Doch will sie an dieser Stelle wiederum auch den Eindruck vermeiden, daß die Erwartung medizinischer Versorgung das zentrale Migrationsmotiv gewesen sei. Statt dessen wird die Verfolgung betont, und die Krankheit ihres Mannes wird – wie zuvor ihre eigene – in Verbindung mit Diskriminierungserfahrungen gebracht. Erst werden die Auswanderungsmotive gerechtfertigt, dann die Wahl des Einwanderungslandes, wobei Galina Deutschland nicht direkt benennt, sondern das Hiersein lediglich mit der Unmöglichkeit eines Lebens in Israel begründet. Der Rechtfertigungsdruck, der in dieser Passage zum Ausdruck kommt, verweist auf Galinas Bemühungen, ein Bild von jüdischen Migranten, das deren Migration nach Deutschland mit Wohlstandsmotiven verbindet, von vornherein zu entkräften.

Bevor Galina erzählt, wie es dann doch zur Einreise nach Deutschland kommen konnte, muß sie ihren erst später eingestandenen Wunsch, dorthin zu gelangen, relativieren bzw. durch ärztliche Autorität stützen. Erst danach berichtet sie von ihrer Aktivität im jüdischen Kulturhaus in Leningrad, wo sie als Dolmetscherin gearbeitet und Einblicke in den Schriftwechsel zwischen der Leningrader und der Berliner jüdischen Gemeinde erhalten hatte. So war sie auf die Idee gekommen, sich an Heinz Galinski, den damaligen Vorsitzenden der jüdischen Gemeinde Westberlins, zu wenden. Insgesamt zeichnet Galina ein kontrastreiches Bild, wonach sie in der UdSSR bis zur Auswanderung sozial und kulturell stets aktiv, in den Vorbereitungen der Migration hingegen passiv gewesen war. Sie betont die eigene Hilflosigkeit und hebt das Fehlen von Netzwerken und Beziehungen hervor.

Gleichwohl verhalf ihr der Kontakt mit jüdischen Institutionen zu einer Einladung von Heinz Galinski[15], nach Berlin zu kommen. Vorher hatte sie

15 Daß Heinz Galinski als Leiter der jüdischen Gemeinde Westberlins und als Vorsitzender des Zentralrats der Juden in Deutschland diese Einladung erteilte, war ungewöhnlich, denn er hatte immer wieder öffentlich erklärt, daß er niemanden holen und keine Einladungen aussprechen würde, aber auch niemanden von den sowjetischen Juden, die nach Deutschland kommen wollten, wegschicken

ihm „alles über mich geschrieben". Doch Informationen, wie die Einreise nach Deutschland formal geregelt werden könnte, erhielt sie von keiner Seite:

> „Da habe ich also die Berliner Gemeinde angerufen und hab' gesagt: ‚Ich habe die Einladung von Herrn Galinski (...) und ich möchte nach Deutschland kommen und wie kann ich das machen?' Und sie haben gesagt: ‚Sie müssen einfach kommen, es ist schwer zu sagen, wie.'"

Diese Auskunft spiegelt nicht nur die damalige Rechtsunsicherheit wider, sondern auch den Umstand, daß formale Aus- und Einreisebedingungen mühsam und individuell ausgelotet werden mußten. In Deutschland existierte noch kein geregeltes Aufnahmeverfahren für sowjetische Juden, so daß die Ausreisewilligen nur mit Touristenvisum ausreisen und dann im Inland über ihren jüdischen Identitätsnachweis auf dem Gebiet der ehemaligen DDR ein Bleiberecht geltend machen konnten.[16] Doch weil ein Visum den sowjetischen Staatsbürgerschaftsnachweis voraussetzte, Galinas Familie die Staatsbürgerschaft jedoch mit der Beantragung der Auswanderung nach Israel aberkannt worden war und sie nur über Ersatzpapiere verfügte, in denen ihre jüdische Nationalität vermerkt war, schien es unmöglich, nach Deutschland zu gelangen, und wenn, dann nur auf illegalem Wege:

> „Ich konnte bei uns in der deutschen Botschaft, im deutschen Konsulat kein Visum kriegen, weil wir keine Pässe hatten, wir hatten nur ein Papier, und die deutschen Beamten haben gesagt: ‚Wir können nicht, es ist uns nicht gestattet, auf dieses Papier ein Visum zu geben. Es ist verboten.' Und ich habe gesagt: ‚Aber ich möchte nach Deutschland fahren, um meine Freunde zu besuchen, und dann gehe ich nach Israel.' Ich habe natürlich gelogen. Sie haben gesagt: ‚Ja, wir verstehen, aber wir können Ihnen das nicht geben, sonst gehen wir selbst ins Gefängnis.' Weil Deutschland zu dieser Zeit die Grenzen schon zugemacht hatte, ja das war schon dieses Jahr 1990, das war

---

könne. Seine Haltung war die Reaktion auf diplomatische Spannungen mit Israel. Israelische Politiker hatten sich immer wieder gegen eine Immigration sowjetischer Juden nach Deutschland ausgesprochen.

16 Während sowjetischen Juden in Ost-Berlin von den DDR-Behörden mit dem Status ‚ausländischer Bürger mit ständigem Wohnrecht in der DDR' im Juli 1990 ein Bleiberecht zugesichert wurde und die Flüchtlinge formaljuristisch den DDR-Bürgern gleichgestellt waren, erteilten die West-Berliner Meldebehörden lediglich eine Duldungsgenehmigung, die keinen Anspruch auf eine Arbeits- und Gewerbeerlaubnis oder einen Sprachkurs mit einschloß (Mertens 1993, S. 215-216). Im Westteil der Stadt lebten die Migranten ohne ‚unbefristete Aufenthaltserlaubnis' und nur als ‚geduldete Ausländer'.

diese Wende[17], alle wollten nach Deutschland, und es war schon nicht gestattet. Nur mit Pässen konnte ich das erreichen, aber wir hatten keine Pässe. Und da hat mir eine Schülerin geholfen. Sie hatte einen Tschechen geheiratet, und dieser Tscheche hatte Freunde und der hat gesagt: ,Na ja gut, kommt nach Prag und über Prag gehen wir über die Grenze.' Und so haben wir das gemacht."

Galina hat einen großen Bogen geschlagen. Zu Beginn des Interviews hatte sie meine Frage nach ihrer Auswanderung so gewendet, daß sie die Notwendigkeit, die Sowjetunion zu verlassen, aus den Erfahrungen vielfältiger Diskriminierungen herleiten konnte. Ihre Lebensgeschichte im Herkunftsland hatte sie dann als Biographie rekonstruiert, in der sie schon von Jugend an als eine potentielle Migrantin erscheint. Daß sie schon immer auswandern wollte, hatte sie anfangs nicht explizit benannt. Es bedurfte der narrativen Ausbreitung ihrer Familiengeschichte, um die Vielschichtigkeit und letztlich die Dramatik des Vertreibungsdrucks in der prozessualen Tiefe plausibel zu machen. Die Aussage „es passierte mit mir sehr früh" weist nicht auf einen einmaligen Schicksalsschlag hin, sondern auf vielschichtige Erfahrungen von Marginalität, die ihre gesamte Lebensgeschichte bestimmt hatte: „Es" steht zum einen für diffuse Repressionen in der Stalinzeit und für den dadurch hervorgerufenen Auswanderungswillen, der mehr oder weniger explizit, aber kontinuierlich existiert habe; zum anderen für die Unterstellung, Migrantin zu sein, bevor sie selbst daran dachte; und schließlich für einen permanenten Antisemitismus.

Die Ambivalenz zwischen gehen wollen und bleiben müssen, die Galina ihrer Biographie als wiederkehrendes Moment einschreibt, verweist implizit auf eine spezifische Gleichzeitigkeit von beruflicher und sozialer Integration, aber auch auf eine strukturelle Marginalisierung. Diese Brüchigkeit der sozialen Verortung in der sowjetischen Gesellschaft spiegelt sich in den Erlebniserzählungen Galinas wider: Hier erscheint sie zwar immer als Opfer, aber gleichermaßen auch als handlungsfähige und selbstbewußt auftretende Akteurin im Kampf gegen Antisemitismus.

17 Das Bundesinnenministerium hatte Ende August 1990 für die bundesdeutschen Konsulate in Kiew und Leningrad sowie für die Botschaft in Moskau einen Einreisestop verfügt. Offiziell waren die diplomatischen Auslandsvertretungen zwar nur angewiesen worden, keine weiteren Einwanderungsanträge mehr zu bearbeiten und auch keine neuen Gesuche mehr anzunehmen, doch kam dies de facto einer Einreisesperre gleich. Darüber hinaus hatte das Bundesinnenministerium auch gegenüber der DDR die Bitte ausgesprochen, keine Einreisegesuche mehr anzunehmen, so daß auch die Moskauer Botschaft der zu diesem Zeitpunkt noch souveränen DDR keine Anträge mehr bearbeiten durfte (Mertens 1993, S. 219).

Galina zeichnet ein Bild, wonach sich der sowjetische Alltagsantisemitismus seit Mitte der achtziger Jahre erheblich verstärkte und mit dem Auftreten der Pamjat-Bewegung eine Pogromstimmung in Leningrad aufflammte. Es scheint, als habe man sich mit dem Staatsantisemitismus arrangieren können; doch den zunehmenden Diskriminierungen im Alltagsbereich sei man hilfloser ausgesetzt gewesen.[18] Hier nützten auch die erprobten sozialen Beziehungen nicht, mit deren Hilfe man zuvor Degradierungen umgangen oder kompensiert hatte. Die erworbene kulturelle Kompetenz und das soziale Kapital, die geholfen hatten, Berufs- und Ausbildungsquotierungen zu umgehen, griffen nicht mehr; entsprechende Handlungsoptionen waren außer Kraft gesetzt. Die Entscheidung zu emigrieren, wurde erst dann real umgesetzt, als familiäre Verpflichtungen infolge des Todes der Mutter wegfielen.

Was Galinas Tochter betrifft, hatten sich die Motive verschoben. Erst war Galina *wegen* deren Ausbildung und *trotz* Antisemitismus in der Sowjetunion geblieben; am Ende dieser Ausbildung wollte sie dann auswandern, um die Berufschancen ihrer Tochter zu verbessern. In ihrer lebensgeschichtlichen Erzählung verschränkt Galina diese Motive mit der Wahrnehmung einer zunehmend antisemitischen Stimmung im öffentlichen Leben. Auch Nachbarschaftsbeziehungen hätten sich schlagartig verändert. Sie zeichnet ein Bild, wonach das Leben in der UdSSR immer unerträglicher geworden war. Mit der Analogie zwischen dem deutschen Faschismus und der spätsowjetischen Gesellschaft wird der Auswanderungsdruck zusätzlich dramatisiert.

Galina hat ihre Biographie trotz ihres aktiven Auftretens gegen Antisemitismus durchgängig als Opfererfahrung präsentiert. Die beinahe lückenlose Aneinanderreihung von Diskriminierungserlebnissen begründet die Auswanderungsentscheidung als eine, die von kontinuierlichem Verfolgungsdruck herbeigeführt wurde. Dahinter bleiben andere Motive wie die Hoffnung auf soziale und medizinische Versorgung oder die schlechten Berufsperspektiven der Tochter zurück. Diese hatte als Ärztin in einem Leningrader Krankenhaus gearbeitet und war dort Ende der achtziger Jahre mit einer desolaten Versorgungssituation konfrontiert worden.

18 „Im Zuge der politischen Liberalisierung durch die Perestrojka hat der Antisemitismus sein Gesicht gewandelt: Er ist ‚entstaatlicht‘, den neu entstandenen nationalchauvinistischen Gruppierungen überlassen worden und zeigt nach jahrzehntelanger offizieller Negierung der antisemitischen Politik in der Sowjetunion wieder unverhüllt sein altes Gesicht (...). In den letzten Jahren hat der ‚bytovoj antisemitism‘, der Antisemitismus im Alltag durch Anfeindungen von Seiten der Schulkameraden, Berufskollegen etc. (...) wieder zugenommen." (Waldhans-Nys 1996, S. 256). Staatliche und behördliche Diskriminierung habe in jeder Biographie sowjetischer Juden eine Rolle gespielt, aber der neue Antisemitismus im Alltag sei als akute Gefahr wahrgenommen worden.

„Sie hat immer gesagt: ‚Mama, ich kann das nicht ausstehen, ich kann nicht sehen, wie die Menschen sterben, ich kann nicht sehen, daß es keine Arznei gibt‘, und ich wollte nicht, daß sie so – eigentlich habe ich in meinem Leben auch nichts gesehen, also die Nachkriegszeiten, als wir nichts gehabt haben, obwohl es in Leningrad mehr als jetzt hier in Deutschland gab, es war dort zum Schluß ein Luxusleben, ein Paradies und billig! Aber wir hatten so wenig Geld, daß wir uns nichts leisten konnten.“

Erst am Ende des Interviews erwähnt Galina: „Eigentlich bin ich weggegangen ihretwegen. Ich wollte sie retten! Ich wollte nicht, daß sie so ein schrecklich schweres Leben hat wie ich hatte.“

Galina hat ihre Biographie nach antisemitischen Erfahrungen geordnet, die sich akkumuliert hatten. Dahinter tritt die Vielschichtigkeit von Migrationsmotiven zurück. Auch die Abfolge von Lebenslaufdaten und die raumzeitlichen Koordinaten der Lebensgeschichte haben an Relevanz verloren. In den Vordergrund tritt die Dramatik der Diskriminierung, die Galina sukzessive als Spannungsbogen bis zur endgültigen Auswanderungsentscheidung hin aufbaut. In der Verlaufsperspektive plausibilisiert sie ihre Identität als Opfer und spitzt ihre entsprechenden Erfahrungen teleologisch auf die Auswanderung hin zu.

Grenzüberschreitung

Nachdem ein zweiter Versuch, im deutschen Konsulat in Prag ein Visum zu bekommen, gescheitert war, blieb nur die Möglichkeit, illegal über die ‚grüne Grenze‘ von der damaligen Tschechoslowakei nach Ostdeutschland zu gelangen. Als müsse sich Galina für die Migration nach Deutschland rechtfertigen, erklärt sie die Entscheidung gegen Israel mit gesundheitlichen Gründen, bevor sie mit der Schilderung des abenteuerlichen Grenzübertrittes beginnt. Der Druck einer Identitätserwartung, als Jüdin eigentlich nach Israel zu gehören, wird deutlich:

„Und da standen wir in Prag und haben geweint, was machen wir, also wir wollten nicht nach Israel wegen diesem Klima, hatten einfach Angst, und ich hatte noch Angst vor den geschlossenen Räumen, ich konnte nicht mit dem Flugzeug fliegen, weil ich diese schrecklichen Anfälle habe. Von allen Seiten wegen dieser Gesundheit – ich liebe Israel, ich liebe meine Juden, aber ich kann dort nicht leben, weil so aus gesundheitlichen Gründen einfach, und – sogar wenn es heiß ist und die Sonne scheint, ist es mir sehr schlecht und meinem Mann – und wir mußten nach Israel oder zu Fuß irgendwohin."

Indem der Übergang nach Deutschland erzählerisch zu einer abenteuerlichen Flucht verdichtet wird, wird die Dramatik der Grenzüberschreitung betont. Die Hilfsbedürftigkeit, die die Familie wie Flüchtlinge erscheinen läßt, tritt im Kontakt mit Personen hervor, die den Übergang organisieren oder Orientierungshilfe geben. Einmal taucht zufällige Hilfe in Gestalt eines alten Mannes auf, der der Familie den Weg von Prag nach Dresden aufzeichnet. Er figuriert nicht nur als ‚Schutzengel', sondern Galina weist ihm darüber hinaus die Rolle zu, die Entscheidung gegen Israel zu legitimieren:

> „Und ich habe ihm gleich die ganze Geschichte erzählt, und meine Tochter hat geweint, da hat er gesagt: ‚Aber es ist doch nicht so schwer, nach Deutschland zu kommen, und ihr sollt nicht nach Israel gehen alle drei (...). Ich zeige Ihnen so einen einfachen Weg aus der Tschechoslowakei hier nach Dresden, so einen Park, und Sie gehen durch diesen Park, und Sie werden gleich in Deutschland sein.' Und er hat uns alles gezeichnet, hat uns – ich kann ihn nicht vergessen, diesen Menschen, ich möchte ihn sehen, aber ich weiß nicht, wo er lebt. Er war so lieb, er war so ein Engel, ein Schutzengel ist zu uns gekommen."

In Prag trafen sie Bekannte, die sich bereit erklärt hatten, die Familie gegen Geld über die Grenze zu führen, nachdem sie die Skizze des alten Mannes geprüft hatten. Anstrengung und Gefährlichkeit des Grenzübertritts hebt Galina indirekt hervor, indem sie das Unvermögen betont, davon erzählen zu können. Statt beschreibender Worte findet sie analoge Bilder, die die Irrealität dieser Erfahrung akzentuieren:

> „Also wie wir über diese Grenze gegangen sind, das kann ich Ihnen nicht erklären! Also das war so schrecklich wie im Film. Ich bin gegangen, ich habe gedacht: ‚Bin ich das oder nicht?' Also mein Mann konnte nicht gehen, er ging so (sie ahmt nach, wie er nach Luft rang), atmete schwer und immer wieder schluckte er diese Pillen. Ich fiel jedesmal irgendwo hin, ja, und der Junge nahm den Rucksack (...) und nur mit einem Rucksack sind wir über die Grenze."

Mit ihren Kommentaren über den Inhalt des Gepäcks schreibt Galina dem räumlichen Übergang eine weitere Bedeutung zu. Er wird zum Wechsel von einem alten Gesellschaftssystem in ein neues, im Zuge dessen sich alte Wertvorstellungen ändern, die man aus der gegenwärtigen Situation heraus nur noch belächeln kann:

> „Es ist so komisch, was wir in diesem Rucksack getragen haben: drei Lederjacken, wir haben gedacht, das ist ja das teuerste, was wir haben und solche silbernen Löffel, das war, was wir zur Hochzeit noch bekommen haben, alles! So komisch! Jetzt lachen wir schon darüber, so naiv waren wir! Wir haben gedacht, wir haben solche wertvollen Sachen mitgenommen!"

Rückblickend erscheint ihr auch folgende Szene blauäugig:

> „Als wir über die Grenze gegangen waren, habe ich mir gedacht: ‚Na ja, ich habe die Einladung vom Herrn Galinski, wenn sie mich sozusagen festhalten, dann werde ich gleich (sie lacht) die Einladung zeigen, daß ich ein Recht habe, nach Deutschland zu kommen‘, so naiv war ich, na ja, komisch, aber so war das."

Galina hatte Galinski einen derart großen politischen Einfluß zugeschrieben, daß sie annahm, er könne sich sogar über die Beschränkung von Einreisegesetzen hinwegsetzen. Aus der Einladung war eine Berechtigung geworden und damit eine symbolische Geste zum rechtsgültigen Dokument uminterpretiert worden. Im Gefühl besonderer Protektion wird aus dem illegalen Akt des Grenzübertritts ein legitimer. Im nachhinein bleibt der Eindruck, Macht und Möglichkeiten des damals prominentesten Vertreters einer jüdischen Institution in Deutschland überschätzt zu haben.

Nach einem schwierigen Marsch durch ein verschneites Gebirge gelangte die Familie zu Freunden nach Dresden und von dort aus weiter nach Ostberlin. Wieder taucht ein Helfer auf: Ein ehemaliger Schüler Galinas aus Leningrad brachte sie zur zentralen Beratungsstelle[19], wo die Prüfung der jüdischen Nationalität und die Anmeldung für ein Aufnahmeheim in der Nähe von Berlin stattfand.

---

19   Für die immer zahlreicher werdenden Flüchtlingen wurde im August 1990 eine ‚Kontakt- und Beratungsstelle für ausländische jüdische Bürger‘ in der Ost-Berliner Otto-Grotewohl-Straße 19 eingerichtet. Dieses, ehemals von Nationalrat genutzte Gebäude wurde anfangs von ca. 100 Personen täglich aufgesucht. Die Wahl des Hauses war überaus symbolträchtig, da hier zwischen 1933-45 das Propagandaministerium von Joseph Goebbels untergebracht war. Die damalige Ausländerbeauftragte des DDR-Ministerrates, Almuth Berger, der die Beratungsstelle unterstand, sah in der Wahl dieses Gebäudes einen Versuch, „gemeinsam mit dieser Geschichte zu leben" (Mertens 1993, S. 217).

Den Aufenthalt im Wohnheim beschreibt Galina als „schrecklich", weil sie dort erstmals auf asylsuchende Ausländer getroffen sei. Sie schildert einen ‚Kulturschock', denn weder seien ihr in Leningrad Sinti und Roma begegnet, noch hätte sie über die deutsche Asylpraxis Bescheid gewußt. Die kulturelle Differenz markierend, greift sie nun auf Schmutz- und Lärmmetaphern zurück und unterstellt kriminelles Verhalten:

> „Also zwei Wochen haben wir in diesem schrecklichen Haus zusammen mit den Zigeunern gelebt, und sie sind auf uns eingestürzt die ganze Nacht und haben alles geklaut, aber wir haben nichts gehabt, und – aber wir hatten einfach Angst. Sie haben getrunken – ich weiß nicht, was haben sie – und wir haben solche Menschen überhaupt noch nicht gesehen, also die ganze Nacht haben sie – also diese Rumänier waren das, die waren die Zigeuner, sie haben getrunken, getobt, getanzt und geschrien und gesungen und weiß nicht was alles. Sie verstehen nicht, was die Toilette bedeutet, sie haben auf den Fußboden gemacht, und ich mußte zwei Wochen – bis sie weggeschoben waren, war ich – bin ich aufgestanden, habe die Toilette saubergemacht."

Indirekt hebt Galina hier den besonderen Aufenthaltsstatus jüdischer Flüchtlinge im Vergleich zu anderen Flüchtlingsgruppen hervor. So reagiert sie empört auf die Vorhaltungen der Heimleiterin, die die Berechtigung von Juden in Zweifel gezogen hatte. „Sie hat gesagt: ‚Ihr Juden, was wollt ihr hier? Ihr bekommt hier keine gute Arbeit oder eine gute Wohnung! Was wollt ihr eigentlich hier?'" In der Verbindung dieser beiden Erlebnisse im Aufnahmeheim wird offensichtlich, daß Galina antisemitische Einstellungen nicht als Facetten eines rassistischen Diskurses wahrnimmt und kritisiert, der Ausländer allgemein betrifft. Vielmehr dienen ihre eigenen Bewertungen davon abgekoppelt u.a. als Abgrenzungsstrategien gegenüber anderen Ausländergruppen, deren Aufenthaltsberechtigung hier im Kontrast zum Status der jüdischen Gruppe weniger legitim erscheint.

Die Ankunft in Deutschland war auch weiterhin von desillusionierenden Eindrücken geprägt. Die folgenden Schilderungen handeln von Kontakten mit Deutschen, die die einseitigen und idealisierten, vor allem durch Literatur vermittelten Vorstellungen deutscher Hochkultur konterkarieren. In der ersten Wohnung, die in einem von Großindustrie geprägten Randbezirk Ostberlins lag, läßt die Begegnung mit einem ‚real existierenden' Nachbarn das Bild des ‚häßlichen Deutschen' entstehen.

„Dort wohnte nur ein Mensch, unser Nachbar, ein richtiger Säufer, hatte immer Frauen gehabt, jede Nacht hat er sie geschlagen, und diese Schlägerei – mein Gott, ich habe gedacht, das ist ja nur in Rußland so, ja und in Deutschland habe ich gedacht, das kann doch nicht sein, daß die Deutschen auch so trinken und die deutschen Frauen schlagen, das habe ich nicht gewußt."

Das positive Deutschlandbild wurde im nächsten Wohnumfeld nochmals nachhaltig erschüttert. Galina reagierte mit Befremden auf soziale Milieus, die sie in Deutschland nicht erwartet hatte. In ihrer Kritik an Sozialhilfeempfängern schwingt wieder ein Distinktionsbedürfnis mit, sich von anderen hilfsbedürftigen Gruppen aufgrund eines besonderen Flüchtlingsschicksals abzusetzen, indem hier Alter und Krankheit betont werden:

„Und nach diesen eineinhalb Jahren haben wir eine Wohnung bekommen in Kreuzberg (...), aber es war ausgeschlossen, dort zu leben. Wir waren das einzige Paar und so alt und noch so krank. Alle Fenster gingen auf den Hof, und es war ein Durcheinander bis 11 Uhr, bis 12 Uhr sind die Kinder im Hof, und dann kommen die Erwachsenen auf die Balkone, wunderschöne Balkone, und sie sitzen immer auf den Balkonen, trinken Kaffee, Tee. Alle jungen Leute haben Kinder, und dann schlafen sie und sie haben praktisch – das ganze Haus hat praktisch Sozialhilfe bekommen, sehr seltene Menschen haben gearbeitet (...). Ich wundere mich so, wieso kann Deutschland so was ausstehen? Und die saßen die ganze Nacht und haben gefeiert."

Nicht nur die Eindrücke von Deutschen waren befremdend. Auch die Begegnungen mit Migranten aus der UdSSR, die sich in einer vergleichbaren Lage wie sie selbst befanden, waren irritierend. Galina kehrt in ihrer Erzählung noch einmal zum Aufnahmeheim als einem Ort zurück, der den Übergang als einen Wechsel des sozialen Status markiert. Während ihrer vorübergehenden Arbeit als Dolmetscherin traf sie dort auf Migranten, die gleichzeitig mit ihr gekommen waren. Die Wahrnehmung sozialer Differenz gerät zur Beschwerde über die Inauthentizität der anderen. In Abgrenzung von den „falschen Juden" profiliert sie ihre soziale Herkunft als eine von Armut und Solidarität geprägte:

„Ich habe dort viele Menschen gesehen, die mit gefälschten Papieren gekommen sind als Juden, und sie haben das selbst gezeigt und selbst erzählt, wie sie das gemacht haben. Es war mir so peinlich, so ekelhaft, also ich habe solche Menschen in Leningrad nie gesehen (...). Natürlich gibt es verschiedene Kreise, verschiedene Schichten der

Menschen, ja, aber ich habe mit solchen Menschen gar nichts zu tun gehabt, und hier, in diesem Aufnahmeheim, waren alle aus verschiedenen Winkeln Rußlands: aus der Ukraine, aus Weißrußland, aus Taschkent, aus – mein Gott, aus dem Kaukasus, und – aber ich habe solche Menschen überhaupt nicht gesehen, diese Kultur macht mich verrückt, wie sie gesprochen haben, wie sie sich benommen haben. Also die meisten sind aus wirtschaftlichen Gründen gekommen. Und ich habe vorher gedacht, sie brauchen meine Hilfe, weil sie auch so sind wie ich. Ich bin mit allen gegangen, ich habe Briefe geschrieben, ich habe alle Formulare ausgefüllt, Tag und Nacht hab' ich gearbeitet. Und sie sind mit so viel Geld gekommen und sind mit Autos gekommen und mit Mercedes, mit BMW. Und ich habe dann meinen Mann gefragt: ‚Wieso haben sie solche Autos, das verstehe ich nicht!‘ Bei uns in Leningrad hatten solche Autos nur sehr reiche Menschen gehabt (...). Und sie haben uns noch ausgelacht: ‚Also ihr seid über die Alpen gekommen!? Wir sind mit unseren Autos, mit Geld sind wir ganz einfach nach Deutschland gekommen‘, auf eine Einladung, auf die Dienstreise sind sie gekommen und sind hiergeblieben. Mit falschen Papieren! Sehr wenige waren Juden! Sehr wenige, ganz wenige! Und ich bin Zeuge, verstehen Sie, also weil ich sozusagen – verstehen Sie mich richtig, weil sie sozusagen durch meine Hilfe – ich habe diese Papiere gesehen, ich habe das alles übersetzt (...). Und ich war so enttäuscht und bin bis jetzt sehr enttäuscht, und ich bin jetzt sehr vorsichtig zu diesen Menschen (...) und wenn man mich jetzt einlädt irgendwohin, dann frage ich: ‚Wer wird dort sein?‘ (...) Ich wähle schon: nicht primitive Leute, nicht diese Leute, die sozusagen gutes Essen haben wollen oder Luxusleben führen wollen, nie! Und ich habe dieses Leben nie gehabt, und ich will das nicht haben. Ich habe mit solchen Menschen in Leningrad nichts zu tun gehabt, nichts, einfach nichts! Ich habe immer einen Katzenbuckel vor solchen Menschen gemacht und hier auch. Und wenn ich – obwohl das Juden oder Russen sind, muß ich zuerst mit den Menschen sprechen, dann sehe ich, was er will. Will er arbeiten, will er hier anständig leben oder will er nur Luxusleben führen. Also wir hatten – also diese Mercedes – wenn ich sehe, daß dieser Russe einen Mercedes hat, also ich habe schon eine Macke in diesem Fall, also ich sehe, er ist schon nicht so – er ist schon so gekommen, also einfach, um wunderbar zu leben. Nicht einfach normal zu leben, nicht geflohen, wie wir geflohen sind. Wir sind geflohen, wir sind richtige Flüchtlinge mit meiner Familie. Wir haben es so schwer gehabt, also das kann ich Ihnen nicht beschreiben!“

Die Übereinstimmung von Galinas Bildern über ‚Wirtschaftsflüchtlinge' mit denen, die im Diskurs bundesdeutscher Medien auftauchen, ist offensichtlich. Das Recht, in Deutschland zu sein, kommt in der Logik dieses Diskurses nur denjenigen Migranten zu, die in der UdSSR als Juden verfolgt worden waren und eine als Flucht erkennbare Passage hinter sich haben. In den neuen Migranten will Galina nicht nur ‚gefälschte Juden' erkennen. Die Symbole eines westlichen Lebensstils, die die neureichen Schichten der postsowjetischen Gesellschaft kennzeichnen, werden zudem als Beweis angeführt, daß diese Migranten nur aus Wohlstandsmotiven heraus nach Deutschland gekommen sein können und nicht aufgrund von Verfolgung. Letztlich sieht Galina in ihnen nur ‚die Russen'.

Galina folgt damit einer dichotomisierenden Bewertung der russisch-jüdischen Zuwanderung, wonach Migrationsmotive, die auf eine Verbesserung der materiellen Existenz gerichtet sind, und Flüchtlingsidentität unvereinbar sind. ‚Russisch' und ‚jüdisch' fungieren hier nicht nur als zwei sich ausschließende Identitätslabel, sondern markieren auch unterschiedliche Migrationsprozesse. Für Galina war die Auflösung der bürgerlichen Existenz im Herkunftsland mit der zwangsweisen Aufhebung der sowjetischen Staatsbürgerschaft irreversibel geworden. Staatliche Autorität hatte zudem die Möglichkeit verschlossen, auf legalem und einfacherem Weg nach Deutschland zu gelangen: als Staatenloser stand ihr im Unterschied zur Mehrzahl der Zuwanderer kein Touristenstatus zur Verfügung. Damit war ein Migrationsprozeß vorgegeben und festgelegt worden, der alle Merkmale einer Flucht aufwies. Erst mit der Ankunft in Deutschland erfuhr Galina von der Möglichkeit, auf einem viel leichterem Weg hierher zu gelangen. In der Konfrontation mit jenen, als Touristen Zugewanderten, die Galina als ‚Scheinflüchtlinge' bezeichnet, weil sie ihren jüdischen Identitätsnachweis nur instrumentell benutzt hätten, sieht sie ihr eigenes Flüchtlingsschicksal entwertet.

Ihr Selbstbild als Flüchtling wird in weiteren Erzählungen hervorgehoben. Wieder fügt Galina eine Geschichte vom – diesmal in Israel – verlorengegangenen und dann gestohlenen Gepäck[20] ein, um zu illustrieren, wie mittellos die Familie nach Deutschland gekommen war. Und wieder wird die Aufregung um die Einbuße der materiellen Existenz – „das Klavier, die Möbel, alles drum und dran, was wir hatten" – mit der Krankheit ihres Mannes verknüpft, der „wegen dieser Koffer ins Krankenhaus mußte."

In all diesen dramatischen Geschichten erweist sich die Hilflosigkeit der Flüchtlinge. Die Hilfsbedürftigkeit bestätigt sich auch in der Zuwendung von Personen, die in Momenten größter Verzweiflung plötzlich moralische und

---

20 An dieser Stelle erfahre ich erstmals, wie konkret die Migration nach Israel bereits organisiert war, bevor sich die Familie für Deutschland entschieden hatte: selbst Einrichtungsgegenstände waren schon verschickt worden.

materielle Unterstützung gewähren; so jene Diakonie-Angestellte, die recht-
zeitig zu Weihnachten im Wohnheim auftaucht und die Familie mit second
hand-Kleidung versorgt:

> „Sie war so nett und so warm und auch wie ein Engel. Und sie hat
> mich gefragt, warum ich weine, und ich habe ihr erzählt. Ja, und viel-
> leicht hat sie das zum Herzen so nah genommen, und am nächsten Tag
> ist sie zu mir gekommen und hat mir so eine Packung mit Sachen ge-
> bracht, weil mein Mann brauchte so einen Schlafanzug für das Kran-
> kenhaus, (...) und er hatte nichts: keine Socken, keine Schlüpfer,
> nichts, und ich habe ihr gesagt: ‚Ich weiß nicht, der Arzt hat mir ge-
> sagt, ich muß das und das kaufen, und ich habe kein Geld. Ich kann
> nicht kaufen für diese Taschengeld[21], was sie verlangen.‘ Und sie hat
> mir alles gebracht, also von alten Leuten, aber ganz sauber. Ich war ihr
> so dankbar, oh Gott, sie hat mir im Leben sehr geholfen!“

Mit den Schilderungen vom langsamen Aufbau einer normalen, materiell ge-
sicherten Existenz verläßt Galina die Perspektive des Übergangs, den sie als
Flucht akzentuiert hatte. Deren Dramatik und die Anstrengung, diesen Übergang zu bewältigen, waren in den Geschichten um Krankheit, Mittel- und
Hilflosigkeit zum Ausdruck gekommen.

Suche nach sozialer Anerkennung

Galina definiert ihren persönlichen Integrationsbegriff über Arbeit:

> „Und im vorigen Jahr habe ich eine ausgezeichnete Arbeit gehabt (...)
> und in diesem Jahr habe ich diese Arbeit verloren, und jetzt bin ich
> ohne Arbeit (sie stöhnt), aber wir bekommen eine Rente als Opfer des
> Faschismus, und wir sind glücklich und es reicht für uns ganz gut.
> Und ich muß sagen – aber ich will arbeiten, ehrlich gesagt.“

Ihre erste Anstellung als Dolmetscherin im Sozialamt hatte sie aufgegeben,
als die Herzoperation ihres Mannes bevorstand.
  Der persönliche Kontakt zu Galinski, den sie noch in Leningrad während
ichrer Dolmetschertätigkeit im jüdischen Kulturhaus geknüpft hatte, hatte
ihrer Tochter zu Arbeit verholfen.

---

21 Damals wurde das Essen in den Wohnheimen ausgegeben; die Bewohner bekamen vom Sozialamt lediglich ein Taschengeld.

„Ich war bei ihm dort, und ich habe mit ihm gesprochen, und er hat für meine Ljudmila die Arbeit gefunden, gleich. Sie hat schon als Ärztin gearbeitet, und ich kann über ihn nur warme Worte sagen, ein ganz netter Mann!"

Doch auf ihrer eigenen Arbeitssuche erwies sich die Fürsprache Galinskis als wertlos. In der jüdischen Gemeinde, wo sie sich als Deutschlehrerin und Dolmetscherin für russischsprachige Zuwanderer beworben hatte, war sie abgelehnt worden, was sie auf den Neid einer aus Rußland stammenden Mitarbeiterin zurückführt, die viel schlechter deutsch gesprochen habe:

„Als ich (zu Galinski) gekommen bin, hat er gleich Anna K. angerufen und hat ihr gesagt: ,Hier sitzen vor mir zwei Frauen: eine junge Dame, 23 Jahre alt, spricht ausgezeichnetes Deutsch, aber für sie habe ich schon Arbeit gefunden, und ihre Mutter, 50 Jahre alt, spricht phantastisch deutsch. Anna, ich bitte Sie, für sie irgendwelche Arbeit zu finden.' Und sie hat ihm irgend etwas gesagt: ,Ja, bitte, ja ja', und als ich dann zu ihr gekommen bin, hat sie gesagt: ,Wir haben keine Arbeit für Sie', obwohl – ich habe gesagt, ,ich bin Deutschlehrerin, ich habe in einer deutschen Schule gearbeitet (...) und ich kann Ihnen einen Kurs beibringen', und sie hat gesagt: ,Na ja, wir haben zur Zeit keine Arbeit, keinen Platz und wir wissen nicht, ob wir überhaupt diesen Kurs noch organisieren können', und sie hat mir kein einziges Mal – obwohl also die Russen schon dort unterrichtet haben."

Galina artikuliert ihr Integrationsbedürfnis nicht nur im Wunsch nach Arbeit. Ihren Integrationswillen unterstreicht sie auch dadurch, daß sie ihre Dankbarkeit, in Deutschland leben zu können, bekundet:

„Ich möchte ruhig leben, und wir danken Gott, daß wir endlich diese Wohnung gefunden haben, und ich weiß nicht, wem ich schreiben soll, (Bundeskanzler) Kohl oder wem, daß wir jetzt gut aufgehoben sind, daß wir jetzt schon diese Rente bekommen, man hat uns diese Rente gegeben (...), weil wir beide krank sind, und da haben wir diese Rente ein wenig früher bekommen."

Im Wunsch nach einer deutschen Staatsbürgerschaft tritt das Integrationsbedürfnis explizit hervor:

„Sechs Jahre sind wir hier in Deutschland und wir warten noch ein Jahr, damit wir die Einbürgerung kriegen, weil wir staatenlos sind und dann werden wir ganz normale Menschen sein. Wir sind jetzt noch staatenlos, wir sind jetzt noch keine Menschen."

Einen neuen russischen Paß lehnt Galina nicht nur aus Kostengründen ab, sondern auch wegen der nachhaltigen Kränkung, die sie im Akt der Ausbürgerung erfahren hatte: „Ich würde nichts kaufen. Wieso muß ich diese sowjetische Einbürgerung kaufen, wenn sie mir das weggenommen haben, und dafür habe ich noch bezahlt: 2100![22] Das kann ich nicht vergessen."

Ihre Nähe zu Deutschland begründet Galina vor allem mit ihrer deutschsprachigen Sozialisation und der Vertrautheit mit deutscher Kultur, der sie sich so wie mit der russischen und jüdischen verbunden fühle:

„Weißt du, ich muß dir ganz ehrlich sagen, Deutschland ist mir so nah wie Rußland. Es hat sich so ergeben in meinem Leben, daß ich zu Deutschen auch so nahe stehe wie zu meiner ehemaligen Heimat. Alles ist mir hier sehr nahe und nicht nur die Sprache (...). Ich bin mit den Deutschen aufgewachsen in Leningrad (...), und ich bin mit den Deutschen sehr eng verbunden, das ist ja auch mein Beruf, ja also nicht nur die Germanistik, sondern durch die Oma spreche ich doch die ganze Zeit deutsch. Also eigentlich spreche ich deutsch so wie russisch, beide Sprachen gleich, und außerdem bin ich dann auf die Fakultät gegangen für Fremdsprachen und gleich auf die Schule. Das war keine normale Schule, und in jeder Gruppe waren bei mir deutsche Kinder aus der DDR, und ich habe auf solche Weise immer sehr engen Kontakt zu den Deutschen. Und die ganze deutsche Kultur, die Sitten und Bräuche waren mir so nah wie die russischen Sitten und Bräuche und die jüdischen Sitten und Bräuche, und alles ist eng zusammen, alles ist so eng verknüpft, und jetzt weiß ich selber nicht mehr, wer ich bin, eine deutsche Frau, eine jüdische Frau, eine russische Frau? Natürlich bin ich Jüdin, ja, aber mir ist nichts fremd, ich bin so aufgewachsen, daß ich alles akzeptiere, ja alles, diese Kultur und jene Kultur und alles zusammen."

In den kulturellen Bildern, die Galina verwendet, kommt ein doppeltes Integrationsbedürfnis – in die deutsche Gesellschaft und in die jüdische Gemeinschaft – zum Ausdruck. Ihren Wunsch nach jüdischer Zugehörigkeit bringt sie in einem überhöhten Bild des ‚jüdischen Volkes' zum Ausdruck. Mehrfach betont sie dessen besondere Eigenschaften und Leistungen.

---

22   Es ist unklar, ob Galina hier Rubel, Dollar oder DM meint.

„Ich habe mein Volk immer geliebt und die Kinder besonders (...),
weil sie einfach fleißig waren und von Natur aus waren sie klug, also
die Juden – man trifft dumme Juden sehr selten, also eigentlich sehr
selten (...). Ich habe 23 Jahre in einer Schule unterrichtet. Nie einmal
im Leben habe ich einen doofen Juden getroffen, gesehen, das waren
immer kluge Kinder, ausgezeichnete Kinder (...). Die Juden sind gut
ausgebildete und kluge Menschen und talentierte Menschen und viele
Ärzte, sehr gute Ärzte und Maler und Bildhauer und Dichter."

Integration hatte Galina zunächst über die Mitgliedschaft in der jüdischen
Gemeinde gesucht, war dort aber auf Mißtrauen gestoßen:

„Dort in der Gemeinde, als ich gekommen bin, war es auch komisch.
Sie haben mir auch nicht geglaubt, daß ich Jüdin bin, sie haben mir
nicht geglaubt, sie haben mir gesagt: ‚Nein, Sie sind – .‘ ‚Wieso
denn?‘ ‚Ihr Gesicht!‘ ‚Na ja (sie lacht), aber alle Papiere sind bei mir
so, wie sie sind.‘"
F.B.: „Was mußten Sie denn zeigen in der Gemeinde?"
G.L.: „Also alle Papiere, die Urkunden, die Geburtsurkunden, ja die
Geburtsurkunden von unseren Eltern auch, alles, alles, also wer der
Vater war, wer die Mutter war; aber für Menschen, die das fälschen,
ist das auch kein Problem. Sie bezahlen jetzt Geld, und das macht man
dort alles, was du willst. Nein, natürlich die falschen Papiere sieht
man, aber sie sind jetzt so raffiniert, daß sie sich etwas neues ausge-
dacht haben, aber die falschen Papiere meine ich, kann man schon gut
sehen (...). Ja, Herr Galinski hat mich auch gefragt: ‚Sind Sie Jüdin?‘
Ich habe gesagt: ‚Ja.‘ ‚Ehrlich?‘ Ich habe ihm gesagt, ich bin Jüdin
von allen Seiten. Ich habe überhaupt kein anderes Blut, und er hat gelacht und hat gesagt: ‚Ach ja, das ist ja so interessant.‘"

Galina sieht sich in der jüdischen Gemeinde zum einen mit dem Diskurs um
die Fälschungsproblematik konfrontiert und muß sich entsprechende Prüfungen und Fragen gefallen lassen. Pässe und Papiere reichen als Beweis ihrer
‚jüdischen Authentizität‘ nicht aus, weil ihr vermeintlich nichtjüdisches Aussehen Zweifel aufkommen läßt. Zum anderen trifft sie in jüdischen Institutionen auf eine ‚russische‘ Infrastruktur. Im Konflikt darum, ob sie als
Deutschlehrerin gebraucht wird, findet sie eine Bestätigung für die russische
Prägung der jüdischen Gemeinde: die russische Sprache dominiert, deutschsprachige Kompetenz scheint unerwünscht.
    Ablehnung habe Galina auch im jüdischen Kulturverein erfahren. Dort
hatte sie Anschluß gesucht, um in diesem Forum ihre deutschen Übersetzungen russischer Romanzen und Gedichte vorzutragen und zu veröffentlichen.

Ein leitendes Mitglied dieses Kulturvereins habe die Zusage einer Publikation jedoch mit der Begründung zurückgenommen, daß „hier alles in russischer Sprache" sei. Mit der Kontinuität „sowjetischer Methoden" erklärt Galina die erfahrene Zurückweisung:

> „Ich habe ihm gesagt: ‚Wissen Sie, ich finde das einfach unschön, also das ist ja wie in der Sowjetunion!' Da war er so zornig, ich habe gesagt: ‚Das habe ich schon in Rußland erlebt, das ist mir schon bekannt. Schicken Sie mir meine Gedichte zurück, ich werde Sie nicht mehr besuchen.'"

Galina nimmt die Dominanz ‚der Russen' in jüdischen Institutionen als Einfluß sowjetischer Strukturen wahr. Sie erlebt das Sowjetische als integrationshemmend. Nicht ‚die Deutschen' sind für sie problematisch, sondern ‚die Russen': „Ich muß sagen, ich habe in Deutschland so viele deutsche Freunde, deutsche Menschen getroffen, die so lieb sind, die so nett sind, die so warm zu uns sind, die tausendmal besser sind als unsere Russen." Auch in einer der Berliner Synagogen, die Galina und ihr Mann gelegentlich besucht hatten, registrierte sie die russische Prägung des Gemeindelebens und vermied fortan den Besuch, weil dort „meistens Russen sind", die kein Hebräisch verstünden, nicht „ruhig sitzen und zuhören, was der Kantor singt", und während des Gottesdienstes „miteinander sprechen". Ganz anders dagegen die Synagoge in einem anderen Stadtteil Berlins, wo beide jetzt ab und zu hingehen. Dort sind „die Menschen ganz bescheiden", sind „auch schön angezogen, ohne Übertreibung", sie sind „nicht arrogant, sondern intelligent"; dort sei es „ganz normal, so wie bei uns in Leningrad in damaliger Zeit".

Auch die Arbeit in einer jüdischen Schule lehnt Galina in der Erwartung ‚sozialistisch' geprägter Umgangs- und Kommunikationsformen ab. Sie geht auch hier auf Distanz:

> „Aber diese jüdische Schule hat einen schlechten Ruf (...). Ich wollte schon hingehen, aber ich kann das nicht ausstehen, diese Beziehungen, die dort herrschen, (...) und ehrlich gesagt, habe ich einfach Angst vor diesen Russen, vor diesen russischen Juden, dieser Neid und diese Schwatzerei hinter dem Rücken, das hat mir nicht gefallen, und vielleicht kommt das vom Sozialismus."

Galina erlebt sich als Ausnahmefall innerhalb einer weitgehend ‚russischen' Migrationsbewegung. In der Spannung zwischen dem Wunsch, der jüdischen Gemeinschaft zuzugehören, und in der gleichzeitigen Distanz zu den jüdischen Institutionen, die sie als von Russen dominiert und von sowjetischen habituellen Formen geprägt wahrnimmt, scheint das Problem ihrer sozialen

Verortung als Jüdin zu liegen. Es entsteht der Eindruck, daß Galina Marginalisierung nicht in Bezug auf die deutsche Gesellschaft und deren Infrastruktur erlebt, sondern im Verhältnis zur Migrationsbewegung und in Relation zu jüdischen Institutionen.

Das ‚russische Profil' der Einwanderung empfindet Galina nicht nur auf der Ebene des direkten Kontakts in institutionalisierten jüdischen Zusammenhängen als integrationshemmend. Auch im Hinblick auf die öffentliche Wahrnehmungsstruktur der deutschen Gesellschaft erscheint ihr problematisch, daß „so viele Russen kommen". Galina meint damit immer jene Migranten, die im selben Zeitraum wie sie gekommen sind und denen sie im Aufnahmeheim und im Kontakt mit jüdischen Organisationen begegnet ist. In Deutschland trifft sie auf Leute, mit denen sie in Leningrad nichts zu tun gehabt hatte, u.a. auch deshalb, weil diese aus anderen sozialen Schichten als sie selbst stammen. Den persönlichen Kontakt mit diesen Migranten versucht sie zu vermeiden. Doch dem medialen Diskurs um ‚Wirtschaftsflüchtlinge' und den öffentlichen Debatten um ‚Ausländerkriminalität' kann sie sich kaum entziehen, denn diese Diskurse treffen gerade auch die russisch-jüdische Zuwanderung.

Aus der für Galina befremdlichen Wahrnehmung, daß Migranten mit einem anderen Sozialprofil nach Deutschland gekommen sind, wird die Sorge um das Image der Migrationsbewegung. Es ist die Angst vor einer Beschädigung des Bildes vom ‚jüdischen Volk' und die Besorgnis darum, daß die Deutschen mit Antisemitismus reagieren, denn damit würde ihre eigene Identifizierung mit der ‚jüdischen Gemeinschaft' problematisch. Galina fühlt sich betroffen vom Diskurs um ‚Ausländerkriminalität', der auch die russisch-jüdischen Zuwanderer einschließt; gleichzeitig übernimmt sie stereotype Bilder von Ausländern als ‚Wirtschaftsflüchtlingen' und ‚Sozialschmarotzern'. In der Abgrenzung von ‚den Russen' antizipiert sie den Blick von außen auf sich selbst:

„Ein Teil ist deswegen nach Deutschland gekommen, um hier besser zu leben. Es gibt intelligente Leute mit guten Berufen, sagen wir so, ausgebildete Leute, aber es gibt auch solche Leute, für welche ich mich sehr schäme, was ich dir schon erzählt habe. Ich fühle mich dann so schrecklich, wenn ich solche Menschen treffe, dann muß ich mich für mein Volk einfach schämen, und wenn wir diese Tagesthemen hören und über diese Verbrecher, dann habe ich immer Angst, daß meine Landsleute das sind oder so was. Und jedes Mal gucke ich und habe Angst, ob das wieder Russen oder die Juden sind, was noch schlimmer ist. Unter jedem Volk sind gute Menschen und schlechte Menschen, aber ich meine – verallgemeinern kann man natürlich nicht, daß alle schlecht sind. Aber wenn ich schlechte Juden treffe, dann muß ich sagen, ich schäme mich einfach für sie."

F.B.: „Und was meinst du mit ‚schlechten Juden'?"

G.L.: „Na ja, die, welche so aus wirtschaftlichen Gründen gekommen sind, die Sozialhilfe kriegen, die nicht arbeiten gehen wollen, die deutsch nicht lernen und die einfach – weißt du, wie man sagt, sie wollen nur Däumchen drehen und nichts machen, und diese Menschen nerven mich. Und diese Menschen gehen mir einfach auf den Keks, ja, ich kann sie nicht sehen, es ist mir dann egal, ob sie Juden sind, Russen sind oder Jugoslawen sind oder so, und die Verbrecher natürlich. Und weil ich mein Volk liebe, deshalb ist es mir sehr schwer, wenn ich solche Menschen sehe, wenn sie nach Deutschland kommen und diese Reden: ‚Ach, wieder die Juden, wieder die Juden sind so.' Man merkt doch die guten Menschen nicht, man merkt gleich die Verbrecher, die Faulenzer: ‚Aha, wieder dieser Jude macht nichts' oder so, dann muß ich mich für diese Menschen schämen, als ob ich das selber bin, und solche Menschen liebe ich nicht, das muß ich schon sagen und es ist mir irgendwie peinlich und kränkend für mich."

F.B.: „Wird das, wenn ihr Migranten zusammenkommt, wird die Einwanderung dann diskutiert?"

G.L.: „Ja, sehr oft, praktisch immer, und eigentlich normale Menschen, solche intelligenten Menschen meiner Generation meistens, die sind meistens ganz normal, und sie sind auch empört, und sie sind auch dieser Meinung wie ich (...). Was mir besonders angenehm ist, ich habe viele Menschen getroffen, die aus Leningrad sind, die in meinem Alter sind (...) oder noch älter und die jedes Jahr einen Deutschkurs besuchen (...). Wenn ich solche Menschen sehe, möchte ich sie küssen, weil sie so toll sind, weil ich das so toll finde, was sie machen und sie sprechen deutsch, verstehen alles. Sie haben soviel geschafft in diesen Jahren (...). Das tut gut, wenn man solche Menschen sieht, nicht diese Schmarotzer, die ich hier sehe (...). Ich möchte nicht, daß unter meinem Volk solche Menschen herrschen, ich möchte solche Menschen nicht sehen unter meinem Volk, weil mein Volk besseres verdient, weil wir, wie man sagt, ein auserwähltes Volk sind, und es geht uns immer so schwer."

Mit der Abgrenzung von ‚den Russen' distanziert sich Galina von negativen Bildern in der deutschen Aufnahmegesellschaft, von denen sie glaubt, daß sie auch ihr entgegengebracht werden könnten, und von denen sie annimmt, daß sie für ihre Integration hinderlich seien. Darin bestätigt sie zugleich, was ihr dafür förderlich erscheint und signalisiert ihren Integrationswillen.

Was es heißt, von deutscher Seite als Russin wahrgenommen zu werden, hatte Galina im Rahmen der ärztlichen Untersuchung für die Beantragung einer frühzeitigen Rente erfahren:

„Und ich verstehe, alle wollen gut leben, das ist ja ganz klar, aber wie benehmen sie sich hier! Wenn man sagt: ‚Russische Mafia‘, dann muß ich mich schämen. Was für einen Ruf sie haben, und das stimmt, was manche machen und manche davon sind Juden, aber die meisten sind natürlich Russen, die als Juden geschrieben sind. Verstehst du? Und das ist ja so kränkend! Wir waren hier bei einer Untersuchung bei einem Arzt, bei einem Professor. Mein Mann mußte untersucht werden, und er wollte mit uns zuerst nicht sprechen, als er erfahren hat, daß wir aus Rußland sind. Und da habe ich gesagt: ‚Wir sind aus Leningrad‘, und da guckte er noch auf uns und hat gefragt: ‚Wieso sprechen Sie so gut deutsch?‘ Und ich habe gesagt, ich war Deutschlehrerin. ‚Und Ihr Mann?‘. Ich habe gesagt, mein Mann war Ingenieur – damals hat er noch nicht besonders gut deutsch gesprochen, und allmählich, allmählich war er (der Arzt) so ein wenig netter zu uns, und dann hat er gesagt: ‚Na ja, ich sehe, Sie sind anständige Leute, es ist sehr schade, daß die Russen solchen schlechten Ruf haben, also das ist echte russische Mafia, wer nach Deutschland gekommen ist, wozu sind die nach Deutschland gekommen?! Und es ist sehr schade, daß Sie wegen solchen Menschen wie diesen werden Sie auch schlecht behandelt, ja, solche Menschen wie Sie.‘ Und ich muß zustimmen, ich muß sagen, ja, das stimmt, und ich schäme mich für meine Landsleute, aber was habe ich mit solchen Menschen zu tun?“

‚Echte Jüdin‘ sein: Zur Formung des Selbstbildes

Galina wird besonders im direkten Kontakt mit den Medien mit Diskursen konfrontiert, wonach Diskriminierung und Verfolgung typische Erfahrungen für die Juden in der Sowjetunion sind. Diese deutschen Diskurse bündeln sich in Identitätserwartungen und werden mit der Aufforderung an die russischen Juden verknüpft, zu begründen, warum sie denn ins Land des Holocaust kommen würden, in dem noch dazu der Antisemitismus zunimmt. Die Tatsache, nach Deutschland gekommen zu sein, ist also a priori mit einem Rechtfertigungsbedarf verbunden. Galina erzählt von der Medienpräsenz im Aufnahmelager: „Alle wollten mit mir reden, weil ich die einzige deutschsprachige Ausländerin war (...). Es war diese Zeit vor sieben Jahren, es war eine große Welle. Alle kamen zu uns und ich habe mit jedem gesprochen, fast jeden Tag." Sie gibt Interviews für mehrere große Tageszeitungen, und das bayerische Fernsehen dreht einen Film über die Familie:

„Die erste Frage war: ‚Warum seid ihr Juden ausgewandert und warum nach Deutschland?' Angelika (eine Fernsehjournalistin) hat mich auch gleich gefragt: ‚Warum seid ihr nach Deutschland ausgewandert?' und, ob wir keine Angst haben, in Deutschland zu leben und: ‚Warum habt ihr das gemacht?', und: ‚Ihr kennt doch diese Geschichte über die Juden in Deutschland!' Und das war so peinlich! Das war gut gemeint, aber eine schwere Frage. Ich habe gesagt: ‚Für mich persönlich war es ganz klar, warum ich nach Deutschland ausgewandert bin, obwohl ich diese Frage sehr gut verstehe und obwohl es mir manchmal auch ängstlich ist, in Deutschland zu leben. Ja, und ich habe natürlich – ich denke auch daran sehr oft, und ich muß sagen, einerseits ist es mir nicht besonders angenehm, in Deutschland zu leben, weil ich weiß, daß meine Verwandten während des Krieges gefallen sind, daß meine Familie unter den Faschisten sehr gelitten hat, mein Vater ist im Krieg gefallen, ich bin ohne Vater aufgewachsen, und andererseits bin ich mit den Deutschen in Leningrad aufgewachsen (...). Und außerdem bin ich mit den Deutschen sehr verbunden (...). Es war für mich eigentlich keine Frage, aber ich kann nicht sagen, daß mir ruhig zumute ist, daß ich in Deutschland bin. Ja, irgendwo habe ich ein schlechtes Gewissen, daß meine Verwandten, alle Verwandten im Krieg gefallen sind, umgekommen sind, und daß ich hier lebe. Also es ist schwer zu sagen, und andererseits sehe ich zur Zeit, daß Deutschland auch ein anderes Land ist, so wie andere Länder auch, und ich muß sagen, ich habe in Deutschland viele deutsche Freunde (...), die tausendmal besser sind als unsere Russen, und andererseits haben mich die Russen rausgeschmissen, obwohl ich fünfzig Jahre in Rußland geschuftet habe und meine Kräfte abgegeben habe, und trotzdem haben sie mir nichts gegeben, rausgeschmissen, alles genommen, und diese Antisemiten, die ich hier in Deutschland gottseidank noch nie getroffen habe, noch nie gesehen habe[23]. Und deshalb ist es schwer zu sagen, wo der Mensch – der Mensch muß selber entscheiden, wo er lebt."

23 Hier blendet sie Begegnungen mit Neonazis aus, die sie mir an anderer Stelle erzählt hatte: Die Familie hatte Aufmärsche von Neonazis im Ostteil der Stadt beobachtet, wo die erste Wohnung lag; in dieser Wohnung kam es auch zur Begegnung mit einem jungen Handwerker, der sich explizit als Neonazi bezeichnete.

Den Druck, ihre Migration nach Deutschland besonders begründen zu müssen, erfährt Galina auch in den Begegnungen mit Israelis. Ein strukturelles Rechtfertigungsmoment ist auch hier eingelagert, wenn jüdische Identität mit israelischer Nationalität zwingend verknüpft wird und demnach sowjetische Juden nach Israel gehören. Die Wirkung der zionistischen Idee scheint dabei abhängig von den jeweiligen Einwanderungswellen zu sein. In den Augen ihrer Landsleute, die Ende der achtziger oder Anfang der neunziger Jahre ausgewandert waren, gilt Galina als Verräterin, während sie von Migranten früherer Einwanderungswellen zwar weniger angegriffen, aber letztlich doch auch in eine Verteidigungshaltung gebracht wird:

„Und im vorigen Jahr waren wir in Karlsbad dort zur Kur (...). Ich habe dort viele Juden aus Israel getroffen, viele Juden aus dem ehemaligen Rußland und der Tschechei, aus Ungarn, Rumänien, aus Deutschland, viele viele Juden, und alle waren empört, wieso wir in Deutschland leben, natürlich, ja, immer diese Gespräche: ‚Wieso sind Sie nach Deutschland gegangen?‘ Und ich habe gesagt: ‚Na ja, wegen dem Klima‘. Ja, also das ist ja ehrlich so, das ist wahr."
F.B.: „Und akzeptieren die das dann?"
G.L.: „Sie akzeptieren das, aber vielleicht nicht ganz. Sie sagen: ‚Ja, das kann man verstehen, Sie sind aus Leningrad, im Norden ist das, aber trotzdem: Wie können Sie mit den Deutschen – ?‘ Und ich sage: ‚Ja, aber das sind schon andere Deutsche, das ist doch auch eine andere Generation!‘ ‚Nein, in jeder Familie gibt es einen Opa, der uns getötet hat.‘ Also es ist sehr schwer, mit diesen Juden zu sprechen, besonders mit diesen Russen, die nach Israel gegangen sind in den letzten Jahren, also die letzte Welle sozusagen. Die haben uns zu Feinden erklärt, und sie wollten mit uns nicht reden. Die Juden, die vor fünfzig Jahren, vor dreißig Jahren nach Israel gegangen sind, die waren zu uns nett (...). Sie haben uns alle gefragt: ‚Na, wie geht es Ihnen dort in Deutschland?‘ Wir haben gesagt: ‚Es geht eigentlich ganz gut. Wir sind dort gut aufgehoben‘."

Schließlich reagiert Galina auf einen jüdischen Authentizitätsdiskurs, der ihr ein Anerkennungsproblem nicht nur in der jüdischen Gemeinde, sondern auch in der Begegnung mit Juden überhaupt bereitet:

„Wissen Sie, alle fragen, ob ich Jüdin bin und man glaubt mir nicht (sie lacht), und da habe ich beschlossen, einen Davidstern zu kaufen. Ich habe gesagt: ‚Jascha, also endlich fühle ich mich als richtige Jüdin, ich brauche das nicht zu verheimlichen, keine Angst zu haben, daß ich Jüdin bin, und ich möchte einen Davidstern kaufen.' Und im vorigen Jahr waren wir in Karlsbad (...) und ich habe den dort gekauft, weil ich habe dort viele Juden getroffen (...), und die sind ja so nette Menschen, und alle haben mich gefragt: ‚Sind Sie Jüdin? Sind Sie wirklich Jüdin?' Und ich habe gesagt: ‚Ja, wirklich, ich bin Jüdin!' (...) Um zu zeigen, daß ich Jüdin bin (sie lacht), habe ich diesen Stern gekauft, weil die Israelen es mir nicht geglaubt haben. Haben gesagt: ‚Das kann doch nicht wahr sein! Ja, Ihr Mann ist Jude, aber Sie nicht!'"

Aus all diesen sozialen und institutionellen Erfahrungen, die Galina erzählt, ergibt sich ein vielschichtiges Bild von Identitätsanforderungen und Rechtfertigungszumutungen. Zu den formalen Aufnahmebedingungen in Deutschland gehört die jüdische Identität. Auf der Ebene des diskursiven Rahmens wird Galina zum einen damit konfrontiert, ihre jüdische Flüchtlingsidentität und die Entscheidung für Deutschland immer wieder legitimieren zu müssen; zum anderen wird ihr abverlangt, ihr Hiersein als Ausländerin mit ‚russischer Herkunft' zu rechtfertigen. In ihrem Bemühen, sich über eine deutsch-jüdische Herkunft sowohl in die jüdische Gemeinschaft als auch in die deutsche Gesellschaft zu integrieren, gerät sie in ein diskursives Spannungsfeld, das ihr biographische Strategien der Authentisierung abverlangt. Entsprechend modelliert sie ihre Biographie. Galina erklärt sich zur ‚typischen Jüdin', indem sie antisemitische Erfahrungen zu einer kontinuierlichen ‚Opferidentität' verdichtet. Im biographischen Kommentar bezeichnet sie sich ausdrücklich immer wieder als echter Flüchtling: „Wir sind geflohen, wir sind solche richtigen Flüchtlinge mit meiner Familie. Wir haben es so schwer gehabt, also das kann ich dir nicht beschreiben!"

Auch im bildungsbetonten Habitus und einem bescheidenen Lebensstil bestätigt sich für Galina die richtige Flüchtlingsidentität. „Wir waren einfache Leute, eine einfache intelligente Familie, ohne Ansprüche!" Außerdem beruft sie sich auf Kategorien jüdischer Authentizität wie Abstammung oder sprachliche Tradierungslinien des Jiddischen im familiären Zusammenhang. Doch ist jüdische Identität nach Galinas Verständnis allein mit der entsprechenden Herkunft noch nicht gegeben, sondern beweist sich erst darin, diese in der Sowjetunion niemals verleugnet zu haben:

„Und mein Mann zum Beispiel heißt Jakov Avramovic, und ich habe Respekt vor ihm. Er hat niemals seinen Namen geändert (...), und das finde ich sehr schön. Wir sind Juden, und wir haben solche Namen, und wir müssen solche Namen haben und so genannt werden."

Neben dem Nachweis jüdischer Nationalität im sowjetischen Paß, der Diskriminierungen zur Folge hatte, führt Galina ein weiteres Kriterium, nämlich das der ‚jüdischen Physiognomie‘ an. Im Alltagszusammenhang sowie im Berufsleben in der sowjetischen Gesellschaft war dies eine rassistische Zuschreibung, weil sie eine stigmatisierende Funktion hatte. Doch die ‚jüdische Sichtbarkeit‘ war auch innerhalb jüdischer Gruppen bedeutungsvoll. Auf meine Frage, woran man denn Juden in der Sowjetunion erkannt habe, nennt mir Galina folgende Merkmale:

F.B.: „Woran hat man denn Juden erkannt?“
G.L.: „Sie sahen so aus wie mein Mann, ja typisch so.“
F.B.: „Was heißt das jetzt?“
G.L.: „Also die Nasen zum Beispiel, die Augen manchmal. Schwarze Haare, so etwas. Kluge Gesichter (sie lacht). Zu kluge Augen, also es gibt etwas Typisches.“
F.B.: „Das hat man immer also auch im Alltag gemerkt?“
G.L.: „Immer, also gleich, gleich, von klein auf, das kann man gleich sagen!“
F.B.: „Und haben die Russen das gesehen oder haben die Juden auch untereinander – ?“
G.L.: „Jaaa! Natürlich, auch die Juden.“

In Deutschland wird Galinas ‚nichtjüdisches Aussehen‘ zum Anerkennungsproblem. Ihre Authentizität wird in der jüdischen Gemeinde angezweifelt. Das fordert wiederum den Beweiszwang heraus, dennoch echt zu sein, auch wenn oder gerade weil dies von außen nicht erkannt wird. Galina erkennt in diesem Problem ein wiederkehrendes Moment ihrer Biographie. Auch in der Sowjetunion sei ihr dies immer wieder passiert:

„Wie eine Jüdin sah ich nie aus, wie eine richtige Jüdin, und niemand glaubte mir, daß ich Jüdin war, und ich habe immer gesagt: ‚Ich bin Jüdin‘, und niemand glaubte mir (...). Ich habe meine Synagoge in Leningrad besucht, weil wir daneben gewohnt haben. Jedesmal, wenn ich in die Synagoge gegangen bin, wollten die Juden mit mir nicht sprechen. Sie haben immer gesagt: ‚Wieso sind Sie denn in die Synagoge gekommen, Sie sind keine Jüdin!‘ (...). Das war immer, das war von klein auf (sie lacht). Meine Oma hat immer gelacht, meine Mutter auch, und sie (die Mitglieder der jüdischen Gemeinde) erlaubten mir nicht, hinzukommen bei großen Festen.“

Im Bedürfnis, sich als authentisch zu erweisen, antizipiert Galina Zweifel an ihrer ‚jüdischen Echtheit‘. Sie trennt Erscheinung von innerer Überzeugung und verweist darauf, daß sie ihre Eigentlichkeit schon in Rußland trotz äußerer Widerstände immer wieder handelnd umgesetzt habe: „Also ich habe in Leningrad die Synagoge immer besucht (...). Ich bin immer dort hingegangen, immer! Ich wollte mich als Jüdin fühlen und habe das immer gemacht."

Dieses Rechtfertigungsbedürfnis trägt auch zu jenen eingangs erwähnten Geschichten von antisemitischen Erfahrungen bei, deren Botschaft stets darin besteht, die jüdische Identität – wenngleich und gerade weil nicht sichtbar – über die öffentliche Bekämpfung des Antisemitismus in einer projüdischen Position bewiesen zu haben.

In der folgenden Passage reagiert Galina auf das ihr von institutioneller Seite entgegengebrachte Mißtrauen ganz unmittelbar. Aus der Hervorhebung, *trotz* eines nichtjüdischen Aussehens stigmatisiert worden zu sein, wird die Beweisführung, unter Antisemitismus gerade deshalb besonders gelitten zu haben, *weil* sie nicht jüdisch aussah. Offen sei der Antisemitismus nur unter Russen geäußert worden und nicht direkt gegenüber Juden. Dieser Logik zufolge habe sie als russisch aussehende Frau darunter auch mehr zu leiden gehabt als jüdisch aussehende Leute wie z.B. ihr Mann:

„Und als ich nach Berlin kam, hat dieser R. (ein Angestellter in der jüdischen Gemeinde) mit mir gesprochen und er hat auch gesagt: ‚Es kann doch nicht wahr sein, daß Sie Jüdin sind, und sogar Anna K. (Sozialarbeiterin in der jüdischen Gemeinde) hat das gesagt."

F.B.: „Ja?"

G.L.: „Jaaa, sie hat das bezweifelt!"

F.B.: „Und was hast du dann gesagt?"

G.L.: „Na ja, ich habe gesagt: ‚Aber ich bin doch Jüdin, können Sie bitte meine Papiere – ‘."

F.B.: „Und dann hat sie sie angeguckt?"

G.L.: „Ja, sie hat, sie hat. Aber ich weiß nicht, ob sie geglaubt hat. Ich meine, sie hat es nicht geglaubt, aber es steht doch dort schwarz auf weiß. Also niemand hat mir geglaubt, und deshalb muß ich sagen: Ich habe mehr gelitten als die anderen. Ich war immer so hell, ich hatte immer so goldene Haare (...). Ich war wirklich ein russisches – und dann heiße ich noch Galina, verstehst du!? Alle haben mich jedesmal gefragt: ‚Wieso bist du so hübsch, du bist Russin. Wieso hast du einen Jidd geheiratet? Also immer diese Frage, immer diese eklige Frage. Immer! Also das war schrecklich, und jeder hat mir das gesagt: ‚Warum hast du diesen Juden geheiratet? Was hast du an ihm gefunden?‘ Ich sagte: ‚Na ja, weil ihr Russen die Frauen – ich habe immer mit Humor gesagt: ‚Ihr Russen schlagt die Frauen, ihr seid immer besoffen, und die Juden machen das nie‘. (sie lacht) Ja, ich mußte immer so was sagen mit Humor, weißt du, weil jedesmal kannst du nicht wütend sein, weil du schon daran gewöhnt bist, ja, du hörst das immer, täglich, jede Minute (...). Das war, weil die Leute immer geglaubt haben, ich sei Russin, weil ich nicht so ausgesehen habe, und da haben sie mir den Antisemitismus immer offen gesagt. Deshalb weiß ich das zum Beispiel mehr als mein Mann, weil ich das überall gehört habe."

Vor dem Hintergrund der Diskurse um die russisch-jüdische Einwanderung, mit denen Galina in Deutschland konfrontiert wird und auf die sie wiederum reagiert, grenzt sie sich im Akt der verinnerlichten Authentizität nicht nur von den Zuwanderern ab, die mit gefälschten jüdischen Papieren kommen. Sie entwirft ihr Selbstbild auch in Abgrenzung zu denjenigen, die ihre jüdische Herkunft zum Zweck der Einreise nach Deutschland geltend machen. Migranten, die aus ‚binationalen‘ Ehen[24] stammend in der Sowjetunion Gelegenheit dazu hatten, statt der jüdischen die russische Nationalität anzunehmen, sind aus Galinas Perspektive Opportunisten: Erst verleugneten sie es, jüdisch zu sein, dann beriefen sie sich nur deshalb wieder darauf, um nach Deutschland kommen zu können. ‚Falsche Juden‘ sind für Galina nicht nur einfach ‚die Russen‘, sondern die ‚Opportunisten aus Mischehen‘:

„Was mich noch in Wut bringt, also zum Beispiel halbes Blut, ein Mensch mit gemischtem Blut, er ist Russe und er ist Jude. In Rußland war er Russe und hier ist er schon Jude. Das ist auch ein wenig komisch. Also wie sagt man, er hängt seinen Mantel nach dem Winde. Habe ich das richtig gesagt? Also wenn er so lebt, kann ich solche Menschen nicht akzeptieren (...). Jetzt schreiben alle, daß sie Juden sind. Sie haben jetzt gute Möglichkeiten. Dort leben sie als Russen, hier leben sie als Juden, und zum Beispiel – es ist eine schreckliche Geschichte: Mein Bruder hat eine russische Frau geheiratet, und die Tochter ist Halbjüdin, Halbrussin, und sie ist ein begabtes Mädchen. Sie wird in diesem Jahr die Akademie der Künste abschließen, (...) sie wird eine begabte Malerin sein. Und als sie im zweiten Studienjahr war, hat sie meinem Bruder gesagt: ‚Ich will keine Jüdin sein, ich bin nur Russin. Ich werde darauf verzichten.‘ Oh, mein Bruder hat geweint. Und jetzt steht sie ganz kurz vor dem Abschluß der Hochschule, und sie will jetzt nach Deutschland kommen. Und da ist sie zum Papa gekommen und hat gesagt: ‚Papa, gib mir bitte deine Geburtsurkunde, ich muß im deutschen Konsulat beweisen, daß du Jude bist.‘

24 Damit sind Ehen im Sinne der sowjetischen Nationalitätenpolitik gemeint, bei denen die Ehepartner – trotz gleicher sowjetischer Staatsangehörigkeit – eine unterschiedliche Nationalität hatten.

Und er hat gesagt: ‚Wieso denn, du wolltest doch keine Jüdin sein.'
‚Na ja, aber ich will nach Deutschland gehen.' (Pause) Was kann man
da noch sagen?!"

In der Beschwerde über ‚sowjetische Methoden' in jüdischen Institutionen
gerät die Kategorie ‚Halbjude' vollends zum denunziatorischen Begriff: So
‚outet' Galina jenen Leiter des Kulturvereins, mit dem sie Streit um die Veröffentlichung ihrer Gedichte gehabt hatte: „Und selbst ist er kein Jude eigentlich, also fifty-fifty, und man hat mir gesagt, er ist überhaupt kein Jude, aber
die Oma oder irgend jemand war Jude."
    Galinas Selbstbild des ‚echten jüdischen Flüchtlings' bildet sich in Ab-
grenzung zu all denjenigen Migranten heraus, die in den Verdacht geraten,
eine jüdische Identität nur instrumentell zu gebrauchen. In dieser sozialen
Distinktion reproduziert sie Diskurse der Aufnahmegesellschaft, um als
‚authentisch' anerkannt zu werden.

Die Form der Biographie

Galina äußert sich zufrieden über ihre Verbindungen zu Deutschen, die finan-
zielle Absicherung und die neue Wohnung, in der sie Ruhe gefunden hat; im
Stadtteil, wo sie wohnt, fühlt sie sich wohl. Ihr gefällt es, im Zentrum Westberlins zu leben, weil sie von hier aus ihren kulturellen Interessen nachgehen
und leicht in Museen und Theater gelangen kann. Die Schwierigkeiten und
Anstrengungen der Migration, die sie im Akt des Erzählens noch einmal
nachempfunden hat, liegen hinter ihr; auf der Ebene sozialer Kontakte und
infrastruktureller Versorgung fühlt sie sich angekommen und erlebt den Migrationsprozeß als abgeschlossen. Dennoch empfindet sie Liminalität, weil
sie die deutsche Staatsbürgerschaft noch nicht erhalten hat: „Wir sind noch
staatenlos, wir sind noch keine Menschen". In dieser drastischen Formulierung wird das Defizit sozialer Anerkennung zum Ausdruck gebracht. Galina
fühlt sich nicht anerkannt, weil eine grundlegende Bedingung, die Zuerken-
nung von Rechten als eine Form sozialer Integration noch nicht erfüllt ist. Sie
faßt ins Bild, daß menschliche Würde[25] rechtliche Anerkennung voraussetzt.

---

25 Axel Honneth spricht von Würde in Anlehnung an G.H. Mead, „mit der ein
    Subjekt sich in dem Augenblick ausgestattet sieht, in dem es durch die Ge-
    währung von Rechten als ein Mitglied der Gesellschaft anerkannt wird; denn
    mit dem Ausdruck ist implizit die systematische Behauptung verknüpft, daß mit
    der Erfahrung von Anerkennung ein Modus der praktischen Selbstbeziehung

Galinas Übergangsphase dauert so lange an, wie sie den Flüchtlingsstatus innehat. Nur von außen, durch staatliche Autorität, kann sie daraus entlassen werden.

Galina hatte im Interview immer wieder ihre Dankbarkeit betont und sich gegen Sozialhilfe, Wirtschaftsflüchtlinge, Ausländerkriminalität und gegen die Fälschung jüdischer Identitätsnachweise ausgesprochen. Kurzum: sie hatte Normen antizipiert, die ihr als Voraussetzung dafür erscheinen, Deutsche zu werden. Das Bedürfnis, zu sozialer Anerkennung zu gelangen, manifestiert sich im Wunsch nach der deutschen Staatsbürgerschaft wie im Versuch, sich die Authentizität ihres Jüdischseins durch die jüdische Gemeinde bestätigen zu lassen. Denn in der Mitgliedschaft darin bestätigt sich für sie auf einer symbolischen Ebene das Recht, in Deutschland zu sein. Doch in jüdischen Institutionen erfährt Galina ein doppeltes Anerkennungsproblem: Zum einen wird an ihrer ‚Echtheit‘ gezweifelt; zum anderen stößt sie auf ‚russische‘ Strukturen, von denen sie sich im Wunsch nach Arbeit behindert fühlt und die sie ablehnt.

Die spezifische Mischung aus Anerkennungsproblemen und sozialer Zufriedenheit ergibt ein Bild gleichzeitiger Integriertheit und Desintegration. Galina spricht noch aus der Perspektive des Übergangs: Obgleich die Anstrengungen der Migration hinter ihr liegen, hat sie das Selbstverständnis eines Flüchtlings. Sie ist noch nicht, was sie werden will: im formalen Sinn ist sie noch keine Deutsche. Der Flüchtlingsstatus modelliert die Gestalt der Biographie, die zugleich im Wunsch entsteht, diesen Status zu überwinden und damit Liminalität aufzulösen. Insofern ist die Biographie als Versuch, die Legitimität des Hierseins zu erwirken, ihrer Form nach Rechtfertigung.

Galina hat ihre antisemitischen Erfahrungen betont, ihre Migration als Flucht akzentuiert; sie hat Begründungen für ihre Wahl, nach Deutschland zu gehen, gegeben und hervorgehoben, kein Wirtschaftsflüchtling zu sein; sie hat sich gegen Zuschreibungen des Russischen gewehrt, ihre Nähe zu Deutschland und ihre Dankbarkeit, hier zu sein, betont. Insgesamt hat sie Stereotype über russische Migranten in ihre Biographie integriert und sich zugleich davon abgesetzt, so wie sie die Zweifel an ihrer eigenen jüdischen Identität aufgenommen und sich bemüht hat, diese zu entkräften. Es hat sie Anstrengung gekostet, ihre Geschichte gegen die Widerstände, die ihr entgegengebracht wurden, plausibel zu machen und so zusammenzufügen, daß ihr Schicksal zur Geltung kommt.

Während des Interviews verwendet Galina zweimal das Wort ‚Roman‘. In diesem literarischen Genre findet sie eine Form, mit der sie die Mühsal ihres

---

korrespondiert, in dem das Individuum sich des sozialen Wertes seiner Identität sicher sein kann.“ (Honneth 1992, S. 127).

Lebens und die Dramatik ihres Migrationsprozesses zum Ausdruck bringen kann. Sie wählt einen Begriff, der ihrer Biographie das Gewicht des Besonderen gibt.

> „Ja, wir sind mit unserer Familie vielleicht nicht so gekommen, wie die anderen. Also das ist ja wirklich wie in einem Roman und ich konnte nicht glauben, daß ich so etwas durchmachen kann, durchstehen kann."

Galina hat narrativ verdichtet, was ihr wichtig erscheint, um ihr Recht zu beweisen, in Deutschland zu sein und Deutsche zu werden. Insofern ist ihre Biographie selbst Integrationsstrategie.

Scham und Stolz

Swetlana Kalinina[1] ist mir von einer Mitarbeiterin einer der jüdischen Gemeinden Berlins empfohlen worden. Wir treffen uns zum Vorgespräch, zu dem sie ihren kleinen Sohn mitbringt, in einem Cafe. Als ich ihr knapp mein Forschungsthema vorstelle und das Interesse an ihren Erfahrungen als Migrantin erläutere, greift sie das Stichwort ‚Migration' sofort auf. Ihre Familie habe zu den ersten 50 sowjetischen Juden gehört, die nach der Maueröffnung nach Berlin gekommen sind. Mit der Bemerkung, daß es schwer sei, jüdisch zu leben, gibt mir Swetlana von sich aus erste Hinweise zu ihrer Beziehung zum Judentum. In der Sowjetunion habe sie nie Jüdin sein wollen und ihre Herkunft immer versteckt. Und noch im Aufnahmeheim habe sie Widerstände gegen jede Beschäftigung mit jüdischen Themen gehabt. So hätte sie auch ihr Kind anfangs nicht in die jüdische Schule schicken wollen. Doch dann habe sie sich doch dafür entschieden. Ein olfaktorisches Erlebnis gab dabei den Ausschlag: beim Betreten der jüdischen Schule sei ihr ein „wunderbarer Geruch von Essen"[2] in die Nase gestiegen. Das habe sie an die Kochgewohnheiten ihrer jüdischen Großmutter erinnert.

In ein Interview zu einem späteren Zeitpunkt willigt Swetlana ein; den Begriff des ‚narrativen Interviews' kenne sie aus einem Seminar, das sie an einer Berliner Universität besucht hat. Ihrem Wunsch entsprechend, treffen wir uns einige Tage später in meiner Wohnung.

Zur Motivik des Auswanderns:
Ausbruch aus der ‚geschlossenen Gesellschaft'

Swetlana beginnt ihre Selbstbeschreibung damit, daß sie in der Sowjetunion eine politisch konforme Sozialisation erfahren habe. Ihre Eltern schildert sie als „überzeugte Kommunisten", und auch sie selbst sei, ihrer Erziehung entsprechend, immer „stolz und froh" gewesen, in der Sowjetgesellschaft zu leben. Ein Bewußtsein für konträre und kritische politische Haltungen hätte

---

1   Swetlana Kalinina ist 1960 geboren. Ab 1977 unterrichtete sie als Musiklehrerin in der Schule eines kleinen Ort in der Ukraine; 1983 begann sie ihr Studium der politischen Geschichte (mit Abschluß); ihr Mann war ebenfalls Historiker und bis zur Emigration in der Jugendarbeit tätig. Im Jahr 1990 emigrierte sie mit ihrem Mann und dem dreijährigen Sohn. Swetlana hat erst in Berlin Deutsch gelernt. Das Interview fand im Mai 1996 und ein Nachgespräch im Juli 1996 statt.
2   Gerüche gelten als besonders erinnerungsevozierend; ein klassisches literarisches Motiv bei Proust.

146

sich bei ihr erst im Alter von 21 Jahren durch die Bekanntschaft mit ihrem Mann herausgebildet. Trotz einer gewissen Übereinstimmung in „moralischen, menschlichen Werten" habe dessen systemkritische Einstellung in den Anfangsjahren ihrer Ehe permanenten Streit hervorgerufen. Mit diesem Gegensatz politischer Auffassungen im privaten Bereich charakterisiert Swetlana den Zeitraum bis zum Beginn der Perestrojka 1985. Daß sie damals nie daran gedacht habe, die Sowjetunion zu verlassen, illustriert sie mit einem Beispiel: In einem Gespräch mit ihrem Mann über die Migrationsbewegung der zwanziger Jahre habe sie die russischen Migranten ganz sowjetideologisch konform als „Verräter" bezeichnet.

Den offiziellen Beginn der Perestrojka im Jahr 1985 markiert Swetlana als tiefgreifenden Einschnitt, der Hoffnungen auf Veränderungen im privaten Leben wie in der gesamten Gesellschaft verhieß und eine Aufbruchstimmung im akademischen Milieu auslöste:

> „Alle unsere Studenten und alle in unserer Umgebung, wir waren sehr glücklich. Gleichzeitig mit der Perestrojka kam eine Welle von neuen Kenntnissen und es war also eine sehr große Welle von historischen Quellen, von Belletristik, von russischen Schriftstellern, von Philosophen, und wir haben sehr viel gelesen und sehr viel darüber diskutiert. Wir haben so viele neue Kenntnisse bekommen, daß – also es hat uns auch sehr geändert, also es war ein sehr intensives inneres Leben, so kann man sagen."

Mit dieser „Intellektuelleneuphorie"[3] sei jedoch zugleich eine zunehmende Stagnation der politischen Entwicklung einhergegangen, die Swetlana als beängstigend empfunden habe. Die politischen Ereignisse des Sommers 1989 deutet sie als grundlegende Veränderung, ohne die Gründe dafür genauer auszuführen:

> „Und es war eine bestimmte Grenze, ich kann ganz bestimmt sagen, es war Sommer 1989, also wir haben dann ganz deutlich verstanden, es kommt nichts Gutes zu uns, zu unserem Leben, und wir waren absolut erschüttert (...)."

Das Ende der Aufbruchsstimmung macht Swetlana an „dieser einen großen Konferenz"[4] fest, die „über Nacht" die Einsicht gebracht habe, „es kommt

---

3   Butenko 1990, S. 368.
4   Erster Kongreß der Volksdeputierten nach vielfältigen und zum Teil blutigen ethnischen Auseinandersetzungen, „der in die Geschichte und ins Gedächtnis

jetzt schlimmer", und die eine diffuse, aber gleichsam einen inneren Einstellungswandel herbeiführende Angst auslöste: „Ich habe ganz anders auf Werte geguckt". Hinzu kam der plötzliche Tod ihres ersten Kindes, auf den sie an dieser Stelle nicht näher eingeht, der aber zu einer neuen, auf ihre Familie bezogenen Lebensbewertung geführt habe. Das Ende der Perestrojka und der Rückzug in die Familie fallen in Swetlanas Erzählung also zusammen:

„Wir dachten, jetzt kommt es schlimmer, also jetzt wird es schlimmer. Und weil – wir haben sehr viel darüber gesprochen und weil auch dazwischen passierte dieser schreckliche Fall in unserem Leben – ich meine den Verlust von unserem Kind, ich habe ganz andere – ganz anders auf Werte geguckt, was ist wichtig und was ist nicht sehr wichtig. Ich habe verstanden, daß es nichts Schlimmeres gibt, als wenn etwas mit der Familie passiert, mit dem Kind, mit uns, und ich habe verstanden, daß für mich das das Wichtigste ist. Es war das erste, kann man sagen, mein neues Verständnis vom Leben (...). Und mein zweites Verständnis war, ich kann ändern (...)! Ich war immer so kategorisch, und nach dieser Zeit war ich nicht mehr so kategorisch in meinen Einstellungen, in meinen Meinungen. "

Ein an politisch konformen Werthaltungen orientierter Lebenslauf brach auf und die Lebensperspektive in der Sowjetunion damit zugleich ab. Die Zukunft in diesem Land war nur noch als eine immer bedrohlicher werdende vorstellbar. Der Idee, auszuwandern, waren ein Bruch mit dem alten Lebensentwurf und Vorstellungen, ihn verändern zu können, vorausgegangen. Während Swetlana „früher niemals daran gedacht" hatte, die UdSSR zu verlassen, brachte jetzt die Begegnung mit Ausreisewilligen diese Möglichkeit ins Bewußtsein. Doch nicht der Sog einer Migrationsbewegung wie in den großen Städten Kiew, Odessa oder Moskau forcierte die Entscheidung – „wir haben niemanden in unserer Stadt gekannt, der gehen wollte" –, sondern ein zufälliges Treffen mit zwei Personen, die gerade ihre Ausreise nach Israel vorbereiteten:

„Und wir haben mit denen gesprochen, und dann spät abends kommen wir nach Hause, und als wir in der Stadt spazierengegangen sind – wir haben wieder über die politische Lage diskutiert, wie schrecklich es ist und was können wir erwarten und so und so und so, und dann habe ich ganz spontan gesagt: ‚Na ja, aber könnten wir nicht auswandern?‘ Und mein Mann hat ganz leise gesagt: ‚Aber warum nicht?‘ Und für

---

der Menschen als eine mehrtägige politische Fernsehshow eingegangen ist"
(Kagarlickij 1990, S. 22).

mich es war so erstaunlich, ich habe selbst gedacht: ‚Ja, aber warum nicht? Wie wir jetzt – wenn ich jetzt verstanden habe, es kommt etwas Schlimmes und Ernstes und Schlimmes und wirklich Ernstes, warum dann nicht? Warum soll ich dann noch warten?'"

„Spontan", „zufällig", „über Nacht": Swetlana verwendet Worte, die die Dynamik eines Entscheidungsprozesses, der keine Zeit für Ambivalenzen läßt, sprachlich verdichten. Das Land zu verlassen, erscheint als Zwang, wenngleich keine konkreten auslösenden Faktoren benannt werden. „Also es war nur eine erste Vorstellung: wir wollen raus, einfach raus aus der UdSSR, weil es ist gefährlich, es ist gefährlich für die Familie, für uns als Menschen, so."
Die Vorstellung einer Emigration entsprach dem damaligen Selbstvertrauen sowie der familiären und beruflichen Selbständigkeit:

„Und zweitens ich habe so gedacht: Ich habe ganz früh meine Familie verloren, meine Eltern, und ich habe immer Verantwortung für mich selbst und für mein Kind getragen. Und für mich, es war nicht furchtbar, ich dachte, ich habe eine Ausbildung, ich habe einen Beruf, ich habe viele Fähigkeiten, ich habe viele Kräfte, ich wollte arbeiten, ich kann arbeiten, ich kenne mich selbst, also ich kann arbeiten und jobben und alles machen. Und ich dachte, für mich wird es kein Problem."

Wenige Monate vor der Auswanderung unternahm das Ehepaar eine erste Auslandsreise. Swetlanas Rückreise aus Ungarn fungiert in der Erzählung als Passage, die nur räumlich noch einmal in die UdSSR zurückführt, die ihrer Bedeutung nach eigentlich jedoch den umgekehrten Weg hinaus bereits innerlich vorwegnimmt und bestätigt. Die Reise selbst wird zum persönlichen Abschiedsritual, das ohne soziale Einbindung und begleitet von schmerzhaften Einsichten in die Beschränkungen des bisherigen Lebens in der Sowjetunion vollzogen werden muß. Den damaligen Zweck der Reise nicht benennend, wird der räumliche Übergang der Migration im nachhinein symbolisch aufgeladen:

„Ich war das erste Mal in Ungarn und mein Mann war in Polen. Und es war für mich einfach eine Bestätigung für meine Entscheidung, weil ich war sehr traurig, ich war so traurig, ich war so beeindruckt, also ich war – ich habe diese ganze Reise geweint, ich habe geweint, ich habe die ganze Reise geweint. Ich war so erschüttert, daß – ich habe immer gedacht, wir leben so gut, und ich habe gesehen, wie schlimm wir leben, und für mich war es eine schreckliche Erfahrung, ich war – und auch kann man sagen, also das beste Erlebnis, es war eine Beobachtung über die Kinder. Wie sehen die Kinder und die Frauen im Ausland aus. Wie sie froh sind, wie sie ruhig sind, wie sie lustig sind, also in Rußland das ist absolut anders, und die Frauen sind erschöpft (...). Ich war so überrascht, als ich gesehen habe, wie die Kinder angezogen sind und wie die Frauen angezogen sind und wie sie miteinander umgehen. Also das war ein große Überraschung für mich. Und als ich nach Hause kam, ich konnte nicht sprechen, ich habe nur geweint, ich habe geweint, wie schlimm ist es bei uns! Wie schlimm, also das kann man nicht – wie schlimm wir hier leben und wie man uns betrogen hat, also immer!"

Die Bilder des ‚anderen Lebens' verheißen Wohlstand ohne aufreibende Arbeit und eine Art heitere Gelassenheit des Alltags. Swetlanas Eindrücke bestätigen und forcieren die Migrationsentscheidung im Sinne einer imaginären Struktur eines ‚besseren Lebens', ohne daß sie zunächst mit einem bestimmten Land verknüpft werden. Eher wird das Ausland an sich mit seinen Insignien einer westlichen Alltagskultur als konträr zur Herkunftsgesellschaft und zur persönlichen Begrenztheit und Angestrengtheit des eigenen Lebens empfunden. Mit der ersten Grenzüberschreitung wird Identität – nun als defizitär empfundene – durch Eindrücke von Alterität erst bewußt. Swetlanas alltagsorientierter, auf Kinder und Frauen gerichteter Blick registriert entsprechend alltagsbezogene Zeichen einer leichteren Lebensführung, die zu Symbolen eines nicht unbedingt westlichen, sondern zunächst einfach anderen, aber gleichsam besseren Lebens werden.

Die krisenhafte Stimmung der sowjetischen Gesellschaft gegen Ende der Perestrojka hat Swetlana – im Kontrast zu einem zuvor glücklichen, wenngleich politisch konformen Leben – als zunehmend bedrohlich dargestellt. Mit dieser Beschreibung stellt sie die Sowjetunion und deren gesellschaftliche Entwicklung einem freieren, leichteren Leben gegenüber. Indem sie in Oppositionen spricht, wird es ihr möglich, die Herkunftsgesellschaft zu beschreiben und nachträglich zu entwerten. Während die Auslandseindrücke erfahrungsnah und konkret beschrieben werden, bleibt die Perestrojka als eine Zeit, die zuerst Konformität aufbricht, dann Hoffnung bringt und zuletzt Angst auslöst, stereotyp, wobei der Zusammenhang zwischen politischer Desillusionierung und persönlicher Erschütterung unklar bleibt. Die sowjetische Gesellschaft erscheint erst retrospektiv, auf Ökonomie und Alltagsleben bezogen, unerträglich geworden zu sein. Auch Swetlanas Begründung des Weggehens und die „Angst, es kommt schlimmer", bleiben in der Erzählung undeutlich; Motive werden nicht explizit benannt.

Erst eine spätere Erzählung im Interview verweist auf diffuse Marginalisierungserfahrungen, in deren Verlauf Swetlanas beruflicher Status als ‚politische Historikerin' seine gesellschaftliche Anerkennung zunehmend zu verlieren schien. Sie schildert eine solche, von Legitimationsdruck gekennzeich-
nete Situation:

> „Da war eine solche große Skepsis gegenüber all dem, was in der
> Sowjetunion passierte, und wenn mich jemand fragte: ‚Was bist du
> von Beruf?' und wenn ich sagte: ‚Ich bin Historiker', oder ‚ich bin po-
> litischer Historiker', dann habe ich nur wildes Lachen gehört. Also die
> Menschen haben gelacht: ‚Was für einen Beruf hast du? Sie sind alle
> Betrüger, sie sind – sie sind alle Betrüger!', haben sie mir gesagt. Und
> es war absolut vergeblich, mit jemanden zu reden und zu sagen: ‚Ich
> bin kein Betrüger!' Und ich war auch – und es gibt eine bestimmte
> Entwicklung bei jedem Menschen und ich bleibe auf keinen Fall auf
> diesem Niveau, wie ich zum Beispiel vor fünf Jahren gewesen bin,
> aber es war absolut vergeblich, das jemandem zu beweisen."

Die Perestrojka hatte bei Swetlana nicht nur einen inneren Bruch mit dem
Gesellschaftssystem herbeigeführt. Während sie sich selbst zunehmend davon distanzierte, wurde sie von ihrem sozialen Umfeld zu denen gezählt, die
für den krisenhaften gesellschaftlichen Zustand verantwortlich gemacht wurden. Als Angehörige der ‚politischen Intelligenz' wurde sie für Fehlentwick-
lungen haftbar gemacht, die in der Krise am Ende der Perestrojka erst offensichtlich wurden und für die Sündenböcke gesucht wurden, die man in der
Schicht der Intelligenzija zu finden meinte. Swetlana schildert – wenngleich
ziemlich abstrakt und von konkreten Personen abgelöst – Erfahrungen, wonach sie mit den politisch Verantwortlichen der sich auflösenden UdSSR
identifiziert und als Mitschuldige einer Entwicklung ausgemacht wurde, innerhalb derer sie sich selbst persönlich und politisch verändert habe.

Swetlanas Erzählungen illustrieren nicht nur Bedrohung und Statusverlust, sondern zugleich ihren inneren Einstellungswandel vor dem Hintergrund
der Perestrojka. Gesellschaftliche Dynamik und tiefgreifende Lebensverände-
rung werden in einer Gleichzeitigkeit beschrieben, ohne daß jedoch konkrete
Wechselwirkungen benannt werden. Der Wunsch zu emigrieren fällt schließlich mit der Möglichkeit zusammen, das Land verlassen zu können, ist jedoch
nicht an ein Ziel gekoppelt.

> „Also gut, es kommt die Entscheidung, aber wohin können wir über-
> haupt? Nicht wohin wollen wir, darüber konnte man nicht sprechen,
> weil es war eine geschlossene Gesellschaft, und es war überhaupt
> keine Möglichkeit, etwas zu wählen. Dann haben wir einfach überlegt,

wohin können wir? Und wir haben unterschiedliche Informationen gesammelt, und wir haben so gedacht: entweder USA oder Australien oder Kanada oder Israel, und wir haben gedacht, wie wir es in Wirklichkeit schaffen können."

Der Topos der ‚geschlossenen Gesellschaft' versinnbildlicht eine Herkunftsgesellschaft, deren Grenzen vor allem durch soziale und politische Kontrolle abgeriegelt schienen. Weder war ein sozialer Austausch über Migrationsmöglichkeiten möglich, noch existierten Kontakte zu bereits Ausgewanderten oder kursierten Informationen über das Ausland. Deutschland war nicht einmal in der Vorstellung als mögliches Einreiseland präsent.

Die ‚geschlossene Gesellschaft' steht hier metaphorisch für die Undurchlässigkeit der Grenzen zwischen Ost und West. Sie ist von einer Grenze umschlossen, die hier nicht räumliche Trennung markiert und Begrenzung nicht im Sinne der Behinderung eines räumlichen Übergangs symbolisiert. Sie repräsentiert vielmehr die eingeschränkten Möglichkeiten, überhaupt Vorstellungen einer Grenzüberschreitung zu entwickeln und an Informationen zu gelangen, die notwendig sind, um die Auswanderung in die Tat umzusetzen. Der Prozeß der Auflösung der ‚geschlossenen Gesellschaft' korrespondiert in Swetlanas Erzählung mit dem Prozeß der Ausreiseentscheidung; oder anders gesagt: Swetlanas eigene Geschichte verkörpert diese Auflösung. Ihr Weggehen wird als in eins fallend mit dem Zerfall der Sowjetunion beschrieben, deren Grenzen mit der langsam wachsenden Realisierung der Möglichkeiten einer Migration durchlässig werden. Indem Swetlanas Migration parallel zur Transformation und Öffnung der ‚geschlossenen Gesellschaft' verläuft, repräsentiert sie mehr als einen individuell eingeschlagenen Weg. Die Herausbildung der Auswanderungsentscheidung, die Suche nach Ausreisemöglichkeiten und entsprechenden Informationen, die instabilen politischen Verhältnisse, dies alles in seiner Verschränkung wird von Swetlana als „chaotisch" und „ganz gleichzeitig" ineinander verwoben beschrieben, als Verkettung dynamisierender Kräfte von „wollen, sollen und können", die die Emigration sogartig vorantreiben.

Wenn Swetlana die Auswanderungsentscheidung als „heimlich" getroffene charakterisiert, so bedeutet dies nicht nur, daß kaum jemand in ihrem sozialen Umfeld davon gewußt hatte. Vielmehr wird damit auch der Mangel an sozialer Akzeptanz umschrieben:

„Wir haben mit unseren Freunden (gesprochen) – nicht mit allen natürlich, es waren ein paar Menschen, die zustimmend waren und vertrauliche Menschen. Natürlich konnte man darüber – wir haben es heimlich gemacht. Aber mit ein paar Menschen, sie wußten Bescheid.

Na ja, sie waren ein bißchen skeptisch und wir: ‚Ach, es wird nicht so schlimm' und so. Niemand hat uns geglaubt, daß es kommt wirklich schlimmer."

Die wenigen, die in ihrem Freundeskreis über die Auswanderungspläne informiert waren, reagierten mit Skepsis. Während Swetlana die Emigration in Anbetracht der sich dramatisch zuspitzenden innenpolitischen Entwicklung notwendig erschien, sahen die Bekannten darin keinen akzeptablen Ausweg: in ihren Augen galt die Auswanderung als problematisch und weniger die innenpolitische Lage in der Sowjetunion.

Die Bestätigung ihrer Entscheidung erhält das Ehepaar folglich nicht durch das soziale Umfeld, da weder Freunde sie gutheißen noch die Eltern sie ernstnehmen. „Unsere Eltern glaubten absolut nicht daran, sie glaubten: ‚ach, sie haben ständig Pläne'". Es gibt keine ritualisierte Form für den Abschied. Die Auflösung der gemieteten Kommunalwohnung und des Mobiliars wird erst nach dem Wegzug von Verwandten übernommen. Als sollte die Migration kaschiert werden, stellt Swetlana in ihrer damaligen Universität einen Urlaubsantrag. Die szenischen Erzählungen vom weitgehend heimlichen Abschied geben Hinweise auf die mangelnde Akzeptanz gegenüber Migranten bei der Mehrheit der zurückbleibenden sowjetischen Bevölkerung. Doch die Gründe für dieses „rituelle Defizit"[5] liegen nicht nur in der sozialen Inakzeptanz der Auswanderung und der Heimlichkeit ihres Vollzugs, sondern auch in dem Fehlen eines Ziels. Ein Weggehen ins Unbestimmte scheint rituell nicht formbar zu sein.

Swetlana erzählt nur von einer Abschiedsszene, die Irreversibilität markiert, nämlich als sie ihre Professorin am Vorabend des Abflugs in die Absicht zu emigrieren einweiht. In deren Reaktion sieht Swetlana eine Stigmatisierung bestätigt: wer auswandern wollte, wurde als Jude identifizierbar, wurde zum Juden gemacht:

„Als ich zu meiner wissenschaftlichen Betreuerin gekommen bin, um zu sagen, daß ich wegfahre – wir haben niemals darüber gesprochen, wer ich bin, also daß ich Jüdin bin, und ich weiß nicht, was sie darüber dachte, ich weiß es nicht. Aber ihre erste Frage war: ‚Nach Israel?' Warum? Ist es das einzige Land auf der ganzen Welt? Warum

---

5   Barbara Wolbert (1995, S. 30ff) hat am Beispiel der Remigration türkischer Arbeitsmigranten von der Rückkehr als einem Übergang mit symbolischem Defizit gesprochen, weil sie ohne die Stütze eines verbindlichen Ritus vollzogen werden muß. Wolbert verwendet den Begriff des „rituellen Defizits" im theoretischen Zusammenhang des Statuspassagenkonzepts von Van Gennep, Barney Glaser und Anselm Strauss.

hat sie nicht gefragt, in welches Land? Warum? Es ist – und ich war so überrascht und mein erster Gedanke danach war: ‚Aha, du wußtest doch, daß ich Jüdin bin!‘“

Als sich Swetlana auf meine Nachfrage hin an jüdische Stigmatisierungserfahrungen zu erinnern versucht, fällt ihr eine Geschichte ein, wonach Nachbarn sie und ihren Mann direkt nach ihrem Wohnungsauszug gegenüber ihrer Mutter als „dreckige Juden“, die „doch nach Israel gehen sollen“, beschimpften. In solchen Erzählungen verdichten sich doppelte Marginalisierungserfahrungen, wenn Migranten nicht nur als Verräter, sondern auch als unerwünschte Juden galten. Zwar werden antisemitische Stimmungskampagnen von Swetlana nicht als persönlich erfahrene Vertreibungsmomente erinnert, und sie werden abgekoppelt von der eigenen Auswanderungsentscheidung erzählt; dennoch zeigt sich darin eine Vorurteilsstruktur in der spätsowjetischen Gesellschaft, die zumindest die Form des Abschieds implizit mitgeprägt zu haben scheint. In Swetlanas Geschichte tritt die stigmatisierende Zuschreibung als Juden erst hervor, als die Migration für das soziale Umfeld offensichtlich wird. Weil sie von der üblen Nachrede nur vom Hörensagen weiß, kann Swetlana diese Art von Vertreibungsdruck auch erst im nachhinein benennen. So erfährt die diffuse Angst in der Perestrojka-Zeit, die sie am Anfang ihrer Erzählung nicht begründet hatte, erst nachträglich eine Erklärung im Antisemitismus. Dem Fremdbild stand das Selbstbild, nicht als jüdisch gelten zu wollen, diametral gegenüber. Mit der Bewertung ihrer Migrationsentscheidung – „Aber es hatte nichts mit Judentum zu tun, absolut nichts! Wir haben nicht an Gott gedacht“ – und dem Hinweis, daß über jüdische Identität in ihrer Familie nie gesprochen worden sei, gibt Swetlana zu verstehen, daß sie nicht als Jüdin ausgewandert war, weil ihr ein positiver Identitätsbezug, den sie erst heute in Deutschland im religiösen Bekenntnis sucht, damals vollkommen fehlte.

Grenzüberschreitung

Die Vorbereitungen der Ausreise beschreibt Swetlana als ausgesprochen mühsam. Nachdem der Entschluß im Sommer 1989 endgültig gefaßt worden war, versuchten ihr Mann und sie Möglichkeiten zu eruieren, die Sowjetunion zu verlassen.

„Dann haben wir überlegt, was brauchen wir dazu, was sollen wir vorbereiten oder beantragen oder so. Mein Mann ist ein paar Mal nach

Moskau gefahren, um etwas zu fragen, aber es war absolut unmöglich, es standen viele Menschen vor der Botschaft und warteten, aber wenn du nichts weißt, dann – und dann haben wir also ganz unterschiedliche Informationen gesammelt über unterschiedliche Länder und alles auch gemacht, was wir nur konnten (...). Und es war absolut vergeblich, es war so eine chaotische – aber wir kamen zu der Entscheidung, wir wollen raus."

Nach Israel zu emigrieren, erwies sich als aussichtslos, weil dort weder Bekannte noch Verwandte lebten, die die notwendige Einladung hätten schicken können. Übrig blieb die Idee einer Auslandsreise in die sozialistischen Nachbarstaaten, um von dort aus an Informationen zu kommen, wie sie ins westliche Ausland gelangen könnten. Die Familie beschloß, daß Swetlanas Mann und dessen Freund eine Erkundungsreise nach Polen und Ungarn unternehmen sollten, in der Hoffnung, auf den Umsteigeflughäfen der Hauptstädte israelische Kontaktpersonen zu treffen, von denen man gerüchtehalber gehört hatte, daß sie Einladungen nach Israel ausstellten.[6] Weil solche Begegnungen jedoch weder in Warschau, noch in Budapest gelangen, reisten die beiden Männer nach Berlin weiter. In Westberlin stellte angeblich die südafrikanische Botschaft Einreisevisa für sowjetische Juden aus, doch war sie zu diesem Zeitpunkt geschlossen.

Der Prozeß der Auswanderung ist in Swetlanas Darstellung durch einen weitgehend formlosen, offenen und ungewissen Verlauf gekennzeichnet. Weder verfügten ihr Mann und sie in der Sowjetunion über Kontakte zu jüdischen Organisationen, die zur Ausreise verhalfen, noch konnten soziale Netzwerke mobilisiert werden, in denen die Aufnahmebedingungen in verschiedenen Ländern hätten besprochen werden können. Auch hatte sich in Swetlanas Herkunftsstadt keine Gruppe von Ausreisewilligen formiert, die den Austausch von Informationen ermöglicht hätte. Es existierten weder Papiere für eine geregelte Ausreise noch hatte man Zugang zu entsprechenden sowjetischen Behörden oder Auslandsvertretungen. Die Auswanderung gleicht letztlich einem Abenteuer, wobei weder eine freie Entscheidung über ein mögliches Zielland getroffen werden konnte noch die Auswanderung überhaupt planbar und ein Ziel sicher war. Von Deutschland existierten zwar vage Bilder eines wohlstandsgesättigten Landes, keinesfalls aber Vorstellungen davon, daß es als mögliches Einwanderungsland infrage kommen könnte. Dementsprechend wird die Einreise nach Deutschland in Swetlanas Erzählung ausschließlich von Zufällen herbeigeführt.

---

6   Vertreter der Jewish-Agency nahmen sowjetische Juden auf den Flughäfen osteuropäischer Städte in Empfang und arrangierten den Weiterflug nach Israel (Mertens 1993, S. 120).

„ (...) zufälligerweise Deutschland. Zufälligerweise! Weil wir hatten absolut keine Vorstellung von Deutschland. Das einzige, was wir ganz bestimmt gewußt haben, daß eine Auswanderung in die BRD absolut unmöglich war, es war – es ist wirklich ein sehr gutes Land, ein paar Sätze waren in unserem Kopf, aber eine Auswanderung war absolut unmöglich – also für uns es kam absolut nicht in Frage, also Deutschland – kein einziges Gespräch über Deutschland."

Swetlanas Schilderungen des Einwanderungsprozesses nach Deutschland als eine Kette von Zufällen spricht aber nicht nur für den Mangel an Informationen über das westliche Ausland in der UdSSR, sondern gleichermaßen für die Tatsache, daß es zum Zeitpunkt ihrer Auswanderung noch kein geregeltes Aufnahmeverfahren für sowjetische Juden gab. Die Möglichkeit, in der damals noch existierenden DDR bleiben zu können, wurde allenfalls gerüchtehalber von Migranten verbreitet; eine massenhafte Einreise, wie sie wenige Jahre später einsetzte, fand noch nicht statt, und der Weg, nach Deutschland zu kommen, wie auch die rechtlichen und sozialen Bedingungen, mußten von einzelnen Migranten und ihren Familien noch individuell erkundet werden.

So beschreibt Swetlana ihren Mann und dessen Freund wie Kundschafter oder Pioniere, die auf abenteuerliche und vom Zufall herbeigeführte Weise Informationen über Aufenthaltsmöglichkeiten erhalten und Aufnahmebedingungen ausloten. Nach einem mißlungenen Versuch, zur südafrikanischen Botschaft zu gelangen, fahren die beiden Männer „zufällig" ins Westberliner Stadtzentrum weiter. Am Wittenbergplatz begegnen sie wiederum zufällig einer Frau, noch dazu einer russischen Jüdin, die über Aufnahmeregelungen der DDR für sowjetische Juden informiert ist. Die Mahnung jener Frau, „so schnell wie möglich" mit der Familie nach Ostberlin zu kommen und sich „sehr schnell zu entscheiden", spiegelt die politisch unsichere Lage wider: Die Aufnahmezusicherung könnte ebenso kurzfristig zurückgenommen werden wie sie ausgesprochen worden war.

Das Bild, das Swetlana vom Übergang zeichnet, gibt Aufschluß über die Dynamik der Migrationserfahrung. Mit erzählerischen Mitteln der szenischen Verdichtung und der zeitlichen Verknappung wird der räumliche Übergang symbolisch aufgeladen. Die Zufallsstruktur in der narrativen Ausgestaltung hebt die Dramatik der damaligen Situation hervor. Wie in einer Filmszene wird das Treffen mit jener russischen Jüdin in Westberlin kurz vor der Rückreise der beiden Männer in die Ukraine dramatisch zugespitzt; ihre wörtlich wiedergegebene Mahnung, so schnell wie möglich nach Deutschland kommen zu müssen, illustriert den Entscheidungsdruck; die weitere Entwicklung wird jetzt detailgenau und tageweise erzählt. Swetlanas Mann kehrt nach Hause zurück und erklärt Deutschland – von dem sie nur weiß, daß es „ein gutes Land" sei, aber auch „das Land, wo der Nazi wohnt" – zum Zielland, um wenige Tage später wieder nach Ostberlin zu fliegen und die zu erwartenden Lebensbedingungen für die Familie, die später nachkommen soll, zu erkunden. „Wir haben so entschieden, daß er nach Berlin fliegt und findet, wo es irgendwo irgendwie eine Aufnahme gibt." Die Suche ist von beschränkten Mitteln und Orientierungslosigkeit geprägt:

> „Er hatte nur 10 Mark, nur 10 Mark Geld, sonst hatten wir keins. Also absolut keine Information, wo diese Aufnahme stattfindet, mit welchen Bedingungen, auf welchem Lebensniveau. Ist es ein Lager, ist es eine Kaserne, was ist es? Absolut keine Information, nichts!"

Das Gepäck ihres Mannes enthielt etwas Wäsche, um in Karlshorst in der Nähe von Berlin bei der sowjetischen Militärregierung oder in Potsdam bei der russischen Armee übernachten zu können, zwei Flaschen Wodka und einen Kassettenrecorder, den er „bei Rumänen oder Polen" verkaufen wollte.

> „Und dann hat mein Mann zwei Tage lang diese (jüdische) Gemeinde gesucht und wie! Ich habe gefragt: ‚Wie? Du kannst kein einziges deutsches Wort!' Und dann hat er gesagt: ‚Einfach, ich hatte einen kleinen Stadtplan, und einfach eine Straße und gehe und gucke und dann mache ich ein Kreuz. Gut, diese Straße gibt es und keine jüdische – und dann nächste.' Zwei Tage er hat so gesucht und gefunden, gefunden diese ostberlinische jüdische Gemeinde. So, und dann kam er, hat seine Unterlagen gezeigt, seine Geburtsurkunde, und dann haben sie ihm einen Nachweis für dieses Wohnungslager Ahrensfelde gegeben. Und dann hat er auch einen Tag gesucht, bis er in Ahrensfelde – und dann muß man mit dem Bus fahren und dann noch zu Fuß gehen, und der Bus kam nicht bis zum Lager. Damals kam der Bus bis zum Wald und dann – und er sagte: ‚Ich stand da und überall sind Wälder und kein Lager.' Und er hatte dann auch den ganzen Tag gesucht, gesucht und dann gefunden, und dann wurde er aufgenommen."[7]

---

7   Die ersten Zuwanderer wurden behelfsmäßig in einer ehemaligen Kaserne des Ministeriums für Staatssicherheit in der Nähe von Berlin untergebracht. Um in einem dieser „Zentralen Aufnahmelager des Ministeriums für Inneres" der DDR aufgenommen zu werden, mußten die Migranten neben ihrem sowjetischen Paß eine von der Ost-Berliner Jüdischen Gemeinde ausgestellte „jüdische Identitätsbescheinigung" vorweisen. Diese Praxis wurde von der West-Berliner Jüdischen

Der Weg zum Aufnahmeheim ist lang und von Orientierungslosigkeit gekennzeichnet, während die Aufnahme sowohl in der jüdischen Gemeinde, als auch im Heim als problemlos beschrieben wird. Allerdings tauchen in Swetlanas Erzählungen keine Empfangs- oder Begrüßungsszenen auf. Eingliederungsriten finden nicht statt. Jüdische Organisationen, die Integrationshilfen geben oder bei bürokratischen Vorgängen helfen, bieten sich den Neuankömmlingen nicht an. Der Kontakt zu Migranten, mit denen man die gleiche soziale Lage, ähnliche Auswanderungserfahrungen oder Informationsbedürfnisse über die Aufnahmegesellschaft teilt, muß außerhalb der Stadt, im Aufnahmeheim, gesucht werden. Innerstädtische Migrantennetzwerke scheinen noch nicht entstanden zu sein. Es ist eine Aufnahme, die noch keine feste Verfahrensstruktur aufweist.

An dieser Stelle des Interviews bricht Swetlana die Erzählung über die Ankunft in Deutschland abrupt ab und greift zeitlich noch einmal zurück, um den Übergang narrativ neu zu gestalten. Damit wird das rituelle Defizit eines räumlichen Übergangs, der weder sozial noch rechtlich oder bürokratisch konturiert ist, mit symbolischen Formen ausgeglichen. Die folgende Schlüsselszene akzentuiert die Migration als Initiationsbewegung in einen Zeit und Raum entgrenzenden intellektuellen Universalismus: So habe ihr Mann von seinem ersten Auslandsaufenthalt in Polen eine Bibel mitgebracht, die allen Freunden zuhause gezeigt wurde. Ihre Dingbedeutsamkeit besteht in der Bewußtwerdung, bisher aus wichtigen Wissensformen ausgeschlossen gewesen zu sein, denn die Bibel war in der Sowjetunion zumindest offiziell nicht zugänglich. Tagelanges Lesen der Bibel habe Swetlana „Erschütterung" gebracht, ohne daß im Interview klar wird, worin diese bestand. Die Bibel wird in zweierlei Hinsicht, nämlich buchstäblich auf zwei Wegstrecken bedeutsam. Von Polen nach Rußland gebracht, ursprünglich aus der Schweiz stammend, bringt sie weltläufiges Wissen und ‚Erschütterung' und trägt damit wiederum zur Bestätigung des Entschlusses zur Ausreise bei. Aus der Ukraine nach Deutschland mitgenommen, wird „das erste Buch der Welt und das Buch der Bücher" in der Erzählung wie ein Fahrgast plaziert: „Es ist mit nach Deutschland gefahren". Nicht die hinübergeretteten Teile der privaten Bibliothek, sondern ein einzelnes, religiöses Buch wird zum Schlüsselsymbol

---

Gemeinde stark kritisiert. Sie überprüfte die jüdische Identität nur, wenn Neuankömmlinge auch Mitglied der Gemeinde werden wollten, und nicht als Bestandteil eines staatlichen Aufnahmeverfahrens. Heinz Galinski, der Vorsitzende der West-Berliner Gemeinde, protestierte mit dem Argument gegen das Verfahren der jüdischen Gemeinden im Ostteil der Stadt, daß jüdische Gemeinden vor dem Hintergrund des Nationalsozialismus nie in die Rolle staatlicher Prüfungsinstanzen von jüdischer Identität geraten dürften (Mertens 1993, S. 215).

in der Markierung des räumlichen Übergangs. Die Bibel fungiert metaphorisch für die an die Auswanderung geknüpfte Hoffnung auf Teilhabe an einem Wissen, von dem man sich im nachhinein im eigenen Land ausgeschlossen sieht. Die tiefgreifende Transformativität der Migration wird im Bild der mitreisenden Bibel symbolisiert.

Ein von Swetlana kolportierter Satz ihres Mannes in der Nacht vor seiner Erkundungsreise folgt einem ähnlichen Muster, nämlich die identitätstransformierende Bedeutung der Migration sinnfällig zu machen:

> „Mein Mann hat mir so gesagt: ‚Swetlana, es gibt Chancen im Leben, es gibt Chancen!' Und er hat gesagt: ‚Wir haben alles versucht, wir haben uns beworben als Arbeiter in Australien, in so und so, und jetzt wir sollen uns als Juden sich also – also leben, leben als Juden' (...). Für mich es war ein absolut neues Gefühl, absolut neues Gefühl, weil ich habe mich immer nur geschämt, daß ich eine Jüdin bin."

Die Suche nach Auswanderungsmöglichkeiten erfordert eine Reflexion der eigenen Identitätsmöglichkeiten. Nachdem alle Versuche, über einen sozialen/beruflichen Status auszuwandern, an den Aufnahmebedingungen verschiedener Einwanderungsländer gescheitert sind, bleibt nur die ‚jüdische Identität'. Sie geltend zu machen, ist die einzige Möglichkeit zu emigrieren, und zwar nach Deutschland. So drückt das Wort „sollen" hier eine Vorgabe aus, die fast schon als Zwang empfunden wird, sich zu einer jüdischen Identität zu bekennen. Sich diese Vorgabe anzueignen, eröffnet für Swetlana und ihren Mann zugleich eine Chance für einen neuen identitären Lebensentwurf. Was zunächst nur als strukturelles Moment im Migrationsprozeß erscheint, bekommt programmatisches Gewicht.

Im Verlauf des Interviews wird hier erstmals ein Identitätsentwurf als Jude formuliert. Ihr Mann habe gesagt: „Man muß sich jetzt wahrnehmen, wie wir sind". Die Familienmitglieder sollen Juden werden, „als Juden leben", aber gleichermaßen sind sie es schon, d.h. die Identität im Sinne einer natürlich gegebenen, quasi naturalisierten Zugehörigkeit existiert bereits, muß allerdings im bewußten Akt erst angeeignet werden. Notwendig erscheint, eine bedeutungsvolle Beziehung zu dieser Identität zu entwickeln. Diese Anforderung ist Zwang und Möglichkeit zugleich und muß schnell erfüllt werden, "weil morgen kann es schon keine Chance mehr sein", was wiederum den zeitlichen Druck deutlich macht, unter den sich Swetlana in diesem Moment von ihrem Mann gestellt sieht. Im Kontrast zu dieser plötzlichen, vollkommen neuen Anforderung steht ein ganzes Leben voller Scham als Jüdin. Diese Spannung beschreibt Swetlana als „absolut neues Gefühl", wobei für sie offen bleibt, wie eine belastend empfundene Zugehörigkeit nun positiv angeeignet werden soll, wie biographische Kontinuität zwischen schamhaft versteckter und stolz ausgelebter Beziehung zum Judentum herzustellen sei.

„Mit der Auswanderung war es – wir wollten einfach auswandern, und wir wollten nicht als Juden auswandern, also im Prinzip, weißt du. Aber als mein Mann dann kam und sagte: ‚Also Swetlana, wir sollen uns als Juden wahrnehmen‘ – na ja, und da war keine Wahl, also entweder oder, aber was es bedeutet, als Juden also – man muß es einfach so – also (sie lächelt) einfach für sich selbst sagen, daß also jetzt betrachte ich mich als Jude, als Jude, obwohl es ist früher nicht so gewesen, man muß es so – und ja natürlich, ich habe auch Scham, ich habe auch dieses Peinlichkeitsgefühl, daß ich sollte auch sagen, daß ich eine Jüdin – natürlich, aber na ja, wenn wir auswandern wollten und mit diesen Bedingungen, na ja gut.“

F.B.: „Hättet ihr nicht anders auswandern können, jetzt sag ich einfach mal als Russen?“

S.K.: „Nee, es war unmöglich! Wir haben alle Varianten probiert (...), und es hat nicht geklappt und auch nicht mit Israel (...). Und es war eine Möglichkeit, nach Berlin zu kommen und dann Unterlagen zu zeigen und dann zu zeigen, daß wir Juden sind und daß wir als Juden auswandern wollen. Gut, okay, aber bei mir war – ich hatte absolut keine Ahnung, was es bedeutet. Ich dachte, na ja, Juden das ist wie Russen, wie Kasachen, einfach so. Andere Gedanken und Gefühle hatte ich nicht.“

Daß der Prozeß der Aneignung jüdischer Identität von Swetlana als zwangsläufig empfunden wird, gibt auch Aufschluß über die Macht staatlicher und bürokratischer Autorität, die keine alternative Selbstwahrnehmung erlaubt, weil die Immigration a priori als jüdische, d.h. hier ‚ethnisch‘ definierte Statuspassage festgelegt ist. Staatliche Identifikation verlangt persönliche Identifizierung. Die Aufnahme in Deutschland erfordert nicht nur, Jude zu sein, sondern jüdisch zu werden. Eine im Herkunftsland relativ unwichtige bzw. als diffuse Stigmatisierung erfahrene ethnisch-nationale Zugehörigkeit transformiert sich im Aufnahmeland in eine Identität, die angeeignet, also bedeutungsvoll werden soll. Doch wie das geschehen sollte, blieb ungeklärt.

„Jetzt wußten wir, daß wir Juden sind und daß es für Juden gibt es also bitteschön eine Synagoge (sie lächelt), na ja, einige neue Begriffe haben wir gekriegt, aber – und zum Beispiel jemanden in der Gemeinde zu fragen, hatte ich überhaupt keine Sprache, und auch wieder diese Scham, zu sagen, du kennst überhaupt nichts, weil die deutschen

Juden, die haben ganz bestimmte Begriffe, was es bedeutet, Juden zu sein, und dann sie haben natürlich solche Vorstellungen: Was sind denn das für Juden, wenn sie nicht ein einziges Mal in der Synagoge gewesen sind (...). Und deshalb, wenn du einmal solche Äußerungen gekriegt hast und das zweite Mal, dann hast du keine Lust, noch mal hinzugehen und das noch mal zu hören."

Suche nach sozialer Anerkennung

„Weißt du, als wir ausgewandert sind, ich wollte nichts Russisches hören, nicht russisch lesen, und es dauerte bei mir ungefähr zwei Jahre, daß ich keine russischen Bücher lesen wollte, keine russischen Zeitungen lesen, kein russisches Fernsehen oder Filme oder so. Ich war so wütend auf dieses Land, ja nicht auf das Land, auf die Gesellschaft, dieses System, dieses politische Regime, und ich war so wütend, daß wir so viel Zeit verloren haben, daß wir so schrecklich betrogen wurden, daß ich – ich hatte nur so bittere Gefühle. Dann habe ich gesehen, wieviel habe ich vor mir zu machen, zu schaffen und wie schwer es mir wird – obwohl ich habe damals noch nicht verstanden, wie schwer es wirklich wird und wieviel muß man nachholen in diesem neuen Land und in diesem Leben und wie vielfältig dieses Nachholen sein muß. Aber meistens es war dieses Gefühl: wieviel soll ich schaffen und schade, daß es so (betont) spät für mich selbst ist, daß ich schon so viel hinter mir habe und daß alles, was ich habe, vergeblich ist für mein Leben hier. Ich hatte damals solche Gefühle: was ich hinter mir habe, ist für mich unnutzbar."

Swetlana beschreibt die Anfangsjahre in Deutschland als eine Phase, in der die Verknappung der vor ihr liegenden Lebenszeit ins Bewußtsein rückt und den Zwang des Nachholenmüssens verstärkt.[8] Dieses für Migranten charakteristische Erleben ist durch eine Gleichzeitigkeit von Dilemmata gekennzeichnet, weil verschiedene Anforderungen in Widerspruch zueinander geraten. Das Gefühl der Verkürzung der Zeit vor dem Hintergrund einer als wertlos empfundenen Vergangenheit scheint Swetlana in diesem Zustand zu halten und ihr die Möglichkeit zu verwehren, Perspektiven zu entwickeln.

---

8 Werner Schiffauer (1991, S. 169ff) hat die Veränderung der Zeitwahrnehmung als Folge der Migration bei türkischen Arbeitsmigranten beschrieben.

„Ich konnte mir zum Beispiel nicht vorstellen, daß ich könnte mir jemanden an der Uni suchen, die Russisch kann. Ich bin, ich war – natürlich war es mein Fehler, nicht Fehler, es war – ich hatte keinen Mut, solche Menschen zu suchen. Ich war so enttäuscht in mein Land, in meine Geschichte, also in meines Landes Geschichte, in meine Erfahrungen auch, daß ich dachte, es braucht niemand meine Kenntnisse, meine Erfahrungen, meine – wer wird daran interessiert sein? Weißt du, ich habe nicht gedacht, daß so viele Menschen zum Beispiel in russischer Geschichte interessiert sind, und ich habe nicht gedacht, daß es zum Beispiel in der Freien Universität ein großes Ost-Europa-Institut gibt, und so viele Studenten lernen die russische Sprache. Wenn ich es gewußt hätte – ich hatte keine Erfahrung, diese neuen Kontakte zu schaffen (...). Wir kamen aus einer sehr geschlossenen und also aus einer schrecklichen Gesellschaft, und wir waren so unflexibel in unserem alltäglichen Leben, in unserem professionellen Leben auch, in unserem – in allen Bereichen im Leben. Und ich habe viele Jahre gebraucht, um das zu begreifen, und daß ich soll nicht nur Sprache lernen, nicht nur Alltagsleben lernen, überhaupt andere Kultur lernen, auch eine andere Kommunikationskultur lernen, und das habe ich überhaupt nicht gewußt."

Swetlana stand damals unter einem „Zwang zur Synthese verschiedener Handlungsbereiche, die jeweils einen anderen Rhythmus vorgeben. In zeitlicher Hinsicht äußert sich das als Zwang zur Synchronisation, die kaum gelingt."[9] Dieses Lebensgefühl erklärt sie wiederum aus ihrer Vergangenheit heraus, mit der Sozialisation in der ‚geschlossenen Gesellschaft‘. Ihre Reflexionen stellen den Versuch dar, die Desintegration als umfassendes Gefühl des Fremdseins in einer Gesellschaft mit gänzlich neuen sozialen Regeln und einer vollkommen anderen Kommunikationskultur zu erklären. Indem die ‚geschlossene Gesellschaft‘ auch hier wieder in grundsätzliche Opposition zur Aufnahmegesellschaft gestellt wird, erscheint die eigene Identität als ‚das Andere‘.

„Wir haben in einer geschlossenen Gesellschaft gelebt und niemand empfiehlt auch, daß du sollst etwas in dir selbst ändern und welche Richtung, was es bedeutet, sich zu integrieren und so. Es ist sehr schwer."

Integration umfaßt hier die Suche nach einem eigenen Weg, ohne zu wissen, über welche Gruppenbezüge und Institutionen sie bewerkstelligt werden

9   Schiffauer 1991, S.174-175.

162

kann. Als ich Swetlana frage, ob sie sich durch die Migration verändert habe, tritt die Krise hervor. Sie bejaht die Veränderung, bricht jedoch ab, ohne sie formulieren zu können.

„Natürlich geändert, aber – (Pause) – für mich ist das Schlimmste, daß ich nichts Positives sehe, das ist das Schlimmste. (Pause). Ich sehe keine Integration, daß ich mich in diese Gesellschaft integriere oder so, mir ist einfach – ich sehe keinen Platz einfach – das ist das Schlimmste für mich, das ist das Schlimmste (...). Mir fehlt wahrscheinlich die Möglichkeit des Überblicks."

Weil Swetlana ihren persönlichen Integrationsbegriff über Arbeit definiert, ihr Streben nach sozialer Anerkennung also im beruflichen Bereich liegt, sucht sie die Erklärung für ihre Desintegration in ihrer Ausbildung. Doch in Relation zu deutschen Maßstäben wird diese wertlos; Handlungsoptionen werden damit stillgestellt.

„Weißt du, ich habe auch eine musikalische Ausbildung, ich habe fünf Jahre als Musiklehrerin Ausbildung bekommen, ich kann Klavierlehrerin sein, und ich habe auch sieben Jahre als Musiklehrerin gearbeitet. Ich kann Musiktheorie und Musikgeschichte unterrichten, und dann ich habe diese Universität absolviert, aber es paßt überhaupt nicht zu Deutschland, es kann kein Vergleich sein mit deutschen Diplomen."

Vom Arbeitsamt wurde weder ihre Ausbildung als Musiklehrerin noch ihr Diplom als Historikerin anerkannt.

„Und da kommt also diese ganze Kette, ganz viele Ketten zur Ausbildung oder zur Erfahrung, oder ich bin – ich habe zum Beispiel gute organisatorische Fähigkeiten, ich kann sehr viel machen, aber wo kann ich mich anbieten und wo kann ich gebraucht werden oder nützlich sein? Es kommt mir nicht in den Kopf, mir fehlt – wenn ich zum Beispiel in Rußland gewesen bin, ich kenne die Infrastruktur, die politische Infrastruktur, die soziale Infrastruktur. Ich kenne es in Deutschland nicht. Ich habe keine Ahnung, weißt du."

Das Defizit an Wissen über die deutsche Infrastruktur, das Zeitgefühl der Unabgeschlossenheit des Migrationsprozesses sowie der Nachholzwang von Bildungs- und Lebenserfahrung in Deutschland verschränken sich in Swetlanas Erzählungen mit den strukturellen Momenten fehlender beruflicher

Integration der russisch-jüdischen Migranten.[10] Swetlana setzt sich auf der einen Seite in Kontrast zu deutschen Studenten – die „können sich gut anbieten" und „sind gut frech" – , auf der anderen Seite zu anderen russischen Migranten, die sich gleich geblieben seien, weil sie keine Anstrengungen unternehmen würden, sich auf dem deutschen Arbeitsmarkt anzubieten. In Abgrenzung zu diesen Migranten spürt Swetlana ihre eigene Veränderung – „das waren meine Vorstellungen" – und reflektiert diese als falsche, sieht sich aber wie die übrigen Migranten nach wie vor darin gefangen und kommt mit einem entsprechenden Bild wieder in der Gegenwart an: „Wir sind im Gefängnis von dieser alten Erziehung, unseren älteren Vorstellungen."

Die Vergangenheit bestimmt die Gegenwart. Dem gegenwärtigen Gefühl der Verkürzung der Zeit steht die Vergangenheit als ein Zeitraum gegenüber, in dem die Zukunft jederzeit beherrschbar erschien: „In Rußland wußte ich immer, was ich weiter tun sollte." Doch diese Vergangenheit ist in doppelter Weise vergangen.

„Ja, einerseits verstehe ich, daß jetzt in Rußland auch niemand weiß, was er tun soll. Diese Zeit ist schon vergangen, also es gibt schon keine solche Zeit mehr, aber wenn ich denke, daß es – wie spät es ist, daß ich schon eine Familie habe, daß ich keine Zeit mehr habe, schon so viel Zeit (kostet) diese Ausbildung und noch Ausländer und noch dazu in so schwieriger Situation jetzt in Deutschland".

Die Sowjetunion existiert für Swetlana nicht nur deshalb nicht mehr, weil sie das Land räumlich verlassen hat, sondern sie ist als Erfahrungsraum auch für die Dortgebliebenen Geschichte geworden, weshalb Swetlana an ihrem Gefühl zuerst nichts migrationsspezifisches sieht. Doch läßt die neue Situation in Deutschland, die durch ein Anerkennungsdefizit ihrer Ausbildung und ihren Status als Fremde gekennzeichnet ist, die Zeit noch knapper erscheinen:

„Also ich kann kein Ziel formulieren, ich kann mich nicht – ich habe keine schlechte Ausbildung, ein Diplom, ein anerkanntes Diplom. Na ja gut, ich habe dieses Doktorverfahren angefangen, aber ich bin nicht sicher, ob es richtig – natürlich kann man sagen, es wird gut, ich meine für mich theoretisch, weil ich weiß, daß ich das kann, ich kann diese Arbeit schreiben, und ich mache diese Arbeit (...). Aber bringt es etwas Positives in mein Leben oder etwas Sicheres? Ich wollte, ich wollte mich ganz normal fühlen, eine ganz normale Arbeit haben, ganz normal – nicht Perspektive, sondern ganz normale Möglichkeit

---

10   Zur Beschäftigungssituation jüdischer Zuwanderer vgl. Kessler 1996, S. 36-41.

haben zu arbeiten (sie beginnt zu weinen). Und wie ich das schaffen sollte, ich weiß es nicht."

Die Krise, in der sich Swetlana zum Zeitpunkt des Interviews befindet, bricht immer dann hervor, wenn sie mit ihren Erzählungen in der von Perspektivlosigkeit bestimmten Gegenwart angelangt ist und das Fehlen eines geregelten Arbeitsverhältnisses als Mangel hervortritt.

Die an einer Berliner Universität begonnene Dissertation stellt einen Versuch dar, eine intellektuelle Brücke zwischen Deutschland und Rußland mithilfe einer komparatistischen Arbeit zu schlagen. Sie vergleicht hier die Situation emigrierter Russen nach dem Zerfall der Sowjetunion mit der Lage deutscher Vertriebener nach dem Zweiten Weltkrieg. Indem Swetlana ihre Migrationserfahrung, die deutschen und russischen Sprachkenntnisse, ihre akademische Ausbildung und politisch-historische Interessen miteinander verbindet, bildet sich eine neue biographische Facette als Übersetzerin zwischen russischer und deutscher Kultur heraus. Das „Bedürfnis nach intellektueller Arbeit" stiftet hier Kontinuität, die ihr ansonsten abhanden gekommen ist: „Es war einfach keine bestimmte Vorstellung, was ich weiter machen sollte".

Dem in Swetlanas Erzählungen weitgehend dominanten Gefühl der Diskontinuität stehen lange Sequenzen über einen mühsamen und aus eigener Kraft heraus bewältigten Bildungsaufstieg in der Sowjetunion gegenüber: die gegen familiären Widerstand durchgesetzte Musikausbildung; das Privileg, Mitte der achtziger Jahre von offiziellen Instanzen zur Bewerbung für das Studium an einem Institut für politische Geschichte aufgefordert worden zu sein; der Erhalt eines hochdotierten Stipendiums; die sichere Aussicht, als Dozentin an der Hochschule arbeiten zu können; ein mit ausgezeichneten Noten abgeschlossenes Studium; die Teilnahme an einem Studienwettbewerb und ihr Abschneiden als Beste; schließlich die Aufforderung zur Promotion und der Beginn einer wissenschaftlichen Studie über Lenin, die sie mit der Migration abbricht. Diesen bildungsorientierten Lebenslauf rekapitulierend, empfindet Swetlana in Deutschland die Wertlosigkeit ihres mit großer Anstrengung erworbenen kulturellen Kapitals und die Unmöglichkeit, dieses Kapital in eines zu transformieren, das in der neuen Gesellschaft nützlich werden könnte: „ (...) und es ist alles alles vergeblich, nu ja, nach solchen Bemühungen alles vergeblich, alles vergeblich."

Religiöse Orientierungssuche

Als ich Swetlana auffordere, mir den Verlauf ihrer Identifizierung mit dem Judentum detailliert zu erzählen, schildert sie mir ihre ersten Annäherungsversuche.

„Und ja natürlich, ich habe ein Gefühl bekommen, daß nicht alles einfach sein kann. Also ich habe alles mögliche versucht, das versuche ich mit dieser Migration, das versucht, das versucht, und das alles hat nicht geklappt und es hat nur das geklappt, was mit Judentum zu tun hat, mit mir als Persönlichkeit als meiner Nationalität[11]. Und dann bin ich gekommen und habe geguckt, was es überhaupt bedeutet."

Die Bemühungen, auch nach der Migration an ihre in der Sowjetunion erworbenen Fähigkeiten anzuknüpfen, diese zu bestätigen oder neue zu entdecken, werden für gescheitert erklärt. Anschlußfähig erweist sich in der neuen Gesellschaft lediglich eine Kategorie formaler kollektiver Zugehörigkeit.

Die ersten Begegnungen mit dem Judentum erscheinen in ihren Erzählungen fast wie eine Freizeitbeschäftigung, die zwar mit gewisser Neugierde, aber auch mit viel Distanz, jedenfalls ohne religiöse Ergriffenheit unternommen wird. Die ersten Synagogenbesuche aktivieren Schamgefühle; diesmal unter umgekehrten Vorzeichen wie in der Sowjetunion: Scham stellt sich nicht ein, weil Swetlana Jüdin ist, sondern weil sie nicht weiß, was Jüdischsein bedeutet. Die Aufforderung ihres Mannes vor dem Grenzübertritt nach Deutschland, sich ihre jüdische Identität zu eigen zu machen, setzt der Scham kein Ende, sondern verlängert sie um das Problem der kulturell und religiösen Unwissenheit:

„Und dann bin ich (in die Synagoge) gekommen und habe geguckt, was es überhaupt bedeutet. Aber es war am Anfang, wie zum Beispiel in ein neues Geschäft kommen oder in ein neues Cinema oder in irgendein Gebäude einfach so. Aber das schlimmste oder schwerste Gefühl war wieder das Schamgefühl, daß wir nichts kennen. Und es war immer peinlich, daß wir – wir sind gekommen, und da sitzen Frauen und die beten, wir wissen überhaupt nicht, was die machen. Es ist auch langweilig, es dauert. Na ja gut, eine Stunde ist okay, aber samstags dauert es zweieinhalb Stunden, und was sollen wir dann tun und was fühlen wir nicht? Na ja gut, bei mir war es so, ich bin ein sehr

---

11   Die im sowjetischen Paß unter dem sogenannten 5. Punkt eingetragene ‚jüdische Nationalität'.

emotionaler Mensch und ich habe in diesen Wänden, in diesem Zimmer an Gott gedacht und an mein Schicksal überhaupt, aber nicht jedesmal, ja. Nur einmal, nur zweimal und was weiter, was soll ich dann tun? Und wir hatten kein Bedürfnis, weiter hinzugehen, und überhaupt keine Kenntnisse. Es war zum Beispiel – ich habe Geschichte absolviert, aber bei uns war keine Geschichte über jüdisches Volk oder so. Wir hatten Geschichte der Völker des Ostens, aber es war über Japan, über China, Indien, und es war absolut nichts, und mein Mann hat mir etwas aus der Bibel erzählt, aber welcher Unterschied zwischen altem Testament und neuem Testament und was betrifft die Juden und was nicht: absolut keine Ahnung! Und was auch für Bräuche und Traditionen, absolut keine Ahnung! Und da kommen diese alltäglichen Erfahrungen mit Unterlagen, mit Papieren, mit Übersetzungen von Diplomen und so und so, und das war ohne – aber um zum Beispiel die hebräische Sprache zu lernen, für mich es war ein solcher Wahnsinn. Wenn es schon nicht mit Deutsch geht, und dann noch diese hebräische Sprache, das ist absolut unmöglich."

Wieder geraten zwei Handlungsbereiche, wovon jeder für sich viel Zeit in Anspruch nimmt, in Widerspruch zueinander: Auf der einen Seite die Aneignung religiöser und geschichtlicher Kenntnisse, auf der anderen Seite all das, was mit formaler Integration verbunden ist, wie das Erlernen der deutschen Sprache oder Ämter- und Behördengänge. Hebräisch und Deutsch zu lernen, stellt eine doppelte Anforderung dar. Mit der Einsicht in die Schwierigkeit, beides zu verbinden – Integration in die deutsche Gesellschaft und in die jüdische Gemeinschaft – bricht Swetlana den Versuch, eine religiöse Identität über rituelle Einbindung zu erlangen, ab und löst die Überforderung dadurch auf, daß sie die Synagogenbesuche einstellt.

Doch genau an der Stelle ihrer Erzählung, wo der soziale und religiöse Anschluß an die jüdische Gemeinschaft nicht gelingt, wird erneut ein Schlüsselsymbol in die Erzählung eingeführt, das wie die eingangs erwähnte Geschichte der nach Deutschland mitreisenden Bibel „innere Erschütterung" auslöst. Zwei „absolut zufällig mitgenommene" Bände des Joseph-Romans von Thomas Mann werden zeichenhaft aufgeladen: „Und natürlich habe ich alle Bücher dagelassen, aber einige Bücher habe ich mitgenommen. Ganz wenig, ganz wenig." Ein Freund hatte sie Swetlana vor der Auswanderung in russischer Übersetzung zum Verkauf angeboten, und obwohl ihr die Lektüre dieser zwei „wirklich guten Bücher" dringend nahegelegt worden war, hatte sie diese weder in der UdSSR noch in den ersten Jahren in Deutschland gelesen – aufgrund ihrer Abneigung gegen alles Russische.

„Und merkwürdigerweise habe ich diese zwei Bücher, die ich nie gelesen habe, nach Deutschland mitgenommen. Wahnsinn, absolut
Wahnsinn, wenn ich jetzt denke – gut, kann man so sagen, es ist zufälligerweise, aber ich wollte doch nicht.“

Der Zufall wird retrospektiv als Zeichen einer Lenkung interpretiert und so
Analogien zwischen der biblischen Figur Jakob und ihrer eigenen Bezieh-
ungssuche zu Gott gestiftet.

„Ich war so begeistert, ich war so erschüttert von diesen zwei Büchern, wie also diese Familie, also wie Jakob diesen Gott gefunden
hat, wie modern er ist, also ich war absolut begeistert. Und mein
Mann war zwei Tage nicht zuhause (...), und ich war absolut erschüttert, daß ich allein bin mit meinem neuen Erlebnis und mit diesen
neuen Gefühlen, mit diesen Kenntnissen um Gott, mit diesem neuen
Verständnis.“

Diese Erweckungsgeschichte stellt Swetlana erzählerisch in den Kontext, als
ihr Kind gerade in die jüdische Schule aufgenommen worden war, sie in der
Synagoge keinen Anschluß gefunden hatte, die ersten Sprachschwierigkeiten
überwunden waren und sie endlich wieder russischsprachige Medien zur
Kenntnis nehmen konnte: „Dann kommt dieses Gefühl, ach endlich kann ich
noch was anderes machen, was ich wollte, nämlich etwas neues über das Judentum zu fragen, zu wissen oder zu finden.“ Zum einen sichern die Thomas
Mann-Bücher ein Kontinuitätsmoment, indem sie eine intellektuelle und fa-
miliengeschichtliche Brücke zwischen dem Leben in der Sowjetunion und
dem in Deutschland repräsentieren: „Ich bin verrückt nach Büchern, es ist
von meinem Vater.“ Während die Bibliothek zurückbleiben mußte[12], wurde
die Leseleidenschaft mitgenommen. Zum anderen verkörpern diese Bücher
ein religiöses Erweckungsmoment. Ihre Lektüre stellt eine Alternative zum
rituell praktizierten Glauben dar, der religiöses Wissen erfordert. An die Stelle einer ritualisierten und sozialen Integration ins Judentum – aber parallel
zur ‚jüdischen Entwicklung‘ ihres Sohnes – tritt die individuelle religiöse
Suchbewegung. Swetlana bringt ein Deutungsschema hervor, wonach die
Hinwendung zum Glauben nun nicht mehr als ungelenkter Zufall interpretiert
wird, sondern als Zeichen einer überindividuellen Lenkung, wobei Gott an
dieser Stelle noch nicht explizit auftritt. Erstmals wird hier der räumliche

---

12   Viele meiner Gesprächspartner erwähnten die zurückgelassene Bibliothek. In
      diesem Bild kann ein Schlüsselsymbol gesehen werden, weil es nicht nur die
      Flüchtlingsidentität, sondern auch das intellektuelle Profil der Migrationsbewe-
      gung und vor allem den Statusverlust durch die Migration illustriert.

Übergang der Migration mit den zu Erweckungsobjekten aufgeladenen Thomas Mann-Büchern zum religiös konnotierten Übertritt ins Judentum.

Swetlanas Suche nach neuen Orientierungsmustern im Glauben scheint den mißlungenen beruflich-intellektuellen Anschluß auszugleichen. Ihre Hinwendung zum Judentum ist dabei nicht zufällig, sondern wird ihr durch die Identitätsvorgabe der Aufnahmegesellschaft nahegelegt und ist somit die einzige migrationsspezifische Orientierungsmöglichkeit, die sich ihr in Deutschland bietet. Die Suchbewegung gerät dabei immer wieder mit einer doppelt empfundenen Scham in Konflikt, die Swetlana gleichermaßen zu überwinden versucht: die vormalige Scham einer negativ konnotierten ethnischen Zugehörigkeit wie auch die aktuelle Scham, kein Wissen über das Judentum zu haben. Swetlanas Suchbewegung fällt wieder in eine Phase größter Unsicherheit. Im Kontrast dazu wird die Sicherheit in einer Vergangenheit gesucht, die vor der Migration lag:

„Als wir uns damals zum Emigrieren entschieden, ich hatte keine Zweifel, ich war absolut sicher, daß ich alles richtig mache. Und dieses Gefühl habe ich jetzt verloren. Weißt du, es ist immer so gewesen: ab 19 Jahre in meinem Leben wußte ich immer, was ich wollte, und ich habe immer gefühlt, daß ich alles richtig mache, was ich mache. Und jetzt habe ich dieses Gefühl verloren und das ist für mich das Schlimmste (...). Wahrscheinlich das ist so, da muß man mit dem Rabbiner darüber reden (...). Einerseits habe ich einen Glauben bekommen, aber wahrscheinlich ist es kein vollkommener Glaube. Ich habe mehr Angst – ich habe dieses Gefühl nicht bekommen, daß ich keine Angst habe."

Im gegenwärtigen Lebensgefühl von Swetlana ist an die Stelle der Sicherheit erneut Angst getreten, die das Bedürfnis nach psychosozialer Begleitung durch einen Rabbiner in der migrationsbedingten Krise hervorbringt. Um Sicherheit zu gewinnen, wird die Idee eines neuen Lebensentwurfes im Glauben gesucht. Um diesen Glauben zu gewinnen, müsse man sich jedoch dem Zufall und dem Schicksal überlassen.

„Ich habe immer selbst entschieden. Ja, ich habe so gedacht, daß ich entscheide selbst und mache selbst und alles, was ich will, dann erreiche ich das. Das ist auch so gewesen. Aber jetzt denke ich, ich habe mir solche Bemühungen gemacht, und jetzt denke ich, es wäre wahrscheinlich unnötig oder es wäre einfach ganz blöd, daß ich so gekämpft habe und daß ich – es hat mir nichts gebracht oder es war vergebens oder so (...). Wahrscheinlich, ich habe das Leben nicht richtig gelebt. Wahrscheinlich soll ich jetzt einfach das machen, was mit mir ist. Wenn ich etwas geplant habe und es klappt nicht, wahrscheinlich muß man es einfach lassen, und wahrscheinlich muß man etwas anderes versuchen; oder wahrscheinlich ist es besser, daß es nicht geklappt hat. Ich weiß nicht, es ist ein anderes Leben, in welchem ich jetzt lebe, aber ich weiß nicht, was mir dieses Leben bringt und was aus mir wird. Ich bin – ich weiß nicht – es ist einfach so gekommen, es war nicht geplant, daß ich eine gläubige Jüdin werde (lacht etwas). Es ist so einfach im Leben passiert, und ich habe einfach nicht gekämpft, was mit mir passiert."

Jüdin geworden zu sein, wird aus einem außerkraftgesetzten planvollen Handeln erklärt, das Swetlanas Leben in der Sowjetunion bestimmt hatte. Veränderung kann innerhalb dieser biographischen Deutung nur stattfinden über eine fatalistische Lebenseinstellung, sich dem Schicksal zu überlassen. Diese Schicksalsergebenheit wird nun zum Deutungsprinzip, wobei die Vergangenheit als fehlgeleitetes Leben hinterfragt wird, um sie in der Gegenwart sinnfällig zu machen.

Swetlana erzählt eine Geschichte, die die tiefgreifende Veränderung ihrer Lebenseinstellung illustriert und mit einem Superlativ – „das schrecklichste Erlebnis" – eingeleitet wird. Nach dem Tod ihrer Mutter hatte Swetlana darauf gehofft, deren Haus zu erben, weil sie mit ihrem Mann und dem ersten Sohn in einer winzigen Wohnung lebte. Es muß zu Erbstreitigkeiten mit der Schwester der Mutter gekommen sein, die das Haus nicht herausgeben wollte, woraufhin Swetlana versuchte, der Tante wenigstens die Hälfte des Gebäudes abzukaufen, was sie als „Kampf" beschreibt. Weil Swetlana das Geld fehlte, verpfändete sie ihren Schmuck im Leihhaus und probierte „noch alles mögliche, um an das Geld heranzukommen". „Es war absolut Wahnsinn, was wir alles unternommen haben, um um dieses Haus zu kämpfen". Schließlich hatte sie das Geld zusammen, um es der Tante zu geben. Am nächsten Tag verlor Swetlana ihren Sohn durch einen Unfall, auf den sie nicht näher eingeht. Die Familie kaufte das Haus, lebte aber nicht darin, sondern verkaufte es gleich wieder. Kurz darauf wurde der Erlös, das gesamte Geld, gestohlen.

Swetlana verdichtet die Geschichte zu einem „bösen Märchen", in dem sämtliche Ereignisse in einen fatalen kausalen Zusammenhang gestellt werden. Sowohl der Tod des Kindes als auch der Diebstahl werden gedeutet – „Ich habe so viele Anzeichen bekommen" – als Strafe für ihre falschen Ziele und Aktivitäten und schließlich auch dafür, die ersten Zeichen ignoriert und nicht von ihren Zielen abgelassen zu haben. Die endgültige Bestrafung sieht Swetlana in der Tatsache, alles verloren zu haben. Die „Anzeichen" erscheinen als warnende Zeichen eines strafenden Gottes, wenn Menschen gegen ihre Bestimmung handeln. Solche Verstöße würden dann Schlimmeres nach sich ziehen. Die Moral der Geschichte sieht Swetlana darin, „lieber an Kleinigkeiten zu glauben (...). Wenn etwas nicht geht, dann muß man es lieber so lassen. Es kann ansonsten bedeuten, daß es schlimmer wird." Diese Erzählung gleicht dem Genre alttestamentarischer Geschichten, in denen ein strafender Gott den Menschen zum Glauben führt. Das fatalistische, religiöse Deutungsschema[13] liefert ein Muster, die sozialistisch geprägte Sozialisation zu reflektieren und zu hinterfragen.

„Ich bin großgeworden in solch einer Gesellschaft, und ich wurde so erzogen, daß ich alles kann, ich als Mensch kann alles. Ich kann als Mensch alles tun, was ich wollte. Es hängt alles nur von meinen Fähigkeiten und von meinem Willen ab, also ganz materialistische Erziehung. Na ja, und was habe ich damit gehabt und was habe ich damit erreicht?"

Swetlana ist wieder in der Gegenwart und in der Verunsicherung angekommen. In der religiösen Suchbewegung kommt die Liminalitätserfahrung zum Ausdruck. Und umgekehrt: Das Erleben von Liminalität bringt das Bedürfnis nach Konversion hervor. An die Stelle des ‚materialistischen' Lebensentwurfs soll eine neue Orientierung treten, doch fehlt Swetlana an dieser Stelle wieder ein Rabbiner, der die Konversion als Überwindung der Normen und Werte ihres früheren Lebens herbeiführen könnte.

„Weißt du, in der jüdischen Gemeinde gibt es leider keinen Rabbiner (...), und mir fehlt jetzt wahrscheinlich eine andere Orientierung oder so, ein anderes Verständnis vom Leben, weil ich bin von meinem früheren Leben enttäuscht und versuche jetzt etwas anderes zu finden oder mich umzuorientieren. Und natürlich meine eigenen Kräfte sind zu wenig, das ist einfach zu wenig. Und deshalb wir sprechen sehr viel mit meinem Mann, und wir haben fast die gleiche Erfahrung, Kenntnisniveau zu religiösen Fragen."

Swetlanas Mann tritt an die Stelle der fehlenden religiösen Autorität, mit dem sie nun viel über Glaubensfragen spricht. Daß ihm die religiöse Identifikation

13 Monika Wohlrab-Sahr (1995, S. 13) spricht von der reflexiven Funktion der Religion in der biographischen Gestaltung von Übergängen des Lebenslaufs im Unterschied zur lebensgeschichtlich ordnenden im institutionalisierten Kontext. Bei der ersten Variante des Zusammenhangs von Biographie und Religion, die auch für Swetlana Kalinina zutreffend ist, geht es um „Prozesse der Selbstthematisierung und Selbstbeobachtung, die durch bestimmte Gehalte einer Religion (etwa Hoffnung auf Erlösung oder Furcht vor Strafe und darin enthalten das Problem der Bewährung) in Gang gesetzt werden (...)."

leichter zu gelingen scheint, begründet sie mit seiner kritischen Distanz zum politischen System der Sowjetunion. Damit findet sie gleichzeitig eine Erklärung für ihre eigenen Schwierigkeiten, gläubig zu werden. „Ihm ist es leichter, weil er war nicht so gläubig in alle diese kommunistischen Systeme wie ich".

Scham statt Stolz

Im russisch-jüdischen Migrantenzirkel, den Swetlana als „sehr engen Kreis" und wie eine „geschlossene Gesellschaft" wahrnimmt, findet sie keinen positiven Gruppenbezug, sondern spürt vielmehr den Mangel an sozialer Anerkennung als Migrantin, die „jetzt jüdisch leben" will. Gegenseitige Besuche beschreibt sie als spannungsgeladen, weil sich die meisten anderen Migranten dem Judentum gegenüber nicht nur gleichgültig, sondern auch ignorant verhielten, etwa, wenn jüdische Speiseregeln nicht beachtet werden.

Diese zwischen ihr und anderen Migranten auftretenden Konflikte korrespondieren mit grundsätzlichen Differenzen zwischen den Zugewanderten und den Organisationen, die sich um die Neuankömmlinge und deren Integration in die jüdische Gemeinschaft kümmern. In der folgenden Passage sucht Swetlana nach den Gründen dieser strukturellen Spannung. In ihren Reflexionen über Scham und Stolz als kollektive Gefühle des Identitätsbezugs geht es vor allem um kulturelle Differenzen zwischen Herkunfts- und Aufnahmegesellschaft:

„Wissen Sie, wir haben also unser ganzes Leben uns geschämt, daß wir Juden sind. Einige geschämt, einige geschwiegen, einige leise gelebt, kann man sagen. Aber auf keinen Fall, auf keinen Fall, ich bin hundert Prozent sicher, ohne Stolz oder ohne Begeisterung, daß wir Juden sind (...). Wissen Sie, wenn es war das alte Rußland oder es war Stalin-Zeit oder es war Breschnew-Zeit und Juden waren immer so gezwungen, lieber nicht ihr Judentum so offen zu machen und lieber nichts sprechen, und – natürlich kommt dann diese internationale Erziehung und die Kinder waren alles Pioniere und dann Komsomolze, also diese Jugendvereinigung, und dann Kommunisten, aber auf jeden Fall: es war keine Begeisterung, daß wir Juden sind, und es war also immer lieber dann geschämt oder so. Und jetzt alle diese jüdischen Organisationen im Ausland, die sind alle stolz, daß sie Juden sind (...). Und jetzt kommen diese Menschen, die ihr ganzes Leben im Ausland lebten – ja gut, Holocaust ja – aber die wußten immer, daß sie Juden sind und diese letzten 50 Jahre, sie haben das offen ausgesprochen, sie haben als Juden gearbeitet, haben sich als Juden benommen, sie haben keine solchen Erfahrungen wie wir. Und jetzt erwarten sie, daß wir kommen und von gestern auf morgen plötzlich eine Begeisterung erleben sollen. Wofür, wofür diese Begeisterung? (...) Woher kommt dieser Stolz, den diese Organisationen erwarten? Es ist ein großer Widerspruch. Ich bin nicht dagegen, ich verstehe, es soll so sein. Aber wenn ein Kind wie mein Sohn bekommt dieses Gefühl von Anfang an, er bekommt dieses Stolzgefühl als Jude von Anfang an – , aber wenn ich von Anfang an nur Scham gehabt habe, daß ich Jüdin bin, wie kann ich nach Deutschland kommen, und plötzlich habe ich ein Stolzgefühl? (...) Man muß die Geschichte kennen, man muß es fühlen, und sie wollen, daß wir irgendwie einfach so dieses Gefühl bekommen, das sie haben, hatten und haben. Und es geht überhaupt nicht, einfach ein positives nationales Gefühl, daß ich bin wer oder was ich bin. Und wir haben keines. Und wenn die jüdischen Organisationen das von uns fordern, sie machen Fehler, und deshalb sind sie so enttäuscht von uns.“

Swetlana macht sich hier zum Anwalt der sowjetischen Juden, wenn sie den Zwang, jüdische Identität in der UdSSR zu unterdrücken, aus der vorrevolutionären russischen Geschichte und der kommunistischen Ära erklärt, ohne ihn jedoch mit einer durch staatlichen Antisemitismus bedingten Verfolgung in Zusammenhang zu bringen. Dagegen habe man sich im westlichen Ausland kontinuierlich als Jude bekennen können. Selbst dem Holocaust schreibt Swetlana eine identitätsstiftende Wirkung zu. Sie spricht plötzlich wieder aus der Perspektive der Sowjetunion, mit dem Blick der Fremden, wenn sie Deutschland nun als „Ausland“ bezeichnet und für ein Verständnis gleicher Erfahrungslagen von Juden in der Sowjetunion wirbt. Swetlana wehrt sich gegen den Druck jüdischer Institutionen, die den Migranten Identitätsbekenntnisse abverlangten, denen sie nicht entsprechen könnten.

Mit der Kritik an dieser Identitätszumutung verteidigt sie auch ihr eigenes Schamgefühl und die Distanz zur westlichen ‚jüdischen Gemeinschaft‘. Einerseits teilt Swetlana die kollektive Geschichte der Juden in Rußland, andererseits empfindet sie Unterschiede zu vielen der russisch-jüdischen Migranten. Während sie selbst „jetzt jüdisch leben“ will, würden sich die anderen einer Integration ins Judentum verweigern:

„Wir streiten sehr viel mit anderen Menschen über Judentum jetzt, also wir konfrontieren uns einfach mit anderen, obwohl wir es nicht wollen. Aber wenn wir zu jemandem nach Hause kommen und sie uns etwas anbieten wollen, ganz normal im russischen Alltagsleben etwas zu essen, und es ist Schweinefleisch oder Schweinewurst oder Wurst mit Käse (...) und wir versuchen uns zu benehmen, wie wir uns jetzt benehmen wollen, dann treffen wir immer wieder auf diesen Widerstand von anderen Menschen."

Im Verhältnis zu den sozialen Kreisen, in denen sie sich in Deutschland bewegt, erfährt Swetlana die transformative Kraft ihrer Migration. In der Spannung zu den neuen Migranten, die im selben Zeitraum wie sie gekommen sind, wird ihr bewußt, was sie *schon* ist. In der Begegnung mit den jüdischen Institutionen in Deutschland realisiert sie jedoch, was sie *noch nicht* ist. Swetlanas Status als ,Dazwischenstehende' wird in der Uneindeutigkeit ihrer sozialen Zugehörigkeit klar: Zur Migrantengruppe, die am negativen jüdischen Identitätsbild festhält, gehört sie nicht mehr. Zur jüdischen Gemeinschaft, die ihre Beziehung zum Judentum im Sinne einer „starken Identität"[14] stolz auslebt, gehört sie noch nicht.

Dem Versuch, sich als Jüdin in Deutschland sozial zu verorten, stehen Erfahrungen der Tabuisierung und Stigmatisierung gegenüber, die von ihr weder umgedeutet noch angeeignet werden können. In Swetlanas Erinnerungen werden Gefühle der Gefährdung und Ängste, als Jüdin erkannt zu werden, zu einer von diffusen Marginalitätserfahrungen geprägten Biographie verdichtet: Als ich sie nach den Gründen für ihre Existenzangst in der Zeit vor der Auswanderung frage, fällt ihr ein Tabu in ihrer Familie ein. Über das Schicksal ihres Großvaters, der Ende der vierziger Jahre ins Gefängnis kam, sei nie gesprochen wurde. Swetlana weiß weder die genaue Jahreszahl noch die Umstände der Verhaftung. Die Tabuisierung ist noch immer wirkmächtig; eine ,Aufarbeitung' dieser Repressionserfahrung hat in ihrer Familie nie stattgefunden:

„(...) und ich hatte solches Gefühl, daß es so verboten war in der Familie, ich habe auch niemals darüber gefragt, niemals! Nicht meine Großmutter, nicht meinen Vater, kein einziges Mal. Das kann man nicht erzählen, das kann man nur fühlen, was für eine Atmosphäre dann überall war, und weißt du, auch wegen der Familie. Ich habe ganz ganz unrussische Familie kann man sagen."

Sie bezeichnet ihre Familie als „typisch jüdische Familie", worunter sie immer gelitten habe. „In der Schule wurde immer so Komisches gesagt, und ich

---

14 Victor Karady (1996) hat am Beispiel von Ungarn davon gesprochen, daß jüdische Identität als eine „starke Identität" nach der Wende und nach dem Ende des Staatssozialismus als symbolischer Bezug zu einer weltweiten Gemeinschaft mit langer Tradition und exklusiver Geschichte wiedersteht. Auch für Deutschland erscheint mir dieser Begriff zutreffend.

habe so gelitten, daß es immer mit meiner Familie so passierte." Das „es"
bleibt unbestimmt, der Zusammenhang zwischen den gegen den Großvater
gerichteten Repressionen der Stalin-Zeit und der jüdischen Zugehörigkeit offen. Erinnern kann sich Swetlana lediglich daran, daß der Großvater aus dem
Gefängnis oder Arbeitslager in den fünfziger Jahren hin und wieder die Familie besuchte, aber „nie so richtig zurückgekommen" sei, sondern bis zu seinem Tod „irgendwo im Norden", getrennt von der Familie, gelebt habe:

> „Ich habe solche Version gehört, daß – also einen Häftling zu haben –
> daß es so gefährlich war, auch in einer Familie einen solchen Mann
> zu haben, und es war auch nicht gut für die Kinder, für die Zukunft
> der Kinder, und deshalb ist es – ich weiß nicht, wie es gewesen ist, ob
> sie zusammen so entschieden haben oder – ich weiß nicht (...)."

Tabuisiert waren auch Kriegserlebnisse in der Familie:

> „Ich wußte auch nicht, daß sie – was sie – was im Krieg mit ihnen
> passierte. Ich wußte es nicht, weil – ich habe einfach nur vor zwei Jah-
> ren, als ich das letzte Mal in meiner Stadt gewesen bin, und ich habe
> dieses Foto gefunden, wo steht, daß – von meinen Großeltern und
> mein Vater und seine Schwester, und da wurde geschrieben auf der
> anderen Seite, daß – es war 11. Januar 1947 und da stand: ‚Es ist 5.
> Jahrestag unserer Rettung', also wegen Erschießung, es war größere
> Aktion gegen Juden, und auf irgendwelche Weise – ich weiß nicht
> wie, sie wurden gerettet, aber wie – es wurde nie darüber gesprochen."

Den Sprachfehler ihres in Rußland zurückgebliebenen Vaters, den sie übernommen zu haben glaubt, deutet Swetlana als Symptom dieser Kriegserfahr-
ungen, aber auch das bleibt Vermutung, weil über den Krieg "nie gesprochen
(wurde), kein einziges Mal, absolutes Tabu in der Familie, nie, nie." Von
Hungererfahrungen und der Notwendigkeit, sich zu verstecken, war die Rede,
doch wurden diese Erlebnisse weder als ‚jüdische Erfahrung' geschildert,
noch in Zusammenhang mit Verfolgungen durch die Nazis gebracht:

> „Ja, aber erzählt hat meine Mutter überhaupt nichts, wie sie Essen
> besorgt hat oder so; aber über Deutsche oder über Bewältigung dieser
> Ängste, diese – sie hat es nicht erzählt, es war absolut kein Thema,
> kein Thema in der Familie."

Swetlanas Beschäftigung mit dem Judentum aktiviert die Suche nach jüdischen Spuren in der Familien- und Lebensgeschichte, die nur als Erfahrungen

von Scham und Angst auffindbar sind. Jüdische Identität taucht als verinnerlichte Vermeidungsstrategie von Stigmatisierungen auf. Im familiär geteilten Bedürfnis, als Juden unerkannt zu bleiben, liegt auch begründet, daß Swetlana noch heute nicht sagen kann, woher sie von ihrer jüdischen Zugehörigkeit wußte: „Wir haben nie in der Familie darüber geredet". Das Wissen darum bestand lediglich im Wunsch, nicht jüdisch sein zu wollen. Doch der ‚Name als Stigma'[15] genügte, um öffentlich identifiziert werden zu können:

> „Ich wollte keine jüdischen Anzeichen haben, daß jemand wußte, daß ich Jüdin bin, weil ich hatte diesen Familiennamen, der jüdisch ist, und es war – und ich hatte immer solches Gefühl gehabt, daß ich diese Anzeichen habe, und es war – es war ja – es war immer unangenehm, und es war auch zwischen Kindern so, und es war überall in der Schule und im Pionierlager und im Ferienlager, und ich habe immer gelitten, wenn ich meine Familie gehört habe, ich habe immer gelitten, mir war immer sehr peinlich – ich weiß nicht, also mir war es immer peinlich, wenn ich meine Familie hörte."[16]

Offene antisemitische Diskriminierungen kommen in Swetlanas Erzählungen nicht vor; vielmehr habe die Fremdzuschreibung an sich schon ausgereicht, um Angst und Scham auszulösen, so etwa in der Geschichte um einen Krankenhausaufenthalt als Kind, als ihr Familienname am Krankenbett vermerkt war und eine vorbeikommende Putzfrau, über den Lärm der Kinder schimpfend, kommentiert habe: "So viele Juden sind hier gelegt!" Das habe Swetlana in Panik versetzt, weil hier offen ausgesprochen wurde, was sie immer befürchtete: als Jüdin identifiziert zu werden.

Das Gefühl bedrohlicher Marginalisierung reicht in Swetlanas Erzählungen bis in die Zeit vor ihrer Auswanderung hinein. Sie erzählt von Feindbildern gegenüber jenen „Kapitalisten", die die Bevölkerung zum Sündenbock der gesellschaftspolitischen Krise am Ende der Perestrojka gemacht hatte. Als Angehörige einer vermeintlich wohlhabenden Mittelschicht waren auch Swetlana und ihr Mann von stereotypisierenden Anfeindungen betroffen. Sie beschreibt ein klassisches antisemitisches Bild, das Juden mit Intelligenz und Geldgier[17] verbindet.

15   Erving Goffman (1967, S.127) spricht von „Stigma-Symbolen", wozu auch ein Name gehören kann.
16   „Familie" ist hier die direkte Übersetzung des russischen Wortes für Familiennamen, „familija".
17   Vgl. Spülbeck 1997, S. 117ff. und Claussen 1987.

„Es gab diese Gorbatschow-Zeit, und Aleksej (ihr Mann) hat in der Uni gearbeitet und auch dieses Jugendzentrum initiiert, und er kannte sehr viele junge Forscher, Doktoranden und Aspiranten, und sie hatten viele Ideen, sie hatten etwas versucht zu verdienen, also parallel zu ihrer Arbeit auch etwas zu schaffen (...). Sie haben einige Neuigkeiten angeboten in den Betrieben, und Aleksej war Leiter von diesem Zentrum, es ist für jüngere Forscher, so kann man sagen. Wir hatten solche vielen Probleme mit all diesen Parteien, alle unsere Parteikomitees. Was wir auch machen: ‚Sie haben zuviel verdient!‘, es waren ständig Kommissionen und verschiedene Prüfungen und – es war Wahnsinn und unsere Nachbarn, sie haben uns geschimpft ‚Kapitalisten‘, und also es war furchtbar, es war furchtbar! (...) Aber daß wir es (das Geld) verdient haben, und er hatte etwas unternommen und etwas Neues entdeckt, das spielte keine Rolle. Wenn er Geld hat, dann ist er schlecht. Aber wer hat viel Geld? Die Juden in der ersten Reihe. Wer hat so Intelligenz und so!?“

Swetlana läßt hier offen, ob antisemitische Reaktionen die Auswanderungsentscheidung mit herbeigeführt hatten, ob solche Feindbilder erst mit der Migrationsabsicht, die sie und ihren Mann als Juden kenntlich gemacht hatte, offensichtlich wurden, oder ob sie selbst erst nachträglich davon erfuhr. In der folgenden Szene jedenfalls bestätigt der alltägliche Antisemitismus die Ausreiseentscheidung:

„Als wir weg waren, unsere Nachbarin hat unser Zimmer aufgebrochen und alle unsere Sachen weggeschmissen, meine Bibliothek, mein Klavier, also furchtbar. Aber als Aleksejs Mutter kam und wollte das alles abholen, weil wir haben – ich habe gebeten: ‚nur Bücher, nur Bücher, sonst nichts. Also lassen Sie das Geschirr und alle Sachen da. Nur Klavier und Bücher‘. Und dann haben sie solch einen Hof, dieser Innenhof und dann, das hat die Mutter von Aleksej erzählt, sie haben die Fenster aufgemacht und sie sagen: ‚Schmutzige Juden (sie lacht), sind nach Israel gefahren‘. Sie wußten nicht wohin, sie haben einfach geahnt, daß wir weg sind (...), obwohl wir nicht nach Israel gegangen sind.“

Swetlana rekonstruiert ihre Lebensgeschichte bis zur Migration hin als eine Fluchtbewegung weg vom jüdischen Stigma. Der Übergang nach Deutschland markiert die Wende hin zur Suche nach einem positiven jüdischen Identitätsbezug. Doch steht den Versuchen, selbstbewußte Jüdin zu werden, eine in der Vergangenheit empfundene Scham ob dieser Herkunft entgegen. In der Schwierigkeit, Schamerfahrungen zu überwinden und ‚richtige Jüdin‘ zu werden, liegt ein wesentliches Spannungsmoment der gegenwärtigen biographischen Selbstverortung. Die in der Sowjetunion notwendige Anpassungsleistung, jüdische Identität zu verstecken, wird mit der Migration nach Deutschland für Swetlana problematisch. Dies zeigt sich gerade im Kontakt mit jüdischen Institutionen, die ein stolzes Identitätsbekenntnis zum Judentum auch von den Neuankömmlingen erwarten. So treten in Geschichten wie der zuletzt zitierten, die nicht mehr aus der Verlaufsperspektive des Migrationsprozesses erzählt werden, nun auch Stigmatisierungen hervor, die die Verleugnung jüdischer Identität im nachhinein rechtfertigen können. Der Auswanderungsprozeß wird unter dem Blickwinkel des antisemitischen Vertreibungsdrucks neu bewertet.

Den Prozeß der jüdischen Selbstverortung in Deutschland zeichnet Swetlana vom anfänglichen Widerstand bis zum Bekenntnis, gläubige Jüdin zu sein, zwar als linearen nach. Doch die Bilder, die sie dabei entwirft, offenbaren Widerstände gegenüber einem institutionalisierten und sozial ritualisierten Judentum. Swetlanas relative Distanz manifestiert sich zum einen in der Rollenteilung zwischen ihrem Mann und ihr. Während er als ABM-Kraft in der jüdischen Gemeinde arbeitet und die Versorgung der Familie mit religiösem Wissen übernimmt, ist sie eher für die Kontakte mit Behörden und Ämtern und für die Verbindung zum deutschen Umfeld zuständig. Zum anderen nahm Swetlana es anfangs als Druck wahr, wenn ihr Sohn darauf drängte, die in der jüdischen Schule erlernten Rituale auch in der Familie einzuhalten:

„Und dann passierte es so mit David, daß er das machen wollte, was er in der Schule mitgekriegt hat, und er brachte das mit nach Hause, etwas Kleines und dann noch etwas, und dann wurden wir überrascht und dann – manchmal habe ich mich einfach geärgert, wenn er etwas vom Essen abgesagt hat. Wir haben sehr sparsam gewohnt und natürlich zum Beispiel billigstes Fleisch ist natürlich Schweinefleisch, und ich habe es immer gekauft. Und Kinder interessieren sich nicht für diese Sachen, und wenn er (David) mir gesagt hat, er wollte es nicht essen, weil es Schweinefleisch ist – aber ich habe eine Erklärung, warum ich dieses Fleisch gekauft habe, aber – jetzt machen wir es alles. Natürlich nicht in solchem Umfang, wie es zum Beispiel sehr religiöse Menschen machen, weil ich finde, es ist auch künstlich (...). Natürlich gab es eine bestimmte Zeit, wo wir es nicht gemacht haben, aber – ich kann mich nicht an einen ganz konkreten Tag erinnern, aber trotzdem es war schrittweise: am Schabbatt nichts zu essen oder auch beispielsweise Schweinefleisch nicht zu essen oder mit dem Kind am Samstag zu lesen über Judentum und nicht über andere Sachen und – na ja, ich weiß auch nicht, wie es weiter wird, weil ich wollte es auch nicht so sehr, weil einige Sachen mache ich und akzeptiere sie. Aber andere Sachen – einige Regeln passen für mich einfach nicht, ich kann es nicht einhalten. Wahrscheinlich es ist nicht sehr prinzipiell, weiß ich nicht."

Am Schluß des Interviews formuliert Swetlana ein eigenes, von der Teilhabe am synagogalen Ritus und den klassischen Fest- und Speiseregeln abgelöstes jüdisches Selbstverständnis. Über die Aneignung religiösen wie kulturellen Wissens im privaten Bereich ist ihr die Selbstverortung als Jüdin auch ohne regelmäßige Einbindung in die Gemeinde gelungen. In relativer Distanz zu den russischen Migranten auf der einen und den jüdischen Organisationen auf der anderen Seite ist die Beschäftigung mit dem Judentum zur individuellen und intellektuellen Aufgabe geworden. In der folgenden Passage spricht sie zwar noch aus der Perspektive der Unabgeschlossenheit, empfindet diesen Zustand aber nicht mehr als Belastung, sondern hat sich im Dazwischen eingerichtet:

„Wir sehen eine Alternative zu unserem früheren Leben, weil – weißt du, ich entdecke für mich selbst eine ganz neue Welt. (...) Es ist eine sehr interessante Welt vom Geist, von der Geschichte, von der Kultur, und ich finde, das ist so toll, und mir ist es einfach schade, daß die Menschen (Migranten) es nicht wahrnehmen. (...) Es ist nicht nur Kultur in einem engen Sinn, es ist Kultur im breiten Sinn, weil Judentum ist Lebensregel, Beziehungsregel, und die Menschen (...) haben einfach keine Ahnung, was es bedeutet, Judentum. Sie kennen nur na ja die Synagoge (...), dieses Chanukka oder dieses Pesachfest etwas allgemein, aber was tiefer ist?! (...) Ich bin absolut sicher, sie kennen es absolut nicht, sie haben keine Ahnung, was für ein Reichtum die jüdische Geschichte, die jüdische Kultur hat, und ich bin wirklich sehr froh, daß wir diese Tür ein bißchen für uns geöffnet haben. Ich habe soviel Neues für mich erkannt, und letztens haben wir in der Familie gelesen und darüber diskutiert: Traktat Awot über zwischenmenschliche Beziehungen, was bedeutet Gutes und was bedeutet Schlechtes und so viele interessante Sachen. Ich habe nie darüber nachgedacht, ich habe ganz andere Vorstellungen gehabt über das Leben, und ich bin absolut sicher, wenn diese Menschen (die Migranten) sich nur vorstellen könnten, was für einen Verlust sie haben, wenn sie sich nicht damit beschäftigen – ich bin nicht sicher, daß man alles befolgen muß, was da steht (...), ich bin nicht dafür, aber es gibt viel mehr und so viele wunderschöne Sachen, die wir nicht wußten und nicht wissen konnten in der Sowjetunion. Das ist schade, daß sie solche Vorurteile gegenüber Judentum haben in Religion, nicht gegen Judentum, gegen

Religion! Sie meinen, daß Judensein das ist eine reine ethnische Sache, reine nationale Zugehörigkeit und sonst nichts. Das ist einfach – aber ich bin nicht der Meinung, daß wir die Zeit verlieren oder etwas falsch machen (...), und natürlich muß man weiter sehen, wie das weiter (geht)."

Jüdin werden: Die Formung des Selbstbildes

S.K.: „Je mehr ich mich in diese Religionssachen vertiefe, desto mehr verstehe ich, daß Deutschland nicht das beste Land ist, wohin ich emigrieren konnte. Also wenn es um das alltägliche Leben geht, wenn ich ganz materialistisch denke, dann ist das das eine, aber wenn ich über die ganze lange Geschichte von dem jüdischen Volk denke und so (sie stöhnt), dann bin ich sehr skeptisch. Dieser ständige Kampf und diese ständigen Auseinandersetzungen zwischen Deutschen und Juden, das ist nicht zu ändern, das ist nicht zufällig, es ist einfach eine lange Geschichte, und die Menschen, die daran nicht denken, sie haben einfach keine Ahnung oder keine Kenntnis davon."
F.B.: „Das Verhältnis zwischen Deutschen und Juden, das entdeckst du jetzt über Deine Beschäftigung mit dem Judentum?"
S.K.: „Ich verstehe einfach immer mehr oder immer besser, daß es ein bestimmtes Problem gibt zwischen Deutschen und Juden."

Während anfangs Schamgefühle einem jüdischen Selbstbekenntnis in Deutschland im Weg standen, bekennt sich Swetlana inzwischen öffentlich und wie sie sagt als „in Deutschland lebende russische Jüdin". Mit der Einschulung ihres Sohnes in die jüdische Schule und über ihre eigene Beschäftigung mit jüdischer Religion und Geschichte ist sie auch in einen Diskurs um Holocaust-Erinnerung, ‚Schuldverarbeitung‘ und die Formen gesellschaftspolitischer ‚Aufarbeitung‘ des Nationalsozialismus eingetreten, innerhalb dessen sie die Spannung des deutsch-jüdischen Verhältnisses erfährt.
Diskurse sind vorgefaßte Interpretationsrahmen, die Erzählformen bereitstellen, innerhalb derer die Lebensgeschichte interpretiert und das Selbstbild entwickelt wird. Gemeint ist hier ein explizites Selbst als das Ich, das sich ausdrücklich zum Gegenstand von Darstellung und Kommunikation macht, im Unterschied zu einem impliziten Selbst als der sozial geprägten Identität des Habitus.[18] Wie diese Selbstbilder aufgebaut sind und wie Erfahrungen

---

18 Alois Hahn (1995, S. 130ff) hat mit den Begriffen des „impliziten" und des „expliziten Selbst" auf diesen Unterschied hingewiesen.

wiederum innerhalb dieser Selbstbilder modelliert und im Deutungsakt sinnfällig gemacht werden, hängt ganz wesentlich von den institutionellen Selbstthematisierungsmöglichkeiten ab, die den einzelnen in einer Gesellschaft zur Verfügung stehen.[19]

Swetlanas Aufbau eines Selbstbildes als Jüdin vollzieht sich im wesentlichen über drei institutionelle Zusammenhänge mit entsprechender Diskurslogik. Im Kontakt mit der jüdischen Gemeinde, in der sie mit einer von Stolz und Wissen getragenen Identitätsvorstellung konfrontiert wird, erfährt sie vor allem die Schwierigkeit, ein solches Selbstbild zu entwickeln. Auf einen alltagsbezogenen Diskurs um ,NS-Täterschaft' und ,Holocaust-Aufarbeitung' trifft sie während ihrer Arbeit auf einer ABM-Stelle als wissenschaftliche Mitarbeiterin. Ein Beispiel: Eine Kollegin erzählt von der Lektüre des Hannah Arendt-Buches „Eichmann in Jerusalem", das Swetlana nicht kannte.

„Ich wußte zu meiner Scham, zu meiner Peinlichkeit wußte ich gar nicht, wer Eichmann war, weil ich dir sagte, daß in Rußland ganz wenig über den Holocaust gesprochen wurde, nämlich über die jüdischen Leiden im Zweiten Weltkrieg".

Über Swetlanas Unkenntnis verwundert, berichtet die Kollegin über den Inhalt des Buches, um dann den israelischen Prozeß gegen Eichmann als undemokratisch zu kritisieren. Swetlana fühlt sich als Jüdin betroffen, weil sie in der Meinung der Kollegin eine Verteidigung Eichmanns sieht. Durch solche und ähnliche Erlebnisse sensibilisiert, sieht sie sich als Jüdin zur Positionierung ,auf der anderen Seite' gezwungen.

In einem dritten institutionellen Zusammenhang, der Universität, trifft Swetlana auf den wissenschaftlichen Diskurs der ,Holocaust-Aufarbeitung'. Hier fungiert die Psychoanalyse als „Biographiegenerator"[20], indem sie Deutungsmuster bereitstellt, die bislang unverstandenen Aspekten der Lebensgeschichte und unbewußten Symptomen zu Erklärungen verhelfen. Fand Swetlana bisher in ihrer Erinnerung außer diffusen Schamgefühlen keine Anhaltspunkte jüdischer Erfahrung, die besprechbar wären, so liefern jetzt Vorträge über durch den Nationalsozialismus bedingte Traumatisierungen Erklärungen für die Entwicklung ihrer Familiengeschichte, denen Swetlana nachträglich Sinn zu verleihen versucht, indem sie sie als Fluchtbewegung vor Stigmatisierungen und als Verdrängung von Verfolgungserfahrungen deutet. Der psychoanalytische Aufarbeitungsdiskurs von Opfererfahrungen bietet Swetlana die Möglichkeit, bislang fehlende Evidenzen artikulierbar zu machen, und Verfolgungen, von denen sie nur weiß, daß sie stattgefunden haben, in einen

19   Hahn 1995, S. 131.
20   Ebd., S.137.

größeren, über die Familiengeschichte hinausgehenden Zusammenhang zu bringen und sie in ein ‚jüdisches Kollektiv' einzubinden.

Aus dieser Perspektive bekommt vor allem die Lebensgeschichte des Vaters eine andere Wendung. Swetlana hatte ihn als „weißen Raben" bezeichnet, weil er wie ein Fremder in der Ukraine gelebt habe. Seine Trennung von der ersten Familie, die zweite Heirat mit einer Russin und sein Wegzug in ein russisches Arbeiterviertel werden als Fluchtbewegung aus einem jüdischen Milieu gedeutet, die Swetlana jetzt mit verfolgungsbedingten Traumatisierungen erklären kann:

„Bis jetzt lebt mein Vater so, und er hat keine enge Beziehung zu seinen jüdischen Verwandten. Ich habe – als ich Kind war, als ich ganz jung war – also bis zu meiner Reise nach Deutschland kann ich ganz ehrlich sagen, ich habe nicht daran gedacht. Aber danach habe ich ganz viel daran gedacht, warum er hat sich so, so – na ja, er hatte absolut keine Beziehung zu seinen Verwandten. Und als ich einen sehr schönen Vortrag eines Professors auf der Freien Universität gehört habe, dann habe ich erst alles verstanden. Ich habe sofort alles zusammengesetzt in meinem Kopf, also das ganze Leben und unsere – und sein Leben, und dann habe ich alles verstanden. Dieser Professor hat über die Folgen des Krieges für Kinder, für jüdische Kinder, die es erlebt haben (gesprochen). Er war selbst im Auschwitz-Lager, dieser Professor, und hat sehr sehr viele, also sehr viele Forschungen gemacht, und er hat erzählt, daß es zwei Varianten geben kann und eine von diesen Varianten ist also: das Kind will unbedingt raus aus jüdischer Herkunft, aus jüdischen Beziehungen, aus jüdischer Familie. Und schlimmer ist es, daß niemand es versteht, weil in Rußland niemand darüber spricht, und ich weiß, daß in der Familie es ist eine große Krise gewesen, weil zum Beispiel meine Großmutter hat sehr stark darunter gelitten (...). Und meine Großmutter konnte es nicht begreifen, und meine Tante begreift es bis jetzt nicht."

Die Konflikte der Familiengeschichte und damit auch ein Stück weit Swetlanas eigene Lebensgeschichte (z.B. die Frage, warum der Vater seine Tochter nach der Heirat mit seiner zweiten russischen Frau nur heimlich traf) finden eine Erklärung in der Traumatisierung des Vaters, die aufgrund der gesellschaftlichen Verdrängung jüdischer Verfolgung in der Sowjetunion nicht besprechbar war: „Und jetzt habe ich alles verstanden, was für eine Reaktion das bei ihm gewesen ist, er konnte es einfach nicht selbst bewältigen, diese Kriegsgeschichte, diese Nachkriegsangst".

Swetlana findet im Diskurs um die ,Aufarbeitung' des Holocaust Erklärungen für die Verdrängung der jüdischen Herkunft. Als Folge von Opfererfahrungen wird sie ihr erst in Deutschland verständlich. Das Deutungsschema von verfolgungsbedingten Verdrängungsmustern jüdischer Identität im familiären Zusammenhang ermöglicht Swetlana zugleich, ihr eigenes Schamgefühl damit zu begründen und als Verleugnungswunsch zu reflektieren. Doch sollen diese Verfolgungseffekte in ihrer Lebensgeschichte für die Gegenwart nicht identitätsstiftend sein: Mit kritischen Äußerungen über diejenigen Migranten, die ihren Identitätsbezug in Deutschland aus der antisemitischen Verfolgung in der Sowjetunion zu beziehen versuchen, faßt Swetlana abschließend ihre Perspektive zusammen. Verblieben Migranten in der Opferrolle, ohne ein positives jüdisches Selbstverständnis auszubilden, so verharrten sie auf sowjetischem Niveau: „Diejenigen, die in die Opferrolle gehen, wollen sich nicht verändern."

Indem Swetlana Kritik an Zuwanderern übt, die sich auf eine jüdische ,Opferidentität' berufen, bringt sie wiederum zum Ausdruck, sich im Migrationsprozeß verändert zu haben. Schamgefühle sollen, wenn nicht in Stolz, so doch in einen positiven Bezug zum Judentum verwandelt werden. In dieser Veränderung sieht Swetlana die „intellektuelle Weiterentwicklung meiner Persönlichkeit". „Ja, ich bin Kommunistin gewesen, und es dauerte einige Zeit, bis ich meine Scham überwunden hatte, darüber zu sprechen, über mein unterdrücktes Judentum". Doch bedeute Migration eben „Dynamik und Veränderung". Auf der Suche nach einer jüdischen Identität verweigert sich Swetlana dem Anschluß an den Diskurs eines ,jüdischen Kollektivs als Verfolgten- und Schicksalsgemeinschaft'.

Die Form der Biographie

Swetlana spricht aus der Perspektive eines Übergangs, der noch nicht abgeschlossen ist. Indem sie sowohl die Auswanderung an sich als auch die Einwanderung nach Deutschland immer wieder infrage stellt, bleibt der Ort, an dem sie lebt, ein transitorischer. Ihre Überlegungen, nach Israel zu gehen, spiegeln einen ,Weiterwanderungsmythos' wider, der ähnlich dem Rückkehrmythos türkischer Arbeitsmigranten in der Bundesrepublik[21] charakteristisch für migrationsbedingte Phasen der Liminalität ist:

„Wir denken immer wieder daran, ob es eine richtige Entscheidung für uns gewesen ist oder nicht. Für uns ist es ein ständiges Thema in

---

21 Vgl. Wolbert 1995, S. 25ff.

unserer Familie. Wir denken für unser Kind, für uns ist es eindeutig mit der Bewertung über die Zukunft unseres Kindes, aber für uns selbst, wir sind nicht sicher, ob die Auswanderung überhaupt eine richtige Entscheidung gewesen sei oder ob die Auswanderung nach Deutschland die richtige Entscheidung war, ob es nicht besser wäre, wenn wir ein halbes Jahr später oder ein Jahr später nach Israel gefahren wären. Jetzt sprechen wir darüber auch öfter, weil unsere Verwandten da (in Israel) sind und weil sie zufrieden sind (...). Das ist ein neues Thema in unseren Überlegungen und überhaupt, weil es ist wirklich schwer zu sagen, ob wir wirklich einen Platz hier finden für uns selbst."

Swetlanas Biographie ist von einem hohen Reflexionsgrad gekennzeichnet. In ihren biographischen Kommentaren kommt die Unabgeschlossenheit des Migrationsprozesses explizit zum Ausdruck. In der Spannung zwischen dem Erleben dieser Unabgeschlossenheit und der Anstrengung, sie im sinngenerierenden Akt des Erzählens zu bewältigen, liegt die Erzeugungsregel ihrer Biographie insgesamt. Ihrer Form nach dient sie nicht der Selbstdarstellung, sondern der Selbstvergewisserung. Der Ort, den Swetlana zum Zeitpunkt des Interviews einnimmt, ist vor allem wichtig in der Spannung zu dem, was sie war, und zu dem, was sie sein soll. Er markiert, was sie noch ist, was sie nicht mehr ist und was sie noch nicht ist.[22]

Eine verstärkte reflexive Aktivität ist generell kennzeichnend für Erfahrungen lebensgeschichtlicher Brüche. Doch nicht nur der biographische Kommentar als ausdrückliche Bewertung und Rechtfertigung, sondern auch die narrativen Formen geben Aufschluß über das Erleben und die Verarbeitung solcher Brüche. Mit der Erzählform des historischen Vergleichs[23] – ‚wie war ich früher, wie bin ich heute?‘ – markiert Swetlana ihre Migration als lebensgeschichtlichen Bruch. Andere Erzählformen wie die Geschichten der zufälligen Begegnungen verweisen auf die Dynamik des Migrationsprozesses. In narrativen Verdichtungen wie den Erweckungsgeschichten wird die transformative Kraft der Migration zum Ausdruck gebracht. Erzählungen mit fatalistischem Deutungsmuster versuchen wiederum Gründe für die empfundene Stagnation und Desintegration in der Aufnahmegesellschaft in einer ehemals falschen Lebensführung zu finden.

Swetlana erlebt die Schwierigkeiten der Migration insbesondere dann, wenn die Krise aufbricht. In solchen Momenten wird offensichtlich, daß ihr ein Lebensentwurf fehlt: „Das Schlimmste ist, daß ich nicht weiß, was ich

22   Schiffauer 1991, S. 183-184.
23   Lehmann 1993, S. 433.

machen soll." Regelmäßig setzt sie dann noch einmal neu an, ihren Lebenslauf bis zur Auswanderung zu erzählen. Das Gefühl der Desintegration, aus dem heraus sie spricht, bringt das Deutungsmuster ihrer Lebensgeschichte als einen anfangs gradlinigen Lebenslauf in der ‚geschlossenen Gesellschaft' hervor. Als linearer Prozeß der Überwindung von sozialen Dramen und Brüchen ist er gleichermaßen ein Bildungsaufstieg. Mit dem Erfolg auf dieser Lebensbahn, die mit einem internalisierten hohen Leistungsdruck und Perfektionismus verbunden war, ging ein Kampf gegen Marginalisierung und Stigmatisierung einher. Das Verstecken jüdischer Herkunft, die Fluchtbewegung weg von der jüdischen Familie, die Abkehr vom jüdisch klingenden Namen durch ihre erste Heirat mit einem russischen Mann: all diese Distanzierungen von der jüdischen Herkunft erscheinen in Swetlanas Erzählungen als Voraussetzungen und Effekte ihres Aufstiegs. Im lebensgeschichtlichen Dispositiv ist die Verleugnung jüdischer Zugehörigkeit als verinnerlichter Scham mit dem sozialen Aufstieg verwoben.

In der gesellschaftlichen Krise der Perestrojka gerät dieser Lebensentwurf in die Krise. Eine erneute Marginalisierung droht, nämlich die Entwertung ihres sozialen und beruflichen Status als Angehörige der politischen Intelligenz. Diese Wahrnehmung hatte, verbunden mit einem inneren Einstellungswandel, die Migration als Handlungsmuster freigesetzt. Die Angst um die familiäre Existenz, aber auch die Befürchtung, nicht mehr als politische Historikerin arbeiten zu können, sollten mit dem Wegzug bewältigt werden. Die Möglichkeit, als Juden aus der Sowjetunion nach Deutschland kommen zu können, lieferte das Veränderungsmodell, das aber erneut in die Krise führt, in der sich strukturelle Desintegration und die migrationsbedingte Erfahrung von Transformativität verschränken. Diese Liminalitätserfahrung verstärkt das Bedürfnis nach Sicherheit und bringt einen Konversionsprozeß hervor. Die Hinwendung zur Religion fällt mit der Suche nach beruflicher Umorientierung zusammen und soll als Bewältigungsmuster wiederum die berufliche Desintegration ausgleichen. In ihrer Suche nach jüdischer Identität muß sich Swetlana immer wieder über die alte Scham hinwegsetzen. Im Kontakt mit jüdischen Institutionen wird ein lebensgeschichtliches Dispositiv aktiviert, das in krassem Gegensatz zu einem mit Selbstbewußtsein tradierten Verständnis jüdischer Identität in Deutschland steht. Swetlanas Positionierung als Jüdin ermöglicht es ihr zwar, die Tabuisierungen in ihrer Familiengeschichte zu verstehen und ihr Weggehen zu erklären, aber nicht, sich im neuen sozialen Raum zu verorten.

,Deutsch' versus ,Jüdisch'

Elias Jakobowski begegne ich kurz nach meiner Ankunft in einem Aufnahmeheim in der Nähe von Berlin, in dem ich zwei Monate zur Feldforschung gewohnt habe.[1] Mit seiner Familie war er einige Wochen zuvor aus
Kasachstan gekommen.

Der alte Mann kommt gleich auf mich zu, als er merkt, daß ich deutsch
spreche und erzählt, daß er aus Oberschlesien[2] stamme und deshalb Deutsch[3]
könne. Beinahe jeden Tag treffe ich ihn mit seiner Frau auf den Stufen vor
dem Eingang des Wohnheims. Er bietet an, mir seine Lebensgeschichte zu erzählen, damit ich „ein gutes Referat machen" könne.

Zur Motivik des Auswanderns: Die ,Katyn-Biographie'

Als Elias Jakobowski zum ersten lebensgeschichtlichen Interview in mein
Zimmer im Heim kommt, bringt er mir ein zuvor schon oft gezeigtes Bündel

1   Die folgende Fallstudie beruht auf einer über zweijährigen Untersuchung aus
     teilnehmender Beobachtung, Gesprächen und mehreren biographischen Inter-
     views im Zeitraum von Sommer 1994 bis Winter 1996.
2   Elias Jakobowski wurde 1913 in einem kleinen Ort in Oberschlesien geboren
     und wuchs in Tarnowitz in einer traditionellen, aber nicht orthodoxen jüdischen
     Familie auf. In seiner Familie habe man deutsch gesprochen, aber auch Jiddisch,
     Polnisch und etwas Hebräisch beherrscht. Elias Jakobowski ließ sich in Katto-
     witz zum Schneidermeister ausbilden, lebte nach der Gebietsaufteilung 1921 auf
     dem polnischen Gebiet Oberschlesiens, in der Grenzstadt Radzionkow, und ar-
     beitete in der geteilten Stadt Bytom (Beuthen) auf der deutschen Seite. Bevor er
     den eigenen Meisterbetrieb mit finanzieller Unterstützung der jüdischen Ge-
     meinde in Tarnowitz eröffnen konnte, wurde er polnischer Soldat. 1940 wurde
     er von den Russen nach Sibirien deportiert, gelangte 1943 nach Kasachstan und
     wurde nochmals inhaftiert. 1944 heiratete er eine russische Jüdin, die mit ihrer
     Familie um 1920 aus der Ukraine nach Kasachstan gezogen war. 1975 reiste
     Elias Jakobowski nach Polen, wo er von den genauen Umständen der Ermor-
     dung seiner Eltern und Geschwister in Auschwitz erfuhr. 1994 wanderte er nach
     Deutschland ein, zusammen mit seiner Frau, seinen Töchtern, einem Schwieger-
     und dem Enkelsohn. Er starb 1997.
3   Elias Jakobowski sagt von sich, daß er deutsch und nicht jiddisch spricht. Nach
     meiner Einschätzung spricht er ein deutsch gefärbtes Jiddisch. Die im Text fol-
     genden längeren Zitate von ihm sind deutsch orthographiert, in ihrer grammati-
     kalischen Struktur jedoch belassen worden. Einige Wörter sind phonetisch
     transkribiert, da ihre Bedeutung nicht eindeutig übersetzbar ist (z.B. „mechten",
     „derfen" = mögen, dürfen, können, sollen, müssen, wollen).

von Zeitungsartikeln mit, die noch in Kasachstan über ihn geschrieben worden waren. Es sind Lebensberichte eines Stalinismusopfers, das in der Zeit nach Gorbatschow rehabilitiert wurde. Zu meinem Erstaunen liest Elias Jakobowski seine Geschichte fast lückenlos aus der Zeitung vor und übersetzt dabei ins Deutsche, nachdem er zuvor erklärt hat, warum diese Form der Präsentation für ihn wichtig sei. „Es ist zu kompliziert, das alles zu erzählen und hier steht alles drin. Die Zeitung bezeugt, daß mein Leben so war. "

Indem sich Elias Jakobowski an dieser, erst mit der Perestrojka entstandenen Konvention der publizierten Zeitzeugenbiographie orientiert, die das Erlebnis bislang tabuisierter sowjetischer Repression zum Genre ,menschlicher Schicksale' erklärt, zeichnet er das lebensgeschichtliche Selbstbild eines Katyn-Zeugen nach, dessen gesamter Lebenslauf von dieser Erfahrung geprägt worden ist.[4]

Die Zeitungsartikel kommentiert er mit ausführlichen Schilderungen, wie er 1939 als Funker zur polnischen Armee eingezogen und als solcher in Gleiwitz Ohrenzeuge von Hitlers im Rundfunk übertragenen Kriegserklärung auf Polen geworden war. Im wenige Tage dauernden deutsch-polnischen Krieg des Septembers 1939 wurde er als polnischer Soldat Augenzeuge der Verhaftungen der polnischen Offiziere, die Stalin im September 1940 in Katyn erschießen ließ.[5] Von Polen nach Rußland war Elias Jakobowski seiner Erzählung nach deshalb gekommen, weil er sich als polnischer Soldat bei L'vov (Lemberg/heute Ukraine) in russische Kriegsgefangenschaft begeben hatte und von dort nach Sibirien in verschiedene Gulaglager verschleppt worden war.

Weder in seinen Erzählungen noch in den Zeitungsartikeln wird der Hintergrund der politischen Situation deutlich. Er läßt sich im nachhinein ungefähr folgendermaßen rekonstruieren: Je weiter Hitlers Truppen in Polen vorrückten, desto stärker wurde die polnische Armee – und mit ihr Elias Jakobowski – gegen die russische Grenze geschoben, bis die polnischen Soldaten von ihrem Oberbefehlshaber aufgefordert wurden, sich in sowjetische Kriegsgefangenschaft zu begeben.

Mit der Deportation durch die Rotarmisten Anfang 1940 als sogenannter ,Spezialübersiedler' formierte sich dann bei Elias Jakobowski ein Lebenslauf, der sich in bestimmten normierten, für die Sowjetunion typischen Kategorien

---

4   Die Ermordung dieser Offiziere geht als polnisches Nationaltrauma sowjetischer Zwangsherrschaft unter dem Stichwort ,Katyn' in die Geschichte ein.

5   Die sowjetische Verantwortung für Katyn wurde erstmals 1989 von Moskau offiziell bekannt (vgl. Vetter 1994). Die Zeitungen Kazachstanskaja Pravda und Ogni Alatau greifen Jakobowskis Katyn-Erlebnisse unter dem Titel „Menschliche Schicksale" Anfang 1990 auf. (Tatjana Eggeling danke ich für die Übersetzung beider Artikel.)

vollzog. Die Kategorisierungen der stalinistischen Ära stempelten ihn zum Fremden als Pole, als polnischer Soldat, dann zum Polen als Mitwisser von Katyn. Wie auch Millionen Sowjetbürger kam er daher in den Gulag. 1948 bekam er die sowjetische Staatsbürgerschaft – mit jüdischer Nationalität im Paß – und arbeitete fortan in einem staatlichen Schneidereibetrieb in Alma Ata. Auch in Kasachstan habe er noch bis 1990, wie er sagt, als ein ‚Begrenzter‘ (Ausländer mit begrenzten Rechten) gelebt. Im Jahre 1990 sei dann ein neuer Befehl gekommen, „(...) daß ich überhaupt unschuldig bin, daß die haben mir das alles zugeschrieben nicht richtig und sind bereit zu bezahlen, materiell zu helfen. "

Elias Jakobowski wurde zwar formal rehabilitiert und mit einer Reihe sozialer Vergünstigungen bedacht, doch eine Erklärung für seine frühere Ausgrenzung lieferte man ihm nicht, obwohl er deswegen mehrfach bei politisch einflußreichen Instanzen vorgesprochen hatte. Für Verhaftungen und Gulag-Repressionen wurden nie Gründe genannt; selbst die Perestrojka-Zeit stellte keinen gesellschaftlichen Raum dar, innerhalb dessen die eigenen Erfahrungen sinnhaft gemacht werden konnten. Die Rehabilitierung durch die nachsowjetischen Regierungsinstanzen bedeutete ein bloßes Umstellen der sowjetischen Kategorien, ohne daß dies die Möglichkeit einer persönlichen Wiederaneignung der Lebensgeschichte hervorgebracht hätte.

Die über Elias Jakobowski in der Perestrojka geschriebenen Zeitungsartikel waren erste Anzeichen einer sich demokratisch verändernden Gesellschaft, die die politischen Prägungen und Zumutungen im Leben eines einzelnen immerhin beschrieben, wenn auch nicht im gesellschaftlichen Zusammenhang analysierten. Bis zur Perestrojka hatte seine Geschichte keine Referenz im offiziellen kollektiven Gedächtnis der Sowjetunion. Alle drei der mitgebrachten Artikel nehmen an keiner Stelle Bezug auf Elias Jakobowskis jüdische Identität.[6]

Mit der Auflösung der Sowjetunion ging die Rehabilitierung einher und damit ein Gefühl der Befreiung, das auch den Auswanderungswunsch freisetzte.

6   Die gesellschaftliche Verdrängung seiner Lebensgeschichte und der als Jude erfahrenen NS-Verfolgungen wirkte bis in die Familie hinein. Ein „Überläufer" zu den Russen gewesen zu sein, warf ihm seine Frau zeitlebens vor. Seine Vorgeschichte bleibt dabei ausgeblendet; der Krieg hat für seine Frau im Juli 1941 mit dem deutschen Überfall auf die Sowjetunion und nicht wie für Elias Jakobowski im September 1939 begonnen. In der Familie seiner Frau sah man ihn immer als Ausländer an, dem man aufgrund seiner verwickelten Lebensgeschichte stets mißtraute. Als Opfer des Faschismus galt nicht er, sondern galten vielmehr die russischen Klassenkameraden seiner Frau, die als Soldaten im Kampf gegen Deutschland umkamen. (Aus Gesprächen mit seiner Familie.)

„Warum wollte ich nach Deutschland? Also die Kinder haben doch manches Mal gehört, wie ich über Deutschland gesprochen habe, daß das deutsche Volk ist ein sehr gutes Volk und ich habe immer anfangs erzählt, daß mir hat ein Deutscher das Leben gerettet".

Elias Jakobowski schiebt eine dramatische Rettungsgeschichte ein, wonach ihn ein „guter deutscher Bäckermeister" an der deutsch-polnischen Frontlinie 1939 „aus Menschlichkeit" nicht an einen Trupp deutscher Soldaten verraten, sondern ihn versteckt und die Soldaten in die falsche Richtung geleitet habe. Die Geschichte trägt im Kern die Botschaft, daß nur Hitler Verantwortung für die nationalsozialistischen Verbrechen trägt; der Bäckermeister repräsentiert die Mehrzahl der „anständigen Deutschen", von denen er seinen Kindern immer erzählt habe.

> E.J.: „Und da haben wir beschlossen, wir werden nach Deutschland fahren, die Deutschen nehmen Juden auf."
> F.B.: „Wer hat die Idee gehabt auszuwandern? Sie oder die Kinder?"
> E.J.: „Die Idee hab angefangen ich. Nur ich hatte die Idee das ganze Leben, daß ich derfte von Rußland auswandern zurück. Nur konnte ich nicht."

Die Auswanderung ist hier als Heimkehr gedacht. Sowohl die politische Aufhebung persönlicher Beschränkungen als auch die deutsche Aufnahmezusage brachten die Möglichkeit hervor, biographisch anzuknüpfen: über ein Bild von Deutschland, in dem NS-Verfolgung und Holocaust keine Relevanz zu haben scheinen. Dieses erste Interview beschließt Elias Jakobowski damit, mir seine politische Weltanschauung dazulegen, wonach „Stalin schlimmer war als Hitler" und die Deutschen ein „gutes und hochgebildetes Volk" waren, weil unter ihnen schließlich „viele kluge Juden gelebt haben, denen es in Deutschland gut gefallen" habe. Er schwärmt von der ,deutsch-jüdischen Symbiose' in Oberschlesien – von Nationalsozialismus und Antisemitismus ist keine Rede. Mit diesem Geschichtsbild wird seine Entscheidung für Deutschland plausibel.

Grenzüberschreitung

Im Jahr 1991 reichte die in Leningrad lebende Tochter die nötigen Papiere für Elias Jakobowski und seine Frau in der deutschen Botschaft in Moskau ein. Etwa ein Jahr später wandte er sich dann selbst an die inzwischen eröffnete deutsche Botschaft in Alma Ata, weil Moskau noch nicht über seinen Antrag entschieden hatte, was er darauf zurückführt, daß „die Russen dagegen waren". Er schildert mir die Begegnung mit dem Botschaftssekretär:

„Kam ich und sprech mit dem Vorsteher. Er war mit mir sehr höflich. Er hat mir 300 Dollar gegeben beim Abschied (...). Und fragt der mich: ‚Wollen Sie wirklich zurück nach Deutschland fahren mit allen Kindern?' Sag ich ihm: ‚Ja!' Dann hat er dorten einem Arbeiter von der Botschaft gesagt, daß er soll meine Papiere erledigen. Muß er sie von Moskau schleppen zurück nach Alma Ata, und der Beamte fragt mich, wie ich fahren will, als Deutscher oder als Jude? Sag ich: ‚Als Jude fahre ich!' Hat er mir noch gesagt, das ist ein anderer Status für die Deutschen, daß ich kann als Deutscher fahren aus Kasachstan. Da sag ich ihm: ‚Nein, mit mir fährt die Familie; die Kinder, die wollen nicht – ', sag ich: ‚Nein, wir werden als Juden fahren'."

Weil in Deutschland zwei Klassifizierungen existieren, wonach Migranten aus der ehemaligen Sowjetunion entweder als ‚deutschstämmige Aussiedler'[7] oder als ‚jüdische Kontingentflüchtling' aufgenommen werden können, werden einander ausschließende Identitätslogiken vorgegeben, die es nicht erlauben, ‚deutsch' und ‚jüdisch' zusammenzudenken. Elias Jakobowski mußte wählen und entschied sich wohl vor allem wegen seiner Kinder, die keinerlei lebensgeschichtlichen Bezug zu Deutschland hatten, für eine Statuspassage als Jude – für sich und seine Familie.[8]

Mit dieser Wahl war nicht nur ein Aufnahmeverfahren als Kontingentflüchtling, sondern auch die Art und Weise der Angliederungsriten vorgegeben: seine Ankunft wurde einer jüdischen Gemeinde in Brandenburg angekündigt, die dort ein staatliches Aufnahmeheim betrieb.

---

7   Eine ethnische Klassifikation, die – auf Abstammung und Kulturverbundenheit basierend – dem jus sanguinis entspricht. Aussiedler müssen die Bewahrung deutscher Kultur und die deutsche Herkunft beweisen. Ihre Repatriierung gründet auf ihrer Identifizierung als Vertriebene im Sinne des Bundesvertriebenengesetzes von 1953, das weiterhin in Kraft ist. Sie sind definiert als „diejenigen Deutschen, die die gegenwärtig besetzten Gebiete des deutschen Ostens, Danzig, Estland, Lappland, Litauen, die Sowjetunion, Polen, Tschechoslowakei, Ungarn, Rumänien, Bulgarien, Jugoslawien, Albanien oder China verlassen oder verlassen haben" (BVFG § 1).

8   Hätte er als Deutscher ausreisen wollen, wäre zuvor sein ethnischer Bezug als ‚Volksdeutscher' geprüft worden. Die bürokratischen und rechtlichen Widerstände gegen seine später in Deutschland unternommenen Versuche, einen deutschen Abstammungsnachweis zu führen, verweisen jedoch darauf, daß er weder als ‚Aussiedler' noch als ‚Vertriebener' hätte einreisen können.

„In Alma Ata hat mir die Botschaft gesagt, daß es wird ein Stern von Davidowitsch (Davidstern als Erkennungszeichen am Flughafen in Deutschland) sein, dorten werden Juden sein, die werden mich treffen."

In der Zusicherung des Botschaftsangestellten, daß er in Deutschland Rente erhalten werde, sah Elias Jakobowski den Aufnahmeakt als symbolische Geste der Wiedergutmachung bestätigt: Er kam im Gefühl an, „die deutsche Regierung hat die Juden eingeladen, nach Deutschland zurückzukommen, es sollten wieder soviel Juden sein, wie viele es waren vor dem Krieg."

Die Erzählungen über ein großes Abschiedsfest im Freundeskreis, das auf Video aufgenommen und mir später vorgeführt wird, machen deutlich, daß ‚Trennungsriten'[9] stattfanden, die die Auswanderung für das soziale Umfeld als endgültige erkennbar werden ließen. Auch der Verkauf der Wohnung und die Auflösung des Hausrats sind Indizien für die Absicht, nicht zurückkehren zu wollen. Es sind Anzeichen dafür, daß der Migrationsprozeß als irreversibel konzipiert worden war.

„Dann gehen wir schon über die Grenze. Also wir kommen mit dem Flugzeug, das ganze Flugzeug war voll mit Übersiedlern, mit Deutschen, und ich war ein einziger Jude dorten." Während die Aussiedler am Flughafen in Berlin von Mitarbeitern des Roten Kreuzes in Empfang genommen und mit Fahrzeugen in die entsprechenden Aufnahmeheime gebracht wurden, traf Elias Jakobowski niemanden von einer jüdischen Institution, der ihn abholte. Statt dessen wurde er aufgefordert, mit einer Gruppe von Aussiedlern in eine westdeutsche Stadt zu fahren, wo man ihn mit seiner Familie in einem speziell für Aussiedler eingerichteten Heim unterbrachte. Er beschreibt die dortige Aufnahme als einen besonders „höflichen" Empfang und die Versorgung als ausnehmend gut:

„Die haben mir gleich zu Essen gegeben, zu trinken gegeben, mir und meiner Familie. Haben uns zum Tisch geführt und Speisen ausgegeben dreimal am Tag. Dann haben sie uns zugeteilt ein Lager, um sich auszuruhen, haben Wäsche und Seife ausgegeben (...)."

Nachdem die Leitung des Aufnahmeheims den Irrtum bemerkt hatte, daß ein ‚jüdischer Kontingentflüchtling', der eigentlich für ein anderes Bundesland

---

9   Vgl. Van Gennep 1986. Barbara Wolbert hat das Konzept der Statuspassage für die Migrationsforschung am Beispiel türkischer Arbeitsmigranten, die in die Türkei zurückkehrten, nutzbar gemacht. Die Migration als räumlicher Übergang kann damit als sozialer Prozeß untersucht werden (Wolbert 1995, S. 30ff).

bestimmt war, aufgenommen worden war, veranlaßte sie wenige Tage später die Überführung der Familie nach Brandenburg:

„Und in T. trifft mich schon einer von der jüdischen Gemeinde, sagt er: ‚Wir haben keinen Platz für Euch.‘ Kommt ein Junge mit der Maschine (mit dem Auto), welche hat ihm die Gemeinde gegeben und sagt mir: ‚Du willst nach Neuenhain? Das ist dein Interesse! Kannst zu Fuß gehen!‘ Warum? Weil der Junge aus Rußland ist und er wußte, was sein wird. Ist auch ein Russe, ein russischer Jidd: ‚Wirst du geben 200 Mark, wirst du kommen nach Neuenhain‘“.

Weil Elias Jakobowski in der Art dieser ‚Begrüßung‘ und der Forderung, seine Überstellung in ein anderes Heim selbst zu bezahlen, „Mafiamethoden“ erkannt haben wollte, rief er die Polizei, die auf die Mitarbeiter der jüdischen Gemeinde einwirkte, ihn unentgeltlich in das Aufnahmeheim Neuenhain zu bringen.

Der Akt des Aufgenommen-Werdens begann für Elias Jakobowski in der deutschen Botschaft in Kasachstan und rief Erwartungen eines Empfangs in Deutschland hervor, die sich zwar in der Begrüßung und Versorgung für die Aussiedler bestätigten, nicht aber für ihn als Juden, der mit einer Infrastruktur konfrontiert wurde, die er als sowjetisch geprägt empfand.

Indem Elias Jakobowski sowohl die Abschiedszene in der Botschaft als auch die Ankunftssituation im jüdischen Aufnahmeheim wieder und wieder erzählt, ohne dem räumlichen oder zeitlichen Dazwischen größere Beachtung zu schenken, machen seine Erzählungen den Übergang vor allem an zwei offiziellen Kontaktformen fest. Er erlebt ihn als Spannung zwischen einer an ihn persönlich gerichteten Einladung, als Jude nach Deutschland zurückzukommen, und einer Begrüßung, in der er sich als potentieller Deutscher zuerst freundlich und wohlversorgt aufgenommen fühlte, als Jude jedoch unfreundlich behandelt und abgewiesen sah. In den zwei verschiedenen Erstbegegnungen mit der deutschen Sozialstaatlichkeit erfuhr er unterschiedliche Qualitäten der Aufnahmerituale für ‚deutsche Aussiedler‘ und ‚jüdische Kontingentflüchtlinge‘. In den Erzählungen über die Treffen mit dem Botschaftsvertreter, dem Personal im Aussiedlerheim und den Mitarbeitern des Wohnheims der jüdischen Gemeinde akzentuiert er narrativ verdichtet seine Aufnahme in Deutschland, die für ihn im Kontrast zu seiner ursprünglichen Erwartung stand, in besonderer Weise empfangen zu werden.

Elias Jakobowskis ‚besonderes Schicksal‘ war in Kasachstan zumindest formal in Form von Auszeichnungen und in Berichterstattungen gewürdigt worden. In der privilegierten Behandlung in der deutschen Botschaft und der Einladung, als Jude nach Deutschland zurückkehren zu können, sah er die Anerkennung seiner Besonderheit noch einmal bekräftigt. Entsprechend hatte er die Migration auch in der Erwartung unternommen, sein ‚Schicksal‘ im Aufnahmeakt als Geste der Wiedergutmachung bestätigt zu bekommen. Doch die Vorstellung der Migration als eine Statuspassage, die den Wechsel von einem diskriminierten in einen gesellschaftlich anerkannten Status herbeiführen sollte, bricht sich an der Realität, als er feststellt, daß er wie ein ‚ganz normaler Kontingentflüchtling‘ behandelt wird. Im Wohnheim in Neuenhain angekommen, erfährt er die Gleichbehandlung mit den anderen Migranten als Degradierung:

> „Jetzt verstehe ich, daß es hier tausende gibt so wie mich. Nur, ich versteh nicht, wieso werde ich auf die gleiche Stufe weggestellt wie mein Enkelsohn, wie alle diese Juden hier, die keine richtigen Juden sind."[10]

Bei unseren ersten Treffen beklagt Elias Jakobowski oft die ‚Verschleuderung‘ des ehemaligen Hausrats. Seine in Alma Ata lebende Tochter und der Schwiegersohn hatten ihn vor der Auswanderung mit der Begründung verkauft, in Deutschland könne man „alles billig kaufen". Die „schöne Tagesdecke und viel guter Damast" gingen „für dreizehn Dollar an Freunde". Auch der „schöne, selbstgenähte Frack, Lackschuhe und der Hut", eine Ausstattung, die er für den Besuch der Synagoge in Deutschland vorgesehen hatte, wurden mit der Begründung abgegeben, daß im Flugzeug kein Platz sei. In der damaligen Ermahnung an seine Kinder, daß es in Deutschland schon vor dem Krieg teuer gewesen sei, lag nicht nur das Bedürfnis, materielle Werte in Erwartung einer unsicheren Zukunft bewahren zu wollen. In den Dingen war vor allem lebensgeschichtliche Bedeutung eingelagert; in ihren verkörperte sich sozialer Status und der Wunsch, an eine religiöse jüdische Identität anzuknüpfen, was im Herkunftsland nicht möglich war.[11] „Mir waren die Sachen doch lieb und teuer, den Anzug habe ich selber genäht, er stand mir gut. Aber nichts wurde zugelassen."

Je deutlicher Elias Jakobowski realisiert, was es heißt, in einem abseits jeder Infrastruktur gelegenen Wohnheim untergebracht worden zu sein und Sozialhilfe zu beziehen, desto wichtiger werden diese Gegenstände in seinen

10 Wie in einem späteren Zitat deutlich wird, hat Elias Jakobowski ein sehr klar umgrenztes Verständnis von jüdischer Identität: Um ein Jude zu sein, müsse man mit der Tradition vertraut sein und sich öffentlich dazu bekennen. Nur im Fall von Verfolgung sei es legitim, die eigene jüdische Identität zu verbergen.

11 Bis ca. 1987 existierte die jüdische Gemeinde in Alma Ata laut Elias Jakobowski nur im ‚Geheimen‘. Seine Frau habe ihn aus Angst vor politischen Sanktionen davon abgehalten, die Gemeinde an jüdischen Festtagen zu besuchen. Die Gemeinde habe nur aus älteren Männern bestanden, weil jüngere Leute aufgrund ihrer atheistischen Erziehung kein Interesse am Judentum gehabt hätten.

Erzählungen. Indem er mehr und mehr seinen Status, als Kontingentflüchtling aufgenommen worden zu sein, realisiert, gewinnen die Dinge, die den
vor der Migration innegehabten sozialen Status repräsentieren, an Bedeutung.

Selbstvergewisserung: „Ich bin der einzige echte Jude hier"

Während meines Aufenthalts im Aufnahmeheim treffen wir uns fast täglich
auf den Stufen vor dem Eingang. Unsere Gespräche funktioniert Elias Jakobowski bald in einen ritualisierten Monolog um. Seine Rede nimmt die Form
von Rezitationen an, wenn er mir jiddische Operetten oder Abschnitte aus der
Tora vorträgt. Jüdische Feiern von Statuspassagen wie Bar Mizwa und Hochzeit fallen ihm nach und nach wieder ein, und er beschließt jede Sequenz mit
dem Hinweis, daß seine Frau noch nie etwas vom Judentum habe hören wollen. Seine Selbstvergewisserung, jüdisch zu sein, profiliert sich dabei nicht
über Erinnerungen an Erlebnisse in seiner Jugendzeit in Oberschlesien, sondern über das kulturelle und religiöse Wissen, das einen ‚guten Juden' aus-
zeichnet. Hier einige Ausschnitte:

„Ja, ich bin wirklich Jude, ich kann bezeugen, daß ich wirklich Jude
bin. Wieso? Erstens ich kann schreiben, lesen auf jiddisch, ich kann
Talmut, ich kann etwas sprechen so wie ich spreche auf deutsch vielleicht Iwritt (hebräische Sprache). Warum? Ich habe gelebt in Polen
und in Polen war keine Begrenzung, daß ich Jude bin, ich konnte gehen in den Gottesdienst den ganzen Tag, solange ich will. Ich konnte
feiern die jiddischen Feiertage, wo ich will, wann ich will, wann es
mir gefällt nach dem Kalender, was er sagt. Und für Männerjuden ist
nur eine originelle Sache: sie sind geschnitten und ich auch."

Elias Jakobowski versucht, sich religiöser Ritualformen im Hebräischen zu
erinnern, was ihm nicht immer gelingt:

E.J.: „Wissen Sie, was das (die Tora) ist?"
F.B.: „Die Gebetsrolle."
E.J.: „Ja, sie nehmen die Gebetsrolle raus, ist ein Lied dorten, ein reli-
giöses, werde ich Ihnen gleich sagen. (Er versucht, hebräisch zu sin-
gen und bricht ab, als ihm die Worte fehlen.) Das ist noch etwas neu.
‚Wenn wir machen auf die Tür, wer die Tora findet, nehmen wir die
Tora raus und werden die Gesetze lernen' und wir Jungen, ich war da-
mals jung, werden die Gesetze lernen, erfüllen und das weitergeben.

Jeden Sonnabend machen wir die Tora auf – das ist Sider[12], wissen Sie, was das ist?"

F.B.: „Nein."

E.J.: „Sider, das ist dorten verschrieben, es sitzt bei mir noch etwas im Kopf (...). 55 Jahre habe ich – heute ist das erste Mal, wenn ich übertrage diese Wörter. (Er versucht wieder, hebräisch zu sprechen.)"

F.B.: „Was heißt das?"

E.J.: „,Wenn wir machen die Tür auf, nehmen die Tora raus, werden wir die Gesetze lernen und unseren Kindern übergeben' (...). Ich glaube, wer Jude ist, wüßte das. Das hat angefangen jeden Sonnabend und der Rabbiner und alle Leute singen mit ihm das. Tora raus und ging mit ihr rum, sie lesen die Tora, heißt der ,Melemmer'[13] auf jiddisch, das ist ein Höherer, übersteigt etwas höher wie alle. Und vor der Tora findet sich – ich hab schon vergessen, wie heißt das? Auf deutsch, wie wird das sein? Die Weinmauer? Haben Sie was gehört von der Weinmauer?"

F.B.: „Klagemauer?"

E.J.: „Klagemauer heißt das, ich sage Weinmauer, die weint immer. Die Tora ist immer weggestellt in die Reihe, wo die Klagemauer ist. So kann ich bezeugen, daß ich Jude bin." (...)

E.J.: „Und noch was: Ich frage die Juden hier (im Wohnheim) nach dem Bait.[14] Wissen Sie, was das ist?"

F.B.: „Nein."

E.J.: „Jeder Junge, wenn er dreizehn Jahre ist – evangelische gehen zur Kommunion und die Juden gehen zur Bar Mizwa. Damals bekommt der Junge (unverständliches Wort) (...): das ist so ein halbes – drin das ist von Leder, drin liegen reingelegt Gottes Zehn Gebote. Jeden Tag darf der Junge ein – er darf es und macht es, nur das muß man jeden Tag machen. (Er erklärt den Ablauf des Rituals mit teils hebräischen, teils deutschen Worten ausführlich.) Da habe ich hier gefragt die Leute: ,Ist hier ein Jude, welcher hat ein Tallis?' Tallis[15], wissen Sie auch nicht, was das ist? Das ist eine Decke, weiß und schwarze Streifen (...). Und die Decke, den Thales tragen die – trägt er (der Mann) nach der Hochzeit. Wenn er heiratet und zieht dann die Ringe – das Fräulein sagt dann noch manche Wörter, ich habe vergessen, wie das ging dorten (ihm fallen wieder einige hebräische

---

12   Sedarim: Hauptteil von Mischna (Sammlung der jüdischen Gesetzeslehre) und Talmud.
13   Melamet ist der Lehrer.
14   In Elias Jakobowskis Erinnerung ist ein Bait wohl eine Gebetskapsel.
15   Tallis: Gebetsschal.

Worte ein.) Und der Mann schwört dem Mädchen zu: ‚Daß ich werd ihr immer treu sein, werd sie nicht vertauschen auf keine andere und dritte, und der liebe Gott hilft mir zu, das zu erfüllen.“

Die Rezitationen geraten zu einer Art identitätsstiftenden Performance, wobei die Ethnographin und mitunter auch andere Heimbewohner das Publikum stellen. Zugleich bildet sich das Selbstgefühl, der „einzige echte Jude hier“ zu sein, vor dem Hintergrund eines größeren Publikums heraus: Es ist auch der Effekt eines ‚Authentizitätsdiskurses‘ um jüdische Identität, der sich auf der Folie der deutschen Aufnahmepolitik formiert hat und sich in den Interaktionen zwischen den Heimbewohnern niederschlägt. Elias Jakobowskis Verachtung erfahren dabei diejenigen Migranten, die in der Sowjetunion als ‚versteckte Juden‘ galten:

E.J.: „Ich bin nicht der Mensch, welcher sagt: ‚Gib gib gib! Haben haben haben! (Er macht eine Handbewegung und imitiert diejenigen, die er für Wirtschaftsflüchtlinge hält und kolportiert weiter:) ‚Ich habe keine Ahnung darüber, daß ich in Deutschland lebe. In Rußland halte ich eine Wohnung, bis gute Zeiten kommen dort, dann werde ich von hier weg gehen.‘ Solche Menschen derfen hier nicht sein. Es sind hier sehr viel Nichtjuden.“
F.B.: „Hier?“
E.J.: „Ich sehe hier im Heim, daß achtzig Prozent sind keine Juden und die anderen wissen nichts von Jüdischkeit.“
F.B.: „Weil sie nicht religiös sind oder weil sie keine Ahnung haben?“
E.J.: „Weil sie keine Ahnung haben, weil sie keine Juden sind.“
F.B.: „Und warum sind das keine?“
E.J.: „Es ist in der Religion verschrieben, daß wenn du in einem gefährlichen Zustand bist, dafür daß du Jude bist, da kannst du das auf eine Weile verstecken, wenn du kannst. Die Deutschen haben immer gesagt, daß sie können feststellen, daß du Jude bist. Die haben gesehen, ob er beschnitten ist, ein Jude. Aber es derfen Juden schon sein in dieser Zeit, wenn das beschränkt niemand mehr, wenn das ist schon erlaubt (...). Muß doch nicht religiös sein, man verlangt das nicht von ihr, aber man muß wissen, man muß sich bezeugen!“ (...)
E.J.: „Alle Männer, welche Sie hier (im Wohnheim) sehen, die Juden, erstens sind sie keine Juden, achtzig Prozent sind keine!“
F.B.: „Woran merken Sie das?“
E.J.: „Ich merk das! Unten (am Eingang vom Heim) sprech ich mit den Leuten. Eine sehr schöne Frau hat da eine Familie ist bei ihr, eine tatarische. Nu, es sind Tataren Juden auch. Da frag ich sie: Weiß sie was von Jom Kippur? Nu, welches jüdische Mädchen wüßte nicht von

Jom Kippur!? Wenn sie nicht wüßte, da ist sie vielleicht eine schlechte Jüdin. Kann auch sein. Sie ist hier mit dem Vater, sprech ich mit dem Vater. Nu, die Tochter wuchs schon in Rußland – na, wie heißt er, Komsomolpartei, wie heißt das? Nu, war er Parteimann, wußte er nicht (von jüdischen Feiertagen), wollte er Russe sein, ist er Russe geworden. Da frag ich das Kind: ,Rita, ich bin nicht interessiert, mir ist das egal, mich geht das wenig an, nur mein Zimmer, welches ich derfte vom Sozialamt bekommen, bekommt ein Russe, welcher war über die Jahre Antisemit.' Und die – ich weiß, hier sind viele Russen. Daß sie sind Antisemiten, das darf ich nicht sagen, aber sie sind keine Juden."

In den meisten Heimbewohnern meint Elias Jakobowski jetzt ,die Russen' zu erkennen, die seiner Meinung nach kein Recht haben, nach Deutschland zu kommen und sozialstaatlich versorgt zu werden. In Abgrenzung zu ihnen baut er im Heim sein Selbstbild als „einziger echter Jude hier" auf. Als ,richtige Juden' gelten in seinen Augen allerdings auch diejenigen nicht mehr, die ihre jüdische Nationalität im sowjetischen Paß zwar nicht ausgelöscht hatten, denen aber das Wissen um jüdische Kultur fehlt. Dazu rechnet Elias Jakobowski auch seine Frau, die er mir gegenüber mitunter geringschätzig als „Russin" bezeichnet, weil sie ihr Jüdischsein in Kasachstan verleugnet habe:

„Sie weint, weil sie kein Deutsch kann, sich nicht verständigen kann mit jemand. Dafür ist ihr jetzt hier so schlimm. Wenn sie mechte sich nicht so verstecken, wenn sie mechte erlauben zuhaus' manches Mal mit mir auf jiddisch zu sprechen, wenn sie mechte erlauben manches Mal in der Wohnung mit Juden sich unterhalten, jiddische Feiertage feiern, dann wußte sie, daß sie Jidd ist. Hat sie das nicht gewollt. Kann sie sich hier nicht verständigen wie ich."

Das Aufnahmeheim ist für Elias Jakobowski auch der Ort individueller jüdischer Selbstvergewisserung, wobei er seine ,Katyn-Biographie', die später beschriebenen Erfahrungen während der Nazizeit und seine jüdische Identität zu diesem Zeitpunkt (noch) nicht in einer lebensgeschichtlichen Synthese zusammenfügt.

Exkurs: Das Heim und die Rede über ‚die Flüchtlinge‘

Das Wohnheim Neuenhain lag etwa eine Stunde von Berlin und circa drei Kilometer von der nächsten Ortschaft entfernt am Waldrand. Der dreistöckige Plattenbau, ehemals eine Kaserne des Ministeriums für Staatssicherheit, war im Jahr 1990 als Notunterkunft für die ersten jüdischen Migranten aus der Sowjetunion, die noch vor der Wiedervereinigung größtenteils mit Touristenvisa in die DDR eingereist waren,[16] bereitgestellt worden. Während meines Aufenthalts waren hier rund 150 Kontingentflüchtlinge untergebracht; Platz wäre für etwa 300 Personen gewesen. Die Infrastruktur war schlecht: nur zu Fuß gelangte man zum Einkaufen in die nächste Ortschaft; die Buslinie war eingestellt worden, und der einzige Lebensmittelladen in der Nähe hatte vor kurzem geschlossen. Für die Bewohner war nur ein Münzsprecher erreichbar, und vor allem abends herrschte hier großer Andrang, um mit Freunden und Verwandten in den Heimatländern zu telefonieren. Direkt gegenüber lagen die Gebäude des Bundesgrenzschutzes. Deshalb sei das Heim auch der sicherste Ort, sagten die Pförtner, die sich im Schichtdienst abwechselten. Man habe schon Skins herumstreunen sehen, aber diese würden sich nicht hertrauen. In der gläsernen Pförtnerloge holte man sich den Zimmerschlüssel ab; wer nicht bekannt war, mußte den Personalausweis vorzeigen, erst dann wurde die zweite Eingangstür gegen Knopfdruck geöffnet. Auf den dunklen Fluren im Gebäude begegnete man meist niemandem, Flurgespräche schien es nicht zu geben. Im ersten und zweiten Stock lagen die Wohnräume der Migranten; im Parterre waren die Diensträume der Angestellten, die Klassenräume für den Deutschunterricht und die Aufenthaltsräume der Lehrer untergebracht. Der Gemeinschaftsraum und der Speisesaal für die Bewohner waren geschlossen worden, als das Selbstversorgungsprinzip für die Migranten eingeführt wurde. Auch die aus Spendenmitteln eingerichteten Räume – Kindergarten und Bibliothek – waren geschlossen worden, nachdem den ABM-Kräften (z.T. russischsprachige Dolmetscher und in der sog. Ausländerarbeit erfahrene Sozialarbeiter) gekündigt worden war. Mit ihrem Weggang hatte sich auch der Sprecherrat der Migranten aufgelöst. Kurzum: Das Heim hatte schon bessere Zeiten gesehen.

Bei meiner Ankunft hatte mir die Heimleiterin wie den Neuankömmlingen auch einen Heimausweis ausgehändigt und einen Raum zugewiesen. Das Zimmer war mit ältlichen plastikfurnierten Preßspanmöbeln, fleckigen Matratzen, einem Tisch und Stühlen aus DDR-Zeiten ausgestattet. Die Küche

---

16 Seit Januar 1991, mit dem Beschluß der Bundesregierung im vereinten Deutschland, sowjetische Juden aufzunehmen, wurden hier die dem Land Brandenburg zugewiesenen ‚jüdischen Kontingentflüchtlinge‘ untergebracht, bis das Heim 1998 geschlossen wurde.

bestand aus einer Nische mit Kühlschrank und Kochplatte. Die Akustik war transparent, man konnte jedes lauter geführte Gespräch vom Flur aus verstehen. Aus meinem Fenster konnte ich auf die Pforte des BGS-Gebäudes und die davor postierten Grenzschutzsoldaten sehen; mit einem Blick nach rechts zum Waldrand konnte man beobachten, wer Einkaufen war und mit schweren Tüten bepackt zurückkehrte oder wer mit dem Auto vorfuhr. Tagsüber saßen meist ältere Leute auf den Stufen vor dem Eingang und unterhielten sich über Lebensmittelpreise oder die Aussichten, eine Wohnung zu bekommen. Abends kamen die jüngeren hinzu; dann wurde Gitarre gespielt und gesungen: russische Romanzen und jiddische Lieder, manchmal sogar von einer in Rußland berühmten Operndiva vorgetragen. Das gemeinschaftliche Leben begann erst, wenn Heimleitung und Mitarbeiter in den Feierabend gefahren waren. Gegen 22 Uhr wurde die Eingangstür geschlossen; zwei Pförtner hielten sich strikt daran, der dritte machte Ausnahmen, weil „die Migranten doch auch Menschen" seien.

Zwei Monate lebte ich in diesem Aufnahmeheim für Kontingentflüchtlinge des Landes Brandenburg.[17] Mein Interesse galt von vornherein der Interaktion zwischen ‚Einheimischen' und Zugewanderten. So begrenzt der Ort sein mochte und so wenig verallgemeinerbar dessen Organisations- und Sozialformen waren, so deutlich erwies er sich doch als eine Art gesellschaftliches Laboratorium, in dem Strukturen und Handlungen zusammenliefen, die diesen ‚first contact' prägten: hier verdichteten sich bestimmte Vorstellungen, die die Aufnahmegesellschaft im Umgang mit den ‚jüdischen Kontingentflüchtlingen' produziert.

Im folgenden zitiere ich collagenartig einige Wahrnehmungsmuster der dort Angestellten, die sich in der Arbeit mit ‚ihrem Klientel' herausgebildet hatten.[18] Dabei werden auch Parallelen zum eingangs analysierten Mediendiskurs sichtbar.

17 Die Feldforschung wäre ohne die freundliche Genehmigung vom Innenministerium des Landes Brandenburg nicht möglich gewesen.

18 Während der Feldforschung führte ich nicht nur Gespräche und Interviews mit Migranten, die schon länger dort lebten. Ich war auch bei den sog. Erstaufnahmen von Neuangekommenen dabei, führte informelle Gespräche mit dem Heimpersonal, war bei Kaffeerunden der Angestellten und bei Beratungsgesprächen der jüdischen Gemeindevertreter anwesend und begleitete Sozialarbeiter und Migranten bei Behördengängen. Ich wollte die innere Logik bestimmter Abläufe ebenso nachvollziehen wie das Atmosphärische dieses Ortes und das Lebensgefühl der dort Untergebrachten. Die folgenden Ausschnitte entstammen meinem Feldforschungstagebuch. Sie sind notwendig beispielhaft verkürzt, repräsentieren aber regelmäßig wiederkehrende Aussagen.

„Das sind doch keine Flüchtlinge"

Während ihrer Kaffeerunden, zu denen ich anfangs eingeladen wurde, betonten die Angestellten immer wieder, wie sehr man sich um die Bewohner des Wohnheims kümmere. Der Rede von der guten Versorgung in Neuenhain folgten dann regelmäßig Klagen über die Undankbarkeit „der Russen", die ja eigentlich gar keine Flüchtlinge seien. Zum Beweis dieser Behauptung wurden zahllose Geschichten erzählt. So habe es im Heim beispielsweise einmal ein Zimmer mit Kleiderspenden gegeben, doch die Migranten hätten keine getragenen Sachen gewollt, oder sie hätten die Kleidungsstücke zum Weiterverkaufen gehortet. Solch ein Verhalten, so erklärte mir eine Mitarbeiterin, provoziere nicht nur Abneigungen bei der Bevölkerung wie beim Heimpersonal, sondern zeige auch, daß die Leute eben keine Flüchtlinge seien. In den Interpretationen der Angestellten galt die Ablehnung oder Weiterverwendung von Hilfsgütern als Ausdruck mangelnder Dankbarkeit und Bescheidenheit, mithin als Verstoß gegen die Verhaltensregeln, die von ‚richtigen Flüchtlingen' erwartet wurden.

Auf Rundgängen durchs Wohnheim hörte ich Kommentare über die Migranten, sobald sie außer Hörweite waren. Die Empörung galt vor allem der Bekleidung der Frauen; so z.B. die Heimleiterin:

> „Die sind mit so wenig Gepäck angekommen. Für soviel Kleider, wie sie die Frau da jetzt vorführt, ist da gar kein Platz gewesen. Da sieht man doch, das hat sie sich alles hier gekauft, also hat sie auch Geld, denn von der Sozialhilfe allein könnte sie sich das nicht leisten."

„Die haben Geld – die kommen wegen Sozialhilfe"

Wer sich wohlhabender als erwartet präsentierte, geriet in den Verdacht, illegalen Beschäftigungen nachzugehen oder heimlich über Vermögen zu verfügen. Im Verlauf der Feldforschung registrierte ich, daß sich die um den angeblichen Wohlstand der Migranten kreisenden Geschichten nach immer gleichem Muster wiederholten. Insignien eines in Deutschland normalen Lebensstandards wurden bereits zu Indizien. Die Heimleiterin auf einem Rundgang mit mir: „Sie sehen ja, sie haben alle einen Fernseher, kommen aber alle ohne Geld an! Sie legen ihre Vermögensverhältnisse nicht offen". Oder eine Sozialarbeiterin: „Alle haben Geld, manchmal lassen sie versehentlich ihren Währungsschein in den Pässen liegen. Sie verstecken das Geld irgendwo." Aus den Anzeichen vermeintlichen Wohlstands wurden wiederum Rückschlüsse auf die Migrationsmotive gezogen, die nicht in Verfolgung, sondern nur in wirtschaftlichen Interessen begründet sein könnten. So erklärte mir eine Angestellte:

> „An Antisemitismus glaub' ich nicht (...). Warum wollen denn die Leute alle nach Deutschland? Weil sie hier Sozialhilfe bekommen. Wenn die nach Amerika wollen, dann müssen sie die Sprache lernen, und in Israel muß man arbeiten. Es sind reine Wirtschaftsimmigranten, die kommen auch nicht her, um jüdische Kultur kennenzulernen. Die fragen doch nur: ‚Wo krieg' ich den und den Sozialantrag her?‘; nach dem Motto: ‚Wir haben doch ein Recht darauf‘. Damit erniedrigen sie sich selbst. Dabei sind sie doch so gut angezogen, also gar nicht arm. Deshalb wollen alle nach Deutschland.“

Die an das Flüchtlingsbild gekoppelten Normen strukturieren die Wahrnehmungsmuster der Angestellten in einer Weise, daß alle von diesem Bild abweichenden Verhaltensformen nur als Verstoß gegen die symbolische Struktur der Hilfsbedürftigkeit interpretiert werden. In den Widersprüchen zwischen Flüchtlingsbild und den Handlungsmustern der Migranten politisch produzierte Doppelbödigkeit zu erkennen, war nur einer Mitarbeiterin möglich, die vor einigen Jahren selbst als ‚jüdischer Kontingentflüchtling‘ gekommen war und jetzt als Dolmetscherin in Neuenhain arbeitete. Der Begriff ‚Flüchtling‘ sei irreführend: „Ich verstehe auch nicht, warum Deutschland das macht, wahrscheinlich, um sich Ansehen in der Welt zu verschaffen, aber nicht aus Humanismus. Deutschland macht das aus einem Schuldgefühl heraus.“ Ihrer Meinung nach sollte man eine andere Einwanderungspolitik machen und die Leute nicht als ‚Flüchtlinge‘ hereinlassen; das provoziere ja geradezu Unaufrichtigkeit, denn viele hätten Geld und würden das auch gerne offenlegen, aber das stehe im Widerspruch zur Sozialgesetzgebung[19], so daß viele gezwungen seien, ihre Vermögensverhältnisse zu verheimlichen.

„Wie in Rußland“

In den Augen der übrigen Heimmitarbeiter waren die Migranten keine jüdischen Flüchtlinge, weil sie weder aufgrund antisemitischer Verfolgung gekommen seien, noch ihre jüdische Identität über ein Interesse an jüdischer Kultur oder eine aktive Mitgliedschaft in einer jüdischen Gemeinde unter Beweis stellen würden. Sie galten vielmehr als russische Wirtschaftsflüchtlinge,

---

19 Der Anspruch auf Sozialhilfe, den die ‚jüdischen Kontingentflüchtlinge‘ haben, und eigenes Vermögen schließen sich aus.

die in ihren Ansprüchen diszipliniert werden müßten. Dazu sei, so die Heimleiterin, eine Heimstruktur mit rigiden Regeln nötig, sonst schlichen sich „dieselben Strukturen wie in Rußland ein", weil die Migranten sich „wie in Rußland durchzulavieren" versuchten. Man müsse vor allem Erwartungen dämpfen: „Die Leute glauben, daß man hier gebratene Tauben serviert bekommt, daß Deutschland nur schön sei, daß es alles zu kaufen gibt oder alles umsonst."

Eine Sozialarbeiterin, die mit einem jüdischen Einwanderer verheiratet war, hatte für den Antisemitismus „größtes Verständnis", weil er quasi die natürliche Folge dieser Arbeit sei. Eine Strategie, sich vor antisemitischen Reaktionen zu schützen, könne nur in klaren Linien und Absprachen bestehen. Notwendig sei auch, sich auf die deutsche Gesetzgebung zu berufen, um der „mentalitätsbedingten Schattenwirtschaft" der Migranten etwas entgegensetzen zu können. So habe sie zumindest lange gedacht, bis sie realisierte, daß diese Gradlinigkeit in den gesetzlichen Regelungen zum Kontingentstatus nicht gegeben sei, weil von politischer Seite gar kein Interesse an Klarheit und Eindeutigkeit bestehen würde. Ihre Stelle im Heim hatte sie vorzeitig aufgegeben, weil sie „das nicht mehr ausgehalten" habe.

„Wenn das die eigenen wüßten"

Während einer Kaffeepause erzählte ich von einem alten Mann im Heim, dessen Familie in Auschwitz umgekommen war und der mich gebeten hatte, einen Brief an den Berliner Senat zu schreiben. Eine Angestellte reagierte:

„So, jetzt kommt der mit der Masche an. Ich verstehe das nicht, das ist doch solange her, das ist doch jetzt eine ganz andere Generation, warum hängt uns das so lange nach?" Und die Kollegin: „Ich verstehe das auch nicht, aber das wird uns ewig nachhängen, ewig und unendlich. Das ist einfach so." Die erste: „Das ist doch verjährt, da können wir doch heute nichts mehr dafür. Wenn ich da an unsere eigenen denke. Die Obdachlosen, die im Winter ohne Wohnung sind. Und die hier, die kommen und kriegen alles und meinen, daß man ihnen noch am ersten Tag eine Wohnung beschafft."

„Vorsichtig sein"

Eines Tages – ich hatte die Heimleiterin recht allgemein nach ihrer Arbeit gefragt – erklärte sie mir, daß sie in ihrem Bekanntenkreis gar nicht laut sagen dürfte, was sie eigentlich mache. Der Haß würde ins Unermeßliche steigen, wenn die Deutschen – „vor allem die Ostdeutschen" – wüßten, was für die Juden alles getan werde. Rings herum gebe es so viel Ausländerfeindlichkeit, aber:

„Man kann aber auch manchmal ausländerfeindlich werden. Aber das darf man sich nicht erlauben. Besonders bei den Juden ist alles hochpolitisch, das ist der Unterschied zu anderen Ausländergruppen." Und: „Wissen Sie, in einem Asylheim kann man schon mal sagen, so und so wird's gemacht, die lassen sich auch mehr sagen, da kann man mehr durchsetzen. "

Ihr Vorgänger habe den Posten verloren, weil er mal laut „Scheiß Juden" gesagt habe. Da müsse man sehr vorsichtig sein.

Zwar waren sich die meisten Mitarbeiter wie auch die Heimleiterin darüber bewußt, in welch politisch aufgeladenem Feld sie arbeiteten, doch mit dem Verweis auf „Scheinehen" und Fälschungen jüdischer Nachweise wurden Migranten Hilfestellungen im Antragsdickicht verweigert. Ein grundsätzliches Mißtrauen leitete die ‚Sozialarbeit'. Mit der Unterstellung, die Zuwanderer würden sich am deutschen Staat bereichern, wurden Zimmerkontrollen in Abwesenheit der Bewohner und entsprechende Meldungen ans Sozialamt sowie ein bespitzelndes Pförtnersystem gerechtfertigt. Ein an sich offenes soziales Gebilde, das als Integrations- und Übergangsheim gedacht war, wurde also durch Praktiken der Kontrolle und Überwachung zu einer geschlossenen sozialen Einheit, das man im Sinne Goffmans als „totale Institution" bezeichnen könnte. Das lag sicher nur zum Teil daran, daß die Mehrzahl der Angestellten zu DDR-Zeiten in einem Heim des MfS[20] gearbeitet hatten und von dort quasi die kulturelle Kompetenz der Überwachung von beliebigen ‚Klienten' mitbrachte.

Neuenhain war kein Integrationsheim, sondern ein Verwaltungsort, in dem die Regeln einer im Abbau befindlichen Sozialstaatlichkeit in Mechanismen der Kontrolle und Disziplinierung umschlugen. Statt beratend tätig zu sein, handelten die Angestellten nach bürokratieimmanenten Vorgaben, die die Migranten im klientelistischen Akt in die Regeln des Sozialstaates und seiner Normen zwingen. Auf der symbolischen Ebene funktionierte dies in Form einer ‚Rhetorik der Abweisung'. Der oft gehörte Standardsatz lautete: „Hier ist Kapitalismus, kein Sozialismus, hier müßt ihr euch um alles selber kümmern." In solchen Aussagen wurden allgemeine Abweisungsroutinen der Bürokratie gegenüber individuellen Bittstellern deutlich. Hierin liegt auch ein

20 Dort wurden BRD-Bürger, die in die DDR umsiedeln wollten, kaserniert und in eine Art Quarantäne genommen, um ihre ‚sozialistische Glaubwürdigkeit' zu prüfen.

double-bind der Sozialbürokratie, die zur eigenen Aktivität auffordert und sie gleichermaßen verurteilt: Denn wer seine Integration selbst und ohne Hilfe der Angestellten in die Hand nahm und Wege jenseits der vorgegebenen Routinen wählte oder Hierarchien übersprang, dessen Eingliederungsversuche abseits sozialstaatlicher Bevormundung wurden als „krumme Tour" ausgelegt oder als typisch russische Mentalität des „Durchlavierens" disqualifiziert.

Hinzu kam die Überforderung der Angestellten angesichts der unklaren Rechtslage. Auf der Verwaltungsebene sei nie klar gewesen, so eine der ehemaligen ABM-Kräfte, was ein Kontingentflüchtling eigentlich ist: „Oben wird gesagt, ihr dürft alle kommen und in der Verwaltungspraxis ist man dann froh, wenn die Leute nichts verstehen und keine Forderungen stellen können."

Der Diskurs um Fälschungen und Illegalität überlagerte die Rechtsunsicherheit: Fragen von Migranten, die ihren rechtlichen Status betrafen, wurden mehrmals mit dem Argument zurückgewiesen, daß viele ihrer Landsleute kriminell seien.

Die Beobachtungen in Neuenhain zeigen, wie die moralisch-politischen Diskurse auf einer unteren Verwaltungsebene umkippen. Am vorgegebenen Status des Flüchtlings und den entsprechenden Erwartungshaltungen gemessen, werden die Migranten zu verdächtigen Bittstellern. Das war die Gegenwart, in der ich Elias Jakobowski angetroffen habe.

Disziplinierung statt Integration

Erst im Heim beginnt Elias Jakobowski zu realisieren, was es heißt, Kontingentflüchtling zu sein. Weder versteht er, warum er überhaupt Sozialhilfe bekommt, wo „doch das ganze Leben gearbeitet" habe, noch kann er nachvollziehen, warum er überhaupt in „diesem Lager" leben soll. Da seine Frau und er schlecht zu Fuß sind, fühlen sie sich von der ungünstigen Lage des Heims besonders betroffen. Im Zustand des Wartens tritt die Verkürzung der vor ihm liegenden Zeit deutlicher hervor: „Ich bin schon 81 Jahre und habe keine Zeit mehr."

Weil Elias Jakobowski andere Integrationsformen zu praktizieren versucht als die übrigen Einwanderer[21], treffen ihn die erwähnten Formen der Machtausübung im Heim, wie Zimmerkontrollen usw., besonders hart. Er

---

21 Z.B. schreibt Elias Jakobowski Briefe an jüdische Institutionen, an den Bundespräsidenten und an den Berliner Bürgermeister. Die Antworten werden an die Adresse des Heims geschickt, einige Briefe werden von der Heimleiterin abgefangen und vor der Herausgabe an Elias Jakobowski gelesen.

kann zudem Deutsch, also erzählt er den Mitarbeitern auch immer wieder seine Geschichte, wenn es darum geht, Hilfe zu bekommen, etwa die spärliche Zimmereinrichtung aus den üppigen Spendenbeständen des Heims zu vervollständigen. Damit gerät er in eine virulent werdende antisemitische Vorurteilsstruktur hinein. In einer Mischung aus Bestrafungserwartung und unterstelltem Vergeltungswunsch stempelt ihn die Heimleiterin mir gegenüber zum ‚typischen Juden' ab:

„Der Jakobowski, der alte, das ist ein richtiger Jude, der läuft schon morgens mit so einem gierigen Blick rum, immer drauf aus, ob was zu schachern sei, ein Fernseher, ein Radio (...). Ich versteh das nicht, im fremden Land nur um sich kümmern, nicht um die anderen. Aber so ist der Jud, das sag ich Ihnen, immer nur schachern. Nur immer für sich raffen. Und um ihn rum können die anderen verrecken (...). Die wollen uns das jetzt heimzahlen mit dem Hitler, dafür wollen die uns jetzt ausnehmen, die wissen das ganz genau (...). Die behandeln uns als Rasse, die sie ausnehmen können wie die Weihnachtsgänse."

Um schneller aus dem Heim mit seinem desolaten Versorgungssystem herauszukommen und eine eigene Wohnung beziehen zu können, legt Elias Jakobowski nun kontinuierlich seine Lebensgeschichte mündlich und schriftlich gegenüber bürokratischen und politischen Instanzen dar. Dabei gelingt es ihm allerdings trotz erheblicher Anstrengung nicht, eine den vielfältigen Brüchen und Widersprüchen seines Lebens gerecht werdende Form zu finden. Die lebensgeschichtlichen Erzählungen brechen sich immer wieder an der Dynamik der aktuellen Herausforderungen. Die Lebensgeschichte kann nicht als biographisches Konstrukt in der Rückschau stillgestellt werden, die Gegenwart bietet keinen Fixpunkt, von der aus das Leben als Abfolge dramatischer Ereignisse und Erfahrungen sinnfällig erinnert werden kann.

In einem komplexen Ineinanderwirken von Anerkennungsverweigerung seiner Geschichte und Identitätskonfusion fragmentieren sich Elias Jakobowskis Erzählungen immer stärker, bis er mir eines Tages eröffnet, daß er nicht mehr wisse, wie er sich noch artikulieren solle, und sich in ein Altersheim wünscht. „Ich weiß selber nicht mehr, wer ich bin, was ich bin." Die Angestellten reagieren auf seinen Verweis auf die Ermordung seiner Familie in Auschwitz mit der Vorhaltung, er solle nicht „die Decke seiner Eltern über seinen Kopf ziehen", oder: „Alles Theater, alles Lüge."

Elias Jakobowski trifft auch auf den schon erwähnten Code der Abweisung, den sowohl die Sozialbetreuerin der jüdischen Wohlfahrtsstelle, die sporadisch ins Heim kommt, als auch die staatlichen Angestellten benutzen: „Hier ist kein Sozialismus, hier ist Kapitalismus. Hier muß man sich um alles selbst kümmern." Die Heimleiterin schließt einen weiteren Satz an: „Wären

Sie vor fünf Jahren gekommen (noch in die DDR), hätten Sie hier alles haben können." Im Gefühl, als Ostdeutsche selbst nicht integriert zu sein, richtet sich die Kritik am neuen Westsystem nun gegen diejenigen Einwanderer, die sich den Disziplinierungsregeln nicht devot unterwerfen, sondern Hilfe bei ihrer sozialen Integration einfordern.

Strategien: Status und Anerkennung

Je weniger Erfolg Elias Jakobowski bei den sozialen Einrichtungen hat, eine eigene Wohnung zu bekommen, desto wichtiger wird für ihn, den deutschen Abstammungsnachweis zu führen, um wie die Aussiedler einen besseren Status und sofort die Staatsbürgerschaft zu bekommen. Um institutionelle Hilfe zu erhalten, wendet er sich zuerst an die jüdische Gemeinde in Berlin. Die Reaktion der Mitarbeiterin kolportiert er folgendermaßen:

,,,Wer hat denn Sie bei den Ohren gezogen, daß Sie nach Deutschland kommen?' Da frag ich sie: ,Was ist los, was für ein Gespräch ist das?' Da sagt sie: ,Hier ist nicht Rußland, hier ist Kapitalismus!' Nu, sag ich ihr: ,Ich bin doch nicht gekommen zu dir nach Erlaubnis zu fragen, ob ich nach Deutschland kommen darf oder nicht. Das haben wir schon erledigt ohne dich!' Nach dem Gespräch fühle ich mich nicht sehr angenehm. Sie sagte: ,Einbürgerung? Was denken Sie? Hier sind nicht wenig Deutsche, welche haben noch keine Einbürgerung bekommen!' (...) Nu gut, also von der jüdischen Gemeinde habe ich keine einzige Unterstützung nicht bekommen."

In den nächsten Versuchen wendet er sich direkt an staatliche Verwaltungsinstanzen, die Einbürgerungen bearbeiten. Hier macht er jetzt seine deutsche Herkunft geltend, wobei er auf Skepsis stößt. Aus Osteuropa kommende Juden, die vor dem Krieg im ,deutschen Kulturkreis' aufgewachsen sind, werden in der Regel nicht als Aussiedler bzw. Vertriebene anerkannt. Zum einen wurde im Zeitraum der Einwanderung Elias Jakobowskis die in der UdSSR übliche Eintragung im Paß als ,Jude' als Bekenntnis gegen das Deutschtum interpretiert; zum zweiten wird von den Antragstellern verlangt, daß sie Dokumente oder Zeugen herbeibringen, die belegen, daß sie vor dem Krieg Angehörige der ,deutschen Volksgruppe' gewesen waren. Als Beleg für das Deutschtum gilt laut Bundesvertriebenengesetz die Zugehörigkeit zu einer christlichen Konfession, die Eintragung in die „deutschen Volkslisten" und die Zugehörigkeit zur Wehrmacht und zur SS – alles Beweise, die von jüdischen Antragstellern gar nicht zu erbringen sind. Elias Jakobowski gerät in

Beweisnotstand. Er argumentiert daraufhin mit einer geschichtlich begründeten Spaltung seiner Identität:

„Die haben mich in Kasachstan für einen Deutschen gehalten. Nur wenn ich die Papiere und Pässe zeigen sollte, daß ich Jude bin, dann habe ich das gemacht, weil für die Regierung der Sowjetunion war es schlimmer zu sein deutsch, es war besser zu sein Jude."

Elias Jakobowski erfährt Reaktionen wie diese: „Sie sind doch Pole". Er entgegnet: „Ich spreche aber deutsch." „Deutsch können Sie auch vor der Emigration gelernt haben. Wie können Sie beweisen, daß in Ihrer Familie deutsch gesprochen wurde?"
Es gelingt Elias Jakobowski wiederum nicht, die komplizierte Geschichte Oberschlesiens bis zum Ausbruch des Zweiten Weltkrieges zu erklären. Entscheidend ist für ihn, daß in der jüdischen Gemeinde in Tarnowitz ebenso wie in seiner Familie deutsch gesprochen wurde. Erst ein Nachdenken darüber, wie er ein Aufwachsen ‚im deutschen Kulturkreis' nachweisen könnte, befördert Erinnerungen wie diese zutage:

„Ich habe einmal meinen Großvater gefragt, was er ist – ich wußte doch nicht, was das bedeutet: Deutscher oder Pole, ich war noch zu jung. Hat er mir gesagt: ‚Erstens bin ich deutsch und dann bin ich Jude.' Mein Vater hat in der deutschen Armee im ersten Weltkrieg gekämpft (...). Er hat mir gezeigt Bilder, wie die deutschen Soldaten, Juden in Thales mit Zizis[22] und Twilm[23] am Schlachtfeld stehen abseits, war jüdischer Feiertag, und haben Gottesdienst gefeiert. Solche Bilder waren viele bei meinem Vater (...). Ich glaube, daß er deutsch war, weil er hat sich immer bezeugt zu den Deutschen. Er hat vielleicht wirklich deutsche Bürgerschaft gehabt. Und wenn das Plebiszit[24] war,

22   Zizis: Schaufäden an der Unterkleidung religiöser Juden.
23   Tefillim: Gebetsriemen.
24   Volksabstimmung gemäß der Pariser Friedenskonferenz (1919) am 20.3.1921, die über die Zugehörigkeit ganz Oberschlesiens zu Deutschland oder zu Polen entscheiden sollte. Mit der Intervention der Alliierten bzw. des Völkerbundes wird Oberschlesien territorial etwa dem Abstimmungsverhältnis (62 Prozent für deutsche Eingliederung) entsprechend geteilt. Die Städte Tarnowitz, Königshütte und Kattowitz werden Polen zugesprochen. Ein auf der Pariser Friedenskonferenz entworfenes Minderheitenschutzsystem, das Polen und anderen nach dem Krieg neuformierten Staaten als Bedingung für die Aufnahme in den Völkerbund auferlegt worden war, sah ein Optionsrecht der Staatsbürgerschaft für diejenigen Einwohner vor, die aufgrund von politisch territorialen Veränderungen

da hat die Bürgerschaft keine Bedeutung gehabt damals. Damals ging bloß die Frage, ob die Deutschen, ob die Polen, ob die Stadt zu Deutschen oder zu Polen gehört. Und in Tarnowitz waren viele Juden. Und alle Juden waren meistenteils Deutsche."

Elias Jakobowski kann weder Dokumente über seine ehemalige Staatsbürgerschaft noch über die seiner Eltern beibringen. Man fordert ihn schließlich in der Einbürgerungsstelle des Senats dazu auf, den ‚Vertreibungsdruck' aus Oberschlesien nachzuweisen. Er schildert mir die Begegnung so:

„Und ich komme zu diesem Mann, sagt er: ‚Ich weiß nicht, was Oberschlesien war.' Ich habe meine Karte mitgebracht, daß dieses Stück gehörte zu Deutschland immer und gezeigt, und er: ‚Das ist kein Dokument'. Und ich soll haben ein Dokument, daß die Gestapo haben mich aus Tarnowitz rausgeschickt. Habe ich keins. Ich denke, wenn ich mechte wissen, daß ich derfte haben so ein Dokument – noch 1975 war ich in Polen – mechte ich gesucht haben dorten, vielleicht finde ich eins. Ich kann doch viele Augenzeugen haben, in Radzionkow, in Beuthen, in Tarnowitz leben noch jetzt manche, welche kennen mich. Ich habe nicht gewußt, daß ich will haben derfen ein Dokument, daß meine Eltern sind in Auschwitz vernichtet. Die Deutschen haben solche Dokumente nicht geschrieben."

Der Vertreibungsdruck bleibt in der bürokratischen Logik fragwürdig. Wenngleich die Einwände der verschiedenen Staatsvertreter, an die sich Elias Jakobowski wendet, von ihm kolportiert und mir nur in Kurzform übermittelt wurden, so sind sie gleichwohl aufschlußreich, weil sich anhand von ihnen der Auslegungsspielraum des Gesetzes und bestimmte Argumentationsketten rekonstruieren lassen. Das zeigen auch die folgenden drei Beispiele.

---

nun auf dem Gebiet des jeweils anderen Staates lebten. Sie bekamen die Möglichkeit, innerhalb von zwei Jahren den Behörden den eventuellen Verzicht – in diesem Fall der polnischen Bürgerschaft – mitzuteilen, mußten dann aber im Zeitraum eines Jahres in den betreffenden Staat ihrer Wahl umziehen (betroffen waren Ukrainer, Weißrussen und Deutsche). Der Vertrag mit Polen enthielt zusätzliche, speziell die jüdische Minderheit betreffende Auflagen, die ihre kulturelle Autonomie gewährleisten sollten (Bartsch 1995, S. 86-88). Elias Jakobowski lebte während seiner Gesellenzeit auf der polnischen Seite und arbeitete auf der deutschen in Beuthen. Ob seine Eltern und er tatsächlich formal die deutsche Staatsbürgerschaft besaßen, daran kann er sich nicht mehr erinnern – möglicherweise ein Hinweis darauf, wie bedeutungslos die Nationalität in dieser multiethnischen Grenzregion war.

„Sie waren doch kein Deutscher mehr, sondern sind polnischer Soldat geworden!" In solchen Argumentationslinien wird davon ausgegangen, daß Elias Jakobowski das Bekenntnis zum ‚deutschen Kulturkreis' preisgegeben, ja sogar gegen Deutschland gekämpft hatte. War er *vor* dem NS-Erlaß[25], der die Deportation der Juden aus Oberschlesien befahl, in die polnische Armee eingetreten, dann hatte er freiwillig Deutschland den Rücken gekehrt. War er *nach* dem Erlaß eingetreten, dann wird nach dieser Logik hinterfragt, wie Elias Jakobowski überleben konnte.

„Für Ihre Vertreibung nach Rußland sind doch nicht wir zuständig, sondern die Russen." In dieser Argumentation wird Elias Jakobowskis Deportation in den Gulag nicht als Folge der Vertreibung aus Oberschlesien gewertet. Eine ‚Integration in den russischen Kulturkreis' wird angenommen, weil er später eine Russin heiratete, also kaum mehr die deutsche Sprache bewahrt habe. Von einem ‚Vertreibungsdruck' wird zudem nicht ausgegangen, weil er nach dem Krieg nicht nach Polen zurückgekehrt und von dort nicht als Vertriebener nach Deutschland rückgewandert war.[26]

„Warum kommen Sie überhaupt nach Deutschland bei dem, was man Ihrer Familie hier angetan hat?" Nach dieser Aussage bleibt der Wunsch nach der Staatsbürgerschaft angesichts dessen, was die Deutschen Elias Jakobowski und seiner Familie angetan hatten, ein unverständliches Phantasma.

Die Einwände der Verwaltungsjuristen gegen Elias Jakobowskis Anliegen geben bei aller formalenjuristischen Plausibilität Aufschluß über ein Geschichtsbild, wonach die Repressionserfahrungen zweier Diktaturen nicht als Abfolge, sondern nur als gegensätzlich und einander ausschließend nachvollzogen werden können. Die Prüfung einer deutschen Herkunft evoziert die Identitätsspaltung ‚deutscher Jude' *oder* ‚polnischer Soldat'. Für Elias Jakobowski macht diese Trennung jedoch keinen Sinn; dennoch oder gerade deshalb reagiert er mit einer Geschichte darauf, die die von der Bürokratie aufgeworfene Kluft zu schließen versucht: seine polnische Soldatenschaft wird zur zwangsläufigen Folge des NS-Antisemitismus.

25   Heydrich-Befehl vom 19.9.1939, der die Evakuierung der jüdischen Bevölkerung aus den deutschsprachigen Gebieten Westpolens in Ghettos der größeren Städte im Landesinneren Polens vorsah (Hilberg 1982, S. 200ff).

26   Eine Anerkennung als ‚Spätaussiedler' wäre im Fall von Jakobowski eventuell bis in die achtziger Jahre hinein möglich gewesen – damals gab es noch nicht die gesetzlich geregelte Option, als ‚jüdischer Zuwanderer' nach Deutschland zu kommen –, doch auch diese Chance wäre gering gewesen. Auch damals hätte er kaum deutsche Abstammung und kulturelles Bekenntnis nachweisen können. Jetzt gelte ohnehin eine verschärfte und einschränkende Rechtsprechung. (Auskunft eines Verwaltungsjuristen der Berliner Ausländerbeauftragten.)

„1931 derf ich mich melden zum Militär. Dort, das erinnere ich mir sehr gut, das war auch das Standesamt, wo der Geburtsschein ausgegeben wurde, wo verschrieben wird, wenn was geboren wird und wer zum Militär derf sich einschreiben. Dorten komm ich hin und hab mich vorregistriert in die deutsche Armee, weil ich Deutscher war, 1931. Und ich arbeite in meinem Beruf. Die Deutschen haben damals (Männer) in die Armee genommen mit 21 Jahren. Von 20 bis 21 derfen sie die Militärkommission durchgehen, ob er (jemand) fähig ist, Militärdienst zu erfüllen, und diese Jahre haben die Polen auch in die Armee genommen von 21, von 20 bis 21 werden die einberufen in die Armee. 20 Jahre war ich 1933. Ich kam mich registrieren, haben die gesehen, daß ich bin geboren im 9. Monat, daß ich schon näher zu Neujahr (bin). Haben die mir gesagt, daß ich soll kommen nächstes Jahr im April. Ich komme wieder, komme ich nach Radzionkow registrieren. Er (der Mann) schaut mich an, fragt er mich: ‚Sind Sie Jude?‘ Weil damals in den Papieren war noch nicht, wer ich bin vom Glauben. Sag ich: ‚Was ist denn los?‘ (...) ‚In die deutsche Armee nehmen wir keine Juden auf. Deutsche Armee muß judenrein sein‘. Das war schon 1934, ich war 21 Jahre, ein stolzer Junge, ich habe schon einen Beruf gehabt, ich kann schon Geld verdienen, ich kann schon gefallen irgendwo, ich konnte schon tanzen (...). Nu, er hat mir das gesagt, habe ich gefragt: ‚Hab ich Sie beleidigt?‘ Und hab gesagt: ‚Geh zum Teufel!‘ Nu, nach den deutschen Gesetzen derfte jeder Junge in den Militärdienst. Dorten sagen sie nicht: in den deutschen, in den polnischen (...). Kam ich nach Hause, bespreche das mit der Mutter. Die Mutter sagt: ‚Nu, mußt du in die polnische (Armee) gehen, was kann man machen?‘"

Bemerkenswert an dieser Passage ist vor allem die innere Logik: Der Antisemitismus hat eine Entscheidung diktiert, nämlich als Deutscher zur polnischen Armee gehen zu müssen.

Indem immer neue Geschichten die Leerstelle beweiskräftiger Dokumente füllen, modellieren sich biographische Darstellungen im Kontakt mit den bürokratischen Instanzen und unter dem Druck, eine widersprüchlich erscheinende Lebensgeschichte plausibel zu machen. Diese Interaktion manövriert Elias Jakobowski zunehmend in eine Perspektive des Erinnerns und des Sprechens als Opfer des Faschismus. Seine Erinnerungen spitzen sich mehr und mehr auf die Frage nach dem Ausgangspunkt seiner Verfolgung hin zu. Eine neue rhetorische Figur taucht auf: „Wer hat mir das angetan, daß ich 50 Jahre in Rußland leben mußte?" Gleichermaßen setzt auch ein neues Muster der Selbstbefragung ein: „Wäre ich nicht nach Rußland gekommen, dann wäre ich wie die Ruth (seine damalige Verlobte) und die Eltern wahrscheinlich in Auschwitz vernichtet." Die Frage nach dem Grund des Überlebens und die Rechtfertigung, davongekommen zu sein, prägen die Erinnerungen und kennzeichnen die Anstrengung, eine in sich stimmige Biographie zu präsentieren, in der das Leben als möglichst kohärente Abfolge von Erfahrungen erscheint. Biographische Kausalität wird geschaffen, wo die verschiedenen Rechtssprechungen sie nicht erlaubt.

Ortswechsel

Nach etwa einem Jahr im Wohnheim bekommt die Familie eine Sozialwohnung im Innenhof einer Berliner Synagoge. Elias Jakobowski ist inzwischen in die jüdische Gemeinde aufgenommen worden und hat den üblichen Nachweis erbracht. Zuerst war er an einen Sachbearbeiter geraten, der ihm seine jüdische Identität nicht ohne weiteres abnehmen wollte – er hat keine Geburtsurkunde, sondern nur den Eintrag im sowjetischen Paß. Diesem Sachbearbeiter habe er angedroht, seine Beschneidung vorzuführen; eine Anekdote, mit der Elias Jakobowski das Procedere der Identitätsprüfung ironisiert.
Einige Wochen nach dem Bezug der neuen Wohnung führen wir ein weiteres lebensgeschichtliches Interview. Ganz unvermittelt leitet er das Gespräch mit einer Deportationsgeschichte ein, wonach er von den Nazis als Jude aus seiner Heimatstadt verschleppt wurde. Diese Geschichte schiebt sich zwischen die Kapitulation der polnischen Soldaten am Fluß Bug bei L'vov und den Transport in die Gulaglager. Demnach wurde Elias Jakobowski nach der Kapitulation von den Russen nach Hause geschickt:

„Haben die (Russen) gesagt: ‚Soldaten können nach Hause gehen und die Offiziere verhaften wir.'[27] (...) Ja, das habe ich gesehen, wie die Offiziere verhaftet werden, und die Russen haben sich mit uns wenig vernommen (beschäftigt): ‚Eßt, trinkt, eßt ihr nicht, trinkt ihr nicht.' (...) Ich bin gegangen zu einer Eisenbahnstation und fahr zurück nach Tarnowitz. Ich bin schon kein Soldat mehr, ich hab bloß die Uniform. Ich hab schon kein Gewehr, hab gar nichts. Komm ich zurück nach Tarnowitz (...). Tarnowitz war schon von den Deutschen besetzt. Tarnowitz war schon eingezogen in das Dritte Reich, vor dem Krieg hat

---

27 Von über 14 000 polnischen Offizieren und Grenzbeamten, die vorher in den Lagern Kozielski, Starobielski und Ostaszkow in Gefangenschaft genommen worden waren, wurden die meisten bei Katyn im Frühjahr 1940 erschossen (Vgl. Vetter 1994).

Hitler das gemacht.[28] (...) War schon ein deutscher Bürgermeister, Deutsche waren viel in Tarnowitz (...). Und kommt ein Soldat, da muß er sich melden im Standesamt. Und ich mußte mich melden im Standesamt und in der jüdischen Gemeinde (...). Mich haben sie (in der Stadt) gerufen: ‚Ein Gelber[29] ist gekommen‘."

Elias Jakobowski wurde vom Rabbiner aufgefordert, mit den verbliebenen Juden in die nahegelegene Stadt Königshütte zu fahren.

F.B.: „Und warum sind Sie nicht geflohen, geflüchtet? Was haben Sie gedacht, was da – warum sollten Sie nach Königshütte?"
E.J.: „Da ich hab bekommen das Papier vom Rabbiner und ich hab mir gedacht so, wenn die Nazis – ich hab schon verstanden, daß die Nazis haben so was gemacht. Nu, was für einen Ausweg hab ich gehabt mehr? Und ich bin ein Mensch, welcher war diszipliniert, und ich hab mir gedacht: ‚Nu, die Deutschen werden kommen, werde ich meine Kostüme vielleicht nähen und Brot haben.‘ Komm ich nach Königshütte."

In der Turnhalle wurde Elias Jakobowski mit anderen Juden von der Gestapo registriert und photographiert, nach Kattowitz zum Güterbahnhof transportiert und von dort an die ukrainische Grenze nach Nisko[30] deportiert. Dann wurde er freigelassen:

„Dorten auf dem Weg, wo wir gehen, wir gehen schon selbständig, alleine – die haben uns ausgesiedelt und gesagt: ‚Dort hin geht und geht so, daß es sollen nicht viel sein, zwanzig Menschen, fünfzehn Menschen‘, es waren bloß Männer (...). Die Deutschen haben sich mit den Russen abgesprochen, daß die Russen nehmen die Männer auf. Der Stalin hat gesagt: ‚Ich hab genug Arbeit in der Taiga und dafür werden die Deutschen von den Russen Lebensmittel bekommen.‘"[31]

28 Vor dem Überfall auf die Sowjetunion, d.h. vor 1941. Hier beginnt der Krieg bei ihm, einer russischen Perspektive entsprechend, erst 1941.
29 Mit Judenstern gekennzeichnet.
30 In Nisko am San errichtete die SS im Oktober 1939 ein Konzentrationslager für deportierte Juden aus den westpolnischen Gebieten. Zur Vertreibung und Flucht von Lagerinsassen aus Wien und Kattowitz auf russisches Gebiet vgl. Goshen 1992.
31 In der ersten Version der Geschichte wird Elias Jakobowski direkt von den Russen nach Sibirien deportiert – als polnischer Soldat. In dieser zweiten Version kehrt er zuerst nach Tarnowitz zurück, wird daraufhin von den Nazis nach Nisko deportiert und dann wiederum von den Russen nach Sibirien. Nach seiner

Elias Jakobowski gelangte auf die russische Seite – „Die haben uns nicht verhalten, haben uns nicht geschlagen, haben uns nicht verschrieben" – und wanderte nach L'vov, fand Arbeit in einer großen Schneiderei und wurde im April 1940 mit Polen, Juden und Ukrainern nach Sibirien deportiert.

Das Rettungsmoment dieser Geschichte bildet nun nicht mehr die Kriegsgefangenschaft bei den Russen wie im ersten Interview, sondern jetzt haben die Nazis Juden wie ihn dazu gezwungen, auf die russische Seite überzulaufen. Erst danach beginnt die Evakuierung nach Sibirien – als Jude und nicht mehr, wie in der ersten Fassung, als polnischer Soldat. Beim Übertritt auf die russische Seite habe er jiddisch gesprochen und sich so als Jude zu erkennen gegeben. In der abermaligen gesamtgeschichtlichen Betrachtung am Ende des Interviews erklärt er mir, „warum alles so gekommen ist. Das hat doch der Faschismus gemacht, daß ich über fünfzig Jahre in Rußland war."

In diesem biographischen Kommentar kommt zum Ausdruck, daß Elias Jakobowski die Möglichkeit gefunden hat, sich bestimmte dramatische Erfahrungen seines Lebens aus einer Perspektive anzueignen, die ihm erst im Aufnahmeland geboten wurde. Die erst mit seinem Eintreten in die jüdische Gemeinde erzählte Deportationsgeschichte indiziert die Kontextualität von Erzählungen, die von den institutionellen Erfahrungen, die Elias Jakobowski macht, mitgeprägt sind.

Seine Biographie hat im Interview diesmal appellativen Charakter. Er bittet mich, Passagen noch einmal abhören zu können, rückversichert sich, ob die Aufnahme gut geworden ist und fragt mich am Ende, was ich mit den Aufzeichnungen machen werde; vielleicht könne „ein Buch ja etwas helfen in meiner Sache".

Elias Jakobowski hat mir an diesem Tag erneut sein ganzes Leben erzählt, diesmal bis in die Gegenwart hinein. Die deutsche Staatsangehörigkeit, die ihm zwischenzeitlich unwichtiger geworden war, hat zu diesem Zeitpunkt neues Gewicht bekommen, weil er inzwischen mit dem Rabbiner der Gemeinde gesprochen hatte. Dieser habe ihn mit den Worten ermahnt:

„Du mußt diese Staatsbürgerschaft unbedingt beantragen, damit du den Deutschen zeigen kannst, was man dir angetan hat in Deutschland. Und damit deine Kinder das weitertragen."

Der Wunsch, Deutscher zu werden, Rente zu bekommen und damit als deutscher Jude anerkannt zu werden, gibt der Biographie ihre kohärente Gestalt,

---

Aussage war dies Teil der „Absprache" zwischen Hitler und Stalin: Die Deutschen lieferten den Russen jüdische Arbeitskräfte gegen Lebensmittellieferungen.

überbrückt diesmal Brüche und Widersprüche. Sie enthält Geschichten, in denen sich Elias Jakobowski in allen Überlebensperioden seit 1939 als jemand beschreibt, der für seine Umgebung als Jude kenntlich geblieben ist, während die Erlebnissequenzen an sich darauf hinweisen, daß man ihn in seinen verschiedenen Lebenskontexten als Pole, polnischer Soldat, als Ausländer oder als Spion wahrgenommen hatte. Die jüdische Identität bestimmt nun rückwirkend sein Schicksal, wenn er sagt:

> „Alle meine Leiden waren doch dafür, weil ich Jude bin. Die Wirklichkeit, die Hauptsache ist doch hier, weil ich Jude bin. Die Deutschen haben mich rausgeschmissen von Oberschlesien, weil ich Jude bin. Die Russen haben mit den Deutschen einen Pakt gemacht, daß sie wollen die jüdischen Männer nach der Taiga in Sibir schicken, haben sie das auch so erfüllt."

Im Verlauf des Integrationsprozesses hat eine Akzentverschiebung in der Deutung seiner Lebensgeschichte stattgefunden: vom ‚Katyn-Martyrium‘ zur Diskriminierung als Jude. Jetzt ist Elias Jakobowski überzeugt davon, daß er im Gulag gelandet ist, weil er Jude war. Seine Erfahrungen macht er nun mit der jüdischen Identität sinnfällig und eignet sich damit eine Begründung für sein Schicksal an, die ihm das sowjetische System nicht ermöglicht hatte und die ihm selbst in der Perestrojka-Zeit noch verweigert worden war. Elias Jakobowski hat wieder einen Identitätsbezug gefunden, der ihm erlaubt, alles, was ihm widerfahren ist, auf sich selbst als einen sich Gleichgebliebenen zu beziehen.

Gnadenakt

Schließlich steht Elias Jakobowskis deutsche Staatsbürgerschaft in Aussicht.[32] Zahlreiche Eingaben seitens einiger Mitglieder der jüdischen Gemeinde haben bewirkt, daß die Entscheidung von oberster Senatsstelle getroffen wird, denn regulär ist die Einbürgerung für ihn nicht vorgesehen.[33]

32   Bei der polnischen Botschaft wird zuvor eine Nationalitätenfeststellung eingeleitet. Sollte Jakobowskis polnische Nationalität doch festgestellt werden, muß er einen Antrag stellen, daraus entlassen zu werden. (Gespräch mit einem Juristen des Berliner Senats, der zuletzt für ihn zuständig war.)

33   Es handelt sich um eine sogenannte ‚Anspruchseinbürgerung‘, die in Absprache mit den jüdischen Gemeinden erteilt werden kann. Sie kann unter Wiedergutmachungsgesichtspunkten vergeben werden, wenn eine Verfolgung durch

Die letztliche Zusage der Staatsbürokratie gleicht in Anbetracht seines Alters einem Gnadenakt, da Elias Jakobowski – wie man mir sagt, „nicht zur ethnischen Gruppe der Deutschen gehört".[34] Als ich ihn danach frage, was ihm diese Staatsbürgerschaft bedeutet, erklärt er mir, daß sie beides enthält, Wiedergutmachungssymbolik und Abstammungsstolz:

„Also erstens, weil mein Großvater, mein Vater, meine Mutter waren Deutsche, da wollte ich auch die deutsche Staatsbürgerschaft haben. Ich kann nicht sagen, das ist eine Lebensfrage. Wenn ich sie nicht bekomme, werde ich mir das Leben nicht nehmen, nein. Dann haben die mir gesagt, der L. hier (in der jüdischen Gemeinde), die Nachbarn: ,Zu was brauchst du das, warum? Du hast soviel gelitten von den Faschisten, zu was mußt du das haben?' Da habe ich gesagt: ,Gut, soll ich sie nicht haben'. Da komm ich in die Synagoge, sitzt mit mir dorten ein Nachbar, welcher war versteckt hier bei den Deutschen in Berlin die ganze Zeit (...), da sagt er mir: ,Warum sollst du sie nicht nehmen, die Staatsbürgerschaft? Du mußt sie nehmen zurück! Und du mußt dich beruhigen, daß deine Eltern haben die vernichtet, und dich nehmen sie gut auf und geben dir zurück die Bürgerschaft, welche du mechtest haben, welche dein Vater hat gehabt, dein Großvater hat gehabt'. Ist doch eine Ehre für mich! (...) Das ist das erste. Und das zweite: Ist ein Sprichwort vorhanden, daß ich war viel beschränkt, sehr viel begrenzt, hab sehr viel gelitten, und nicht alles haben die Deutschen gemacht, aber doch die Deutschen! Durch die Deutschen kam ich nach Sibir, durch die Deutschen war ich in Kasachstan verhaftet, durch die Deutschen, aber nicht nur durch die Deutschen. Und jetzt habe ich die Möglichkeit zu zeigen, man hat mir Schlechtes gemacht (...). Die haben mir Unrecht gemacht soviel, jetzt geben die mir zurück die Staatsbürgerschaft, daß sie soll mir leichter machen mein Schicksal."

Für Elias Jakobowski fügt sich bedeutungsvoll zusammen, was das Gesetz prinzipiell nicht anerkennt: Als Kontingentflüchtling nach Deutschland gekommen, ist er jetzt wieder ,deutscher Jude' geworden, „aufgewachsen in der deutschen Kultur", wie er mir bei einer unserer letzten Begegnungen sagt. Wenige Wochen nach dem Erhalt der deutschen Staatsbürgerschaft stirbt er.

---

die deutsche Wehrmacht oder NS-Einsatztruppen in der Sowjetunion oder Polen belegt und der Nachweis erbracht wird, daß diese NS-Opfer Deutsche waren, die in ihrem „Bekenntnis verhindert" wurden. (Gespräch mit einem Juristen im Büro der Berliner Ausländerbeauftragten.)

34 Gespräch mit einem Juristen im Bürgerbüro des Senats.

Die Form der Biographie

Elias Jakobowski ist gewissermaßen ein extremes Beispiel für einen Einwanderer innerhalb der russisch-jüdischen Migrationsbewegung, weil er als ‚Fall‘ im administrativen deutschen Aufnahmesystem nicht vorgesehen war. Als Jude, der noch vor dem Zweiten Weltkrieg Erfahrungen mit Deutschland gemacht hatte, lag er von Anfang an quer zu den Statuszuweisungen, die hier für Migranten aus der ehemaligen Sowjetunion existieren: ‚Jüdische Kontingentflüchtlinge‘ auf der einen und ‚deutschstämmige Aussiedler‘ auf der anderen Seite. Das gesetzlich geregelte Klassifizierungssystem läßt demnach keine Möglichkeit, ‚deutsch‘ und ‚jüdisch‘ zusammenzudenken. Diese Aufspaltung in zwei scheinbar widersprüchliche Identitätslogiken verlieh den biographischen Erzählungen Elias Jakobowskis eine besondere Spannung. Er bewegte sich von Anfang an in Deutschland zwischen diesen beiden Polen, zwischen ‚deutsch‘ als Abstammungsbegründung und ‚jüdisch‘ als ethnischer bzw. kulturell/religiöser Identität. Diese Polarisierung führte einerseits zur Fragmentierung der Lebensgeschichte, andererseits zwang sie Elias Jakobowski permanent zur biographischen Synthese: Die frühzeitige Erlangung der deutschen Staatsbürgerschaft, die den übrigen Kontingentflüchtlingen eigentlich erst nach sieben Jahren[35] zusteht, erforderte bei ihm Abstammungs- und Verfolgtennachweis. Die Selbstinterpretation seiner Biographie erfolgte so im Verlauf seines Anerkennungskampfes immer stärker unter der Perspektive eines ‚deutschen Juden‘.

Und noch etwas machte Elias Jakobowski zum Grenzgänger wider Willen. Aufgrund seiner lebensgeschichtlichen Erfahrung konnte er im Unterschied zu den meisten russisch-jüdischen Migranten an einen ‚Holocaustdiskurs‘ in Deutschland anknüpfen: seine gesamte Familie war in Auschwitz umgebracht worden; er selbst entkam durch die Deportation in den Gulag. Seine Lebensgeschichte ist also eine doppelt totalitär geformte. Kurz zusammengefaßt: Elias Jakobowski paßte hier nicht in die Verwaltungskategorien für russisch-jüdische Migranten, nicht in bestimmte ethnische Netzwerke, die sich inzwischen unter den Einwanderern gebildet haben, und auch nicht in die kulturellen Bilder, die hier von russischen Juden existieren. Gerade deshalb war er in seinem Integrations- und Anerkennungskampf so aktiv: Es war der Versuch, seine Geschichte zwischen nationalsozialistischer Verfolgung

---

35 Nach siebenjährigem Aufenthalt kann eine sogenannte ‚Ermessenseinbürgerung‘ nach individueller Prüfung erfolgen. Voraussetzungen sind: ausreichende Kenntnisse der deutschen Sprache, Einordnung in deutsche Lebensverhältnisse und deutsche Umwelt (gesicherte Wohnverhältnisse und geregelter Lebensunterhalt; der Bezug von Sozialhilfe wird in der Regel als nachteilig angesehen).

und Gulag-Schicksal sozial verständlich und wirksam zu machen; eine Geschichte, die weder vom Gesetz vorgesehen war noch alltagsweltlich in den sozialen Räumen, in denen sich Elias Jakobowski bewegte, verstanden wurde, weil ihr Verstehen an den politischen und bürokratischen Kategorien, an den Bildern und Diskursen der Aufnahmegesellschaft scheiterte.

In den Kontaktformen zwischen ihm und den hiesigen Institutionen wie Aufnahmeheim, jüdische Gemeinde, Wohlfahrtsverbände und Verwaltung, und schließlich in der Begegnung mit der Ethnographin wird folgendes sichtbar: Die Positionierungsversuche dieses ‚Grenzgängers‘ wider willen produzieren biographische Selbstdarstellungen, in denen Erfahrung und Zukunftserwartung zu einer eigenwilligen Erzählstruktur verschmelzen.

Elias Jakobowskis Prozeß der sozialen Verortung war verschmolzen mit einem symbolischen Anerkennungskampf seiner Geschichte; es ging ihm immer auch um ein Sinnfälligmachen dessen, warum er diesen Kreislauf durchlaufen mußte: von Oberschlesien durch den Gulag nach Kasachstan und ‚zurück‘ nach Deutschland. Er wollte an einen Punkt kommen, an dem dieser Kreislauf einen sozialen Sinn macht. Der Migrationsprozeß brachte eine Lebensgeschichte hervor, deren Sinn auch „jenseits des denotativen Inhalts"[36] zu suchen und zu entschlüsseln ist. Wenn Erzählsituationen das Erzählte genauso formen wie die Erfahrung, dann hat Elias Jakobowski im Akt des Erzählens seine Biographie als jüdische Opfergeschichte zugleich rekonstruiert und konstruiert.

Die Repressionserfahrungen von Nationalsozialismus und Stalinismus, die in seine Geschichte eingelagert sind, gerinnen zu einer synthetisierenden Identität innerhalb eines liminalen Zustands, der die herkömmliche Identität fragwürdig werden läßt und neue Symbolbildungen im Bereich des Narrativen hervorbringt. Es kommt am Ende nicht eine Biographie in ihrer ‚Eigentlichkeit‘ heraus, die tiefe Einblicke in soziale Erfahrungen und Überlebensstrategien gewährt, sondern es entsteht vielmehr eine assoziative Kette einzelner Erinnerungsbilder, deren raumzeitliche Koordinaten vergangenen Daseins sich weitgehend aufgelöst haben. Unter dem Anerkennungsdruck seiner Geschichte formieren sich Erzählungen, die narrativ modelliert werden und sich so der Beweisbarkeit entziehen. In meiner Rolle als Ethnographin habe ich in einem gemeinsam erzeugten narrativen Prozeß dazu verholfen, seine Geschichte wiederzuerfinden und seine Selbstdarstellungen zu erproben.

In unseren Begegnungen wies mir Elias Jakobowski verschiedene Rollen als Repräsentantin des kulturellen Referenzrahmens zu, in den er einzutreten versuchte. Noch während der Zeit im Aufnahmeheim begannen sich diese

---

36 Koller (1993, S. 39) plädiert für eine rhetorische Lektüre von Lebensgeschichten, die ihren Sinn freilegt, indem sie den Prozeß seiner Hervorbringung beschreibt.

Zuschreibungen zu variieren. Erst wurde ich von ihm als Jüdin angesprochen, „weil Sie wissen viel von Jüdischkeit, Sie interessieren sich für das Judentum. Nu, wenn Sie kein Interesse daran haben, warum derfen Sie das? Dann sind Sie Jüdin und wollen mir das nicht sagen"; dann als „erste freundliche Deutsche", die er getroffen hat und als diejenige, die vielleicht „ein Buch" über ihn schreibt und damit die Öffentlichkeit repräsentiert, die für ihn so wichtig war. Schließlich erfolgte am Schluß eines unserer letzten Gespräche eine entgegengesetzte Zuschreibung:

> E.J.: „Und jetzt sagen die: ‚Weil mein Vater war Nazist, er hat gedient in der deutschen Polizei, er hat dorten erfüllt die Befehle‘ und so weiter und der Sohn von dem Vater sagt: ‚Nein, mein Vater hat gemacht sehr schlecht, und ich bin nicht einstimmig, ich wollte Jude werden.‘"
> F.B.: „Wer sagt das?"
> E.J.: „Die! Zu uns in die Synagoge kommen viele Deutsche. Ich habe mit vielen gesprochen. Der W., welchen haben Sie hier gesehen, er will Jude werden. Seine Mutter hat mal gesagt, daß die Großmutter war Jüdin. Wenn der Hitler gekommen ist, haben die das versteckt. Und er stellt fest, das gefällt ihm nicht, er will Jude werden. Nun weiß ich nicht, was für Bedingungen die (jüdische Gemeinde) werden ihm dorten stellen und – die Russen, was die gemacht haben, die haben doch keine Verantwortlichkeit nicht getragen. Die haben keinen Nürnberger Prozeß gehabt, kein Gericht, ist niemand erschossen worden, niemand verhaftet, die mußten gar nicht sagen, was sie gemacht haben. Die Deutschen sind doch verantwortlich. Und heutzutage, es leben so viele Juden hier in Deutschland, nur ich habe was gelitten von all denen. Aber die Jüngeren, meine Kinder schon wissen doch nichts davon. Die Deutschen geben uns anzuziehen, geben uns Wohnung, geben mir alles. Nicht nur mir, meinen Kindern auch, meinen Enkelkindern. Die wissen doch gar nicht, was im Krieg war, was der Krieg war. Da zahlen noch die heutigen Deutschen, und Franziska kann man sagen, zahlt Steuern, daß sie auskauft, was ihr Großvater Schlechtes getan hat. Da leidet sie jetzt (...). Nur Franziska wußte, daß ihr Großvater vielleicht – ich nehm' nicht persönlich – hat was Schlechtes getan in der Zeit der Nazisten und sie muß zahlen, sie muß unterhalten, sie kommt zu mir, sich ein bißchen zu unterhalten."

Elias Jakobowskis Zuschreibungen haben mich erst zur Jüdin gemacht und am Ende zum Naziabkömmling. Am Anfang unserer Begegnung bin ich noch schwer für ihn einzuordnen. Warum sollte ich keine Jüdin sein, wo ich mich doch für Judentum und ihn interessiere und in seinen Augen eigentlich schon konvertiert bin? Am Ende hat er eine Antwort gefunden für mein Interesse an ihm. In seiner Beziehung zu mir ist auch eine Dekonstruktion angelegt, indem ich von einer Jüdin zur Enkelin der schuldigen Generation werde. Elias Jakobowski vollzieht an mir den Weg zurück, den in seiner Gemeinde einige gegangen sind: Deutsche mit Schuldgefühlen, die zum Judentum übertraten. Auf die deutsche Gesellschaft übertragen repräsentiere ich für ihn damit den philosemitischen Habitus,[37] der sich als kollektiver Versuch umschreiben läßt, die Schuldverarbeitung der Täter und Nachfolgegenerationen in eine projüdische Haltung zu transformieren.

Elias Jakobowskis Integration umfaßte nicht nur die soziale und rechtliche Eingliederung in Deutschland, sondern auch die Initiation in eine vom Philosemitismus geprägte kulturelle Sphäre. Er war langsam in ein diskursives Feld eingetreten, dessen Regeln ihm noch im Heim unbekannt waren und die ihm erst mit dem Eintritt in die jüdische Gemeinde vertraut wurden. Dort eignete er sich auch das Wissen um die symbolischen Formen des deutsch-jüdischen Verhältnisses an. So formiert sich jüdische Identität als kulturelles und soziales Bedeutungsgeflecht neu in der Auseinandersetzung mit den rechtlichen und kulturellen Regeln, die sich um die Frage des Jüdischen im Aufnahmeland Deutschland herausgebildet haben. Vor dieser Folie brachte Elias Jakobowskis sozialer Anerkennungskampf die Biographie hervor – zugleich Integrationsstrategie und Aneignung einer tabuisierten Lebensgeschichte.

37 Zum Phänomen des Philosemitismus als einem gesellschaftlich relevanten Habitus in Westdeutschland nach 1945 vgl. Stern 1990.

IV. Immigration und Anerkennung

In der vorliegenden Studie war danach gefragt worden, was es heißt, als Jude aus der ehemaligen Sowjetunion in Deutschland einzuwandern und als ‚Kontingentflüchtling' bleiben zu können. Drei Fallstudien gaben Aufschluß über die Spezifik eines Migrationsprozesses, der unter besonderen historischen und gesellschaftspolitischen Rahmenbedingungen verläuft. Vor dem Hintergrund der Transformationsprozesse in der Sowjetunion konzentrierte sich die Studie dabei vor allem auf jene institutionellen und diskursiven Rahmenbedingungen, unter denen die Migranten in Deutschland aufgenommen werden.

Migranten mit unterschiedlicher sozialer und regionaler Herkunft werden in der Aufnahmegesellschaft in einen formal gleichen Status versetzt. Um zu zeigen, in welcher Weise dieser Status des ‚jüdischen Kontingentflüchtlings' unterschiedliche Migrationsprozesse prägt, wurden nicht nur die politischen und rechtlichen, sondern vor allem auch die sozialen und kulturellen Dimensionen dieser Statuszuweisung ausgelotet und in Beziehung zu exemplarischen Migrationsverläufe gesetzt. Den Rahmen bildeten die Prozesse der politischen, institutionellen und sozialen Inkorporation der Aufnahmegesellschaft sowie die Diskurse um Authentizität und Legitimität, die sich im Zuge der Immigrationsbewegung sowjetischer Juden herausgebildet haben. Das Anliegen der Studie bestand darin, jene Möglichkeiten aufzuzeigen, die dieser Rahmen für individuelle Strategien des Umgangs mit Migrationssituationen vorgibt. Der Schwerpunkt lag dabei auf den Erfahrungen, die die Migranten innerhalb der sozialen Räume und institutionellen Zusammenhänge der Aufnahmegesellschaft machen, in denen sie soziale Anerkennung suchen.

In diesem letzten Kapitel soll nun die Spezifik von sozialen Anerkennungskämpfen, die sich aus dem zugewiesenen Status des ‚jüdischen Kontingentflüchtlings' ergaben, im Vergleich der drei Fallstudien herausgearbeitet werden.

Galina Lawrezkaja hatte mir bereits zu Anfang des Interviews Hinweise gegeben, in welchen Formen und an welchen Orten sie Anerkennung suchte. Mehrmals hatte sie mich nach der Qualität ihrer Übersetzung von russischen Romanzen gefragt; die Würdigung ihrer Deutschkenntnisse durch eine muttersprachliche Deutsche schien ihr sehr wichtig zu sein. Die Kette mit einem Davidstern, die sie trug, verwies symbolisch auf den Wunsch nach sozialer Anerkennung als Angehörige der ‚jüdischen Gemeinschaft'. Mit narrativen Bildern einer kulturellen ‚deutsch-jüdischen Symbiose' hatte sie ihre Nähe zu Deutschland und ihre enge Beziehung zum Judentum ausgedrückt. In der

Mitgliedschaft in der jüdischen Gemeinde sollte sich die ‚echte jüdische Identität' und damit die Berechtigung, in Deutschland zu sein, beweisen. Ihr Wunsch nach einer Bestätigung von Authentizität und Legitimität brachte das Bedürfnis nach sozialer Wertschätzung zur Geltung. Doch hier geriet Galina in mehrfacher Hinsicht unter Druck: In der jüdischen Gemeinde erfuhr sie wegen ihres ‚nichtjüdischen Aussehens' Zurückweisung.[1] Zudem sah sie sich als Migrantin ‚russischer Herkunft' mit Diskursen über ‚Wirtschaftsflüchtlinge' und ‚Russenmafia' konfrontiert, von denen sie sich angegriffen fühlte und von denen sie sich kontinuierlich abzugrenzen versuchte. In der Spannung zwischen dem Wunsch, als Deutsche *und* Jüdin anerkannt zu werden und doch noch den Status eines Flüchtlings inne zu haben, fühlte sich Galina von diesen Diskursen persönlich betroffen. Sie erzählte nicht nur von vielfältigen Rechtfertigungssituationen, in die sie geraten war, sondern versuchte zugleich, die Zweifel an ihrer Authentizität und an ihrer Berechtigung, in Deutschland zu sein, zu entkräften. So erwies sich die Unabgeschlossenheit ihres Migrationsprozesses darin, daß Galina noch immer um Anerkennung kämpfte. Dieser andauernde Kampf bestimmte die innere Logik ihrer biographischen Erzählung, die mithin die Form einer Rechtfertigung erhielt. Im Bemühen, Authentizität zu belegen, lag die performative Leistung ihres biographischen Selbstentwurfs, als ‚echter jüdischer Flüchtling' nach Deutschland gekommen zu sein.

1   Mehrere Interviewpartner hatten mir von solchen Anerkennungsproblemen in der jüdischen Gemeinde erzählt und ihre Kränkung darüber formuliert, sich einem ausgiebigen Prüfungsprocedere ihrer ‚jüdischen Authentizität' unterziehen zu müssen. So etwa Frau G., eine ca. 60 Jahre alte Dame, die kein Original ihrer Geburtsurkunde mehr besaß. Ihre Eltern waren 1941 von SS-Truppen in Kiew erschossen worden. Sie selbst geriet als damals Zwölfjährige in eine deutsche Razzia, gab sich vor der SS als Sechszehnjährige aus, dachte sich einen russischen Namen aus und kam als ukrainische Zwangsarbeiterin nach Deutschland. Als sie nach dem Krieg in die UdSSR zurückkehrte, behielt sie den russischen Namen bei und ließ sich eine Geburtsurkunde mit russischem Nationalitäteneintrag ausstellen. In der jüdischen Gemeinde in Berlin stößt sie wegen ihrer russischen Papiere und ihrem nicht jüdisch klingenden Namen auf Mißtrauen; ihre Aufnahme wird zunächst abgelehnt. Daraufhin wendet sie sich an den Vorstand der jüdischen Gemeinde, um durch eine Schilderung ihrer Lebensgeschichte den Verlust der Dokumente und die Änderung ihres Namens und Alters als Strategie des Überlebens plausibel zu machen und damit den mündlichen Beweis anzutreten, Jüdin zu sein. Die Mitarbeiterin im Vorstand der jüdischen Gemeinde habe dies jedoch mit der Begründung abgelehnt, sie erkenne auch so – an ihrem „jüdischen Gesicht" – , daß Frau G. Jüdin sei. Frau G. wird schließlich nicht als verfolgte Jüdin, sondern aufgrund ihrer ‚typisch jüdischen Physiognomie' aufgenommen. Das kränkte sie so, daß sie jeden Kontakt zur Gemeinde abbrach.

Auch Swetlana Kalinina hatte mir schon vor dem Interview erste Anhaltspunkte gegeben, wo und in welchen Formen sie soziale Anerkennung suchte. Mit dem ausdrücklichen Hinweis, daß sie ihre Migrationsgeschichte niemals für journalistische, sondern nur für wissenschaftliche Zwecke preisgeben würde, hatte sie mir eine Kooperation quasi von Akademikerin zu Akademikerin angeboten. Ihren Wunsch nach Anerkennung formulierte sie in erster Linie als Bedürfnis nach einer regelmäßigen beruflichen Tätigkeit, durch die sie unter anderem jene persönliche Sicherheit zurückgewinnen wollte, die im gelungenen Bildungsaufstieg in der Sowjetunion gelegen hatte. Doch in Deutschland waren weder ihr Diplom als Musiklehrerin noch ihr Ausbildungsberuf als (politische) Historikerin[2] anerkannt worden.

Mit dem Begriff der ‚veränderten Wechselkurse'[3] läßt sich treffend fassen, daß das kulturelle Kapital in verschiedenen Gesellschaftssystemen unterschiedlich definiert und bewertet wird. Swetlanas persönliches Anerkennungsproblem ist insofern verallgemeinerbar, als daß diese Entwertung von akademischen Titeln und Abschlüssen für einen großen Teil jener Akademiker aus der Sowjetunion zutrifft, deren ursprüngliche Ausbildungsgänge mit politisch-ideologischen Inhalten verknüpft waren.[4] Die strukturelle Entwertung ihres beruflich-kulturellen Kapitals durch die Migration ‚in den Westen' fordert dieser Migrantengruppe erhebliche „Umstellungsstrategien" ab.[5] Bei Swetlana kommt hinzu, daß ihr der Zugang zu sozialen Netzwerken und informellen Informationen darüber fehlte, wo und wie sie in Deutschland überhaupt zu sozialer und beruflicher Anerkennung gelangen könnte. Vor dem Hintergrund einer vormals gesichert erscheinenden Berufsperspektive in der Sowjetunion empfand sie es als problematisch, mit einer Arbeitslosigkeit umzugehen, deren Ende wenig abschätzbar war. Ihre biographische Erzählung, in der sie die Anerkennungsprobleme der Gegenwart verarbeitete, um eine fragwürdig gewordene Identität wiederzufinden, wurde so zur Rekapitulation eines Bildungsaufstiegs, der in der Aufnahmegesellschaft entwertet worden war.

2   Auch dieses Anerkennungsproblem wurde in mehreren Interviews angesprochen. Als Beispiel sei hier eine etwa vierzigjährige Migrantin erwähnt, die in der UdSSR über 15 Jahre als Mathematiklehrerin gearbeitet hatte. Weil ihr ein zweites Studienfach fehlte, wurde ihre Ausbildung vom Berliner Senat nicht anerkannt. Sie blieb auf Sozialhilfe angewiesen, arbeitete dann als Putzfrau, um nochmals studieren zu können. Erst nach Abschluß eines zweiten Studiums der Slawistik wurde sie als Lehrerin anerkannt.
3   Vgl. Bourdieu 1983.
4   Nicht nur ‚Gesellschaftswissenschaftler', sondern auch Angehörige der ‚technischen Intelligenz' müssen häufig solche Entwertungserfahrungen machen.
5   Bourdieu 1988, S. 278.

Mit der Formulierung „wir sollen jetzt als Juden leben" hatte Swetlana Kalinina zum Ausdruck gebracht, daß sie die formale Aufnahmebedingung als individuelle Anforderung empfunden hatte: Mit dem Übergang nach Deutschland schien auch die Notwendigkeit verbunden zu sein, soziale Anerkennung in einer jüdischen Gemeinde zu suchen. Hier zeigt sich Swetlanas spezifisch ‚jüdisches' Anerkennungsproblem: Eine zuvor eher bedeutungslose, ja als belastend empfundene ‚ethnische Zugehörigkeit' konnte nicht leichthin in einen positiven Identitätsentwurf transformiert werden. Während die Negation der jüdischen Herkunft und ihre Tabuisierung in Swetlanas Lebensgeschichte zur Voraussetzung des sozialen Aufstiegs und der Integration in die sowjetische Gesellschaft geworden war,[6] wurde jüdische Identität in Deutschland nun zu einer der zentralen Bedingungen sozialer Integration. Bedingte der Kampf um Anerkennung in der Herkunftsgesellschaft die Verleugnung der jüdischen Herkunft, so wurde in der Aufnahmegesellschaft nun umgekehrt ein ‚stolzes' Identitätsbekenntnis erwartet. Im Kontakt mit jüdischen Institutionen und in der Suche nach ritueller Einbindung in einer Berliner jüdischen Gemeinde empfand Swetlana Schamgefühle[7] – diesmal jedoch nicht, weil sie Jüdin war, sondern weil sie in der Sowjetunion nicht jüdisch hatte sein wollen. In der biographischen Verarbeitung dieses Anerkennungsproblems wurde die Rekapitulation der Vergangenheit folglich zur Suche nach den Ursachen der ‚jüdischen Scham'.

In Elias Jakobowskis Fall wurde die symbolische Dimension von Anerkennungskämpfen am deutlichsten. Der Aufnahmeakt, der für ihn einer persönlichen Einladung gleichkam, nach Deutschland zurückkehren zu dürfen,

6   Vor allem Mitglieder der Intelligenzija ‚überkompensierten' das Stigma der ‚jüdischen Nationalität', indem sie ihre Energien auf akademische und berufliche Anstrengungen verwandten. Markowitz (1994, S. 8-9) vertritt die These, daß vor allem die jüdischen Angehörigen der sowjetischen Mittelklasse in den sechziger und siebziger Jahren ein Bild von „Konformisten" präsentierten, deren Leben und deren Selbstbilder sich eng um die Arbeit drehten, um respektierte Mitglieder der sowjetischen Gesellschaft zu sein. In einer Überidentifikation mit dem Beruf habe immer auch der Versuch gelegen, das jüdische Stigma auszugleichen. Fast alle Interviewpartner hatten mir erzählt, daß man die jüdischen Kinder in der UdSSR immer angehalten habe, besser zu sein, als alle anderen, was aus der Erfahrung bürokratischer Diskriminierung gerade im Hochschulbereich resultierte. An einigen Hochschulen seien Juden zum Studium gar nicht zugelassen worden, an manchen nur zu einem geringen Prozentsatz. Insofern stellt die Betonung übermäßiger Bildungsanstrengung sicher nicht nur ein Klischee dar, sondern verweist auf reale soziale Erfahrungen von Juden in der sowjetischen Gesellschaft.

7   Scham läßt sich nicht als Ausdrucksform innerer Gemütszustände begreifen, sondern indiziert vielmehr einen Mangel an entgegengebrachter sozialer Wertschätzung (Honneth 1992, S. 222f; Simmel 1983, S. 140ff).

hatte Erwartungen eines Empfangs hervorgerufen, die sich zwar in den Begrüßungsritualen für die ‚deutschen Aussiedler' bestätigten, nicht aber für ihn als Jude, der in einem Heim mit desolater Versorgungslage untergebracht worden war. Vor diesem Hintergrund sah er das Erlangen der deutschen Staatsbürgerschaft nicht nur als Möglichkeit, seinen sozialen Status zu verbessern; diese Form rechtlicher Anerkennung bedeutete für ihn zugleich eine soziale Wertschätzung seiner seit dem Nationalsozialismus bruchhaften Lebensgeschichte. Mit dem deutschen Paß wollte er seine Geschichte als ehemals deutscher Jude, der von den Nazis vertrieben worden war, anerkannt sehen.

Elias Jakobowskis Anerkennungsproblem entstand im Kontakt mit den Verwaltungsinstanzen, die ihm die Staatsbürgerschaft lange verweigerten und damit die symbolische Zusammenführung der deutschen und der jüdischen Identität verhinderten. Die Auseinandersetzungen mit der Bürokratie brachten biographische Entwürfe hervor, die der Beweisführung dienten, daß er tatsächlich Deutscher gewesen war. Dabei erfolgte die Interpretation seiner Lebensgeschichte im Verlauf des Anerkennungskampfes immer mehr aus der Perspektive eines ‚deutschen Juden'.

Mit seinen biographischen Erzählungen hatte Elias Jakobowski die Kluft zu überwinden versucht, die die staatliche Autorität mit der Vorgabe von zwei sich gegenseitig ausschließenden Statuszuweisungen (‚jüdisch' oder ‚deutsch') aufgerissen hatte. Erst mit dem Erlangen der deutschen Staatsbürgerschaft war der Anerkennungskampf für ihn abgeschlossen und die biographische Synthese, ein in der „deutschen Kultur aufgewachsener Jude" zu sein, gelungen.

Galina Lawrezkaja, Swetlana Kalinina und Elias Jakobowski sind drei Fallbeispiele, anhand deren Typik sich die Spezifik von Anerkennungskämpfen ‚jüdischer Kontingentflüchtlinge' in Deutschland aufzeigen läßt. Für jeden von ihnen gilt, daß sie ihre biographischen Selbstbilder im Bewußtsein der Unumkehrbarkeit ihrer Migration – sei es eine institutionell festgeschriebene oder eine selbstgewählte – entworfen hatten. Swetlana Kalinina kehrte nur gelegentlich auf Besuch in die Ukraine zurück; Galina Lawrezkaja und Elias Jakobowski hatten St. Petersburg (Leningrad) bzw. Alma Ata seit ihrer Ausreise nicht mehr wiedergesehen. Sie nutzten die rechtlichen Möglichkeiten des Flüchtlingsstatus nicht, um zwischen Herkunfts- und Aufnahmeland zu pendeln, sondern wollten in Deutschland ‚ankommen' und hatten dennoch Probleme damit. Die Begegnung mit mir und die Interviewsituation gab ihnen Gelegenheit, die Schwierigkeiten ihrer sozialen Verortung noch einmal zu rekapitulieren. Da sie wußten, daß meine Forschungen einen wissenschaftlichen bzw. institutionellen Rahmen hatten, nahm ich für sie die

Rolle einer quasi offiziellen Vertreterin der deutschen Aufnahmegesellschaft ein. Diese Interaktion prägte die Sinnstruktur der Anerkennungsprobleme mit.

Besonders Galina Lawrezkaja und Elias Jakobowski erhofften sich von der ‚ethnologischen Begegnung‘, daß ihrem ‚besonderen Schicksal‘ zu öffentlicher Aufmerksamkeit verholfen werden würde. Der Wunsch nach Anerkennung und die erfahrenen Widerstände verliehen ihren biographischen Erzählungen die Form einer Selbstdarstellung als stetig Kämpfende in einem sozialen Umfeld, in dem sie sich noch nicht auf sicherem Boden bewegten.

In allen drei Fällen war die Migration irreversibel und räumlich vollzogen. Allerdings war der Migrationsprozeß offensichtlich unabgeschlossen, weil die jeweiligen Anerkennungskämpfe zum Zeitpunkt der biographischen Interviews noch andauerten. Die Form der Biographien ergab sich aus dieser Unabgeschlossenheit. Das erklärt die ausgeprägte Reflexivität, die sich im Migrationserleben meiner drei Gesprächspartner einstellte. Diese Reflexivität veranlaßte zum Rückblick auf die Migration, führte dabei allerdings nicht allein zur Selbstvergewisserung oder zur Rekonstruktion der Identität mithilfe der Vergangenheitsperspektive. Sie erzeugte darüber hinaus eine erzählerische Kreativität,[8] die den Übergängen eine Gestalt gab und es ermöglichte, die Bedeutung der Migration noch einmal rückblickend zu akzentuieren bzw. auszugestalten.

Die drei Migranten widmeten den Übergängen in ihren Erzählungen besondere Aufmerksamkeit und verdichteten sie narrativ in Bildern. Die Grenze war dabei ein wesentliches Motiv, um den Wechsel von einem Gesellschaftssystem in ein anderes zu markieren. Mit Abschieds- und Ankunftsszenarien wurden Zeichen gesetzt, und umgekehrt erwiesen sich auch die erzählerischen Auslassungen solcher Momente als signifikant.

Bei Galina Lawrezkaja ist auffällig, daß sie Verabschiedungen im Bekannten- oder Verwandtenkreis trotz guter lokaler Beziehungen unerwähnt läßt, obwohl es solche mit großer Wahrscheinlichkeit gegeben hatte. Statt dessen lokalisiert sie den Abschied erzählerisch in einer staatlichen Behörde: In der Schilderung über die Begegnung mit einer Amtsperson wird hervorgehoben, daß es sich bei der Migration eigentlich um eine Ausweisung gehandelt hatte. Mit dieser Abschiedssequenz unterstreicht Galina sowohl die Unumkehrbarkeit der Auswanderung als auch deren Zwangscharakter: die Ausbürgerung wurde zur Vertreibung und zum Verlust von ‚Heimat‘.

---

8   Wolbert (1995, S. 134-136) verwendet den Begriff der „narrativen Symbolik", die das Bild der Migration hervorbringt, das z.B. türkische Arbeitsmigranten von ihrer Rückkehr entwerfen.

Die Schilderung der Migration als Vertreibung wird auch dadurch betont, daß Galina den räumlichen Übergang als Flucht beschreibt. Die Überschreitung mehrerer Grenzen wird zur mühsamen und gefährlichen Bewegung in einem Raum, in dem sie sich rechtlos und deshalb schutzlos ausgeliefert sieht. Die mitgeführte Einladung der Jüdischen Gemeinde Berlins war zwar als rechtsgültiges Dokument gedeutet worden; doch tritt in der nachträglichen Entwertung deutlich das Gefühl der Rechtlosigkeit hervor. Den auf dieser Flucht angetroffenen Personen wird die Rolle von Engeln zugewiesen, die vor Gefahren bewahren und die die Grenzüberschreitung erst ermöglichen. Auch Gegenstände wie das verlorene Gepäck werden symbolisch aufgeladen. Mit all diesen Zeichen wird die Gefährlichkeit der Grenzüberschreitung noch einmal betont und ihre Bedeutung als Flucht narrativ hervorgehoben. Galina Lawrezkaja besteht darauf, als ‚richtiger Flüchtling' nach Deutschland gekommen zu sein.

Im Bild, das Swetlana Kalinina vom Übergang zeichnet, gleicht die Grenzüberschreitung einem Auskundschaften von völlig neuem und fremdem Terrain. Die Personen, denen sie dabei begegnet, sind – anders als bei Galina – mehr Informanten als Helfer; sie geben in einer Phase größter Orientierungslosigkeit Hinweise zu Aufnahmebedingungen für Flüchtlinge. Verabschiedungen im Freundeskreis, die auch hier mit Sicherheit stattgefunden hatten, fehlen in der Erzählung. Diese Aussparung und die Schilderung des Auskundschaftens verweisen auf die Option einer Rückkehr, die später hinfällig wurde. Swetlana erwähnt keine Kontakte mit staatlichen Institutionen, die die Auswanderung offiziell bestätigt hatten. Die Irreversibilität der Migration wird hier also nicht auf einen Akt staatlicher Machtausübung zurückgeführt. Vielmehr formte sich der Entschluß der Unumkehrbarkeit freiwillig heraus. Die Erzählung über die spätere Auflösung der Wohnung liefert einen Anhaltspunkt dafür, daß eine Rückkehr erst im nachhinein und aus der Sicherheit heraus, in Deutschland bleiben zu können, ausgeschlossen wurde.

In der Schlüsselformulierung „wir sollen jetzt als Juden leben" wird die Migration zum Bild eines tiefgreifenden, identitätsverändernden Transformationsprozeß verdichtet. In Deutschland aufgenommen, gilt es, eine zuvor eher bedeutungslose ethnische Kategorie in einen neuen Identitätsentwurf umzuwandeln. Persönliche Identifizierung und staatliche Identitätsvorgabe fallen hier zusammen. Auch bei Swetlana ist die Bedeutung der Migration an den narrativ gesetzten Zeichen wie der symbolisch aufgeladenen Bibel ablesbar. Im Bild der Grenzüberschreitung als Konversionsprozeß wird die Identitätsform der Gegenwart vorweggenommen: Swetlana spricht während des Interviews aus der Perspektive einer Migrantin, die sich auf dem Weg befindet, religiöse Jüdin zu werden.

In den Erzählungen Elias Jakobowskis steht der offizielle Aufnahmeakt im Mittelpunkt. Die in der Narration hervorgehobenen Zeichen sind Angliederungs- und Begrüßungsszenen. Die Grenzüberschreitung erscheint weder als Flucht noch als Abenteuer, sondern wird als gesicherter Übergang geschildert, wobei die raumzeitliche Dimension der Migration gänzlich ausgespart bleibt. Hier wird nicht die Überwindung von Grenzen als territoriale Markierungen betont, sondern es steht die Entgrenzung durch eine offizielle Rehabilitierung im Vordergrund – als Akt der persönlicher Befreiung.

Die Begegnung mit einem Repräsentanten Deutschlands, dem Botschaftsvertreter in Alma Ata, liefert die Schlüsselszene. Schon dort wird Elias Jakobowski ein Status zugewiesen; er reist als Jude aus. Dem Aufnahmeritual kommt die Bedeutung einer Einladung zu, was Elias Jakobowski mit seiner ausführlichen Schilderung der zuvorkommenden Behandlung durch den Botschaftsvertreter betont. Die Erzählung über die Aufnahmeszenarien, die sich in der Unterkunft für Aussiedler und im Wohnheim der jüdischen Gemeinde abspielten, heben noch einmal seine Erwartung hervor, nach Deutschland eingeladen worden zu sein und als ‚Rückkehrer‘ entsprechend begrüßt zu werden. Elias Jakobowskis Erzählungen strukturieren und pointieren den Übergang auf eine Weise, die die Migration nachträglich als *Re*migration erscheinen läßt.

In der narrativen Symbolik der ‚Grenzüberschreitung‘ schieben sich individuelle Erfahrungen und institutionelle Vorgaben ineinander. Hier wird der relative Einfluß staatlicher Macht und bürokratischer Rahmengebungen auf die Identitätskonstruktionen der Einwanderer deutlich: Bei Galina prägt der Akt der *Ausbürgerung* ihre Identität als ‚jüdischer Flüchtling‘; in Swetlanas Fall gewinnt das *staatliche Aufnahmekriterium der jüdischen Identität* Relevanz für ihren Lebensentwurf; Elias Jakobowskis Beispiel zeigt schließlich, wie *einander ausschließende bürokratische Klassifizierungen* (‚deutsch‘ oder ‚jüdisch‘) Identitätsentwürfe modellieren.

In den drei Fallbeispielen werden unterschiedliche Migrationsmuster und deren Typik deutlich: Galina Lawrezkaja ist typisch für jene Gruppe sowjetischer Juden, die bei den Behörden der UdSSR einen offiziellen Ausreiseantrag nach Israel stellten und damit ihre Staatsbürgerschaft verloren. Wenngleich die Grenzen zu diesem Zeitpunkt schon durchlässig waren, manifestierte sich im Akt der Ausbürgerung noch die alte sowjetische Ordnung. Unter den insgesamt rund 4000 sowjetischen Juden, die im Jahre 1990 in die damalige DDR und ab dem 3. Oktober in das vereinigte Deutschland einreisten, befanden sich auch Migranten wie Galina, die als Staatenlose einreisten. [9] Auf dem Gebiet der DDR, deren letzte Regierung die Aufnahmezusage ja

---

9   1990 wanderten insgesamt ca. 200 000 Juden aus der Sowjetunion aus (vgl. Mertens 1993, S. 215).

beschlossen hatte, wurde diesen sowjetischen Juden ein dauerhaftes Aufenthaltsrecht gewährt; reisten sie jedoch in das Gebiet der alten Bundesrepublik ein, bekamen sie nur eine Duldung. Eine Rückkehr war für staatenlose Migranten weder auf Dauer noch besuchsweise möglich, solange die Sowjetunion bestand. Inzwischen kann ein neuer Paß und damit die Staatsbürgerschaft des GUS-Nachfolgestaates bei den betreffenden Botschaften beantragt werden.[10]

Galinas Migration wurde durch staatliche Autorität irreversibel gemacht, und diese Unumkehrbarkeit bestimmt ihr Lebensgefühl in Deutschland, so daß sie einen neuen russischen Paß ablehnt.

Swetlana Kalinina zählt ebenfalls zur Gruppe der ca. 4000 sowjetischen Juden, die 1990 nach Deutschland kamen. Sie ist typisch für diejenigen, die keinen offiziellen Ausreiseantrag bei den sowjetischen Behörden stellten, sondern mit einem Touristenvisum in die DDR einreisten.[11] Diese Gruppe der Migranten konnte ihre Staatsbürgerschaft behalten, eine Rückkehr ist also jederzeit möglich – wenngleich Swetlana diese Möglichkeit bislang nicht nutzte.

Die Migrationsverläufe von Swetlana Kalinina und Galina Lawrezkaja sind beispielhaft für einen Einwanderungsprozeß, der anfangs noch nicht unter den Bedingungen der Kontingentregelung stattfand. Sie wurden beide im Ostteil Berlins und noch im Rahmen der Zusagen der letzten DDR-Regierung aufgenommen. Mit dem Beschluß der gesamtdeutschen Ministerpräsidentenkonferenz im Januar 1991 stand beiden Frauen die Möglichkeit offen, den Kontingentstatus zu erlangen.[12]

Im Unterschied zu den beiden Frauen gehört Elias Jakobowski zu denjenigen Migranten, die innerhalb des ‚geregelten Verfahrens' – so der bürokratische Terminus – nach Deutschland kommen. Seit dem 30. April 1991 können Aufnahmegesuche von Zuwanderungswilligen nicht mehr im Inland gestellt werden, sondern sind bei den Auslandsvertretungen Deutschlands in

---

10 Mehrere Migranten berichteten mir davon, daß man für die Beantragung einer neuen, z.B. russischen oder ukrainischen Staatsbürgerschaft einige Tausend Mark bezahlen muß. Ob es sich dabei um eine offizielle Gebühr handelt, ist mir nicht bekannt.

11 Von diesen rund 4000 Migranten meldeten sich rund 3000 im Ostteil Berlins und nur ca. 100 im Westteil der Stadt an.

12 Dies galt auch für alle bis zum Stichtag des 30. April 1991 eingereisten sowjetischen Juden, unabhängig davon, ob sie sich bei ihrer Aufnahme auf dem Gebiet der ehemaligen DDR oder dem der alten Bundesrepublik angemeldet hatten.

der UdSSR bzw. ihren Nachfolgestaaten einzureichen.[13] Elias Jakobowski war also bereits mit dem Status des ‚jüdischen Kontingentflüchtlings' eingereist.

Im Ergebnis zeigt die vorliegende Studie, wie sich die Selbstbilder von russisch-jüdischen Einwanderern in der Konfrontation mit einem spezifischen Migrationssystem und seiner politischen, institutionellen und kulturellen Ordnung verändern. Dabei strukturiert der den Migranten zugewiesene Status als ‚jüdische Kontingentflüchtlinge' ihren Einwanderungsverlauf und die Form ihrer Mitgliedschaft in der neuen Gesellschaft ganz wesentlich. Darüber hinaus sind mit diesem Status auf der diskursiven Ebene auch bestimmte Bilder und Erwartungen von ‚echter jüdischer Identität' und ‚authentischem Flüchtlingsschicksal' verbunden, auf die die Migranten unweigerlich stoßen, wenn sie rechtliche und soziale Anerkennung suchen.

Die Diskursanalyse im ersten Teil der Studie hat gezeigt, daß die Migrationspolitik also eine normative Ordnung umfaßt, die darauf gerichtet ist, einerseits die jüdischen Gemeinden in Deutschland über ‚religiöse' Migranten zu stärken und andererseits das Bild eines historisch selbstreflexiven Deutschlands symbolisch zu festigen. Damit ist eine (deutsche) Strategie der Identitätszuschreibung verbunden, die – über Regelungen von Flüchtlingsstatus und Aufnahmeverfahren juristisch wie politisch gedeckt – eindeutig konstruktive und normative Züge trägt. Dabei hat diese Taxonomie des Jüdisch-Seins und Authentisch-Seins stets ein restriktives Gegenbild parat, wie etwa das des ‚russischen Wirtschaftsflüchtlings' oder des ‚nichtjüdischen Trittbrettfahrers'. In welcher Weise diese Zuschreibungsdiskurse auf den individuellen Migrationsprozeß einwirken und wie sie dazu herausfordern, das Hiersein permanent plausibel und legitim machen zu müssen, das haben die biographischen Fallstudien gezeigt. Sie geben Aufschluß darüber, wie der migrationsbedingte Bruch in der biographischen Erzählung bewältigt und verarbeitet wird, und wie sich die Selbstbilder der Migranten im Kontakt mit den Institutionen der Aufnahmegesellschaft verändern. So kann eine in der Sowjetunion verleugnete und versteckte jüdische Herkunft plötzlich neues Gewicht bekommen; der Beweiszwang, vor der Einwanderungsbürokratie oder der jüdischen Gemeinde eine ‚echte jüdische Identität' nachweisen zu müssen, läßt Kategorien wie ‚Blutsabstammung' oder ‚typisch jüdisches Aussehen' wichtig werden; oder Erinnerungen an nationalsozialistische Verfolgungen treten in den Vordergrund und erhalten neue biographische Bedeutung.

13 Laut Auskunft des Bundesverwaltungsamts in Köln sind von 1991 bis zum März 2001 130 752 Personen (Berechtigte und in den Antrag einbezogene Familienangehörige) über das geregelte Verfahren nach Deutschland eingereist.

Zuletzt läßt sich der Umgang mit der russisch-jüdischen Einwanderung als paradigmatisch für das deutsch-jüdische Verhältnis lesen, eines für die bundesrepublikanische Politik zentralen Feldes. Die Migrationsbewegung wird zu einem Brennpunkt, in dem das Bemühen um geschichtsbewußte Verantwortung, das Anliegen, Integration als notwendige politische Aufgabe zu sehen, aber auch Stigmatisierung und Antisemitismus dicht verschränkt sind. So steht die Glaubwürdigkeit des moralischen Gestus, russische Juden in Deutschland aufzunehmen, in einem Spannungsverhältnis zur Realität der Verlaufsformen ihrer Aufnahme: Wer als Jude kommen oder jüdisch werden will, findet auch im Deutschland der Gegenwart nur schwer einen neuen sozialen Ort.

Danksagung

Für ihre Gesprächsbereitschaft und für wichtige Hinweise während der Feldforschung danke ich Götz Bachmann, Barbara Lang, Ulrike Langbein und Barbara Wolbert. Für intensives Nachdenken über das ‚deutsch-jüdische Feld' haben sich John Borneman, Diane Lakain und Robin Ostow immer wieder Zeit genommen – herzlichen Dank für die Anregungen. Den nötigen gruppendynamischen Ansporn über einige Jahre hinweg hat dankenswerterweise die ‚Doktorantinnengruppe Tübingen' gegeben: Ute Bechdolf, Anne Dietrich, Constanze Engelfried, Sabine Kienitz, Susanne Maurer, Cornelia Paul und Ulla Siebert. Einen wohltuend distanzierten Blick auf ‚deutsch-jüdische Befindlichkeiten' hat Philippe Despoix gehabt. Ihm danke ich ganz besonders für die kontinuierliche Gesprächsbereitschaft und wichtige Ideen, die meiner Forschung an einigen Stellen die ‚richtige Wendung' gaben. Die Interpretationen ‚quergelesen' und hilfreiche Vorschläge im Großen und im Kleinen gemacht haben Astrid Baerwolf, Ute Bechdolf, Beate Binder, Tatjana Eggeling, Renate Haas, Sabine Kienitz und Victoria Schwenzer – ihnen allen danke ich für viele ‚synergetische Effekte' in einem Forschungsprozeß, der keineswegs ein linearer war. Besonders danke ich auch Ursula Nikitenko, die mir als Dolmetscherin während der Feldforschung, bei nachfolgenden Übersetzungsarbeiten und bei der Vermittlung von Interviewpartnern sehr geholfen hat. Mein ganz ausdrücklicher Dank gilt Karen Körber: Aus dem beiderseitigen Interesse an der russisch-jüdischen Einwanderung entwickelte sich über Jahre hinweg ein intensiver freundschaftlich-inhaltlicher Austausch. Ohne unsere Zusammenarbeit wären große Teile dieses Buches nicht entstanden. Thomas Kirsch danke ich ganz besonders dafür, daß er das Manuskript zum Schluß ebenso kritisch wie konstruktiv redigiert und entscheidend dazu beigetragen hat, daß es zur Buchfassung kam. Schließlich danke ich Wolfgang Kaschuba und Werner Schiffauer, meinen ‚Doktorvätern', für die Betreuung und für anregende Hinweise während der Feldforschung und bei der Ausarbeitung.
Last but not least gilt besonderer Dank meinen Gesprächspartnern im Feld, die mir nicht nur sehr private Einblicke in ihr Leben gewährten, sondern mir auch ein Verständnis dafür vermittelten, was eine Migration bedeutet. Meiner Großmutter Toni Tschirner und Philippe Despoix ist diese Arbeit gewidmet.

V. Bibliographie

Ackermann, Andreas: Ethnologische Migrationsforschung. Ein Überblick. In: Kea, 10.2 (1997), S. 1-28.

Agha, Tahereh: Lebensentwürfe im Exil. Biographische Verarbeitung der Fluchtmigration iranischer Frauen in Deutschland. Frankfurt a.M. 1997.

Appadurai, Arjun: Globale ethnische Räume. Bemerkungen und Fragen zur Entwicklung einer transnationalen Anthropologie. In: Beck, Ulrich (Hg.): Perspektiven der Weltgesellschaft. Frankfurt a.M. 1998, S. 11-41.

Aptekman, David: Jewish Emigration from the UdSSR, 1990-1992. Trends and Motivation. In: Jews in Eastern Europa, 20.1 (1993), S. 15-33.

Arendt, Hannah: Elemente und Ursprünge totaler Herrschaft. München 1986.

Baberowski, Jörg: Wandel und Terror. Die Sowjetunion unter Stalin 1928-1941. Ein Literaturbericht. In: Jahrbücher für Geschichte Osteuropas, 43.1 (1995), S. 97-129.

Bade, Klaus J./Troen, Selwyn Ilan (Hg.): Zuwanderung und Eingliederung von Deutschen und Juden aus der früheren Sowjetunion in Deutschland und Israel. Bonn 1993.

Baerwolf, Astrid: Zwischenstopp Berlin. Auf dem Weg zu einer neuen Identität. In: Durch Europa in Berlin. Portraits und Erkundungen. Hrsg. vom Institut für Europäische Ethnologie der Humboldt-Universität zu Berlin. Berlin 2000.

Bammer, Angelika (Hg.): Displacements. Cultural Identities in Question. Bloomington 1994.

Barth, Frederik: Introduction. In: (Ders.): Ethnic Groups and Boundaries. The Social Organization of Culture Difference. Bergen-Oslo 1969, S. 9-38.

Bartsch, Sebastian: Minderheitenschutz in der internationalen Politik. Völkerbund und KSZE/OSZE in neuer Perspektive. Opladen 1995.

Baumann, Gerd: Contesting Culture. Discourses of ‚Culture' and ‚Community' in Multi-Ethnic-London. Cambridge 1995.

Bausinger, Hermann: Kulturelle Identität - Schlagwort oder Wirklichkeit. In: Ders. (Hg.): Ausländer - Inländer. Tübingen 1986, S. 141-159.

Becker, Franziska: Gewalt und Gedächtnis. Erinnerungen an die nationalsozialistische Verfolgung einer jüdischen Landgemeinde. Göttingen 1994. (Vorwort von Hermann Bausinger).

Becker, Franziska: Biographie und Anerkennung. Aufnahmeerfahrung eines jüdischen Migranten. In: Zeitschrift für Volkskunde, 92.2 (1996), S. 227-246.

Becker, Franziska: „Die Macht des Feldes. Feldforschung und Politisierung vor Ort". In: Katharina Eisch/Marion Hamm (Hg.): Die Poesie des Feldes. Beiträge zur ethnographischen Kulturanalyse. Tübingen 2001, S. 26-47.

Becker, Franziska/Körber, Karen: „Juden. Russen. Flüchtlinge. Die russisch-jüdische Einwanderung und ihre Repräsentation in den Medien". In: Freddy Raphael (Hg.): „... das Flüstern eines leisen Wehens...". Beiträge zu Kultur und Lebenswelt europäischer Juden. Konstanz 2001, S. 425-451.

Beetz, Stephan: Zündstoff Wohnheim. Spätaussiedler und jüdische Flüchtlinge in Potsdam. In: Oswald, Ingrid/Voronkov, Victor (Hg.): Post-sowjetische Ethnizitäten. Ethnische Gemeinden in St. Petersburg und Berlin/Potsdam. Berlin 1997, S. 260-278.

Beetz, Stephan/Kapphan, Andraes: Russischsprachige Zuwanderer in Berlin und Potsdam. Migrationsregime und ihr Einfluß auf die Wohnsituation von Zuwanderern. In: Oswald, Ingrid/Voronkov, Victor (Hg.): Post-sowjetische Ethnizitäten. Ethnische Gemeinden in St. Petersburg und Berlin/Potsdam. Berlin 1997, S.160-189.

Bellers, Jürgen: Moralkommunikation und Kommunikationsmoral. Über Kommunikationslatenzen, Antisemitismus und politisches System. In: Bergmann, Werner/Erb, Rainer (Hg.): Antisemitismus in der politischen Kultur nach 1945. Opladen 1990, S. 278-292.

Berg, Eberhard/Fuchs, Martin: Kultur, soziale Praxis, Text. Frankfurt a.M. 1993.

Berger, Peter L./Luckmann, Thomas: Die gesellschaftliche Konstruktion der Wirklichkeit. Frankfurt a.M. 1994 [1966].

Bergmann, Werner/Erb, Rainer (Hg.): Antisemitismus in der politischen Kultur nach 1945. Opladen 1990.

Bergmann, Werner/Erb, Rainer: Antisemitismus in der Bundesrepublik Deutschland. Ergebnisse einer empirischen Forschung von 1946-1989. Opladen 1991.

Bettelheim, Peter/Prohinig, Silvia/Streibel, Robert (Hg.): Antisemitismus in Osteuropa. Wien 1992.

Beyrau, Dietrich: Die russische Intelligenz in der sowjetischen Gesellschaft. In: Geyer, Dietrich (Hg.): Die Umwertung der sowjetischen Geschichte. (Geschichte und Gesellschaft, Sonderheft 14). Göttingen 1991, S. 188-210.

Bhachu, Parminder: Identities Constructed and Reconstructed. Representations of Asian Woman in Britain. In: Buijis, Gina (Hg.): Migrant Women. Crossing Boundaries and Changing Identities. Cross-Cultural Perspectives on Woman I, Vol.7. Oxford 1993, S. 99-118.

Bibo, Istvan: Die Judenfrage in Ungarn. Budapest 1941.

Bodau, Bianca: Die Einwanderung sowjetischer Juden. Eine exemplarische Darstellung des institutionellen Umgangs zwischen Einheimischen und Ausländern anhand eines Erstaufnahmeheims. Diplomarbeit am Institut für Soziologie der Humboldt-Universität zu Berlin. Berlin 1992. Unveröffentlichtes Manuskript.

Bodemann, Michal Y.: Staat und Minorität. Antisemitismus und die gesellschaftliche Rolle der Juden in der Nachkriegszeit. In: Bergmann, Werner/Erb, Rainer (Hg.): Antisemitismus in der politischen Kultur nach 1945. Opladen 1990, S. 320-332.

Bodemann, Michal Y.: Gedächtnistheater. Die jüdische Gemeinschaft und ihre deutsche Erfindung. Hamburg 1996.

Bommes, Michael/Scherr, Albert: Der Gebrauchswert von Selbst- und Fremdethnisierung in Strukturen sozialer Ungleichheit. In: Prokla, 21.83 (1991), S. 291-316.

Bonß, Wolfgang/Hartmann, Heinz: Konstruierte Gesellschaft, rationale Deutung. Zum Wirklichkeitscharakter soziologischer Diskurse. In: Dies. (Hg.): Entzauberte Wissenschaft. Relativität und Geltung soziologischer Forschung. Göttingen 1985, S. 9-46.

Bonwetsch, Bernd: Der Stalinismus in der Sowjetunion der 30er Jahre. Zur Deformation einer Gesellschaft. In: Jahrbuch für historische Kommunismusforschung, 1 (1993), S. 11-36.

Borodowskij, Mark: Jüdisches Leben in Moskau heute. In: Judaica, 49.2 (1990), S. 113-117.

Borneman, John/Peck, Jeffrey M.: Sojourners. The Return of German Jews and the Question of Identity. London 1995.

Bourdieu, Pierre: Entwurf einer Theorie der Praxis. Frankfurt a.M. 1979.

Bourdieu, Pierre: Ökonomisches Kapital, kulturelles Kapital, soziales Kapital. In: Kreckel, Reinhard (Hg.): Soziale Ungleichheit (Soziale Welt, Sonderband 2). Göttingen 1983, S. 183-198.

Bourdieu, Pierre: Die feinen Unterschiede. Kritik der gesellschaftlichen Urteilskraft. Frankfurt a.M. 1988.

Bourdieu, Pierre: Die biographische Illusion. In: BIOS, 3.1 (1990), S. 75-81.

Boyarin, Jonathan/Boyarin, Daniel (Hg.): Jews and Other Differences. The New Jewish Cultural Studies. Mineapolis 1997.

Bräunling, Peter J./Lauser, Andrea: Grenzüberschreitungen, Identitäten. Zu einer Ethnologie der Migration in der Spätmoderne. In: Kea, 10.2 (1997), S. I-XVIII.

Broder, Henryk/Lang, Michel (Hg.): Fremd im eigenen Land. Juden in der Bundesrepublik. Frankfurt a.M. 1979.

Brumlik, Micha u.a. (Hg.): Jüdisches Leben in Deutschland seit 1945. Frankfurt a.M. 1988.

Brumlik, Micha: Kein Ende der Lügen. Sonja Margolina vor dem „Rätsel" der russischen Juden. In: Babylon 10-11 (1992), S. 179-182.

Brumlik, Micha: Was heißt Integration? Zur Semantik eines sozialen Problems. In: Bayaz, Ahmet u.a. (Hg.): Anpassung an die Deutschen? Weinheim 1994, S. 75-97.

Brym, Robert J.: The Jews of Moscow, Kiev and Minsk. Identity, Antisemitism, Emigration. London 1994.

Brym, Robert J.: Jewish Emigration from the Former USSR: Who, Why? How Many? In: Lewin-Epstein, D./Ro'i, Yaacov/Ritterband, Paul (Hg.): Russian Jews on Three Continents. Migration and Resettlement. London 1997, S. 177-193.

Bude, Heinz: Der Sozialforscher als Narrationsanimateur. In: Kölner Zeitschrift für Soziologie und Sozialpsychologie, 37 (1985), S. 327-336.

Bude, Heinz: Rekonstruktion von Lebenskonstruktionen. Eine Antwort auf die Frage, was die Biographieforschung bringt. In: Kohli, Martin/Robert, Günther (Hg.): Biographie und soziale Wirklichkeit. Neue Beiträge und Forschungsperspektiven. Stuttgart 1994, S. 7-28.

Bude, Heinz: Die Methode des Porträtisten. In: Ders.: Das Altern einer Generation. Frankfurt a.M. 1995, S. 7-17.

Bukow, Wolf-Dieter/Llaryora, Roberto: Mitbürger aus der Fremde. Soziogenese ethnischer Minderheiten. Opladen 1988.

Bundesverwaltungsamt (BVA): Verteilung jüdischer Migranten aus der ehemaligen Sowjetunion. Köln 1995.

Bunzel, John: Antisemitismus in Rußland und der Sowjetunion. In: Juden und Antisemitismus in Osteuropa. In: Osteuropa-Info, 55.1 (1985), S. 7-25.

Burgauer, Erica: Zwischen Erinnerung und Verdrängung. Juden in Deutschland nach 1945. Reinbek 1993.

Butenko, Anatolij P.: Zum Verlauf der Perestrojka. In: Segbers, Klaus (Hg.): Perestrojka Zwischenbilanz. Frankfurt a.M. 1990, S. 367-384.

Çaglar, Ayse: Das Kulturkonzept als Zwangsjacke in Studien zur Arbeitsmigration. In: Zeitschrift für Türkeistudien, 3.1 (1990), S. 93-105.

Caplan, Pat: Distanciation or Identification. What Difference Does it Make. In: Critique of Anthropology 14 (1994), S. 99-115.

Carlebach, Julius: Jewish Identity in the Germany of New Europe. In: Webber/Jonathan (Hg.): Jewish Identities in the New Europe. London 1994, S. 205-218.

Cerulo, Karen A.: Identity Constructions. New Issues, New Directions. In: Annual Review of Sociology, 23 (1997), S. 385-409.

Chobova, Darja: Reanimierung der kollektiven Erinnerung jenseits der akademischen Geschichtswissenschaft. In: Oswald, Ingrid u.a. (Hg.): Sozialwissenschaft in Rußland, Bd. 1. Analysen russischer Forschungen zu Sozialstruktur, Eliten, Bewegungen, Interessengruppen und Sowjetgeschichte. Berlin 1996, S. 196-218.

Claussen, Detlev: Grenzen der Aufklärung. Zur gesellschaftlichen Geschichte des modernen Antisemitismus. Frankfurt a.M. 1987.

Clifford, James/Marcus, George E. (Hg.): Writing Culture. The Poetics and Politics of Ethnography. Berkeley 1986.

Clifford, James: Introduction. Partial Truths. In: Clifford, J./Marcus, G. E. (Hg.): Writing Culture. The Poetics and Politics of Ethnography. Berkeley 1986, S. 1-25.

Clifford, James: The Predicament of Culture. Twentieth-Century Ethnography, Literature and Art. Cambridge 1988.

Clifford, James: Diasporas. In: Cultural Anthropology 9.2 (1994), S. 203-338.

Cohen, Robin: Global Diasporas. An Introduction. London 1997.

Corsten, Michael: Beschriebenes und wirkliches Leben. Die soziale Realität biographischer Kontexte und Biographie als soziale Realität. In: BIOS, 7.2 (1994), S.185-205.

Crapanzano, Vincent: Tuhami. Portrait eines Marokkaners. Stuttgart 1983.

Cropley, Arthur u.a. (Hg.): Probleme der Zuwanderung. Göttingen 1994.

Cyrus, Norbert: Grenzkultur und Stigma-Management. Mobile Ethnographie und Situationsanalyse eines irregulär beschäftigten polnischen Wanderarbeiters. In: Kea 10 (1997), S. 83-104.

Czock, Heidrun: Der Fall Ausländerpädagogik. Frankfurt a.M. 1993.

Daxner, Michael: Die Inszenierung des guten Juden. Fragmentarische Thesen zu einem auffälligen Interesse. In: Müller-Doohm, Stefan/Neumann-Braun, Klaus (Hg.): Kulturinszenierungen. Frankfurt a.M. 1995, S. 336-363.

De Certeau, Michel: Kunst des Handelns. Berlin 1988 [1980].

Deutscher, Isaak: Der nichtjüdische Jude. Berlin 1988.

Dittrich, Eckard/Lentz, Astrid: Die Fabrikation von Ethnizität. In: Kößler, R./Schiel, T. (Hg.): Nationalstaat und Ethnizität. Frankfurt a.M. 1994, S. 23-43.

Dittrich, Eckard J./Radtke, Frank-Olaf: Der Beitrag der Wissenschaften zur Konstruktion von ethnischen Minderheiten. In: Dies. (Hg.): Ethnizität. Wissenschaft und Minderheiten. Opladen 1990, S. 11-41.

Diner, Dan: Negative Symbiose - Deutsche und Juden nach Auschwitz. In: Brumlik, Micha/Kiesel, Doron/Kugelmann, Cilly (Hg.): Jüdisches Leben in Deutschland seit 1945. Frankfurt a.M. 1986, S. 243-258.

Dobroszycki, Lucjan/Kirshenblatt-Gimblett, Barbara: Image Before My Eyes. New York 1977.

Dohrn, Verena: Massenexodus oder Erneuerung der jüdischen Kultur? Die jüdische Bewegung in der SU. In: Osteuropa, 41.2 (1991), S. 105-121.

Dominques, Virginia: Questioning Jews. In: American Ethnologist, 20.3 (1993), S. 618-624.

Doomernik, Yeroen: Soviet Jewish Immigrants in Berlin and their Strategies of Adaptation of German Society. In: Kongreßband I, Plenums-Vorträge des 27. DGS-Kongresses 1995. Frankfurt a.M. 1996, S. 413-426.

Doomernik, Yeroen: Going West. Soviet Jewish Immigrants in Berlin since 1990. Brookfield 1997.

Duwidowitsch, Ljudmilla/Dietzel, Volker (Hg.): Russisch-jüdisches Roulette. Jüdische Emigranten erzählen ihr Leben. Zürich 1993.

Dwyer, Kevin: On the Dialogic of Fieldwork. In: Dialectical Anthropology 2.2 (1977), S. 143-151.

Ehrenburg, Ilja/Grossman, Wassili: Das Schwarzbuch. Der Genozid an den sowjetischen Juden. Hrsg. von Yzhak Arad und Arno Lustiger. Hamburg 1994.

Ehrenburg, Ilja: Menschen Jahre Leben. Memoiren. Bd. 3. Berlin 1992, S. 166-175.

Eisenstadt, Shmuel: Aufnahme und Integration von Einwanderern sowie Auftauchen des „ethnischen" Problems. In: Ders.: Die Transformation der israelischen Gesellschaft. Frankfurt a.M. 1987, S. 433-484.

Elias, Norbert/Scotson, John L.: Etablierte und Außenseiter. Frankfurt a.M. 1990.

Eros, Ferenc/Kovacs, Andras: The Biographical Method in the Study of Jewish Identity. In: Hofer, Tamas/Niedermüller, Peter (Hg.): Life History as a Cultural Construction/Performance. Budapest 1988, S. 345-356.

Fabian, Johannes: Time and the Other. How Anthropology Makes its Object. New York 1983.

Fleischmann, Lea: Dies ist nicht mein Land. Eine Jüdin verläßt die Bundesrepublik. München 1996 [5. Auflage].

Foucault, Michel: Die Ordnung des Diskurses. Frankfurt a.M. 1992.

Fox, Frank: Jewish Victims of the Katyn Massacre. In: East European Jewish Affairs, 23.1 (1993), S. 49-55.

Friedmann Alexander u.a.: Eine neue Heimat. Jüdische Emigranten aus der Sowjetunion. Wien 1993.

Freeman, Jenny A.: Soviet Jews, Orthodox Judaism and the Lubawicher Hasidim. In: East European Jewish Affairs, 23.1 (1993), S. 57-77.

Freinkman, Nelli/Fijalkowski, Jürgen: Jüdische Emigranten aus den Ländern der ehemaligen Sowjetunion, die zwischen 1990 und 1992 eingereist sind und in Berlin leben. Eine Studie über Besuchs-, Zeitarbeits- und Niederlassungsinteressen. Unveröffentlichte Studie im Auftrag der Ausländerbeauftragten des Senats von Berlin. Berlin 1992.

Ganguly, Keya: Migrant Identities. Personal Memory and the Construction of Selfhood. In: Cultural Studies, 6 (1992), S. 27-50.

Genin, Salomea: „Wie ich in der DDR aus einer Kommunistin zur Jüdin wurde". In: Benz, Wolfgang (Hg.): Das Exil der kleinen Leute. Alltagserfahrungen deutscher Juden in der Emigration. München 1991, S. 309-326.

Marcus, George E.: Ethnography in/of the World System: The Emergence of Multisited Ethnography. In: Annual Review of Anthropology, 24 (1995), S. 95-117.

Gilman, Sander: Jüdischer Selbsthaß. Frankfurt a.M. 1993.

Gilman, Sander L./Remmler, Karen (Hg.): Reemerging Jewish Culture in Germany. Life and Literature since 1989. New York 1994.

Giordano, Christian: „Miserabilitismus" als Ethnozentrismus. Zur Kritik der Migrationsforschung. In: Greverus, Ina-Maria/Köstlin, Konrad/Schilling Heinz (Hg.): Kulturkontakt – Kulturkonflikt. Zur Erfahrung des Fremden, Band 1. Frankfurt a.M. 1988, S. 243-249.

Gitelman, Zvi Y.: Die sowjetische Holocaust-Politik. In: Young, James E. (Hg.): Mahnmale des Holocaust. Motive, Rituale und Stätten des Gedenkens. München 1994, S. 115-124.

Glaser, Barney G./Strauss, Anselm L.: Status Passage. London 1971.

Goffman, Erving: Stigma. Über Techniken der Bewältigung beschädigter Identität. Frankfurt a.M. 1967.

Gold, Steven J.: Refugee Communities. A Comparative Field Study. London 1992.

Goshen, Seev: Nisko - Ein Ausnahmefall unter den Judenlagern der SS. In: Vierteljahreshefte für Zeitgeschichte, 40.1 (1992), S. 95-106.

Griese, Hartmut M.: Der gläserne Fremde. Bilanz und Kritik der Gastarbeiterforschung und Ausländerpädagogik. Opladen 1994.

Gupta, Akhil/Ferguson, James: Beyond „Culture". Space, Identity, and the Politics of Difference. In: Cultural Anthropology, 7.1 (1992), S. 6-23.

Haas, Renate: Kulturvermischung. Ein Tabu. Fallstudie zu Konflikten in einer deutsch-türkischen Erziehungsinstitution und Anmerkungen zum Erkenntnisproblem in der Ethnologie. Berlin 1997.

Hahn, Alois: Identität und Biographie. In: Wohlrab-Sahr, Monika (Hg.): Biographie und Religion. Zwischen Ritual und Selbstsuche. Frankfurt a.M. 1995, S. 127-152.

Halbach, Uwe: Die Nationalitätenfrage. Kontinuität und Explosivität. In: Geyer, Dietrich (Hg.): Die Umwertung der sowjetischen Geschichte. Göttingen 1991, S. 210-237.

Hall, Stuart: Rassismus und kulturelle Identität. Ausgewählte Schriften 2. Hamburg 1994.

Haller, Dieter: Gelebte Grenze Gibraltar. Transnationalismus, Lokalität und Identität in kulturanthropologischer Perspektive. Wiesbaden 2000.

Hann, Chris: After Communism. Reflections on East European Anthropology and the „Transition". In: Social Anthropology, 2.3 (1994), S. 229-249.

Hannerz, Ulf: Cultural Complexity. Studies of the Social Organization of Meaning. New York 1992.

Harris, Paul A.: The Politics of Reparation and Return. Soviet Jewish and Ethnic German Immigration to the New Germany. Auburn 1997.

Heinelt, Hubert/Lohmann, Anne: Immigranten im Wohlfahrtsstaat. Opladen 1992.

Hilberg, Raul: Die Vernichtung der europäischen Juden, Bd. 2. Frankfurt a.M. 1982.

Hirszowicz, Lukasz: Jewish Cultural Life in UDSSR. A Survey. In: Soviet Jewish Affairs, 7. 2 (1977), S. 3-21.

Hirszowics, Lukasz: Breaking the Mould. The Changing Face of Jewish Culture under Gorbatschew. In: Soviet Jewish Affairs, 18.3 (1988), S. 25-45.

Hirszowicz, Lukasz: The Holocaust in the Soviet Mirror. In: East European Jewish Affairs, 22. 1 (1992), S. 38-50.

Honneth, Axel: Kampf um Anerkennung. Zur moralischen Grammatik sozialer Konflikte. Frankfurt a.M. 1992.

Huseby-Darvas, Eva V.: Migrating Inward and Out. Validating Life Course Transition through Oral Autobiography. In: Hofer, Tamas/Niedermüller, Peter (Hg.): Life History as Cultural Construction/Performance. Budapest 1988, S. 379-408.

Israelische Religionsgemeinschaft Württembergs (Hg.): Jüdische Einwanderung aus den Ländern der ehemaligen Sowjetunion nach Stuttgart. Stuttgart 1994.

Jackson, John A.: Migration. Editorial Introduction. In: Ders. (Hg.): Migration. Sociological Studies. Cambridge 1969. S. 1-10.

Jeggle, Utz: Judendörfer in Württemberg. Tübingen 1999.

Jung, Matthias/Wengeler, Martin/Böke, Karin (Hg.): Die Sprache des Migrationsdiskurses. Das Reden über „Ausländer" in Medien, Politik und Alltag. Opladen 1997.

Kaufmann, Uri (Hg.): On the Way to Pluralism? Jewish Communities in Germany Today. In: Stern, Susan (Hg.) Speaking Out. Jewish Voices from United Germany. Berlin 1995, S. 28-38.

Kagarlickij, Boris: Der schwere Weg von der Vergangenheit in die Zukunft. In: Segbers, Klaus (Hg.): Perestrojka Zwischenbilanz. Frankfurt a.M. 1990. S. 12-31.

Karady, Victor: Jüdische Identität nach der Wende. Vortrag am Institut für Europäische Ethnologie der Humboldt-Universität zu Berlin, 11. Mai 1996. Unveröffentlichtes Manuskript.

Kaschuba, Wolfgang: Kulturalismus. Vom Verschwinden des Sozialen im gesellschaftlichen Diskurs. In: Zeitschrift für Volkskunde 91.1 (1995), S. 27-45.

Kaschuba, Wolfgang: Einführung in die Europäische Ethnologie. München 1999.

Keith, Michael/Pile, Steve (Hg.): Place and the Politics of Identity. London 1993.

Kessler, Judith: Jüdische Migration aus der ehemaligen Sowjetunion seit 1990. Das Beispiel Berlin. Magisterarbeit an der Fernuniversität Hagen/Fachbereich Soziologie. Berlin 1996. Unveröffentlichte Manuskript.

Kirshenblatt-Gimblett, Barbara: The Concept and Varieties of Narrative Performance in East European Jewish-Culture. In: Bauman, Richard/Sherzer, Joel (Hg.): Explorations in the Ethnography of Speaking. Cambridge 1974, S. 283-308.

Knecht, Michi: Ethnologische Forschung in öffentlich umstrittenen Bereichen. Das Beispiel Abtreibungsdebatte und Lebensschutzbewegung in Deutschland. In: Kokot, Waltraud/Dracklé, Dorle (Hg.): Ethnologie Europas. Grenzen. Konflikte. Identitäten. Berlin 1996, S. 225-343.

Knecht, Michi/Welz, Gisela: „Postmoderne Ethnologie" und empirische Kulturwissenschaft. Textualität, Kulturbegriff und Wissenschaftskritik bei James Clifford. In: Tübinger Korrespondenzblatt 41 (1992).

Knudsen, John/Val, Daniel: Mistrusting Refugees. California 1995.

Koller, Hans Christoph: Biographie als rhetorisches Konstrukt. In: BIOS 6.1 (1993), S. 33-45.

Körber, Karen: Der „Königssteiner Schlüssel" und die Lehren von Gollwitz. Die jüdische Einwanderung aus den GUS-Staaten und die enttäuschten Erwartungen. Eine Analyse der Rahmenbedingungen. Dokumentation in der Frankfurter Rundschau vom 17.1.1998.

Kugelmann, Cilly: Was heißt jüdische Identität? In: Alternative, 24.140/141 (1981), S. 234-240.

Kugelmass, Jack (Hg.): Between Two Worlds. Ethnographic Essays on American Jewry. Ithaca 1988.

Kugler, Anita: Eine sowjetische Jüdin in Berlin. In: Semit, 3.3 (1991), S. 44-53.

Landmann, Salcia: Jiddisch. Das Abenteuer einer Sprache. Berlin 1986.

Lehmann, Albrecht: Zur Typisierung alltäglichen Erzählens. In: Jung, Thomas/Müller-Doohm, Stefan (Hg.): „Wirklichkeit" im Deutungsprozeß. Verstehen und Methoden in den Kultur- und Sozialwissenschaften. Frankfurt a.M. 1993. S. 430-437.

Lewada, Juri: Die Sowjetmenschen 1989-1991. Soziogramm eines Zerfalls. München 1993.

Lourie, Joseph K.: Soviet „Refuseniks" Turn to Orthodox Judaism. In: East European Jewish Affairs, 22.1 (1992), S. 51-62.

Lustiger, Arno: Russische Juden. Eine Bilanz. In: Kommune, 8.11 (1990), S. 51-53.

Malkki, Lüsa H: Refugees and Exile. From „Refugees Studies" to the National Order of Things. In: Annual Review of Anthropology, 24 (1995), S. 495-523.

Mandel, Ruth: Ethnicity and Identity among Migrant Guestworkers in West Berlin. In: Gonzalez, Nancie L./McCommon, Carolyn S. (Hg.): Conflict, Migration, and the Expression of Ethnicity. London 1989. S. 60-73.

Marcus, Georg E.: Ethnography in/of the World System. The Emergence of Multi-Sited-Ethnography. In: Annual Review of Anthropology 24 (1995), S. 95-117.

Margolina, Sonja: Das Ende der Lügen. Rußland und die Juden im 20. Jahrhundert. Berlin 1992.

Margolina, Sonja: Die russischen Juden. Täter und Opfer zugleich? In: Kommune, 10.7 (1992), S. 43-48.

Markowitz, Fran: Jewish in the USSR, Russian in the USA: Social Context and Ethnic Identity. In: Zenner, Walter P. (Hg.): Persistence and Flexibility. New York 1988, S. 97-95.

Markowitz, Fran: Rituals as Keys to Soviet Immigrants' Jewish Identity. In: Kugelmass, Jack (Hg.): Ethnographic Essays on American Jewry. Ithaca 1988, S. 128-147.

Markowitz, Fran: Soviet Dis-Union and the Fragmentation of Self. Implications for the Emigrating Jewish Family. In: East European Jewish Affairs, 24.1 (1994), S. 3-17.

Mertens, Lothar: Alija. Die Emigration der Juden aus der UdSSR/GUS. Bochum 1993.

Mertens, Lothar: Alltäglicher Antisemitismus in der deutschen Provinz? Der Fall Gollwitz. In: Jahrbuch für Antisemitismusforschung 7 (1998), S. 209-225.

Meyerhoff, Barbara: Number our Days. New York 1980.

Mihciyazgan, Ursula: Wir haben uns vergessen. Ein intrakultureller Vergleich türkischer Lebensgeschichten. Hamburg 1986.

Moore, Sally Falk: The Ethnography of the Present and the Analysis of the Process. In: Borosky, Robert (Hg.): Assessing Cultural Anthropology. New York 1994, S. 362-375.

Müller-Doohm, Stefan/Neumann-Braun, Klaus: Kulturinszenierungen. Einleitende Betrachtungen über die Medien kultureller Sinnvermittlung. In: Dies. (Hg.): Kulturinszenierungen. Frankfurt a.M. 1995, S. 9-27.

Niedermüller, Peter: Lebensgeschichtliches Erzählen als Quelle zur Gegenwartsvolkskunde in Südosteuropa. Am Beispiel der jüdischen Kultur in Budapest. In: Roth, Klaus (Hg.): Die Volkskultur Südosteuropas in der Moderne. München 1992, S. 128-147.

Nienaber, Ursula: Migration - Integration - Biographie. Biographieanalytische Untersuchungen auf der Basis narrativer Interview am Beispiel von Spätaussiedlern aus Polen, Rumänien und der UdSSR. Münster 1995.

Ortner, Sherry B.: On Key Symbols. In: American Anthropologist, 75 (1973), S. 1338-1345.

Oswald, Ingrid/Voronkov, Viktor: Die jüdische Gemeinde in St. Petersburg. Zwischen Assimilation und neuem Selbstbewußtsein. In: Hansleitner-Funk, Mariana/Katz, Monika (Hg.): Juden und Antisemitismus im östlichen Europa. Wiesbaden 1995, S. 93-108.

Oswald, Ingrid/Voronkov, Victor (Hg.): Post-sowjetische Ethnizitäten. Ethnische Gemeinden in St. Petersburg und Berlin/Potsdam. Berlin 1997.

Pinkus, Benjamin: National Identity and Emigration. Patterns Among Soviet Jewry. In: Soviet Jewish Affairs, 15. 3 (1985), S. 3-28.

Pinkus, Benjamin: The Jews of the Soviet Union. Cambridge 1988.

Projektgruppe „Heimatkunde des Nationalsozialismus" (Hg.): Nationalsozialismus im Landkreis Tübingen. Eine Heimatkunde. Tübingen 1988.

Rabinow, Paul: Discourse and Power. On the Limits of Ethnography Texts. In: Dialectical Anthropology 10 (1985), S. 1-13.

Radtke, Frank-Olaf: Migration und Ethnizität. Von der Migrations- zur Minderheitenforschung. In: Flick, Uwe u.a. (Hg.): Handbuch der qualitativen Sozialforschung. München 1991, S. 391-394.

Rehbein, Jochen: Sequentielles Erzählen. Erzählstrukturen von Immigranten in Sozialberatungen in England. In: Ehrlich, Konrad (Hg.): Erzählen im Alltag. Frankfurt a.M. 1980, S. 64-108.

Richarz, Monika: Juden in der Bundesrepublik Deutschland und in der Deutschen Demokratischen Republik seit 1945. In: Brumlik, Micha u.a. (Hg.): Jüdisches Leben in Deutschland seit 1945, S. 13-30.

Rouse, Roger: Questions of Identity. Personhood and Collectivity in Transnational Migration to the United States. In: Critique of Anthropology, 15.4 (1995), S. 351-380.

Ro'i, Yaakov/Beker, Avi (Hg.): Jewish Culture and Identity in the Soviet Union. New York 1991.

Rommelspacher, Birgit: Schuldlos – Schuldig? Wie sich junge Frauen mit Antisemitismus auseinandersetzen. Hamburg (o.J.; ca. 1994).

Rosenthal, Gabriele: Erlebte und erzählte Lebensgeschichte. Gestalt und Struktur biographischer Selbstbeschreibungen. Frankfurt a.M. 1995.

Runge, Irene: „Ich bin kein Russe". Jüdische Zuwanderung zwischen 1989 und 1994. Berlin 1995.

Runge, Irene: Kommen und Bleiben. Sowjetische Juden in Deutschland. In: Blätter für deutsche und internationale Politik, 36.7 (1991), S. 775-780.

Sallen, Herbert A.: Zum Antisemitismus in der Bundesrepublik Deutschland. Konzepte, Methoden und Ergebnisse der empirischen Antisemitismusforschung. Frankfurt a.M. 1977.

Sassen, Saskia: Migranten, Siedler, Flüchtlinge. Frankfurt a.M. 1996.

Schiffauer, Werner: Die Migranten aus Subay. Türken in Deutschland. Eine Ethnographie. Stuttgart 1991.

Schiffauer, Werner: Die Angst vor der Differenz. In: Zeitschrift für Volkskunde, 921 (1996), S. 20-32.

Schiffauer, Werner: Die Gottesmänner. Türkische Islamisten in Deutschland. Frankfurt a.M. 2000.

Schlör, Joachim: What Am I Doing Here? Erkundungen im deutsch-jüdischen Feld. In: Eisch, Katharina/Hamm, Marion (Hg.): Die Poesie des Feldes. Beiträge zur ethnographischen Kulturanalyse. Tübingen 2001, S. 89-109.

Schoeps, Julius H./Jasper, Willi/Vogt, Bernhard: Russische Juden in Deutschland. Integration und Selbstbehauptung in einem fremden Land. Weinheim 1996.

Schoeps, Julius H./Jasper, Willi/Vogt, Bernhard (Hg.) Ein neues Judentum in Deutschland? Fremd- und Eigenbilder der russisch-jüdischen Einwanderer. Potsdam 1999.

Schraut, Sylvia/Grosser, Thomas (Hg.): Die Flüchtlingsfrage in der deutschen Nachkriegsgesellschaft. Mannheim 1996.

Schröder, Hans-Henning: Stalinismus „von unten"? Zur Diskussion um die gesell-schaftlichen Voraussetzungen politischer Herrschaft in der Phase der Vorkriegsfünf-jahrespläne. In: Geyer, Dietrich (Hg.): Die Umwertung der sowjetischen Geschichte. Göttingen 1991, S. 133-167.

Schütze, Fritz: Biographieforschung und narratives Interview. In: Neue Praxis 13 (1993), S. 283-293.

Schütze, Fritz: Prozeßstrukturen des Lebenslaufes. In: Matthes, Joachim/Pfeif-fenberger, Arno/Stosberg, Manfred (Hg.): Biographie in handlungswissenschaftlicher Perspektive. Nürnberg 1983, S. 55-156.

Schütze, Yvonne: „Warum Deutschland und nicht Israel?" Begründungen russischer Juden für die Migration nach Deutschland. In: BIOS, 10.2 (1997).

Schulz, Winfried: Die Konstruktion von Realität in den Nachrichtenmedien. Analyse der aktuellen Berichterstattung. Freiburg 1976.

Segbers, Klaus (Hg.): Perestrojka. Zwischenbilanz. Frankfurt a.M. 1990.

Senders, Stefan: Laws of Belonging. Legal Dimensions of National Inclusion in Ger-many. In: New German Quarterly (1996), S. 147-176.

Shlapentokh, Vladimir: Public and Private Life of the Soviet People. Changing Values in Post-Stalin Russia. New York 1989.

Siegel, Dina: Political Absorption. The Case of New Immigrants from the CIS in Israel. In: Ethnologia Europea, 25 (1995), S.45-54.

Sill, Oliver: „Über den Zaun geblickt". Literaturwissenschaftliche Anmerkungen zur soziologischen Biographieforschung. In: BIOS, 8.1 (1995), S. 28-42.

Silbermann, Alphons: Latenter Antisemitismus in der Bundesrepublik Deutschland. In: Kölner Zeitschrift für Soziologie und Sozialpsychologie 28 (1976), S. 706-723.

Silbermann, Alphons: Sind wir Antisemiten? Ausmaß und Wirkung eines sozialen Vorurteils in der Bundesrepublik Deutschland. Köln 1982.

Silbermann, Alphons/Schoeps, Julius (Hg.): Antisemitismus nach dem Holocaust. Köln 1986.

Simmel, Georg: Zur Psychologie der Scham (1901). In: Ders.: Schriften zur Sozio-logie. Hrsg. von Dahme, H.-J./Rammstedt, O. Frankfurt a.M. 1993, S. 14-31.

Simon, Gerhard: Nationalismus und Nationalitätenpolitik. Von der totalitären Diktatur zur nachstalinistischen Gesellschaft. Baden-Baden 1986.

Soysal, Yasemin Nuhoglu: Limits of Citizenship. Migrants and Postnational Membership in Europe. Chicago 1994.

Soysal, Yasemin Nuhoglu: Staatsbürgerschaft im Wandel. Postnationale Mitgliedschaft und Nationalstaat in Europa. In: Berliner Journal für Soziologie, 6.2 (1996), S. 181-189.

Spitzer, Leo: Lives in Between. Assimilation and Marginality in Austria, Brazil, West Africa, 1780-1945. Cambridge 1989.

Spülbeck, Susanne: Die neuere Biographie-Forschung in der Ethnologie. Magisterarbeit im Fach Völkerkunde an der Philosophischen Fakultät der Universität zu Köln. Köln 1990. Unveröffentlichtes Manuskript.

Spülbeck, Susanne: Ordnung und Angst. Russische Juden aus der Sicht eines ostdeutschen Dorfes nach der Wende. Frankfurt a.M. 1997.

Steiner, Franz: Taboo. London 1956.

Stern, Frank: Entstehung, Bedeutung und Funktion des Philosemitismus in Westdeutschland nach 1945. In: Bergmann, Werner/Erb, Rainer (Hg.): Antisemitismus in der politischen Kultur nach 1945. Opladen 1990, S. 180-197.

Stolcke, Verena: Kultureller Fundamentalismus. In: Lindner, Rolf (Hg.): Die Wiederkehr des Regionalen. Über neue Formen kultureller Identität. Frankfurt a.M. 1995, S. 36-63.

Stoller, Paul: Ethnographies as Text/Ethnographers as Griots. In: American Ethnologist, 21. 2 (1994), S. 353-366.

Tedlock, Dennis: Fragen zur politischen Anthropologie. In: Berg, E./Fuchs, M. (Hg.): Kultur, soziale Praxis, Text. Zur Krise der ethnographischen Repräsentation. Frankfurt a.M. 1993, S. 269-287.

Titzmann, Michael: Kulturelles Wissen – Diskurs – Denksystem. Zu einigen Grundbegriffen der Literaturgeschichtsschreibung. In: Zeitschrift für französische Sprache und Literatur, 99.1. (1989), S. 47-61.

Treibel, Annette: Migration in modernen Gesellschaften. Soziale Folgen von Einwanderung und Gastarbeit. Weinheim 1990.

Tress, Madeleine: Soviet Jews in Federal Republic of Germany. The Rebuilding of an Community. In: The Jewish Journal of Sociology, 37.1 (1995), S. 39-54.

Tress, Madeleine: Foreigners or Jews? The Soviet Jewish Refugee Populations in Germany and in the United States. In: East European Jewish Affairs, 2 (1997), S. 21-38.

Van Gennep, Arnold: Übergangsriten. Frankfurt a.M. 1996.

Vetter, Reinhold: Wie ein Volk mit der Lüge lebte. Katyn und die Polen. In: BIOS, 7.1 (1994), S. 101-119.

Vishnevsky, Anatoli/Zayonchkovskaya, Zhanna: Auswanderung aus der früheren Sowjetunion und den GUS-Staaten. In: Fassmann, Heiner/Münz, Rainer (Hg.): Migration in Europa. Historische Entwicklung, aktuelle Trends und politische Reaktionen. Frankfurt a.M. 1996.

Voronkov, Viktor: Leningrad/St. Petersburg. Metropole und Zentrum für Migranten. In: Migration. European Journal of International Migration and Ethnic Relations, 3-4 (1991), S. 58-80.

Waldhans-Nys, Claudia: „Nationalität – Ja!" Manifestationen eines neuen jüdischen Lebens in Rußland. In: Schoeps, Julius H./Jasper, Willi/Vogt, Bernhard: Russische Juden in Deutschland. Integration und Selbstbehauptung in einem fremden Land. Weinheim 1996, S. 208-269.

Webber, Jonathan (Hg.): Jewish Identities in the New Europe. London 1994.

Weber, Max: Ethnische Gemeinschaftsbeziehungen. In: Wirtschaft und Gesellschaft, Bd. 1. Köln 1964, S. 303-316.

Welz, Gisela: Die soziale Organisation kultureller Differenz. Zur Kritik des Ethnosbegriffs in der anglo-amerikanischen Kulturanthropologie. In: Berding, Helmut (Hg.): Nationales Bewußtsein und kollektive Identität. Studien zur Entwicklung des kollektiven Bewußtseins in der Neuzeit. Frankfurt a.M. 1994, S. 66-83.

Welz, Gisela: Inszenierungen kultureller Vielfalt. Frankfurt a.M. und New York City. Berlin 1996.

Welz, Gisela: Moving Targets. Feldforschung unter Mobilitätsdruck. In: Zeitschrift für Volkskunde 94.2 (1998), S. 177-195.

White, Hayden: Die Bedeutung der Form. Erzählstrukturen in der Geschichtsschreibung. Frankfurt a.M. 1990.

Wohlrab-Sahr, Monika (Hg.): Biographie und Religion. Zwischen Ritual und Selbstsuche. Frankfurt a.M. 1995.

Wolbert, Barbara: Migrationsbewältigung. Orientierungen und Strategien. Biographisch-interpretative Fallstudien über die „Heirats-Migration" dreier Türkinnen. Göttingen 1984.

Wolbert, Barbara: Der getötete Paß. Rückkehr in die Türkei. Eine ethnologische Migrationsstudie. Berlin 1995.

Wolbert, Barbara: Die Dynamik und Symbolik von Migrationsprozessen. Eine ethno-logische Studie zur Rückkehr in die Türkei. Habilitationsschrift im Fach Ver-gleichende Kultur- und Sozialanthropologie an der Europa-Universität Viadrina, Frankfurt/Oder 1996.

Woolgar, Steve: Reflexivity is the Ethnographer of the Text. In: Ders. (Hg.): Know-ledge and Reflexivity. New Frontiers in the Sociology of Knowledge. London 1988.

Zaslavski, Victor: Das russische Imperium unter Gorbatschow. Seine ethnische Struk-tur und ihre Zukunft. Berlin 1991.